宁夏高校人文社科重点研究基地
宁夏师范大学区域历史文化研究院　主办

区域历史文化研究

第十一辑

安正发　王兴文　◎　主编

上海古籍出版社

图书在版编目（CIP）数据

区域历史文化研究. 第十一辑 / 安正发，王兴文主编. -- 上海：上海古籍出版社，2024.12. -- ISBN 978-7-5732-1423-2

Ⅰ. K203-53

中国国家版本馆 CIP 数据核字第 2024A55C93 号

区域历史文化研究（第十一辑）

安正发　王兴文　主编

上海古籍出版社出版发行

（上海市闵行区号景路 159 弄 1-5 号 A 座 5F　邮政编码 201101）

（1）网址：www.guji.com.cn
（2）E-mail：guji1@guji.com.cn
（3）易文网网址：www.ewen.co

常熟市文化印刷有限公司印刷

开本 700×1000　1/16　印张 23.25　插页 3　字数 298,000

2024 年 12 月第 1 版　2024 年 12 月第 1 次印刷

ISBN 978-7-5732-1423-2

K·3749　定价：118.00 元

如有质量问题，请与承印公司联系

目　录

铸牢中华民族共同体意识研究

东西部协作践行铸牢中华民族共同体意识的行动要点　　卢　晓 / 3

历史上宁夏民族交往交流交融研究　　刘　伟　李　华 / 19

北魏太武帝至孝文帝时期的陇东区域治理与民族融合　　保宏彪 / 36

隋唐时期胡汉交融与中西纹饰艺术及文化之交流　　冯　敏 / 59

非物质文化遗产研究

非物质文化遗产入志浅析
　　　——以《咸阳市民俗志》为例　　高文智　史欣玥 / 75

泾源龙神话故事研究　　黑志燕 / 106

西北宴席曲文本苦难叙事的艺术特征　　张　玉 / 121

区域历史研究

萧关县令路嗣恭考论　　李进兴 / 137

新见四方北魏略阳王氏墓志综考　　王怀宥 / 155

宁夏隆德博物馆藏秦汉青铜容器研究　　高　科　刘世友
　　夏福德 / 167

从固原城北古长城形状看"朝那"含义
　　——兼论"四象城"与上古"昆仑山"关系　　刘万恩 / 176

文学研究

知县与文人：清代宁夏进士梁栋诗歌文本阐释　　洪锦芳 / 205
明清固原川籍仕人及其著述考略　　周思言 / 218
唐诗笔下的"萧关"形象考论
　　——以杜甫诗三首为例　　张　媛 / 234
顾光旭仕甘行迹及其诗歌创作　　全珂萱 / 245
清代祁寯藻及其在西北地区的诗歌创作　　杨素素 / 262
论石舒清《地动》中的灾难书写　　赵一霖 / 280
论马金莲小说的小城书写　　梁秀丽 / 296

文献研究

民国《固原县志》物产价值述略　　张志海　杨永成 / 313
明清民国固原地区旧志特点及其编纂思想的变迁　　刘慧玲 / 324
宁夏师范大学馆藏古籍普查与鉴定报告　　孙　浩　王一鸣　刘慧玲
　　慈诗航　杨金宾 / 341
民国三十三年固原县司法处的一份民事判决书　　杨占辉 / 365

后记 / 369

铸牢中华民族共同体意识研究

ZHULAOZHONGHUAMINZUGONGTONGTIYISHIYANJIU

东西部协作践行铸牢中华民族共同体意识的行动要点

卢 晓①

摘 要：东西部协作是基于"两个大局"和应对"两个局势"而坚持的国家发展战略，其目的是缩小东西部发展差距，实现共同富裕，维护国家安全统一。主要以"行政联席、结对帮扶、互学互助"的运行机制保障东西部协作的落实和效果实现。东西部协作实践与铸牢中华民族共同体意识在内在逻辑上高度契合，通过东西部优势互补、互惠互赢，形成利益共同体和命运共同体；通过人的双向流动和深度互嵌融合，结成情感共同体和精神共同体。因此在东西部协作中，注意实践与宣传同向同行、强化东西部双主体意识、注重东西部协作实效等行动要点，从而践行、实现铸牢中华民族共同体意识。

关键词：东西部协作；铸牢中华民族共同体意识；行动要点

一、问题提出与文献梳理

"铸牢中华民族共同体意识"已经在全社会中进行普遍宣传，学者对于铸牢中华民族共同体意识的内涵、价值、逻辑等理论阐释较多，但对于如何

---

① 作者简介：卢晓(1977—)，女，湖北十堰人，民族学博士，宁夏师范大学区域历史文化研究院教授，主要从事民族文化与区域社会研究。

践行、实现"铸牢中华民族共同体意识"的研究当前还处于探索阶段。诸多学者对实现铸牢中华民族共同体意识的路径提出了各自的方案,如:"重视和加强国家认同,深化民族团结进步教育,巩固爱国统一战线是铸牢中华民族共同体意识的重要路径"[①],"坚持和完善民族区域自治制度、建立共享繁荣发展的经济体、构筑各民族共有精神家园,加强各民族交往交流交融,是其实践路径"[②],"铸牢中华民族共同体应该从增加民族团结和增加公民意识的双重路径开展"[③],"心理学可从五条路径铸牢中华民族共同体意识:培育共同体意识,浸润民族文化交融;扩大族际交往,提升接触质量,推进跨民族友谊;促进交叉分类,凸显公民身份;涵化共同体记忆基础,增强共同体文化内涵;促进民族地区志智双扶,推进共同体经济繁荣"[④],"在边疆地区铸牢中华民族共同体意识,应该重点把握情感的建设性价值"[⑤],等等。当前对于铸牢中华民族共同体的路径主要从制度、情感、教育、公民意识、文化等方面来开展,但是都还停留在宽泛的理论论述层面,普遍缺失一个具体落实的实践场域。

对于"东西部协作、对口支援",学界早有关注,多围绕着"脱贫攻坚、乡村振兴""区域均衡发展""共同富裕"等话题展开。当前也有学者开始注意到"东西部协作"与"铸牢中华民族共同体意识"之间有着密切联系,如:"东西部协作是铸牢中华民族共同体意识'四个与共'理念和实践路径的具象化呈现"[⑥],"精准扶贫是铸牢中华民族共同体意识的强力抓手和

---

① 董楠.铸牢中华民族共同体意识的路径选择[J].北方民族大学学报,2019(2):5-11.
② 张伦阳,王伟.铸牢中华民族共同体意识:理论逻辑、现实基础和实践路径[J].民族学刊,2021(1):10-18.
③ 周平.铸牢中华民族共同体意识的双重进路[J].学术界,2020(8):5-16.
④ 管健,方航.铸牢中华民族共同体意识的结构面向与心理路径[J].西北民族研究,2020(4):17-21.
⑤ 青觉,徐欣顺.新时代边疆稳定发展的情感政治学研究——边疆地区铸牢中华民族共同体意识的情感路径分析[J].中国边疆史地研究,2019(1):6-14.
⑥ 李祯妮,金浩.东西部扶贫协作视角下铸牢中华民族共同体意识研究[J].北方民族大学学报,2023(2):61-68.

现实基础"①,"东西协作是铸牢各族群众中华民族共同体意识的重要路径,在新时代的东西协作工作中,要以铸牢中华民族共同体意识为主线统筹推动各项具体工作"②,"东西部协作与铸牢中华民族共同体意识具有内在逻辑"③,等等。东西部协作实践是践行铸牢中华民族共同体意识的重要载体、抓手,但在东西部协作中,应该如何实践,如何以"铸牢中华民族共同体意识"为主线去推进工作,对于这样实操性的问题目前研究则较少回应。

东西部协作作为国家发展战略,既需要宏观的国家层面推动,又需要中观省、市、县等各级政府层面去具体规划实施,更依赖于微观的具体实践者去落实。一个贯穿宏观、中观、微观三个层次的实践场域更能层次分明地、多维度地回答践行"铸牢中华民族共同体意识"所需的行动要点。本文以东西部协作典型——闽宁协作为例,论述在东西部协作的具体场域中,如何以"铸牢中华民族共同体意识"为主线关注行动要点。

二、东西部协作:走共同富裕的必由之路

(一)"东西部协作"概念演化与支援实践

"东西部协作"概念与"对口支援""东西部扶贫协作"都是我国区域之间的帮扶机制,具有内在的演变关系。

"对口支援"概念的首次提出是在1979年4月,中共中央在北京召开的全国边防工作会议上,乌兰夫在会上作了题为《全国人民团结起来,为建设繁荣的边疆,巩固的边防而奋斗》的报告,提出:"国家将加强边境地区和少数民族地区的建设,增加资金和物资的投入,并组织内地省市对口支援边境

---

① 梅军,李宁阳.精准扶贫:铸牢中华民族共同体意识的强力抓手[J].广西社会科学,2020(9):33-38.
② 温世贤.东西协作与铸牢中华民族共同体意识[J].贵州民族研究,2022(4):16-21.
③ 何阳.东西部协作铸牢中华民族共同体意识的效果测量及形成机理[J].西南民族大学学报(哲社版),2022(12):11-20.

地区和少数民族地区。"①会后中央多个部委联合制定了《边疆建设规划草案》,正式开始实施"对口支援"政策。中央财政连续三年每年拨款4个亿,单独编制边疆地区的发展规划。并在财政体制上形成了中央垂直转移支付和内地发达省市向边境地区和少数民族地区横向转移支付的两种复合财政扶持体系。但在边境和少数民族地区实际发展过程中仅靠财政支援仍然解决不了问题,人才、技术短缺问题也很突出。1986年中央提出,对口支援不光是资金、物资支援,还包括人才、技术、信息、管理支援等。"对口支援"政策坚持和实施,也源于邓小平同志提出的"两个大局"观,1988年邓小平同志提出:"沿海地区要加快对外开放,使这个拥有两亿人口的广大地带较快地优先发展起来,从而带动内地更好地发展,这是一个事关大局的问题。内地要顾全这个大局。反过来,发展到一定的时候,又要求沿海拿出更多的力量来帮助内地发展,这也是一个大局,那时沿海也要服从这个大局。两个大局要长期坚持下去。"②

正是在"两个大局"理念指导下,1990年江苏陕西两省自愿结对,率先开展干部交流,1992年中央向全国推广这一做法。1994年国家出台《国家八七扶贫攻坚计划》明确提出:要组织东西扶贫协作,并把协作内容由干部交流扩展为经济、技术、劳务等方面协作,正式提出"东西部扶贫协作"。1996年7月,国办转发国务院扶贫开发领导小组《关于组织经济较发达地区与经济欠发达地区开展扶贫协作的报告》,确定13个沿海发达省市(9省4市)与10个西部省区对口帮扶;脱贫攻坚时期又调整为东部9省、13个城市,结对帮扶西部14个省区、20个市(州)。"东西扶贫协作"全面展开。

1979—1994年"对口支援"主要是针对边境地区和少数民族地区的建设,很多时候专指对西藏、新疆和青川滇陇四省的涉藏州县进行支援,援助

---

① 全国边防工作会议[J].中国民族,2008(11):8.
② 邓小平.邓小平文集:第三卷[M].北京:人民出版社,1993:278.

方式也主要是经济援助和基础设施改善。"东西部扶贫协作"将对口支援的范围扩大到包括少数民族地区和非民族地区在内的所有西部贫困地区,援助方式升级为产业扶贫、人才扶贫、消费扶贫、技术扶贫等。当然东西部扶贫协作并非东部地区单方面支援,2016年之后国家特别强调东西部协作要"互学互助""互惠互赢"。2021年我国消除绝对贫困、全面进入小康社会之后,将"东西部扶贫协作"改为"东西部协作",协作、支援方式也强调"产业互补、人员互动、技术互学、观念互通、作风互鉴,共同发展"。可以说"东西部协作"是"东西部扶贫协作"的升级版,而"东西部(扶贫)协作"是"对口支援"制度的升级版和延长版。

"对口支援""东西部(扶贫)协作"都是我国"推动区域协调发展、协同发展、共同发展的大战略""是实现先富帮后富、最终实现共同富裕目标的大举措",当前其区别越来越小,很多时候直接表述为"东西部协作和对口支援",本文为表述简便,下文直接表述为"东西部协作"。

(二)东西部协作目标:共同富裕,维护统一

"东西部协作"主要目标就是实现"共同富裕"。"共同富裕是社会主义的本质要求,是中国式现代化的重要特征。"[①]"确保少数民族和民族地区同全国一道实现全面小康和现代化。中华民族是一个大家庭,一家人都要过上好日子。没有民族地区的全面小康和现代化,就没有全国的全面小康和现代化。"[②]民族地区发展起来了,全国实现共同富裕了,才真正实现了中国的现代化。

然而当前我们面对的是"五个并存":"改革开放和社会主义市场经济带来的机遇和挑战并存,少数民族和民族地区市场经济起步晚、竞争能力比较弱;民族地区经济加快发展势头和发展低水平并存,总体上与东部地区发展绝

---

① 习近平.扎实推动共同富裕[J].求是,2021(20):4-8.
② 习近平.在全国民族团结进步表彰大会上的讲话[N].人民日报,2019-09-28(2).

对差距拉大、民族地区之间发展差距拉大问题突出;国家对民族地区支持力度持续加大和民族地区基本公共服务能力建设仍然薄弱并存,历史欠账较多,一些群众生产生活条件比较落后;各民族交往交流交融趋势增强和涉及民族因素的矛盾纠纷上升并存,影响民族关系的因素更加复杂;反对民族分裂、宗教极端、暴力恐怖斗争成效显著和局部地区暴力恐怖活动活跃多发并存等。"①虽然国家对民族地区支持力度持续加大,但民族地区公共服务能力建设薄弱,经济竞争能力弱,民族地区与东部地区发展绝对差距拉大,民族地区之间发展差距拉大。"不平衡不充分发展"是当前社会的主要矛盾。

东西部协作是党中央"全国一盘棋"考量,根据"西部所需,东部所能"原则,充分考量双方的地理区位、资源禀赋等比较优势下确定结对帮扶。并对结对帮扶实效进行年度考核和监督实施。这是国家自上而下的政治安排,是国家全体总动员下必须完成的一项政治任务。"发展是解决民族地区问题的总钥匙",东西部协作重点是要推进产业、就业、消费帮扶等工作。立足西部地区资源禀赋、发展条件、比较优势等实际,东部地区帮助西部地区做大做强特色优势产业,将资源优势、区位优势和文化优势转化为经济优势、发展优势和竞争优势,实现跨越式发展,尽快融入现代国民经济发展的行列中。西部地区发展的不平衡、不充分,还体现在文化、教育、医疗卫生等条件改善,基础设施完善,人口素质、技术水平、社会治理水平、法治建设等各个方面的素质能力的提升。因此东西部协作是助推西部地区经济、社会、文化全面发展、高质量发展,从而实现东西部均衡发展、充分发展,实现共同富裕。

如果民族地区发展差距持续拉大的趋势长期得不到根本扭转,就会造成心理失衡乃至民族关系、地区关系失衡。因此,西部地区发展不仅是经济

---

① 中央人民政府.关于加强和改进新形势下民族工作的意见[EB/OL].(2014－12－22)[2024－6－19].https://www.gov.cn/zhengce/202203/content_3635167.htm.

问题,同时也是关乎民族团结与边疆稳定的政治问题。"东西部协作"是事关国际、国内大局问题。习近平总书记强调:"要赋予所有改革发展以彰显中华民族共同体意识的意义,以维护统一、反对分裂的意义,以改善民生、凝聚人心的意义,让中华民族共同体牢不可破。""东西部协作"正是站在维护国家统一、社会稳定、民族团结的大局上实施的国家发展战略。其事关国家整体利益、长远发展,各民族丝毫不能懈怠。

(三)东西部协作机制:行政联席、结对帮扶、互学互助

东西部协作的实践机制主要包括行政联席、结对帮扶、互学互助等。

行政联席,是指结对的省级政府每年都要定期召开行政联席会议,由结对的两省区政府高层领导(党委或政府主要负责同志)及各行政部门领导参与的高规格联席会议。行政联席会议内容包括共同总结检查年度协作工作完成情况,共同研究部署年度协作的主攻方向或重点任务,共同签署确定协作的会议纪要,共同推进协作项目落实等。双方政府通过行政联席会议结成行政共同体,共同推进协作任务。

结对帮扶,是国家确定的东部省市与西部省市之间的结对。为更好地推进协作,以西部区域内部的发展问题为导向,协作双方建立点对点、一对一的帮扶协作机制。最初结对帮扶主要是在市级、县级结对,后来为精准施策、精准帮扶,结对帮扶再次拓展到乡级、村级;或者职能部门与职能部门结对,如学校与学校、医院与医院直接结对。如 1996—2020 年间,福建省 30 多个县(市、区)先后与宁夏 9 个贫困县(区)结对。就固原市而言,福建省 5 个县(市、区)与固原 5 个贫困县(区)结成 245 对帮扶协作关系,其中乡镇 62 对、村(社区)158 对、学校 15 对,医院 9 对,部门 1 对。[①] 结对帮扶的单位形成紧密的协作发展共同体。

---

① 固原市地方志编纂委员会办公室.固原市扶贫志[M].银川:宁夏人民出版社,2021:229.

"互学互助"是指协作双方互派干部、技术人才挂职锻炼,东部省区派实干、能干、敢干的业务骨干到西部地区挂职锻炼,担任西部地区各层级政府部门的副职,直接参与、配合西部地区各项业务工作,把先进的管理理念和前沿的科学技术带进工作中,并对工作中的同事给予指导和影响;同时西部地区也会派相应的骨干(基层领导、技术人员、教师、医生)人员到东部地区,经过统筹安排进行较长时间(一般为 1—3 个月)的挂职跟岗工作,直接感受、学习东部地区的先进技术和管理经验。通过这种互派机制,东西部地区形成互学互助、作风互鉴的"学习共同体"。在闽宁协作中,福建挂职干部感慨固原人身上有着的"不到长城非好汉"的敢干、苦干精神,固原挂职干部也深受福建人敢想、敢闯、善于创新的作风启发。在共业共学过程中双方各取所长、共学共进。

三、东西部协作与铸牢中华民族共同体意识契合

2014 年中共中央、国务院印发《关于加强和改进新形势下民族工作的意见》指出当前我国形势处于"五个并存"状态,无论是少数民族和民族地区经济发展水平上的滞后,还是"三股势力"一定程度上的存在,这些都不利于国家统一和民族团结,是亟待解决的现实问题。正是在我国民族关系出现新情况、国家改革发展稳定面临新问题这样的时代背景下,[1]习近平总书记提出"铸牢中华民族共同体意识"。"东西部协作"战略与"铸牢中华民族共同体"重大方略有着共同目标,在促进民族地区经济发展、缩小东西部差距,实现共同富裕,加强民族团结,维护国家统一等目标上具有高度一致性。东西部协作与铸牢中华民族共同体意识之间的有机契合性,为东西部协作践行、推动"铸牢中华民族共同体意识"提供了坚实基础。

---

[1] 国家民族事务委员会.中央民族工作会议精神学习辅导读本[M].北京:民族出版社,2015:11-12.

（一）东西部优势互补：形成利益共同体和命运共同体

国家在确定东西部协作和对口支援省份时，充分考量了双方区位、环境、资源的比较优势，协作是要充分发挥优势互补、互惠共赢。东部地区为西部地区提供了先进的技术和管理经验，提供了发展成熟的企业，提供了各类骨干人才，为西部地区发展注入了新理念、发展活力、前沿技术、高端人才，提供了应对市场、现代化发展的经验；西部地区为东部地区提供了丰富稳定的劳动力、丰富的资源、广阔的市场以及独具特色的消费产品。2016年习近平总书记在总结东西部扶贫协作经验时指出"东西部扶贫协作和对口支援是推动区域协调发展、协同发展、共同发展的大战略"，2020年在决战决胜脱贫攻坚座谈会上，中央领导人对东西部扶贫协作进一步进行谋划："要立足国家区域发展总体战略，深化区域合作，推进东部产业向西部梯度转移，实现产业互补、人员互动、技术互学、观念互通、作风互鉴，共同发展。"东西部协作始终是在"互补、互动、互学、互通、互鉴"中共同发展，双方互学互助、互惠互赢、共同繁荣，结成紧密的"利益共同体"。

习近平总书记要求："中华民族是一个大家庭，一家人都要过上好日子。"[①]少数民族和民族地区的经济社会发展问题关系到中华民族的凝聚力和向心力，关系到边疆安全、国家统一、社会稳定的问题，关系到我国能否顺利渡过"两个大局"的问题。东西部的关系，是一损俱损的关系，这是关系到全国各族人民的发展问题、安全问题。东西部协作，推进少数民族地区高质量发展，是维护东西部、中华民族各民族"命运共同体"的内在要求。

（二）人才双向流动：结成情感共同体和精神共同体

东西部协作，加速了东西区域各民族之间的交往互动，产业协作、人才交流、劳务输出、企业进驻、旅游开发等协作活动，东西部各族人民在空间、

---

① 习近平.在全国民族团结进步表彰大会上的讲话[N].人民日报,2019-09-28(2).

文化、经济、社会、心理等方面的全方位互嵌,双边人员较长时段、较强频率、较高密度的双向流动、深度交往,加快东西部各民族之间广泛交往、深入交流、深度交融,为各民族之间相互影响、相互理解、相互欣赏、相互认同提供了充分的机会。在较长时间的密切交往互动中,东西部各民族之间在语言、习俗、文化、价值之间的差异、陌生逐渐淡化,语言上相互学习或者使用通用语言,使得交流通畅无障碍;习俗上相互尊重、相互学习,在共同生产生活中共享共乐;文化上相互借鉴,相互尊重,在生活中相互影响;价值上相互比较,先进的价值理想不断影响着、吸引着落后的价值前进。东西部各民族之间最初的偏见、歧视、误解、刻板印象、文化差异、价值观差异等在不断缩小、消失,各民族之间的融合更加深入,中华民族共同体意识不断得到强化和清晰认识,各民族精神共同体逐渐得以形成。

为了共同的事业,东西部地区挂职人员,不远千里,远离家乡、亲人,只身前往环境、气候、文化、习俗完全陌生的地方,忍受着各种身体的不适,努力像当地人一样适应自如;不畏艰辛、跋山涉水,只为找到民族地区发展的着力点、突破点;在实验室没日没夜地研发技术,手把手教会老乡各种农林种植技术、管理经验;像亲人一样关心着挂职地方的每一个家庭、每一个项目、每一个村寨的发展。久而久之,他们学会了方言、适应了当地各种习俗,参与了地方发展的每一个时日,"驻村"变成了"住村","挂职"变成了单位、村寨不可或缺的"成员"。"他乡已成故乡",挂职人员与当地群众在长期的共业共学过程中悄然成了"兄弟""战友""亲人"。东西部各民族在协作中形成了不可分割、难分难舍的情感共同体。

东西部协作过程中形成的精神共同体和情感共同体为"铸牢中华民族共同体意识"奠定了坚实的文化基础和关系基础。在双方共同目标、共同利益的驱动下,在人的双向流动、互嵌共居、深度协作、情感联谊中,形成了"你离不开我,我离不开你"的民族融合、和谐关系,中华民族共同体被强烈感知、认同,这为"铸牢中华民族共同体意识"提供了坚实的观念基础。东西部协作在目标、机制、效果上与"铸牢中华民族共同体意识"完全契合,东西部协作实践是践行铸牢中华民族共同体意识的重要抓手和载体。在"东西部协作"的场域中,最能有效地实现"铸牢中华民族共同体意识"。

四、东西部协作践行铸牢中华民族共同体意识的行动要点

东西部协作过程中,如何自觉地以"铸牢中华民族共同体意识"为工作主线,在实践中实现"铸牢中华民族共同体意识"?笔者认为主要有两点:

(一)实践与宣传同向同行:东西部协作实践中强化共同体意识教育

"要加大对民族地区基础设施建设、产业结构调整支持力度。"[1]要始终坚持发展是第一要务,关注和促进少数民族和民族地区的经济发展,东西部协作以促进西部地区经济建设为首要目标。同时也要认识到,东西部协作不只是一项经济活动,其协作领域覆盖涉及政治、社会、文化各领域。

东西部各民族在协作过程中,形成了共学工业、互学互助,互嵌共居的生产生活空间格局。协作互动中拓展了交往范围、深化了交往深度,加强了双方交往密度;互动协作中相互尊重、相互欣赏,相互学习、相互借鉴,形成了紧密的生活共同体、情感共同体和精神共同体;强化了双方"休戚与共、荣辱与共、生死与共、命运与共"的"共同体"意识,真正地在践行"铸牢中华民族共同体意识"。

为更好地实现"铸牢中华民族共同体意识",在推进东西部协作时,不仅要实实在在地践行"铸牢中华民族共同体意识",还应把思想引领作为先导性工作,在各种机会、场合对东西部各民族群众进行"铸牢中华民族共同体意识"的宣传、教育。政府以及各支援单位党委,应积极向派出挂职的干

---

[1] 习近平.以铸牢中华民族共同体意识为主线推动新时代党的民族工作高质量发展[N].人民日报,2021-08-29(1).

部、技术人员、企业员工等所有参与协作支援人员进行"铸牢中华民族共同体意识"的教育宣传；挂职干部、支援教师、医生、技术人员、入驻企业员工等，要在工作中有意向群众、工作对象开展"铸牢中华民族共同体意识"宣传，各级政府、各个派出挂职人员都应是"铸牢中华民族共同体意识"的宣传者和践行者。如此，"铸牢中华民族共同体意识"的宣传教育就能逐层推进，使宣传对象普遍知晓、提升意识。同时，东西部协作也在"铸牢中华民族共同体意识"的宣传、教育指导下，提高认识和站位，更好、更自觉地完成协作任务。

(二) 强化双主体意识：共同奋斗、共同富裕是各民族共同的职责

东西部协作是基于邓小平同志提出的"两个大局"和习近平总书记提出的应对"两个局势"而提出。在较长一段时间，"东西部协作和对口支援"被误解为是以东部区域为主体，由东部区域输出，西部区域被动接受支援即可。2016年国家领导人在东西部扶贫协作20周年座谈会上提出"东西部扶贫协作和对口支援是推动区域协调发展、协同发展、共同发展的大战略"，不仅强调东西部协作是"协调发展、协同发展和共同发展"，而且要"互学互助"。西部区域在协作发展中的主体地位被重视强调。2020年在决战决胜脱贫攻坚座谈会上，中央领导人更进一步提出"要立足国家区域发展总体战略，深化区域合作，推进东部产业向西部梯度转移，实现产业互补、人员互动、技术互学、观念互通、作风互鉴，共同发展""互惠互赢"。东西部协作的双向性、双主体性再次被强调突出。不论是"输血"阶段，还是"造血"阶段，东西部协作发展实际上都强调需要双方的主体性、自觉性和主动性。东西部协作需要双主体性共同奋斗、共同发力，努力缩小东西部差距，实现共同富裕，既是东部地区的责任，也是西部地区的使命。东西部协作的双主体性被不断激发，有利于激发东西部地区各民族共同奋斗、共同富裕，共同实现社会主义现代化的激情，共同奋斗、共同富裕是中华民族大家庭每一个成员

的职责。

东西部协作需要双主体共同奋斗,"铸牢中华民族共同体意识"更是如此。"铸牢中华民族共同体意识不仅是对民族地区、边疆地区的必然要求,也是非民族地区、非边疆地区的应然需要;不仅要在少数民族群体中铸牢,也要在汉族群体中铸牢。铸牢中华民族共同体意识就是要统合全国各族人民的意志力量,齐心协力,共同面对新时代国家发展的机遇与挑战。"①西部地区,作为少数民族地区,大多也是边疆地区,是边境安全、国家安全的重要区域,自然也是国外敌对势力搞分裂、破坏紧盯的区域。西部少数民族地区应格外警惕西方分裂势力、思想侵蚀的破坏,格外清晰地认识到东西方协作事关"两个大局"的重要意义。一方面自觉加强"五个认同"教育,提高中华民族的凝聚力、向心力,铸牢中华民族共同体意识;另一方面努力奋斗,团结协作,在东部地区的协作下,奋力前行,改变发展理念,实现高质量发展,尽快缩小与东部地区的发展差距,实现民族地区的现代化。为国家统一、社会稳定、民族团结、共同富裕尽责尽力。

东部地区,作为先富起来的区域,要明确地认识到西部少数民族地区不是负担,是中华民族共同体不可分割的一员。历史上,各民族因为经济交往、人口流动、战争互动等形成了自在的中华民族共同体;鸦片战争后的百年间,面对亡国灭种的危机,中华各民族团结一致、救亡图存,中华民族意识自觉形成。"中华民族"成了全国各族人民普遍认同的共同称谓。实践证明,"汉族离不开少数民族、少数民族离不开汉族,各个少数民族之间也相互离不开"。支援西部地区各民族发展,实现共同富裕,是东部地区,是中华民族共同体各成员义不容辞的责任。通过激发东西部各民族的双主体意识,激发社会责任感和民族团结意识来"铸牢中华民族共同体意识"。

---

① 汤夺先、刘辰东.新时代铸牢中华民族共同体意识的行动要点[J].中南民族大学学报(人文社会科学版),2022(6):52-62.

（三）协作实效中认同共同体：铸牢中华民族共同体意识的实现

增强东西部协作的实效，使东西部各民族在协作实效中真实、真切地感受到国家的关爱、同胞的友爱，切实地感受到中华民族共同体的意义和价值，将"五个认同"铭刻心底、贯穿行动，从而实现"铸牢中华民族共同体意识"。东西部协作的实效主要包括两个方面：

其一，东西部协作，加快了西部地区经济社会发展，东西部区域经济发展差距在逐步缩小，西部地区的发展势头强劲，百姓收入增长迅速，生活生产条件大大地得到改善，有宽敞明亮安全的屋住，有甘甜丰富的水喝，有洁净的空气、通畅的大路，有地方务工挣钱，生病敢就医……生产、生活有保障。今昔对比，西部地区发生了翻天覆地变化；东西对比，发展差距大大缩小。西部地区百姓曾经因发展落后、信息闭塞、理念陈旧带来的自卑感逐渐减弱乃至消失，取而代之的是在经济社会迅速发展后的区域自豪、文化自信、生活满意的感情油然而生，各族人民幸福感、获得感、安全感强烈。如此，西部地区各族人民对于党和国家的感恩发自心底，对于社会各界的帮助心怀感激。深刻地感受到社会主义制度的优越，感受到东部支援地区的友善和真诚。他们对中华民族、对中国特色社会主义、对伟大的国家、伟大的党深深感激、深刻认同，为作为中华民族共同体的一员而感到自豪和庆幸。

其二，东西部协作，东部地区从资金、理念、企业、人才、智力、市场、劳务等各个方面对西部地区给予大力支持。东部地区可谓调动全民参与西部地区的支援，党委领导、政府主导、企业参与、专业技术人员派出、劳务接受、产品消费、旅游扶持等，东部地区想尽一切办法，调动全部社会力量、调动一切能调动的人员，全力以赴支援西部地区的发展。在东西部互动交往中，不同民族的文化、语言、习俗、宗教信仰等相互碰撞，各民族做到相互理解、相互尊重、相互欣赏，各民族之间平等、团结、互助、和谐，使东西部各民族之间深刻地理解了"一体性与多元性""共同性和差异性"之间的辩证统一，形塑了包容的文化氛围,为各民族广泛交往、深入交流、深度交融提供了前提和基础。

在对口支援、挂职岗位上,有很多挂职干部累坏了身体,错过了家人的重大生命仪式,牺牲了个人的安逸,有的甚至牺牲了自己的生命,但他们无怨无悔,甚至离开了挂职岗位,依然挂念挂职地方的发展、百姓的福祉,依然想尽各种办法为支援地区、百姓谋福利,争取各种社会资源。西部地区的发展、人民的富足成了他们魂牵梦绕的事情。这些点滴行动都感动着、温暖着西部地区的百姓,挂职干部离任时,他们像亲人一样依依不舍,伤心难过,十里相送。年节要电话问候,收获的特产也要一袋一袋地寄去。东部地区各民族对西部地区的关爱、友情和无私付出,西部地区各民族对东部地区干部的照顾、信任和并肩作战,这些记忆、情感时时激荡着、牵绕着东西部各民族,"中华民族一家亲""中华民族大团结"深深地感动着他们每一个人。"兄弟般的情谊"和"中华民族共同体"的魅力、价值震撼灵魂,"中华民族共同体意识"已然在他们行动中、心中铸牢。

五、结语

"铸牢中华民族共同体意识"不仅要加强宣传,在观念上铸牢,更要在实践中践行、实现铸牢中华民族共同体意识,"铸牢中华民族共同体意识"应该成为新时代各项事业实践的"纲",是指导各项事业的发展的"魂"。东西部协作是一个特殊而广阔的行动场域,在这个场域中,东西部各民族双向流动、共学共业、互学互助、互嵌共居,在政治、经济、文化、社会各领域广泛交往、深入交流、深度融合。东西部协作的实践目标、机制与铸牢中华民族共同体意识具有高度一致性,东西部协作过程也为铸牢中华民族共同体意识提供了各民族共同富裕的物质基础,各民族平等、团结、互助、和谐的关系基础,各民族亲如一家的情感基础等,东西部协作是"铸牢中华民族共同体意识"的重要载体和抓手。因此在中西部协作实践中应注意实践与宣传教育同向同行,加强铸牢中华民族共同体意识宣传教育,加强东西部各民族的中华民族共同体意识;强化双主体意识,明确东西部协作需要东西部各族人民共同奋斗、共同富裕,培育铸牢中华民族共同体意识是东西部各民族共同的责任。强化东西部协作的实效,在东西部协作的经济实效中,让"五个认同"深入骨髓、流入血液;在东西部协作的社会实效中,形成东西部各民族之间的兄弟情谊、感受中华民族一家亲,感知"中华民族共同体"的魅力和价值,从而真正实现铸牢中华民族共同体意识。民族工作不只是民族工作者独有的工作,维护国家统一、社会稳定,促进民族团结,铸牢中华民族共同体意识,是各民族及其成员应尽的义务和不可推脱的职责。民族工作无小事,民族工作处处在小事中彰显,每一个公民都是民族工作的主体。

历史上宁夏民族交往交流交融研究

刘 伟 李 华①

摘 要：文章交代了宁夏民族交往的历史背景，简要论述了宁夏民族交往的方式和途径，简明梳理了历史上各阶段宁夏民族交往交流交融的状况，特别是新时期民族交往交流交融工作的情况及显著成效，最后阐述了宁夏各民族交往交流交融史的影响意义、重要启示和思考建议。宁夏民族交往交流交融不仅对于社会进步、民族和谐和宁夏的全面持续发展具有特别的意义和重大作用，而且对于宁夏中华民族共同体意识示范区建设也具有历史价值和现实意义。

关键词：铸牢中华民族共同体意识示范区；民族交往交流交融；宁夏

民族交往交流交融是指不同民族之间在文化、语言、宗教、价值观等方面的交流与融合。这种交流不仅是不同民族之间相互了解、彼此尊重的体现，更是推动社会全面发展、促进世界和平的重要力量。宁夏位于中国西北地区，处黄河上游，地理位置优越，历史发展悠久。自古以来宁夏就是多民

---

① 作者简介：刘伟（1964— ），男，宁夏海原人，宁夏社会科学院民族研究所研究员，主要从事民族历史文化研究；李华（1974— ），男，山东平邑人，文学博士，宁夏社会科学院民族研究所副研究员，主要从事文学与民族民俗文化研究。

族聚居之地,不同民族之间的交往交流交融对于社会进步、民族和谐和宁夏的全面持续发展具有特别的意义和重大作用,对于宁夏中华民族共同体意识示范区建设也具有历史价值和现实意义。

一、宁夏民族交往的历史背景

宁夏作为丝绸之路的重要节点,吸引了来自东方和西方的商贸活动。丝绸之路的贸易活动使得宁夏成为一个繁荣的商贸中心,各个民族的商人和琳琅满目的货品于此交汇进行频繁的交流和贸易。这些商贸活动不仅直接促进了宁夏地区的经济社会发展,也带来了不同民族之间文化与心理上的交流理解与会通融合。

宁夏作为多民族聚居地的特点也是宁夏民族交往交流交融的重要背景之一。宁夏自古就是各民族密切交往的地区,在这片古老的土地上,承载着汉、匈奴、小月氏、羌等多个民族丰富多彩的历史,姚河塬遗址的考古发掘为我们揭示了这段历史的繁荣。宁夏西侧的贺兰山一带,是我国农耕文明与游牧文明的过渡地带。在新石器时代,宁夏北部属于细石器文化系统,南部属于仰韶文化系统。水洞沟远古人类文明、贺兰山岩画等珍贵的文化遗存,诠释了宁夏北部多样的民族成分和多彩的社会生活。在各个历史时期,各民族之间的战争不可避免,但也在一定程度上促进了民族融合。

宁夏地区现在聚居着汉族、回族、满族、蒙古族、东乡族等多个民族,不同民族之间的交往交流交融是宁夏社会的基本特征。这种多民族的聚居使得宁夏成了一个民族融合和谐的地方,不同民族之间的交往交流交融促进了宁夏的社会稳定和持续发展。

二、宁夏民族交往的方式和途径

宁夏民族交往的方式和途径丰富而多元,于此扼要介绍商贸交流、文化交流和婚姻与人口迁徙三种。

　　商贸交流是宁夏民族交往的重要方式之一。丝绸之路的贸易活动使得宁夏成了一个重要的商贸中心，各个民族的商人在这里进行了频繁的交流和贸易。丝绸、茶叶、马匹等商品在宁夏地区进行了广泛的交换，不同民族之间的商贸交流促进了宁夏地区的经济发展和繁荣。

　　文化交流也是宁夏民族交往的重要方式之一。宗教传播与交流是宁夏文化交流的重要组成部分，不同民族之间的宗教交流促进了宁夏地区文化的碰撞、会通及融合。此外，文化艺术的交流与融合也是宁夏民族交往的重要方面。不同民族的音乐、舞蹈、绘画等艺术形式在宁夏地区进行了交流和融合，形成了独特丰富的宁夏文化。

　　婚姻与人口迁徙也是宁夏民族交往交流交融的重要途径。不同民族之间的婚姻关系促进了宁夏地区的民族融合与和谐发展。在宁夏各县市，许多地名与中国屯垦戍边历史有着千丝万缕的联系，讲述着许多无畏的开拓者带着守护家园的使命、金戈铁马奔赴茫茫边塞的故事，记录着宁夏各族人民胼手胝足、披荆斩棘、同甘共苦创建塞上江南的传奇史诗。人口迁徙对民族交融也有着重要影响，不同民族之间的人口迁徙使得宁夏地区的民族结构更加多元化，共同推动了宁夏社会的发展和进步。

三、历史各阶段宁夏民族交往交流交融

　　从宁夏各个历史时期的开发看，一方面，中央王朝的政治治理以及中原地区的农耕技术推广、文化交流、人口迁徙等对宁夏地区的开发和发展发挥了重要作用；另一方面，生活在这片热土上的各民族都为宁夏的开发与发展贡献着自身的能量。宁夏地区的社会生活整体呈现出汉民族吸收游牧民族尚武善战之优长、各游牧民族吸取汉民族尚礼好学之风气，彼此相濡互化、互鉴交融的面貌。朔方之保障，沙漠之咽喉，在各民族的交往交流交融中，

宁夏拥有了书写不尽的文明与辉煌，推动着中华民族整体上的繁荣发展。

1. 秦汉时期

秦朝和汉朝都对宁夏地区进行了统一和管理。秦朝时，秦始皇统一了中国大陆，将宁夏地区纳入了中国的版图。汉朝时期，宁夏地区成了汉朝的西部边疆，汉朝通过设立郡县等行政机构来管理宁夏地区。

公元前214年，秦始皇派大将蒙恬率30万大军夺取"河南地"，建立县制。宁夏北部进入秦国版图，开发与屯田同时推进。两汉时期，移民人数不断增加，尤其是戍边军屯，移民带来了先进的生产技术，农业开发不断推进，宁夏平原引黄灌溉已具雏形，为宁夏未来的开发奠定了基础。

2. 魏晋南北朝时期

北魏时期，宁夏是当时重要的自流移民地之一，也是北魏设置的重要屯田区。北周时期，黄河西岸已有移民2万户，河东灵州亦有南方人移入，农业文明的发展，生成了一个影响千年的美誉之名——塞北江南。南北朝时期，氐、羯、羌、匈奴、鲜卑等民族的内迁达到巅峰，是中国历史上多民族融合迁徙最为频繁的时期。

宁夏地区的民族融合又从以下几点鲜明地反映出来。

文化融合：民族文化的交融和共同发展。在魏晋南北朝时期，宁夏地区不同民族之间的文化交流促进了民族文化的交融和共同发展。鲜卑成为活跃的民族之一，其内迁人数之多在各民族中居首。鲜卑的迁徙不仅仅是为了寻找生存空间，更是为了加速与内地文化的融合。

社会融合：民族群体之间的融合和共同生活。宁夏地区不同民族群体之间的社会融合得到了进一步的加强。不同民族之间的社会融合使得宁夏地区的社会更加稳定和谐，不同民族之间的关系得到了更好的发展和改善。

政治融合：统一的政权和治理体系的建立。在这个历史时期，各民族之间的冲突和战争虽然不可避免，但在一定客观程度上也加速促进了民族融合。

3. 唐宋五代时期

隋唐五代时期,宁夏南北都有移民,迁徙的移民有突厥、粟特、吐谷浑、吐蕃、党项等少数民族,以突厥人、党项人为多。唐代,政府专门设置安乐州来管理宁夏,唐太宗灵州会盟促进了中华民族多元一体发展,尤其是唐后期、五代的民族融合,使周边少数民族移民都已纳入汉文化圈之内。宋代早期,在宁夏平原开展移民屯田。党项民族进入宁夏平原后,宋朝屯田撤出。

在唐宋时期,宁夏地区的各民族之间进行了广泛的交往。这种交往方式多种多样,包括经济交往、政治交往、文化交往等。其中,经济交往是最为基础和重要的一种形式。宁夏地区的地理位置使得它成为东西方贸易的重要通道,各种商品和文化产品在这里交易和流通。同时,政治交往也是不可忽视的一部分。这一时期,宁夏地区是中国的边疆地区,各民族之间的政治关系紧密相连,通过政治交往,各民族之间建立了相互依存的关系。

除了交往,唐宋时期的宁夏地区还发生了广泛的民族交流。这种交流主要体现在文化方面。不同民族之间的文化交流丰富了宁夏地区的文化内涵,促进了文化的多元发展。民族交流的内容和形式也非常丰富。该时期宁夏地区各民族之间进行的文化交流包括语言、宗教、艺术等方面。

在唐宋时期,宁夏地区的各民族之间发生了深入的融合现象。这种融合主要体现在社会和经济方面。各民族之间的融合使得宁夏地区的社会结构更加多元化,各民族之间的相互影响和融合促进了社会的发展和进步。同时,各民族之间的经济融合也为宁夏地区的经济发展提供了重要动力。不同民族之间的经济交往和合作促进了宁夏地区的经济繁荣。唐贞观年间,唐太宗李世民大败长期侵扰边境的薛延陀后,受到边境地区各族人民的欢迎。贞观二十年(646),李世民在灵州会见西北各少数民族首领和使者,被各部族尊为天可汗,为一时之盛,史书称之为"灵州会盟",留下民族团结的一段佳话。

4. 西夏时期

建立西夏国的党项人在与吐谷浑、吐蕃、汉族等民族的长期交往交流交融中逐渐发展壮大起来，并形成了以多样杂糅为突出特点的西夏文化：党项文化、吐蕃文化、回鹘文化、契丹文化、女真文化是西夏文化的重要组成；中原传统文化是西夏文化的核心，并在汉文明的影响下，西夏形成了以儒家思想为主的政治文化和崇尚儒学汉礼的主流意识形态。西夏文化作为一种多元民族文化，其形成和发展过程见证了多民族之间的交往交流交融，而各民族交往交流交融对中华民族共同体的形成和发展有着深远的历史进步意义。

西夏建立后，注重宁夏平原水利建设和农业开发，开发规模较大的昊王渠。同时，经营移民屯田。南部固原，既是宋夏对峙的边地，也是北宋长期驻军和移民屯田的地方。汉族移民向边远山区的迁移，由于移民基本来自较为发达的地区，他们的迁入将习俗融入新居地，对迁入区的文化融合作出了贡献，有助于带动当地经济文化的发展，从而加速了民族融合的进程。

5. 元代

宁夏在元代的版图中属重要的区域，它不仅在政治、经济和文化方面有着重要的地位，同时也是一个多民族共存的地区。元代是草原游牧民族入主中原后建立的封建政权，政府不仅安置大量的西域人进入宁夏平原，而且从内地调集新归附的南宋汉军种田。自元代以来，回族一直是宁夏地区的主要民族之一。

元代宁夏的各民族之间存在着密切的交往关系。这种交往方式包括经济交往、文化交流、婚姻和人口流动等。例如，不同民族之间通过丝绸之路进行商品交换，通过婚姻和人口流动实现族群之间的融合。元代宁夏各民族之间的交往有着多种原因和动力。其中包括经济利益的驱动、政治需要的推动、文化交流的吸引等。欧亚交通路线的打通为不同民族之间的经济交往提供了便利,政治统一为不同民族之间的交往提供了保障,文化交流的吸引力促进了不同民族之间的交往。

元代宁夏的各民族之间存在着丰富的文化交流。这种文化交流包括语言、宗教、艺术、建筑等方面。例如,不同民族之间的语言交流促进了文化的传承和交流,宗教信仰的交流促进了宗教文化的会通与融合,艺术和建筑的交流大大促进了文化的持续发展和繁荣。

6. 明清时期

明代以后,宁夏居民中汉族人口占大多数。清代,随着八旗官兵进驻,满族成为宁夏的主要民族之一。明清时期,宁夏地区主要有汉族、回族、满族等多个民族聚居。经历明清时期的发展,不同民族在宁夏地区的社会地位和经济活动形成了一定的差异。

明代,除军屯以外,还有商屯、民屯作为军屯的补充。都司、卫治及千户所治往往成为各地的经济和文化中心,演变成为大大小小的新兴城镇。驿站的设立,促成交通道路的发展。军籍移民的迁入引起交通、城市、手工业等各方面变化,改变了宁夏城镇的手工业格局。

清代,尤其是雍正以后,大清渠、惠农渠的修筑,使土地耕垦面积增大,外省移民大量进入,促进了宁夏平原开发,经济社会和文化发展不断推进。因移民不断迁徙,县的数量增多,沿黄河城市布局已初具规模,多民族融合共建家园。

7. 民国时期

近代以后,面对亡国灭种的空前危机,各族人民共御外侮、同赴国难。中国共产党在实践探索中寻找中国道路,团结带领全国各族人民经过艰苦卓绝的斗争,血流在一起,情融在一起,最终实现国家独立和民族解放,共同缔造了中华人民共和国,从而实现了中华民族大团结,开辟了中国历史的新纪元。全国各族人民在党的领导下,团结一心奋斗,共谋伟业发展,结成了牢不可破的命运共同体。1926年9月,宁夏第一个党组织——中共宁夏特别支部正式创建。1936年西征红军解放了宁夏南部山区,建立了我国历史上第一个县级少数民族自治政权——豫海县回民自治政府,有益地尝试了党的民族自治政策。

在民国时期,宁夏地区是一个多民族聚居的地方,不同民族之间的交往交流丰富多彩,互有裨益。汉族和回族是宁夏地区的主要民族,他们之间的交往主要体现在经济和文化领域。汉族和回族在商业贸易、手工业和农业生产等方面有着密切的合作和交流,相互学习借鉴,共同促进了宁夏地区的经济社会发展,不同民族之间相互影响,共同推动了宁夏地区的经济繁荣和文化发展。略举二例:

其一,民国时期地震灾难时民族间的真情,彰显出美好光辉人性。

"天灾"自古以来就是人们所避无可避的事情,1920年发生的海原大地震给当地造成了极大的破坏。这场地震发生在甘肃省的固原和海原,震级达到了8.5级,有将近30万人因此而失去生命,数十座县城因此而受到了破坏。只有在灾难面前,人性当中最为纯善和光辉的一面才会被激发出来,这一点相信震区的人深有体会。在海原大地震发生之前,因为历史上的原因,这里的汉族人与回族人一直各过各的,生活从来都没有发生过任何的交集。而在地震之后,无论是汉族还是回族,有人失去了孩子,也有人失去了父母,这个时候应该怎么办呢?难道还要紧守着汉族和回族之间的界限,对这样的情况视而不见吗?震区的人对这种情况做出了选择,那就是不再有民族之间的区分,无论汉族还是回族,只要是孩子,他们这些活着的大人便会就近收养,让孩子们有机会继续活下去。

虽然灾难无情,但是人是有情的。在地震发生之后,震区人民所做出的事情充分展现出了人性当中的美好。除了回族家庭会收养汉族孩子之外,汉族的大人们也同样会收养那些失去亲人的回族孩子,可以说,从海原大地震之后,这里就再也没了汉族和回族之间的区别。

现如今,灾难早已过去,当初经历过海原大地震的人或许早已不在人世,他们的后代也已经重新过上了幸福安宁的生活。但是没有人能够忘记这场灾难,因为伴随着这场灾难留下来的,是美好光辉的人性。至今在海原地区还保留着回汉之间认干妈的习俗。

其二,绥西抗战回汉军民共同抗日更是集中彰显了中华民族的命运与共、保家卫国。

绥西地区作为中国抗日战争的重要战场之一,承受了日本侵略者的残暴压迫和摧残。绥西地区的抗战不仅仅是中国抗日战争的重要组成部分,也是中国人民抵抗日本侵略的战略要地。在这场艰苦卓绝的抗战中,宁夏回汉军队发挥了重要作用。宁夏回汉军队的组织结构和人员构成多样化,是由回族和汉族士兵组成,其中既有经验丰富的老兵,也有年轻的新兵。宁夏回汉军队的指挥官和军官来自不同的民族和地区,他们通过共同的目标和信念团结在一起,为绥西地区的抗战胜利作出了巨大贡献。

总的来说,民国时期宁夏民族交融对当地社会产生了积极的影响,促进了文化的交流和融合,增强了社会的稳定和谐,推动了经济的持续发展,有利于民族文化的传承和发展。

四、宁夏新时期民族交往交流交融工作成效显著

(一)宁夏奋力谱写新时代民族团结、共同进步事业的新篇章

宁夏自古以来就是各民族交往交流交融的重要地区。1936年豫海县回民自治政府的成立,有益地尝试了我们党的民族自治政策。1958年宁夏回族自治区成立,至今已经走过60多年了。从"不到长城非好汉"到"社会主义是干出来的"体现了党中央对宁夏这片热土地的巨大关怀和民族政策

的无比光辉。

宁夏回族自治区成立60多年来,各民族之间经济相依、文化相融、血脉相通,铸就了你中有我、我中有你、手足相亲、守望相助的和谐民族关系。

宁夏回族自治区政府研究出台了一系列关于加强民族团结进步创建的文件和条例,针对不同领域、不同群体的共性特点和个性差异,创建特色鲜明的民族团结进步示范单位,不断夯实铸牢中华民族共同体意识的社会基础。坚持加强民族交往交流交融,促进社会结构和社区环境相互融合,以插花方式安排各民族生态移民,积极为各民族人民共同居住、共同学习、共同工作、共同生活创造社会条件,积极引导全国各族人民正确认识民族关系和民族问题。

吴忠市利通区金花园社区是这样一个多民族居民居住的典型社区,曾荣获"全国民族团结进步模范集体"称号。2020年6月,习近平总书记来宁夏视察时,来到金花园社区。习总书记在这里,深情地对大家说,中华民族是多元一体的伟大民族,全面建成小康社会,一个少数民族也不能少。社区回族老党员"七一勋章"获得者、第八届全国道德模范王兰花退休后,组织成立了"兰花志愿者之家"。把解决社区居民的操心事、烦心事、揪心事作为毕生事业,被大家亲切地唤作"王奶奶""王妈妈""王阿姨""王大姐",这位年逾古稀的老人用自己的执着与坚持,让"兰花志愿服务精神"传遍全城,远近闻名。现在在宁夏,民族团结之花处处绽放,学校、社区、乡村、机关、企业、军营、社会组织之中。

固原市各族人民在坚定守护民族团结生命线,坚持党建引领创建,各族群众打赢脱贫攻坚战的信心和决心中得到提振;坚持增进民生福祉,创建工作与脱贫攻坚、乡村振兴、生态文明深度融合,各族群众获得感、幸福感不断增强。根据干旱缺水的实际情况,西海固一些县将扶贫产业重心由种植业向养殖业转变。近年来,在政府大力推动和金融机构的强力支持下,肉牛养殖由零星养殖向规模化养殖转变,并转向优良肉牛品种,肉牛产业迅速发展起来了。西吉县单家集是一个曾经红军长征三过的回族村庄,这些年顺应新形势新建了活畜交易市场,规模由过去的 5 亩地扩大到 75 亩地,每集的肉牛交易量激增至上千头,单家集成为远近闻名的富裕村。我们社会科学院民族研究所几次调研感受到这里淳朴乡村有远客。单家集支书单云告诉我们,现在集市已经不能满足市场的需要,正在筹建扩大市场规模,而且单云书记还说,我们这里"伢子"不欺负外地客商,所以越来越多的外地商户喜欢来这里,前来买牛的客商急剧增加,全国各地客商都有。固原市的生动实践,为宁夏回族自治区和全国欠发达地区开展民族团结示范创建工作提供了宝贵经验。

(二)宁夏铸牢中华民族共同体意识示范区的目标和实践

2021 年 10 月 10—11 日,宁夏回族自治区召开党委十二届十三次全会,全面部署了当前和今后一个时期宁夏民族工作,提出创建中华民族共同体意识示范区的新目标。中华民族共同体意识显著增强,推进现代化建设取得显著成效,各民族交往交流交融显著拓展,治理能力和治理水平显著提升,党对民族工作的领导显著加强,努力创建铸牢中华民族共同体意识示范区。

2022 年 6 月 10 日,宁夏回族自治区第十三次党代会上提出"加快建设铸牢中华民族共同体意识示范区",并作为"三区建设"之一强力推进。

2024 年 5 月 27 日,中国共产党宁夏回族自治区第十三届委员会第七次全体会议审议通过《关于坚持以习近平新时代中国特色社会主义思想为指导、加快建设铸牢中华民族共同体意识示范区的意见》,即聚焦有形有感有效加快铸牢中华民族共同体意识示范区建设,扎实推进民族团结进步事业,推动新时代民族工作高质量发展,一笔一画书写中国式现代化美丽新宁夏的崭新篇章。

对生态移民、棚户区改造、拆迁安置、美丽乡村建设中新建的集中居住区,采取插花混居的方式规划建设。在国家实行移民搬迁的大背景下,红寺堡迁入宁夏中南部山区八县近20万移民,并吸引了周边省市自发性的3.5万移民。两种不同路径的移民所呈现的生产方式和生活状况各不相同,不同区域不同民族的移民交错杂居在红寺堡这片土地上,在共同的居住格局和日常生活中交往调适,以语言、节日、族际通婚为路径的交往交流交融不断深化。红寺堡移民20多年来,各民族在良好的民族关系维系下,立足于扶贫和"生态立区",经济快速发展,形成共有精神家园,红寺堡生态移民交往交流交融的形式和特点为移民地区民族交往交流交融提供实践经验,也是新时代铸牢中华民族共同体意识的典型个案。

宁夏把民族团结教育纳入国民教育、干部教育和社会教育,通过丰富多彩的载体加强民族团结教育。坚持教育引领,把民族团结"种子"不断播入各族群众的心田里。宁夏把铸牢中华民族共同体意识主线贯彻到经济建设、政治建设、文化建设、社会建设、生态文明建设和党的建设等各项工作,不断强化中华民族共同性,构筑中华民族共有精神家园,加快建设铸牢中华民族共同体意识示范区。中华民族共同体意识进机关、进学校、进社区、进乡村、进企业、进新经济组织、进宗教活动场所以及公共文化服务场所、重点行业、窗口单位和群团组织等。

(三)宁夏各民族交往交流交融显著拓展

其一,构建互嵌式社区环境中推进"共居共学"。原隆村是宁夏闽宁镇一个回族与汉族互嵌居住的生态移民村。搬迁前,原居地的民族交往交流形式单一;搬迁后,由于原隆村的回族和汉族群众在空间上相互嵌入的居住格局,彼此交往互动、交流沟通的机会明显增多。新时代,在日常生活、就业务工、教育教学、文化互动等方面,原隆村各民族交往交流日渐广泛和深入,民族团结进步事业取得了新进展和新成就,从而形成文化上彼此欣赏、经济上相互依存、情感上相互亲近、婚姻中相互包容、归属上共生共赢,展现出民族交融的美好图景。原隆村民族交往交流交融的生动实践对我国新时代民族互嵌式社区构建具有启示意义:始终坚持党对一切工作的全面领导、党政军警民多方协同、干部和群众携手奋进,以互嵌式居住、工作学习、文化娱乐等日常生活为切入点,持续深化民族团结进步创建,促进各民族广泛交往、深刻交流、深度交融,逐步实现各民族在空间、文化、经济、社会、心理等方面的全方位嵌入。在以铸牢中华民族共同体意识为主线的民族工作新时代新征程中,原隆村村民从搬迁前的单一民族居住格局逐步有序过渡为搬迁后的回族与汉族互嵌式社区环境,真正实现了各民族之间的血脉相通、水乳交融,形成了和睦相处、和衷共济、和谐发展的良好局面。

其二,深化民族团结进步创建活动中促进"共建共享"。坚持面向基层、因地制宜,找准创建活动与社会心理的契合点、与民族情感的共鸣点、与群众切身利益的结合点,探索建立"5585"创建模式,修订完善自治区民族团结进步创建示范市、县(区)、乡(镇、街道)、村(社区)、机关、企业、学校、宗教活动场所 7 类测评指标体系,组织开展第三方测评等。

其三,保障各族群众合法权益中促进"共事共乐"。互嵌式民族社区作为一种空间实践形态,不仅为各族居民搭建交往交流的平台,更是铸牢中华民族共同体意识的重要场域。

五、宁夏各民族交往交流交融史的影响意义、重要启示和思考建议

(一)宁夏民族交往交流交融的影响意义

宁夏民族交往交流交融对于宁夏的发展和民族和谐具有重要影响和意义。在各民族的交往交流交融中,宁夏拥有书写不尽的文明与辉煌,也推动着中华民族的发展壮大。我们怀揣着对历史的敬畏之心和中华文明的共情,共同守护这片文明的沃土,传承着多元文化的精髓,为后代创造一个更

加包容、更加美好的明天。

其一,促进文化多样性的共存。不同民族之间的交往交流交融有助于促进文化多样性的共存。世界上的文化多样性是人类共同的财富,而不同民族之间的交流与融合是实现文化多样性共存的重要途径。

其二,打破民族隔阂,促进相互理解。民族交往交流交融有助于打通民族之间的隔阂,促进相互理解。通过交流与融合,不同民族之间的误解与偏见可以得到缓解乃至消除,从而建立起更加顺畅和谐的民族关系。屯垦戍边的军民和宁夏各族人民在交往交流交融中,共同开拓辽阔的疆域、共同书写悠久的历史、共同创造灿烂的文化、共同培育伟大的中华民族精神。

其三,促进经济合作与社会发展。民族交往交流交融也是促进经济合作与社会发展的重要途径。不同民族之间的经济交流与合作,有助于资源的共享与互补,推动经济的繁荣与持续发展,推动社会进步。

(二) 宁夏民族交往交流交融的重要启示

从宁夏历史时期的开发可以看到,一方面,中央王朝的政治治理以及中原地区的农耕技术推广、文化交流、人口迁徙等对宁夏地区的开发和发展发挥了重要作用;另一方面,生活在这片热土上的各民族都为宁夏的开发与发展贡献着自身的力量。宁夏地区各民族形成彼此相濡互化、互鉴交融的面貌。在各民族的交往交流交融中,宁夏拥有了书写不尽的文明与辉煌,推动着中华民族的发展壮大。

近代宁夏各民族共赴国难,萌生、增强了中华民族共同体意识。在革命斗争的实践中,增强了对祖国的认同、对中华民族命运共同体的认同,对中国共产党的认同,对中华文化的认同。长征途中,中国共产党特别重视党的民族工作,不断加强各民族交往交流交融。宁夏南部民族聚居共处的民族分布格局为各民族交往交流交融提供了发生场域。中国工农红军长征、西征的宁夏实践,政治上建立民族区域自治制度,经济上帮助各族群众改善生活,文化上开展民族宗教政策宣传教育等,为探索中国特色解决民族问题的正确道路奠定了基础,为各民族交往交流交融积累了丰富的历史经验。

社会主义革命和建设时期,全国各地支援边疆建设、支援宁夏回族自治区成立、"三线建设"、知识青年上山下乡以及 20 世纪 80 年代开始的扶贫移民、生态移民,都有大量不同地区、不同民族的支宁人员陆续进入宁夏或在宁夏内部进行迁徙交融。他们与当地居民在生产生活中相处融洽,相互交流,加速了宁夏地区的民族交融,增强了"五个认同",共居共建共享民族团结示范区,中华民族共同体意识得以巩固和加强,共同构筑中华民族共有精神家园。

(三) 宁夏民族交往交流交融的思考建议

坚持以铸牢中华民族共同体意识为主线,开展民族团结进步宣传教育,深入推进民族团结进步创建活动,全面总结党的民族政策在宁夏的光辉实践,讲好历史上宁夏各民族交往交流交融的故事,教育引导各族群众牢固树立马克思主义祖国观、民族观、文化观、历史观,为守好促进民族团结的生命线打牢坚实的思想基础。

从宁夏丰厚的历史文化遗存中挖掘素材,打造民俗文化博物馆等民族团结进步教育基地的文化融合之路新线路,搭建各族群众交往交流交融的多渠道平台。

加强对"三交"宣传教育工作落实情况的督查检查,明确相关部门职责,凝聚各方工作合力,构建各部门通力合作、全社会共同参与的宣传教育工作格局,形成各方面齐抓共管的工作局面。

民族嵌入式居住是指不同民族的居民在居住空间上相互交错、混合居住的居住模式。这种居住模式旨在促进不同民族之间的交流、融合和团结。在民族嵌入式居住模式下,不同民族的居民可以更好地了解彼此的文化、习俗和生活方式,增进相互之间的理解和尊重。同时,这种居住模式也有助于打破民族隔阂,减少民族矛盾和冲突,促进社会的和谐、稳定与发展。

为了实现民族嵌入式居住,可以采取以下措施:一是加强宣传教育。通过宣传教育,提高居民对不同民族文化的认识和理解,增强民族之间的相互尊重和包容;二是优化居住环境。在城市规划和建设中,注重打造多元文化的居住环境,提供适合不同民族居住的住房和公共设施;三是促进经济发展。通过发展经济,提高居民的生活水平,为不同民族之间的交流和融合提供物质基础。

在嵌入式居住模式下,可以通过以下一些方式促进不同民族之间的文化交流:

一是举办文化活动。组织各种民族特色的节日庆祝、文艺演出等活动,让不同民族展示和分享各自的文化。以铸牢中华民族共同体意识为主线,促进各民族交往交流交融,创编情景剧、微电影,出版通俗读物等,将各民族交往交流交融的理念、历史、故事等融入艺术作品中,推出一批具有时代色彩的文化艺术精品,更好服务铸牢中华民族共同体意识实践,引导各族群众正确认识各民族都是中华民族大家庭的一员,从而切实增强"五个认同"。

二是共同参与民俗活动。鼓励各民族一起参与传统婚礼、祭祀等民俗活动,在体验中感受文化差异与共通之处。组建文化兴趣小组,如音乐、舞蹈、绘画等小组,吸引不同民族成员共同参与,在兴趣爱好中融合交流。

三是建立文化交流中心。提供专门场地用于不同民族文化的展示、交流和互动。将坚持在旅游促"三交"的探索与实践中,不断培育红色文化沃土,延伸文旅产业链条,擦亮乡村振兴底色,有形有感有效铸牢中华民族共同体意识。

四是开展厨艺交流。通过共同制作和分享各民族特色美食,加深对彼此饮食文化的认识。打造全区以美食步行街、夜市、民族团结美食街区以及多元化民族特色乡村振兴、民族传承非遗文化等载体,将民族文化与美食文化相融合。

五是打造文化街区或园区。集中展示各民族的文化元素,营造浓郁的文化交流氛围。深入挖掘千年塞上江南水利灌溉是宁夏各族人民共同开拓、共有共享,是各族人民大团结历史见证的深刻内涵,创新开展活动,让国内外游客与当地各民族群众一起在传承和保护中,去感受千年塞上江南文化所带来的人心归聚、精神相依的时代精神,从而形成人心凝聚、团结奋进的强大精神纽带。

北魏太武帝至孝文帝时期的陇东区域治理与民族融合

保宏彪①

摘 要：北魏太武帝至孝文帝时期相继在陇东地区推行区域治理,通过任命能臣悍将镇守军政要地、注意调整民族关系的举措加强对地方的控制。在这一过程中,陇东地区出现了相对和平稳定、多民族交往交流交融持续深入的喜人局面,相关买地券和造像题记中的记述为之提供了鲜活史料。区域治理和民族融合呈现互为因果、相互促进的关系,不但促成了这一时期陇东地区民族关系融洽、经济交流扩大、文化交融深化的大好局面,而且在维护地方稳定、促进经济发展、推动边疆开发等方面发挥了积极作用。

关键词：北魏；太武帝；文成帝；陇东；民族融合

汉武帝时期的匈奴内附和东汉以来三次羌人暴动,促使大批匈奴、羌族部众进入关陇地区。魏晋以后,大规模少数民族内迁和汉族人口流动在陇东地区频繁上演,推动了当地多民族交往交流交融,为民族杂居局面的形成奠定了基础。"八王之乱"爆发后,以匈奴、鲜卑、羯、氐、羌为代表的北方多个少数民族先后在中原建立地方割据政权,匈奴刘氏的前赵(成汉)、羯人

---

① 作者简介：保宏彪(1985—),男,宁夏银川人,历史学博士,宁夏社会科学院民族研究所副所长,副研究员,主要研究方向为魏晋南北朝史、隋唐史、宋夏史。

石氏的后赵、氐人苻氏的前秦、羌人姚氏的后秦、匈奴铁弗部的大夏都曾先后占据陇东地区,为当地的多民族杂居格局注入新鲜血液。太武帝、文成帝、献文帝、孝文帝四位帝王执政时期,北魏为推进陇东地区区域治理,通过任命能臣悍将镇守军政要地、注意调整民族关系的方式加强中央对地方的控制。此举不但实现了稳定陇东局势、促进地方开发的目的,而且为多民族交往交流交融的不断深入与中华民族共同体意识的巩固凝聚创造了有利外部环境。

一、北魏前期陇东行政建制

依据《魏书·地形志》[①]相关记载来看,北魏时期陇东地区主要包含泾州、原州两个州级政区,还有 8 个郡级政区与 21 个县级政区。

表 1 北魏时期陇东政区一览表

序号	州级政区	郡级政区	县级政区	出处
1	泾州	安定、陇东、新平、赵平、平凉、平原	安定、临泾、朝那、乌氏、石堂、泾阳、祖居、抚夷、白土、爰得、三水、高平、鹑觚、鹑䚖、东盘、鹑阴、阴密、阴槃	《魏书》卷一〇六下《地形志二下·泾州》
2	原州	高平、长城	高平、里亭、黄石、白池	《魏书》卷一〇六下《地形志二下·高平镇》
合计		8	21	

（一）泾州

泾州(治今甘肃省镇原县东北)地处陇山(六盘山)东麓腹地,控扼泾河流域通往关中地区的多条交通要道,不但是防守关中西北方向的重要门户,

---

[①] 《魏书·地形志》作为反映北魏政区的第一手资料,虽因永安末年尔朱荣入洛后的一系列乱局而出现"官司文簿,散弃者多,往时编户,全无追访"的局面,被迫"今录武定之世以为志焉",但相关记载仍然是研究北魏政区的基础史料。

而且在沟通关中与陇东交通方面发挥着重要的桥梁作用,为丝路东段北道必经之地。泾州下辖安定、陇东、新平、赵平、平凉、平原 6 郡,地域范围东起今陕西省永寿、淳化二县一带,西至六盘山东麓。安定郡,"太和十一年罢石堂郡,以其县属"①,所领安定、临泾、朝那、乌氏 4 县皆为汉晋旧置,石堂县设置时间不明。② 陇东郡领泾阳、祖居、抚夷 3 县,皆为汉晋旧置。③ 新平郡的情况与陇东郡类似,下辖白土、爰得、三水、高平 4 个汉晋古县。④ 赵平郡所领鹑觚、东槃⑤二县,前者为汉晋旧置,后者的出现时间应晚于平原郡所领阴盘县,可能因位于阴盘县以东而得名。平凉郡所领鹑阴、阴密二县和平原郡所领阴盘县,皆为汉晋旧置。⑥

(二) 原州

高平镇(治今宁夏固原市原州区)位于陇山东麓,是关中西出沿泾河谷道北上前往薄骨律镇(治今宁夏吴忠市利通区),西通兰、秦、凉三州的交通枢纽,因萧关、瓦亭关等众多险关而成为沟通关陇的重要门户,对维持丝路东段北道畅通意义重大。有"陆海"美誉的关中平原是中国古代北方地区主要农耕地带之一,得益于沃野千里、阡陌纵横、渠道密布的优越条件,成为周秦汉唐等朝的立国之本和京畿重地。有学者认为,"关中自古为四塞之地,四塞之中尤以西方之陇山最具军事意义"⑦。太延二年(436),太武帝为控遏萧关北出沿蔚茹水(今清水河)谷道北上前往凉州(治今甘肃省武威市凉州区)和薄骨律镇的交通要道,设置高平镇管辖陇山以北广大地域。⑧

---

① 魏收.魏书[M].北京:中华书局,1974:2618.
② 魏收.魏书[M].北京:中华书局,1974:2618.
③ 魏收.魏书[M].北京:中华书局,1974:2619.
④ 魏收.魏书[M].北京:中华书局,1974:2619.
⑤ 《魏书》卷一〇六下《地形志二下·泾州》,第 2619 页。依据同书第 2649 页"校勘记"来看,"东槃"应为"东阴槃",脱去一个"阴"字。
⑥ 魏收.魏书[M].北京:中华书局,1974:2619.
⑦ 牛敬飞.陇右与陇上:论汉魏南北朝西北战略中的陇山意象[J].兰州大学学报(社会科学版),2022(5).
⑧ 魏收.魏书[M].北京:中华书局,1974:2622.

二、北魏前期陇东地区区域治理

(一) 太武帝时期

1. 北魏占据陇东地区

北魏进军陇东的军事进程,肇始于占据关中的大夏政权内乱。① 始光二年(425),赫连勃勃去世后,"诸子相攻,关中大乱,(拓跋焘)于是西伐"②。次年九月,太武帝遣司空奚斤率义兵将军封礼、雍州刺史延普③袭蒲坂,宋兵将军周几率洛州刺史于栗䃅袭陕城"④,以先声夺人之势擂响了进军关中的战鼓。十一月戊寅,"(太武)帝率轻骑二万袭赫连昌"⑤。奚斤率军尚未抵达蒲坂,"(赫连)昌守将赫连乙升弃城西走。昌弟助兴守长安,乙升复与助兴自长安西走安定。奚斤遂入蒲坂"⑥。据《魏书·奚斤传》记载:"世祖征赫连昌,遣斤率义兵将军封礼等督四万五千人袭蒲坂。昌守将赫连乙升闻斤降至,遣使告昌。使至统万,见大军已围其城,还告乙升曰:'昌已败矣。'乙升惧,弃蒲坂西走。斤追败之,乙升遂奔长安。斤入蒲坂,收其资器,百姓安乐。昌弟助兴,先守长安,乙升至,复与助兴弃长安,西走安定,斤又西据长安。"⑦始光三年(426)十二月,"(太武帝)诏(奚)斤西据长安。秦

---

① 据《魏书》卷二五《长孙嵩传》记载,拓跋焘自即位伊始就开始谋划西征、北讨适宜,进攻目标在大夏、柔然和北燕之间犹豫不决,直到赫连勃勃死后诸子内讧导致关中大乱,才为北魏进军关陇提供了良机。"(世祖)诏问公卿,赫连、蠕蠕征讨何先。(长孙)嵩与平阳王长孙翰、司空奚斤等曰:'赫连居土,未能为患,蠕蠕世为边害,宜先讨大檀。及收其畜产,足以富国;不及则校猎阴山,多杀禽兽,皮肉筋角,以充军实,亦愈于破一小国。'太常崔浩曰:'大檀迁徙鸟逝,疾追则不足经久,大众则不能及之。赫连屈丐,土宇不过千里,其刑政残虐,人神所弃,宜先讨之。'尚书刘洁、武京侯安原请先平冯跋。帝默然,遂西巡狩。后闻屈丐死,关中大乱,议欲征之。嵩等曰:'彼若城守,以逸待劳,大檀闻之,乘虚而寇,危道也。'帝乃问幽微于天师寇谦之,谦之劝行。杜超之赞成之,崔浩又言西伐利。嵩等固谏不可。"中华书局,1974 年,第 644 页。
② 魏收.魏书[M].北京:中华书局,1974:2657.
③ 虽然北魏此时尚未占领关中,太武帝先行任命延普为雍州刺史,有以壮行色、鼓舞士气之意。
④ 魏收.魏书[M].北京:中华书局,1974:71.
⑤ 《魏书》卷四上《世祖纪上》,第 71 页。《魏书》卷九五《铁弗刘虎附卫辰子屈子传》记为"一万八千人"(第 2057 页)。
⑥ 魏收.魏书[M].北京:中华书局,1974:71-72.
⑦ 魏收.魏书[M].北京:中华书局,1974:699.

雍氏、羌皆叛(赫连)昌诣斤降"①。面对北魏大军的摧枯拉朽之势,杂居于陇东地区的各族部众相继臣服归降。

虽然奚斤占据了长安,但是大夏残余势力赫连昌依然在逃,企图拉拢杂居关陇的诸族部众共同反击北魏。追歼赫连昌成为当务之急,太武帝深知这是稳定关中局势并进而控制陇东地区的重要前提。始光四年(427)五月,太武帝亲率大军征讨赫连昌,向大夏都城统万城发动进攻。《资治通鉴·考异》引《十六国春秋钞》记述,"(大夏)承光三年(427)五月,战于黑渠,为魏所败,(赫连)昌与数千骑奔还。魏追骑亦至。昌河内公费连乌提守高平,徙诸城民七万户于安定以都之"②。随着北魏的大军压境,"六月甲辰,(赫连)昌引众出城,大破之。事在昌传。(赫连)昌将麾下数百骑西南走,奔上邽,诸军乘胜追至城北,死者万余人,临阵杀(赫连)昌弟河南公(赫连)满及其兄子(赫连)蒙逊"③。众叛亲离的赫连昌向陇西仓皇逃窜,太武帝的军事征讨取得重大成功:"车驾入(统万)城,虏(赫连)昌群弟及其诸母、姊妹、妻妾、宫人万数,府库珍宝车旗器物不可胜计,擒(赫连)昌尚书王买、薛超等及司马德宗将毛修之、秦雍人士数千人,获马三十余万匹,牛羊数千万。"④随着大夏的灭亡和赫连昌的西逃,北魏在陇东地区的影响力迅速扩大。始光四年(427)九月,"安定民举城归降"⑤。这是四个月前赫连昌所封授的河内公费连乌提据守高平郡时,自周边诸城迁徙而来的七万户各族民众。⑥安定郡地处关中沿泾河河谷西出陇山的咽喉要道,此地的归降为北魏在陇东站稳脚跟奠定了基础。

---

① 魏收.魏书[M].北京:中华书局,1974:72.
② 司马光.资治通鉴[M].北京:中华书局,1956:3799.
③ 魏收.魏书[M].北京:中华书局,1974:72.
④ 魏收.魏书[M].北京:中华书局,1974:72-73.
⑤ 魏收.魏书[M].北京:中华书局,1974:73.
⑥ 司马光.资治通鉴[M].北京:中华书局,1956:3799.

神䴥元年(428)二月,逃亡之中的赫连昌退屯平凉郡。司空奚斤进军安定郡,"将军丘堆为(赫连)昌所败,监军侍御史安颉出战,擒(赫连)昌。昌余众立昌弟(赫连)定为王,走还平凉"①。奚斤率军追击赫连定于马髦岭,"为(赫连)定所擒。丘堆先守辎重在安定,闻(奚)斤败,弃甲东走蒲坂"②。据《魏书·奚斤传》记载,轻敌冒进的奚斤"乃舍辎重,轻赍三日粮,追定于平凉。娥清欲寻水而往,斤不从,自北道邀其走路。定众将出,会一小将有罪亡入贼,具告其实。定知斤军无粮乏水,乃邀斤前后。斤众大溃,斤及娥清、刘拔为定所擒,士卒死者六七千人"③。这次战败虽然损失较为惨重,却并未挫伤太武帝进军陇东的决心。神䴥三年(430)十一月乙酉,"车驾至平凉。先是,赫连定将数万人东御于鄜城,留其弟上谷公社于、广阳公度洛孤城守。帝至平凉,登北原,使赫连昌招谕之,社于不降。诏安西将军古弼等击安定,攻平凉。定闻之,弃鄜城,入于安定,自率步骑三万从鹑觚原将救平凉,与(古)弼相遇,弼击之,杀数千人,乃还走。诏诸军四面围之"④。同月丁酉,"(赫连)定乏水,引中下原,诏武卫将军丘眷击之,(赫连)定众大溃,死者万余人。(赫连)定中重创,单骑遁走。获(赫连)定弟丹阳公乌视拔、武陵公秃骨及公侯百余人。是日,诸将乘胜进军,遂取安定。(赫连)定从兄东平公(赫连)乙升弃城奔长安,劫掠数千家,西奔上邽"⑤。通过这次大胜,北魏彻底确立了在陇东地区的统治。

2. 悍将陆俟镇守安定郡

神䴥三年(430)十一月,太武帝追歼一路西逃的赫连定至安定郡。次月,北魏击溃赫连定后控制陇东地区。安定郡作为连接关中和陇西的重要

---

① 魏收.魏书[M].北京:中华书局,1974:73.
② 魏收.魏书[M].北京:中华书局,1974:73.
③ 魏收.魏书[M].北京:中华书局,1974:699-700.
④ 魏收.魏书[M].北京:中华书局,1974:77.
⑤ 魏收.魏书[M].北京:中华书局,1974:77.

战略枢纽,受到太武帝高度重视,特命悍将陆俟坐镇这一咽喉要地。在任期间,陆俟先后平定金崖、狄子玉之乱和金当川叛乱,有力维护了陇东地区的社会秩序稳定。

(1) 金崖、狄子玉之乱

神䴥元年(428)七月,"上郡休屠胡酋金崖率部内属"①。同年十二月,"车驾东还,留巴东公延普等镇安定"②。延和二年(433)二月,"征西将军金崖与安定镇将延普及泾州刺史狄子玉争权构隙,举兵攻普,不克,退保胡空谷,驱掠平民,据险自固。诏散骑常侍、平西将军、安定镇将陆俟讨获之"③。从"上郡休屠胡"可知,金崖的族属为匈奴。平凉金氏,"本匈奴休屠王之后,屠各族也"④。不论居地为上郡(北华州)还是平凉(泾州),匈奴休屠之金氏皆源自西汉名臣金日磾。《汉书·金日磾传》记载金日磾为匈奴休屠王太子,元狩年间霍去病出击匈奴时被俘后没为官奴在黄门养马,汉武帝因休屠作金人为祭天主而赐姓金氏。⑤姚薇元据此指出:"可知金氏本汉时休屠降胡,东晋、后魏时犹为平凉强豪,叛服无常也。休屠,即'休屠各'之省译,或省前一音作'屠各',或省后一音作'休屠'。'休屠'本匈奴王号,故《晋书·匈奴传》谓'屠各最豪贵'。"⑥金崖内附北魏后获封征西将军,在太武帝西进陇东的军事行动中驻守泾州(治今甘肃省泾川县)。虽然泾州刺史狄子玉的姓名看似汉人,但通过《魏书·陆俟传》所载"平凉休屠崖"⑦"羌狄子玉等叛"⑧判断,其人实为平凉羌人。⑨姚薇元认为:"又羌族亦有

---

① 魏收.魏书[M].北京:中华书局,1974:74.
② 魏收.魏书[M].北京:中华书局,1974:78.
③ 魏收.魏书[M].北京:中华书局,1974:82.
④ 姚薇元《北朝胡姓考》,中华书局,2007年,第309页。《晋书》卷一一六《姚苌载记》有"平凉胡金熙",中华书局,1974年,第2967页。
⑤ 班固.汉书[M].北京:中华书局,1962:2959-2967.
⑥ 姚薇元.北朝胡姓考[M].北京:中华书局,2007:310.
⑦ 金崖自上郡归附北魏后移驻平凉,从"上郡休屠胡"变为"平凉休屠[金]崖"。
⑧ 魏收.魏书[M].北京:中华书局,1974:901.
⑨ 姚薇元.北朝胡姓考[M].北京:中华书局,2007:205.

狄氏,本西州豪族。①《魏书》太祖时获姚兴将军狄伯支,太宗时有羌酋狄温子内附,世祖时有泾州刺史狄子玉,亦平凉羌人。"②

征西将军金崖与安定镇将延普、泾州刺史狄子玉争权构隙,虽然表面看来是个人之间的争权夺利,其实质却是北魏前期陇东地区民族矛盾的曲折反映。如前所述,延普的族属为鲜卑,金崖和狄子玉则分别是内附的匈奴屠各与获得北魏重用的羌酋。陇东曾为大夏和后秦的统治区域,北魏太武帝的挥师西进打破了当地长期以来形成的民族格局,在个别北魏将领、官员的残酷压榨下,杂居于陇东地区的匈奴、羌等少数民族部众联合发动反魏斗争。

(2) 金当川之乱

延和二年(433)十月金崖战死,"部人立崖从弟当川领其众"③。金崖为匈奴屠各,故而金当川亦为其同族。次年三月,金当川举起反魏大旗,两个月后率众围困西川侯彭文晖于阴密。④ 阴密为泾州平凉郡属县,⑤治所位于今甘肃省灵台县百里乡,距离金崖所盘踞的胡空谷一百余里,应该是匈奴休屠在陇东地区的主要聚居地之一。延和三年(434)四月,太武帝命征西大将军常山王拓跋素讨伐金当川,二十多天后将其擒获送斩于长安。⑥ 据《魏书·常山王遵附子素传》记载:"休屠郁原等叛,素讨之,斩渠帅,徙千余家于逐鹿之阳,立平原郡以处之。"⑦由此推测,郁原应为金当川之副,二人共同领导了这次反魏斗争。

---

① 《晋书》卷一一六《姚苌载记》记载:"西州豪族尹详、赵曜、王钦卢、牛双、狄广、张干等率五万余家,咸推(姚)苌为盟主。"中华书局,1974 年,第 2965 页。
② 姚薇元.北朝胡姓考[M].北京:中华书局,2007:205.
③ 魏收.魏书[M].北京:中华书局,1974:85.
④ 魏收.魏书[M].北京:中华书局,1974:83-84.
⑤ 魏收.魏书[M].北京:中华书局,1974:2619.
⑥ 魏收.魏书[M].北京:中华书局,1974:84.
⑦ 魏收.魏书[M].北京:中华书局,1974:375.

泾州地区先后爆发金崖、狄子玉、金当川之乱的原因,应与北魏占据陇东后地方官员的治理无方有关。据《魏书·周几传》记载,"几常嫌奚斤等绥抚关中失和,百姓不附"①。武人出身的奚斤在地方治理方面能力不足,不但未能安抚民情和恢复经济,而且在一定程度上激化了泾州地区社会矛盾。太武帝进军陇东时曾多次征调关中各族部众,虽然客观上促进了人口流动与民族迁徙,却使战乱频仍、社会动荡的陇东地区雪上加霜,民族矛盾日益尖锐。频繁出兵和大规模征调对各族民众的正常生产、生活造成巨大伤害,太武帝在延和三年正月所颁诏书中坦言:"故频年屡征,有事西北,运输之役,百姓勤劳,废失农业,遭离水旱,致使生民贫富不均,未得家给人足,或有饥寒不能自赡者,朕甚愍焉。"②

(3) 能臣悍将对陇东地区区域治理的贡献

太武帝进军陇东,是对十六国以来当地民族关系和社会秩序的一次大规模调整。任职陇东的能臣悍将,奠定了当地民族融合与区域治理的基础。这一时期陇东地区区域治理的重点,是维护地方稳定与缓和民族矛盾。

《魏书》陆俟本传详细记述了其平定金崖、狄子玉之乱的过程,反映其在陇东地区区域治理方面的积极贡献:"平凉休屠金崖、羌狄子玉等叛,复转为使持节、散骑常侍、平西将军、安定镇大将。既至,怀柔羌戎,莫不归附。追讨崖等,皆获之。"③安定镇将之设,旨在保障关中通往陇西的交通线畅通。叛乱爆发之前,陆俟的职务应如《魏书·世祖纪》所记为"安定镇将",可能出于平乱期间兵力调动的方便,才升任"安定镇大将"。据《魏书·世祖纪》记载,太武帝命安定镇将陆俟讨平据守胡空谷为乱的金崖和狄子玉。④胡空谷位于泾州新平郡白土县西南(今陕西省彬州市西南),控遏关

---

① 魏收.魏书[M].北京:中华书局,1974:726.
② 魏收.魏书[M].北京:中华书局,1974:83.
③ 魏收.魏书[M].北京:中华书局,1974:901.
④ 魏收.魏书[M].北京:中华书局,1974:82.

中沿泾水河谷西北行通往陇东军政中心泾州的咽喉要道。陆俟剿灭占据胡空谷作乱的金崖和狄子玉，保障了关中与陇东、陇西的联系畅通，维护了关陇局势的稳定。在延和三年(434)四月平定金当川的过程中，常山王拓跋素应该得到安定镇将陆俟的协助。

太平真君七年(446)，"安定逆贼帅路那罗遣使赍书与逆帅梁会，会以那罗书射于城中，那罗称纂集众旅，克期助会"①。卢水胡②盖吴在关中腹地杏城发动反魏斗争后，定居于安定郡的屠各酋帅路那罗积极响应，联合在天水郡起事的梁会共同发动叛乱。在北魏多路大军合围之下，屠各路那罗被擒于安定郡。虽然《魏书·世祖纪》没有没有明言何人擒获路那罗，但从"高凉王那破盖吴党白广平；生擒屠各路那罗于安定，斩于京师"③的表述来看，应该是高凉王拓跋那在安定郡取得的军事胜利。中华书局点校版句读时误用分号，"白广平生擒"五字之间应用逗号。

路那罗之乱被平定后，"安定卢水胡刘超等聚党万余以叛，世祖以俟威恩被于关中，诏以本官加都督秦雍诸军事，镇长安"④。为镇压刘超的聚众反叛，太武帝赋予陆俟便宜行事特权："秦川险绝，奉化日近，吏民未被恩德，故顷年已来，频有叛动。今超等恃险，不顺王命，朕若以重兵与卿，则超等必合而为一，据险拒战，未易攻也；若以轻兵与卿，则不制矣。今使卿以方略定之。"⑤《魏书·陆俟传》生动记述了计擒刘超的经过："于是俟单马之镇，超等闻之大欣，以为无能为也。既至，申扬威信，示以成败，诱纳超女，外若姻亲。超犹自警，初无降意。俟乃率其帐下，往见超，观其举措，设掩袭之计。

---

① 魏收.魏书[M].北京：中华书局，1974：1135.
② 卢水胡是汉代至南北朝时期活跃于中国西北地区的一支少数民族，族源十分复杂，既有匈奴、月支的成分，又在民族演进过程中吸收了羯、氐、羌等部族的血统，因居于河西走廊临松郡(今甘肃省民乐县南古城)卢水而得名。根据活动地区的不同，分为泾渭流域的安定卢水胡、河西走廊的临松卢水胡、河湟谷地的湟中卢水胡三支。
③ 魏收.魏书[M].北京：中华书局，1974：101.
④ 魏收.魏书[M].北京：中华书局，1974：903.
⑤ 魏收.魏书[M].北京：中华书局，1974：903.

超使人逆曰:'三百人以外,适当以弓马相待,三百人以内,当以酒食相供。'俟乃将二百骑诣超,超设备甚严。俟遂纵酒尽醉而还。后谓将士曰:"超可取也。"乃密选精兵五百人,陈国恩德,激厉将士,言至恳切。士卒奋勇,各曰:'以死从公,必无二也。'遂伪猎而诣超,与士卒约曰:'今会发机,当以醉为限。'俟于是诈醉,上马大呼,手斩超首。士卒应声纵击,杀伤千数,遂平之。"①

（二）文成帝至孝文帝时期

1. 刘藻妥善处理北地郡民族关系

太安年间（455—459）,北地太守刘藻因治理境内羌众有方而获升迁。《魏书》本传记载:"藻涉猎群籍,美谈笑,善与人交,饮酒至一石不乱。永安②中,与姊夫李嶷俱来归国,赐爵易阳子。擢拜南部主书,号为称职。"③自盖吴反魏斗争以来,杂居陇东的氐羌部众就桀骜不驯,"时北地诸羌数万家,恃险作乱,前后牧守不能制,奸暴之徒,并无名实,朝廷患之,（文成帝）以藻为北地太守"④。到任之后,"(刘)藻推诚布信,诸羌咸来归附。藻书其名籍,收其赋税,朝廷嘉之。迁龙骧将军、雍城镇将。先是氐豪徐成、杨黑等驱逐镇将,故以藻代之。至镇,擒获成、黑等,斩之以徇,群氐震慑。雍州人王叔保等三百人表乞藻为骏奴成主。诏曰:'选曹已用人,藻有惠政,自宜他叙。'在任八年,迁离城⑤

---

① 魏收.魏书[M].北京:中华书局,1974:903.
② 结合下文"太和中,改镇为岐州,以藻为岐州刺史"来看,"永安"年号有误,恐为永（承）平、兴安、太安、天安之讹。从笔画和存续时间推测,时长五年的"太安"年号最为可能。
③ 魏收.魏书[M].北京:中华书局,1974:1549.
④ 魏收.魏书[M].北京:中华书局,1974:1549.
⑤ 校勘记指出:"'在任八年,迁离城镇将',按下文云'太和中,改镇为岐州',查卷一〇六下《地形志下》'岐州'条注云:'治雍城镇。'自汉以来,即置雍县,地由雍水得名,别无所谓'离城'。这里'离'字显为'雍'之讹。但上文已称他'迁龙骧将军、雍城镇将',所谓'在任八年',即指在雍城镇将之任,怎么能以雍城镇将迁雍城镇将呢？而且疑问尚不止镇名之异。上文于刘藻迁雍城镇将后,说雍州人王叔保等三百人表乞藻为骏奴成主。诏曰:'选曹已用人,藻有惠政,自宜他叙。'成主级品比镇将低,王叔保等是表示对他好感才乞求任他为成主的,怎么会要他降级调任？细观此段,实是文字错简,又有衍文。上文'迁龙骧将军、雍城镇将'至'群氐震慑'四十二字当在'在任八年'下。这里'迁离城镇将'五字则是衍文。原文当作:'……朝廷嘉之。雍州人王叔保等三百人表乞藻为骏奴成（转下页）

镇将"①。刘藻因妥善处理北地郡民族关系而长期留职,为维护地方稳定、促进多民族交往交流交融、推动当地经济社会发展做出了积极贡献。

2. 吕罗汉、卢渊平乱泾州

因为文成帝认真吸取了盖吴之乱的经验教训,所以在区域治理方面沿用了太武帝时期慎选能臣悍将的政治原则,同时注意调整地方民族关系、缓和各民族之间的矛盾。文成帝之后,相继执政的献文帝和孝文帝继承了在这一政治传统,陇东地区出现了相对和平、地方稳定的大好局面,见诸史籍的动乱地区和反叛活动屈指可数,吕罗汉与卢渊在泾州的两次平乱堪称这一时期陇东地区的大事件。

吕罗汉作为历经太武帝、文成帝、献文帝、孝文帝四代帝王的老臣,因深得信任而长期镇守陇西和陇南两地,在维护北魏边疆稳定方面居功至伟。孝文帝时期,"泾州民张羌郎扇惑陇东,聚众千余人,州军讨之不能制。罗汉率步骑一千击羌郎,擒之"②。由《魏书》吕罗汉本传相关记述及其太和六年(482)去世③这一信息推测,此时的吕罗汉应该仍在献文帝时期任命的"秦益二州刺史"任上。从张羌郎的名字来看,应出自"西河张氏,本匈奴屠各族"④。生活在泾州的屠各张羌郎煽动杂居陇东的诸族部众一千余人发动叛乱,泾州诸军讨伐不利。孝文帝不得不舍近求远启用吕罗汉,征调秦州兵马后镇压张羌郎之乱。

太和十八年(494),"及车驾南伐,赵郡王幹督关右诸军事,诏加(卢)渊

(接上页)主。诏曰:选曹已用人,藻有惠政,自宜他叙。在任八年,迁龙骧将军、雍城镇将。先是氐豪徐成、杨黑等驱逐镇将,故以藻代之。至镇,擒获成、黑等,斩之以徇,群氏震慑。太和中,改镇为岐州,以藻为岐州刺史.'"《魏书》卷七〇"校勘记",中华书局,1974年,第1562—1563页。

① 魏收.魏书[M].北京:中华书局,1974:1549.
② 魏收.魏书[M].北京:中华书局,1974:1139.
③ 魏收.魏书[M].北京:中华书局,1974:1139.
④ 姚薇元.北朝胡姓考[M].北京:中华书局,2007:301.

使持节、安南将军为副,勒众七万将出子午"①。南齐武帝萧赜的突然去世,孝文帝恪守"师不伐丧"的春秋古义,命令原计划途经秦岭子午道南征的北魏大军暂停出击。此时聚居于泾州的羌人部众发动叛乱,"残破城邑,(卢)渊以步骑六千众号三万,徐行而进"②。在卢渊的强力镇压下,"未经三旬,贼众逃散,降者数万口,唯枭首恶,余悉不问"③。本着只问匪首、宽宥胁从的原则,卢渊妥善处置泾州善后工作,化解了当地各族民众的紧张情绪,维护了地方稳定。

三、北魏前期陇东地区民族融合

（一）《苟头赤鲁地券》所见多民族经济交流

光绪二年(1876),《苟头赤鲁地券》出土于今甘肃省灵台县,④反映了太武帝太延二年(436)泾州安定郡少数民族之间进行土地买卖的史实。鲁西奇通过对地券内容的考证,认为公元5世纪前后关中及其周边地区的戎夏杂居不仅表现为区域范围内的杂居,而且表现为同一聚落内的杂居,当时居住于泾水上中游地区的各族民户都有较为明晰的土地所有权观念,社会也为此种所有权提供了一定的制度性保障。⑤ 从《双剑誃古器物图录》收录的《苟头赤鲁地券》图版来看,该券为砖质,长25.6厘米,宽12.8厘米,5行,行字不等。⑥《中国历代契约会编考释》收有释文,⑦现移录于下:

> 大延二年九月四日,苟头赤鲁从同军民车阿姚买地五十亩,东齐瓦舍大道,西引白雾头浴,顾布六匹。中有一邪道,次南坪。买

---

① 魏收.魏书[M].北京:中华书局,1974:1049.
② 魏收.魏书[M].北京:中华书局,1974:1049.
③ 魏收.魏书[M].北京:中华书局,1974:1049.
④ 叶昌炽撰,柯昌泗评.语石异同评[M].北京:中华书局,1994:262.
⑤ 鲁西奇.甘肃灵台、陕西长武所出北魏地券考释[J].中国经济史研究,2010(4).
⑥ 于省吾.双剑誃古器物图录:卷下,陶类[M].北京:中华书局,2009:195.
⑦ 张传玺.中国历代契约会编考释[M].北京:北京大学出版社,1995:117.

车高兴地卅亩,顾布四匹。即日过了。时人王阿经、苟头昨和、王吴生、苟头阿小、彭兴生、杨鲜等时知。①

《魏书·官氏志》记载,"若干氏,后改为苟氏"②。因为《苟头赤鲁地券》完成于太延二年(436),所以并非太和改姓的结果,苟头赤鲁绝非鲜卑族。鲁西奇指出:"上引张传玺主编《中国历代契约会编考释》(上)第117页注云:'此人与以下数人当是长居代郡的鲜卑人'显系揣测之辞,特别是'长居代郡'之说,不知所据。"③结合《晋书·苻登载记》所载"苟头原"④,鲁西奇推测"苟头原必在平凉郡与安定郡之间,当在今泾川县西、崇信县境内,亦属安定郡之地"⑤。在此基础上,鲁西奇进而推测,由地券见证人(时人)苟头昨和、苟头阿小,可知"苟头"当为此部落之姓,"苟头原"因"苟头"部落长期居住而得名,券中之诸"苟头"当是居于苟头原或附近之羌、胡。⑥ 虽然"苟头"之姓仅见于《苟头赤鲁地券》,但"昨和"却是羌姓,通过《圣母寺四面造像碑(铭)》和《昨和拔祖等一百廿八人造像记》⑦,推测"苟头"亦为羌姓。⑧ 券中所见之卖地人车阿姚和车高兴当是西域胡人,"西域车氏,本车师国胡人,以国为氏"⑨。《魏书·车伊洛传》记述,其人"焉耆胡也。世为东境部落帅,恒修职贡。世祖录其诚款,延和中,授伊洛平西将军,封前部王,赐绢一百匹,绵一百斤,绣衣一具,金带靴帽。伊洛大悦,规欲归

---

① 李贺文《北朝至隋唐陇右少数民族历史与文化:碑铭视角下的考察》一书附录亦有收录,中国社会科学出版社,2021年,第273页。
② 魏收.魏书[M].北京:中华书局,1974:3007.
③ 鲁西奇.甘肃灵台、陕西长武所出北魏地券考释[J].中国经济史研究,2010(4).
④ 房玄龄.晋书[M].北京:中华书局,1974:2951.
⑤ 鲁西奇.甘肃灵台、陕西长武所出北魏地券考释[J].中国经济史研究,2010(4).
⑥ 鲁西奇.甘肃灵台、陕西长武所出北魏地券考释[J].中国经济史研究,2010(4).
⑦ 《圣母寺四面造像碑(铭)》与《昨和拔祖等一百廿八人造像记》均在今陕西省蒲城县,录文分别见于《金石萃编》卷三六和《八琼室金石补正》卷三二。《圣母寺四面造像碑(铭)》刻于北周保定四年(564),《圣母寺四面造像碑(铭)》刻于北周天和元年(566)。
⑧ 鲁西奇.甘肃灵台、陕西长武所出北魏地券考释[J].中国经济史研究,2010(4).
⑨ 姚薇元.北朝胡姓考[M].北京:中华书局,2007:426.

阙"①。虽然车伊洛直到太武帝执政末期的正平年间才到北魏都城平城定居,但由《苟头赤鲁地券》可知,在此之前已有部分车师人移居安定郡,车阿姚与车高兴能够出卖土地说明其居于此地已非一时。②

在《苟头赤鲁地券》的见证人(时人)中,除苟头昨和、苟头阿小外,另有王阿经、王吴生、彭兴生、杨鲜等四人。鲁西奇认为在未得其他证据之前,不妨假定其为汉人。③ 此说固然有理,但结合四人姓氏、名字来看,亦有很大可能为汉化胡人。王阿经和王吴生所属之"王"可能为冯翊王氏,"本姓钳耳,羌族虔仁种也"④。据《魏书·王遇传》记述,"王遇字庆时,本名他恶,冯翊李润镇羌也。与雷、党、不蒙俱为羌中大族。自云其先姓王,后改氏钳耳,世宗时复改为王焉"⑤。《苟头赤鲁地券》的出土地安定郡毗邻冯翊郡,王阿经和王吴生可能为羌人。对于彭兴生来说,虽然看似汉人,但也有羌人汉化之可能。"枹罕彭氏,羌族人也……可知彭氏为羌中大族。"⑥《晋书·苻登载记》中的"虏帅彭沛谷"是在关中地区响应姚兴反对苻纂的羌酋,⑦由此推论彭兴生或为羌人。杨鲜或为汉人,不过从《苟头赤鲁地券》的民族构成来看,为氐人的可能性似乎更大。姚薇元指出,"仇池杨氏,出自汉武都白马之后,氐族人也"⑧。据《晋书·姚弋仲载记》记载,"(石)勒既死,季龙(石虎)执权,思弋仲之言⑨,遂徙秦雍豪杰于关东"⑩。在这一背景下,应有部分

---

① 魏收.魏书[M].北京:中华书局,1974:723.
② 鲁西奇.甘肃灵台、陕西长武所出北魏地券考释[J].中国经济史研究,2010(4).
③ 鲁西奇.甘肃灵台、陕西长武所出北魏地券考释[J].中国经济史研究,2010(4).
④ 姚薇元.北朝胡姓考[M].北京:中华书局,2007:350.
⑤ 魏收.魏书[M].北京:中华书局,1974:2023.
⑥ 姚薇元.北朝胡姓考[M].北京:中华书局,2007:349.
⑦ 《晋书》卷一一五《苻登载记》,中华书局,1974年,第2949页。姚薇元在《北朝胡姓考》中进而论证"虏帅彭沛谷"的族属为羌,中华书局,2007年,第349页。
⑧ 姚薇元.北朝胡姓考[M].北京:中华书局,2007:368.
⑨ "陇上多豪,秦风猛劲,道隆后服,道湾先叛,宜徙陇上豪强,虚其心腹,以实畿甸。"《晋书》卷一一六《姚弋仲载记》,中华书局,1974年,第2959—2960页。
⑩ 房玄龄.晋书[M].北京:中华书局,1974:2960.

杨氏氐人迁至安定地区，姚苌称王后所命诸帅中的"杨难"就是仇池氐人。由此看来，北魏时期的安定郡为羌、胡、汉杂居聚落。①

关于《苟头赤鲁地券》的性质，柯昌泗认为"似为买地真券。闻背面粉绘两人形，不知何用也"②，张传玺则归入冥契"买地券"。③ 鲁西奇认为《苟头赤鲁地券》与汉魏南北朝间所见之冥契迥然不同，④苟头赤鲁地券当为真实的买地契约，非阴间所用之虚拟的买地券。⑤ 其实，从买地"五十亩""卅亩"两条信息来看，《苟头赤鲁地券》确为真实的买地记录，因为这种表达方式并未见于同一时期其他具有冥契性质的"买地券"。对于一券并书两宗土地买卖的情况，鲁西奇认为"这很可能是两宗实用契约的合并简写本，即汇合两宗实用契约，撮其要旨，刻于砖瓦之上，随葬于墓中，以作为其土地所有权之证明"⑥。土地交易不但说明这些少数民族久居安定并已从事农耕较长时间，而且反映了战乱不已背景下土地权属明晰、基层经济活动有序的史实。⑦《苟头赤鲁地券》在表明北魏太延二年前后的泾州安定郡为羌、胡、汉杂居之地的同时，生动反映了族际经济交流的史实，为当地普遍存在的多民族交往交流交融提供了鲜活事例。

（二）《刘元天造像记》

太和三年九月二十五⑧日清信士刘元天为眷属造石像一，愿

---

① 鲁西奇《甘肃灵台、陕西长武所出北魏地券考释》，《中国经济史研究》2010年第4期。鲁氏认为该券提供的族群材料虽有太多偶然性和不确定性，从而可能不具任何意义，但其所反映的族群分类与比例仍然饶有趣味：汉、羌、胡（车师胡）分别是四人、三人、二人。在无法完全确定相关人员族属的情况下，本文认为只能笼统认为是胡汉交融的状态。
② 叶昌炽撰，柯昌泗评.语石异同评[M].北京：中华书局，1994：262.
③ 张传玺.中国历代契约会编考释[M].北京：北京大学出版社，1995：117.
④ 鲁西奇的两篇文章可为参考：《汉代买地券的实质、渊源与意义》，《中国史研究》2006年第1期；《六朝买地券丛考》，《文史》2006年第2期。
⑤ 鲁西奇.甘肃灵台、陕西长武所出北魏地券考释[J].中国经济史研究，2010（4）.
⑥ 鲁西奇.甘肃灵台、陕西长武所出北魏地券考释[J].中国经济史研究，2010（4）.
⑦ 李贺文.北朝至隋唐陇右少数民族历史与文化：碑铭视角下的考察[M].北京：中国社会科学出版社，2021：62.
⑧ 刘双智的录文为"九月廿五日"，见《陕西长武出土一批北魏佛教石造像》，《文物》2006年第1期。

富洛华□常相保□,所求如意。清信士刘元天一心①、刘□、刘□、刘□、妻赵、息女愿妪愿做一切。②

本造像为 1996 年 7 月发现于陕西省长武县丁家乡直谷村石刻佛教造像窖藏,现藏长武县博物馆,③反映了孝文帝时期陇东地区佛教徒家族造像相关情况。造像记录文和拓本照片,先后见于《陕西长武出土一批北魏佛教石造像》④《咸阳市文物志》⑤《北魏至隋代关中地区造像碑的样式与年代考证》⑥等论著。

这是一尊通高 54 厘米、宽 34 厘米、厚 5 厘米的背屏式造像,对研究北魏时期关中地区佛教及雕刻艺术具有十分重要的意义。⑦ 供养人下方刻有题记:"太和三年/九(月)廿五日清/信士刘元天/为养蜀造/石像一[躯]/愿富洛华/□常相保/□所求/如意。"⑧对比录文,"九月二十五日"的表达与当时造像题记的习惯表达不符,应以考古报告中的"九月廿五日"为准。"养蜀"实为"眷属"之讹,"眷"因字迹损泐误为"养","蜀"或为"属"之同音讹字,或源自碑面模糊之误读。

刘元天和三位刘姓家族成员的族属存在汉、屠各两种可能。刘为汉族大姓自不待言,胡族中的刘姓有独孤部、屠各部两个源头,"故知独孤部即屠各部。'独'与'屠','孤'与'各',皆一声之转。'独孤'当即'屠各'之异译"⑨。刘元天之妻赵氏的族属亦有汉和屠各两种可能,"匈奴赵氏,本匈奴

---

① "心"共有两层含义,一为真如之体唯一,一为专心。参陈义孝《佛学常见词汇》,宁夏人民出版社,1994 年,第 2 页。
② 魏宏利.北朝关中地区造像记整理与研究[M].北京:中国社会科学出版社,2017:14.
③ 魏宏利.北朝关中地区造像记整理与研究[M].北京:中国社会科学出版社,2017:14.
④ 刘双智.陕西长武出土一批北魏佛教石造像[J].文物,2006(1).
⑤ 咸阳市文物事业管理局.咸阳市文物志[M].西安:三秦出版社,2008:168.
⑥ 宋莉.北魏至隋代关中地区造像碑的样式与年代考证[D].西安美术学院,2011.
⑦ 宋莉.北魏至隋代关中地区造像碑的样式与年代考证[D].西安美术学院,2011.
⑧ 刘双智.陕西长武出土一批北魏佛教石造像[J].文物,2006(1).
⑨ 姚薇元.北朝胡姓考[M].北京:中华书局,2007:48.

酋王之后,以名为氏"①。刘元天之女刘愿妪的名字带有浓厚的胡族色彩,与众多造像记中胡姓女子名字中的"×姬、×妃"颇为相似。由此看来,刘元天家族为生活于豳州地区的屠各部众。永嘉之乱以来关中战乱频仍,氐、羌、屠各等族部众大量涌入,留在关中的汉人数量颇为有限,已非江统《徙戎论》中所谓"戎狄居半"②的分布格局可比。因此,推测刘仁敬为屠各的可能性更大。自刘渊建汉以来就大力推行汉化,屠各是匈奴与卢水胡等北方部族杂糅而成,在长期持续的交往交流交融中接触并笃信佛教亦在情理之中,所以敬造佛像求取庇佑符合常理。从发愿内容来看,旨在敬造佛像祈求阖家安宁与心想事成,尚未形成明确的国家认同。

(三)《成丑儿等造像记》

> 太和十二年,岁次戊辰,二月十二日,弟子成丑儿合家眷属为七世父母、历劫诸师、一切众生,敬造石像十四区(躯)。成双会、成发文、成□龙、成□□、王□□、成法□。③

本造像 1999 年 5 月出土于甘肃省宁县新宁镇新宁村,现藏宁县博物馆,④反映了孝文帝时期陇东地区佛教徒家族造像相关情况。李贺文指出,本造像碑"高 60 厘米、宽 30 厘米、厚 9 厘米,红砂岩质,碑碣形,上部雕小龛两排,内各雕一化佛,中部雕倒凸形龛,龛眉两侧各雕一化佛,龛内雕一佛二胁侍,下部并排浅刻供养人,隙间浅刻供养人姓名,右侧阴刻铭文"⑤。《成丑儿等造像记》撰刻于太和十二年(488)二月十二日,出土地宁县为豳州治所。作为关中西通陇东腹地的战略中枢,"北魏时期豳州辖地范围很广,北

---

① 姚薇元.北朝胡姓考[M].北京:中华书局,2007:305.
② 房玄龄.晋书[M].北京:中华书局,1974:1533.
③ 魏宏利《北朝关中地区造像记整理与研究》,中国社会科学出版社,2017年,第16页。邵正坤《北朝纪年造像记汇编》所收录文不完整,内容略有差异,故以魏宏利的录文为准。
④ 魏宏利.北朝关中地区造像记整理与研究[M].北京:中国社会科学出版社,2017:16.
⑤ 李贺文.北朝至隋唐陇右少数民族历史与文化:碑铭视角下的考察[M].北京:中国社会科学出版社,2021:79.

过今陕西吴旗,西到甘肃镇原县西,南到今甘肃正宁、宁县、陕西长武县交界处"①,与泾州(治今甘肃省泾川县)共同控遏泾水流域交通要道。"太和十二年"是目前已知甘肃省最早的北魏造像纪年,在甘肃佛教造像史上具有标志性意义,作为西北地区早期佛教造像的重要发现,为研究陇东地区乃至泾河流域佛教文化的产生、发展和传播提供了翔实资料。②

从成丑儿的姓名来看,应为姑臧成氏,"出自匈奴介和王成婉之后,以名为氏,屠各族也……又卢水胡亦有成氏,见常璩《华阳国志》"③。据《晋书·秃发辱檀载记》记载,"辱檀惧东西寇至,徙三百里内百姓入于姑臧,国中骇怨。屠各成七儿因百姓之扰也,率其属三百人叛辱檀于北城"④。《华阳国志》所载之卢水胡活动于今四川省北部,"汶山兴东县黄石、北地卢水胡成豚坚、安角、成明石等与广柔、平康文降、刘紫利羌有仇"⑤。《魏书·唐和附侄唐玄达传》记载了杏城有卢水胡活动的史实:"杏城民成赤李,又聚党自号为王,逼掠郡县,残害百姓。"⑥杏城为卢水胡聚居之地,成赤李应是卢水胡。⑦《成丑儿等造像记》中的3位成姓供养人,应该皆为屠各或卢水胡。马长寿先生指出,"卢水胡是以匈奴为主而又融合其他成分的一种部族,所以谓之为匈奴,或谓之为卢水胡,皆无不可"⑧。此外还有一位王姓成员,族属估计为羌族,"冯翊王氏,本姓钳耳,羌族虔仁种也"⑨。从发愿内容来看,主要是为"七世父母""历劫诸师"和"一切众生"敬造佛像,缺乏为北魏皇帝祈福的词句,说明这一时期豳州地区的屠各部众尚未形成普遍的国家认同。

---

① 甘肃省宁县博物馆.甘肃宁县出土北朝石造像[J].文物,2005(1).
② 甘肃省宁县博物馆.甘肃宁县出土北朝石造像[J].文物,2005(1).
③ 姚薇元.北朝胡姓考[M].北京:中华书局,2007:307.
④ 房玄龄.晋书[M].北京:中华书局,1974:3150-3151.
⑤ 常璩著,刘琳校注.华阳国志[M].成都:成都时代出版社,2007:334.
⑥ 魏收.魏书[M].北京:中华书局,1974:963.
⑦ 陈连庆.中国古代少数民族姓氏研究[M].长春:吉林文史出版社,1993:25.
⑧ 马长寿.碑铭所见前秦至隋初的关中部族[M].桂林:广西师范大学出版社,2006:18.
⑨ 姚薇元.北朝胡姓考[M].北京:中华书局,2007:350.

(四)《郭元庆造像记》

　　唯大代太和十六年,岁次壬申,正月戊午朔,四日辛酉,阴密县清信弟子郭元庆、彭□□发愿(下缺)比丘僧□□太子思惟像。弟子郭□□、郭元康。①

本造像的录文,先后见于《中国历代纪年佛像图典》②《海外及港台藏历代佛像珍品纪年图鉴》③和《全北魏东魏西魏文补遗》④。关于"大代"国号,"魏至太和时已改代为魏,此犹称大代者,《魏书·崔浩传》道武皇帝应天受命,以始封代土,后称为魏,故代为兼用"⑤。阴密县,"故址在今甘肃灵台县附近,则石当出其地,现藏日本大阪市立美术馆"⑥。这里自十六国以来就是多民族杂居之地,广泛分布着汉、屠各、卢水胡、稽胡(山胡、步落稽、部落坚)、氐、羌、粟特等众多部族。

《郭元庆造像记》撰刻于太和十六年(492)一月四日,为安定郡阴密县(治今甘肃省灵台县百里乡)民众郭元庆、彭□□发愿建造的迦毗罗卫国净饭王太子乔达摩·悉达多的神像,⑦反映了孝文帝时期陇东地区佛教徒家族造像相关情况。虽然发愿文残缺,但从郭、彭两姓合众敬造释迦牟尼像推测,其主旨应是为家族成员祈福攘灾,尚未体现对北魏国家、民族的普遍认同。从姓名来看,郭氏的族属可能为屠各,《资治通鉴》卷一〇五"太元九年"正月条有屠各郭超。⑧ 关于彭□□的族属,有羌、氐和羯三种可能。姚薇元认为枹罕彭氏是羌族,⑨主要活动在今甘肃省临夏市一带。陈连庆指

---

① 《北朝纪年造像记汇编》,吉林人民出版社,2014年,第18页。邵正坤在书中指出,本造像记又见于《中国历代纪年佛像图典》第453页。
② 金申.中国历代纪年造像图典[M].北京:文物出版社,1994:453.
③ 金申.海外及港台藏历代佛像珍品纪年图鉴[M].太原:山西人民出版社,2007:16.
④ 韩理洲.全北魏西魏东魏文补遗[M].西安:三秦出版社,2010.
⑤ 邵正坤.北朝纪年造像记汇编[M].长春:吉林人民出版社,2014:25.
⑥ 金申.中国历代纪年造像图典[M].北京:文物出版社,1994:453.
⑦ 即释迦牟尼佛像。
⑧ 司马光.资治通鉴[M].北京:中华书局,1956:3321.
⑨ 姚薇元.北朝胡姓考[M].北京:中华书局,2007:349.

出:"羌族彭氏,淝水之战后始见于史实,《弁证》①卷十六:'后秦镇军将军彭白狼、扬威将军彭蚝、后凉太守张掖太守彭晃、南凉彭敏,秦陇之冠。'"②《晋书·苻丕载记》载有武威太守"逆氐彭济"③,十六国时期活跃于河西地区。姚薇元指出,"安定彭氏,世为泸水胡酋,羯族人也"④。结合阴密县地望来看,彭□□为卢水胡的可能性更大。

（五）《北魏太和二十三年造像记》

太和廿三年七月廿六日。清信士张佰安、清信士张佰子、清信士张佰欢、妻王清女一心、小媚一心,杏香。曹进起造年,胡□之一心。

本造像记录文先后著录于《陕西长武出土一批北朝佛教石造像》⑤《咸阳市文物志》⑥和《北魏至隋代关中地区造像碑的样式与年代考证》⑦,拓片照片收入《陕西长武出土一批北朝佛教石造像》。宋莉依据张佰安造像在碑面中心显要位置判断其为像主,⑧题本造像记作《北魏太和二十三年张佰安造像碑》,⑨反映了孝文帝时期陇东地区佛教徒家族造像相关情况。

张佰安和一众亲属家眷造像发愿,折射出家族的佛教信仰。张佰安、张佰子、张佰欢三人的族属存在汉和屠各两种可能,"西河张氏,本匈奴屠各族"⑩。据《魏书·太宗纪》记载,神瑞元年六月"斗城屠各帅张文兴等,率流

---

① 指邓名世所撰《古今姓氏书弁证》,又作《古今姓氏书辨证》。
② 陈连庆.中国古代少数民族姓氏研究[M].长春:吉林文史出版社,1993:279.
③ 《晋书》卷一一五《苻丕载记》记载:"是时安西吕光子西域还师,至于宜禾,坚凉州刺史梁熙谋闭境拒之……无为太守彭济,执熙迎光,光杀之……（索）泮厉色责光曰:'逆氐彭济,望风反叛,主灭臣死,礼之常也。'"中华书局,1974年,第2942—2954页。
④ 姚薇元.北朝胡姓考[M].北京:中华书局,2007:369.
⑤ 刘双智.陕西长武出土一批北魏佛教石造像[J].文物,2006(1).
⑥ 咸阳市文物事业管理局.咸阳市文物志[M].西安:三秦出版社,2008:168.
⑦ 宋莉.北魏至隋代关中地区造像碑的样式与年代考证[D].西安:西安美术学院博士学位论文,2011.
⑧ 魏宏利.北朝关中地区造像记整理与研究[M].北京:中国社会科学出版社,2017:27.
⑨ 刘双智.陕西长武出土一批北魏佛教石造像[J].文物,2006(1).
⑩ 姚薇元.北朝胡姓考[M].北京:中华书局,2007:301.

民七千余家内属"①。姚薇元回顾《晋书·苻坚载记》所载屠各张罔事例后指出,"可知屠各胡自晋时有以张为氏者,魏明元帝时来归。按《晋书》卷九七《匈奴传》,屠各乃十九种匈奴中之最贵者,得为单于,是张氏固匈奴之贵种也"②。张佰安之妻王清女的族属存在汉、羌两种可能,"冯翊王氏,本姓钳耳,羌族虔仁种也"③。张佰子和张佰欢的妻子小媚、杏香虽然省却了姓氏,但是其名却不似汉人。结合大嫂王清女可能为羌人的事实,推测小媚和杏香也是羌族,省却姓氏或与二人和王清女同姓有关。"曹进起造年"表明造像工匠之名,族属有汉、粟特两种可能。河南曹氏,"本曹国胡,以国为氏"④。曹进起可能为自西域迁入的昭武九姓,出身曹国。胡口之的族属存在汉、鲜卑两种可能,"献帝(拓跋邻)以兄为纥骨氏,后改为胡氏"⑤。姚薇元指出,"《魏书》卷一〇三《高车传》:'其种有护骨氏。'《隋书》卷八四《铁勒传》,铁勒有纥骨部,'纥骨'一作'护骨'。铁勒即高车,是纥骨本高车之部落可知。拓跋氏出自鲜卑西部,其种本杂有丁令(高车);疑献帝'七分国人'时,以其长兄摄高车纥骨部,因以为氏"⑥。

四、北魏太武帝至孝文帝时期陇东区域治理和民族融合的意义

在北魏前期推行陇东区域治理的过程中,太武帝发挥了基础性作用,不但确立了相应时空范围和历史场域,而且奠定了继之而立的文成帝、献文帝、孝文帝三位帝王任命能臣悍将和注意调整民族关系的基本政治策略。区域治理与民族融合作为一对存在相辅相成、互为促进、互相依存的因果联

---

① 魏收.魏书[M].北京:中华书局,1974:54.
② 姚薇元.北朝胡姓考[M].北京:中华书局,2007:302.
③ 姚薇元.北朝胡姓考[M].北京:中华书局,2007:350.
④ 姚薇元.北朝胡姓考[M].北京:中华书局,2007:421.
⑤ 魏收.魏书[M].北京:中华书局,1974:3006.
⑥ 姚薇元.北朝胡姓考[M].北京:中华书局,2007:10.

系的社会关系,是具有正相关性质的一体两翼,两者不可偏废。太武帝至孝文帝时期的诸多造像题记所反映的民族杂居格局、多民族部众出于共同宗教信仰和文化认同而聚众造像的史实,正是这一现象的真实体现。

在太武帝推进区域治理的背景下,虽然盖吴起事对民族分布和民族关系造成冲击,但是陇东地区的民族融合进程并未中断,仍在多民族交往交流交融过程中稳步前行。在这一时期陇东地区的多民族交往交流交融过程中,经济交流和民族迁徙在维护关陇地区政治稳定、促进西北地方开发、巩固边疆民族团结、达成广泛民族共识、凝聚中华民族共同体意识方面发挥了积极作用。文成帝与献文帝时期的陇东治理,既为当地多民族交往交流交融提供了有利外部环境,又是民族融合背景下地方民族关系持续改善的结果,两者之间存在互为因果、相互促进的关系。孝文帝改革对陇东地区民族融合产生了积极的推动作用,经过太武帝、文成帝、献文帝三代帝王的持续努力,这一地区多民族交往交流交融的规模、深度得到扩大与提升,内容丰富的多民族聚众造像内容印证了中华民族多元一体格局形成、中华民族共同体意识凝聚的历史进程。这一时期的民族融合反向推动了陇东治理,产生了民族关系融洽、经济交流扩大、文化交融深化的大好局面,在维护地方稳定、促进经济发展、推动边疆开发等方面发挥了积极作用。

隋唐时期胡汉交融与中西纹饰艺术及文化之交流[①]

冯 敏[②]

摘 要：隋唐时期是中华民族共同体形成和发展史上的关键历史时期，在结束了此前近400年的大分裂之后，实现了中华民族大一统的格局，胡汉民族文化高度融合发展。结合"丝绸之路"与中西交往交流与交融的发展来看，隋唐时期的胡汉融合与"丝绸之路"的繁荣也相互关联。丝路的繁荣吸引大量异域族群入华，通过频繁的迁徙贸易、交流往还等，扩大了隋唐时期胡汉纹饰艺术及文化的组成元素，大量西域来华族群和人口成为中西纹饰艺术及文化交流的中介，将中西方的纹饰艺术及文化元素交融整合，从而为隋唐时期的中华纹饰艺术及文化的丰富和发展增添了国际化色彩。

关键词：隋唐时期；"丝绸之路"；纹饰艺术；文化交流

一、民族征服与疆域开拓

西北陆路"丝绸之路"是指横穿亚欧大陆中部，与古代中国西域、河西走廊相衔接，连通中原内地的道路。唐代（特别是唐代前期）由于道路畅

[①] 基金项目：国家社科基金项目"隋唐时期'丝绸之路'纹饰文化交流及华化研究"（22BZS026）。
[②] 作者简介：冯敏（1982— ），女，宁夏固原人，历史学博士，宁夏师范大学历史与文化学院教授，硕士生导师，主要从事丝路文化与隋唐五代史研究。

通,综合国力及军事强盛等强大背景,促使西北陆路"丝绸之路"在较长的历史时期内持续繁荣,中西方之间胡汉民族的交流交往交融迎来了一个黄金发展期。

在当时的东亚地区,中原政权最大的对手位于北方草原地带。"骑马的游牧民族不仅拒斥中原文化与意识观念,而且除了汉人所能提供的物质产品之外,他们顽固地无视其中的任何价值,而是崇尚军事冒险与英雄般的个人成就。"①唐代建立过程中发生过一系列的征服战争,特别是在同北方游牧民族尤其是与突厥的战争对唐代初年疆域的开拓有重要意义。由于游牧民族必定要侵略文明社会,中原政权首先必须进行防御,以及由防御而转变为征服,进而创造安定的秩序。唐高祖李渊为了能够改朝换代,并成功统一天下,就很有必要与突厥可汗结交,突厥较之中原的任何单支叛军要强大得多。经过努力与突厥达成正式的盟约后,李渊保证在战争中让突厥拿走所有战利品。李渊指出随着中原统一秩序的重建,就可以恢复让游牧力量获益的旧有的朝贡体系。② 这一举措是英明和互利的,因此得以稳固北方草原地区,并确保了唐初面向中原及其他地区军事行动的顺利进行。

唐高宗、武则天统治时期西部吐蕃势力开始强大,并向它的东北地区即唐朝河西陇右等地进行扩张,直接威胁到唐朝西部的安全,在唐高宗仪凤年间(676—679),吐蕃军队曾大败唐军。而原来降服唐朝的东突厥人则趁机发动叛乱,在漠北再度建立政权。吐蕃与突厥的南北夹击,使唐朝腹背受敌,唐朝于是从攻势战略转向守势战略,在与周边势力的交涉过程中,开始更多地关注边区的稳定和不受袭扰,并频繁调动军队进行

---

① [美]巴菲尔德著,袁剑译.危险的边疆:游牧帝国与中国[M].南京:江苏人民出版社,2011:2.
② [美]巴菲尔德著,袁剑译.危险的边疆:游牧帝国与中国[M].南京:江苏人民出版社,2011:178.

征讨和防守。① 唐朝的征服战争,其方向是北方和西方的中亚内陆。在其征服的地域上,多设置羁縻州。羁縻体制是保存其下层社会,有时也废除其统一的君主,将其民族分而治之,通过都护府监视下的州县制,将系统的官僚统治渗透进去,这意味着唐朝对不同民族的控制强化了。②

经过一系列的征服战争,唐王朝的疆域延伸到漠南和漠北,并加强了对西域地区的制度化管理。③ 如此一来,唐代边地少数民族在政治制度、经济生活、文化艺术等方面广泛接受、吸纳了汉族文化的特点和优势,用以推动本民族的进步。④ 这一时期的中华文化向西方的辐射和输出、多民族文化交流融合,不仅丰富和发展了中华民族纹饰艺术及文化,也促进了中西文化交流的不断深入。

二、中华"大一统"对周边族群的影响扩大

隋唐时期的"大一统",其规模和影响力毫无疑问是空前的。基于华夏文化传统的同源性、延续性和中原疆域和物产的宏大,⑤隋唐时期的大一统具有鲜明的时代特征。它是"六合同风,九州共贯"的,即风俗习性相同,且具有共同的生存空间和地域,属于文化与地域的统一。⑥ 唐朝南部与秦汉相孚,北部突破长城进入草原;西部深入天山南北,挺进中亚腹地,真正地将中原农耕腹地与周边纵深地域结合起来,实现了腹里内外大一统的局面。唐朝治下的民族群体,不仅包含传统的中原汉人和新近融合的其他民族,而且囊括周边地区新兴的各个民族,还有大批来自

---

① 瞿林东,李鸿宾,李珍.历史文化认同与中国统一多民族国家:第二卷[M].石家庄:河北人民出版社,2013:223.
② [日]堀敏一著,韩昇译.隋唐帝国与东亚[M].昆明:云南人民出版社,2002:7.
③ 尚永琪.国马资源谱系演进与汉唐气象的生成[J].中国社会科学,2020(8):154-177.
④ 瞿林东,李鸿宾,李珍.历史文化认同与中国统一多民族国家:第二卷[M].石家庄:河北人民出版社,2013:253-254.
⑤ 陈雅莉.历史中的传播与隋唐时代的国家认同建构[D].华中科技大学,2015:77.
⑥ 瞿林东,李鸿宾,李珍.历史文化认同与中国统一多民族国家:第二卷[M].石家庄:河北人民出版社,2013:199.

广远地域和国家的人群。① 随着西北陆路"丝绸之路"的畅通与丝路贸易的发展,突厥、铁勒等游牧民族、朝鲜半岛移民、西域以及西亚、中亚等外来移民相继进入。② 盛世的繁荣与富庶对这些族群产生了巨大的吸引力,进入中原内地的这些外来移民很多不愿回去,而是选择定居汉地,并开始积极主动地适应汉地物质生活与思想观念和文化价值体系。从而增强其汉地生活的适应能力,并获得更大的发展空间,这是其迅速汉地化的重要推动力。

隋唐时期是具备了崭新政治性格的新时代"大一统"王朝,而她同时又身处在一个多极政治结构的世界格局之中。相比汉代,隋唐的统治者拥有更多元的政治资源,可用于打造政权合法性,锤炼主流意识形态。③ 如,隋文帝受禅以后,革故鼎新,国力大大增强,北臣突厥,稳定朔漠,南灭陈朝,统一中原。东北亚各国及部族先后与隋朝建立起稳定的政治外交关系,从而形成一个以隋朝为中心的东北亚政治秩序。④ 在隋朝的华夷秩序里,它处于核心和权力的顶端,其他国家和部族则处于朝贡地位。⑤ 唐高祖时期,受突厥压制和分化,对北方游牧地区的影响力有限,但随着唐朝实力的增长,这种影响也日益扩大。⑥

三、"丝绸之路"促进了隋唐时期的胡汉纹饰艺术交流

正如学者指出的:"凡获得高度文明的古代国家,无不具有交往的广泛性特质。"⑦"交往交流交融是人类历史发展中的一个规律,同时也是人类文

---

① 瞿林东,李鸿宾,李珍.历史文化认同与中国统一多民族国家:第二卷[M].石家庄:河北人民出版社,2013:201.
② 毛阳光,石涛,李婉婷.唐宋时期黄河流域的外来文明[M].北京:科学出版社,2010:4.
③ 李丹婕.宾礼之外:比较视野下的隋唐外交文化[J].读书,2019(12):137-144.
④ 熊义民.公元四至七世纪东北亚政治关系史研究[D].暨南大学,2002:49.
⑤ 熊义民.公元四至七世纪东北亚政治关系史研究[D].暨南大学,2002:51.
⑥ 熊义民.公元四至七世纪东北亚政治关系史研究[D].暨南大学,2002:75.
⑦ 刘云.中亚在古代文明交往中的地位[J].西北大学学报,1998(1).

明进步的一个巨大动力。"①沿着"丝绸之路"这一中西文化交流大通道展开的胡汉交流在隋唐时期发展十分迅速,极大地促进了中华纹饰艺术的多元化发展,除原中原核心腹地的汉族主体民族之外,周边四夷的各种胡人族群,如突厥人、鲜卑人、回纥人、西域等地来的粟特人、波斯人、大食人等也纷纷进入中原内地,形成了空前开放和繁荣的胡汉纹饰交流与交融的格局。隋唐时期基于强大的文化自信及思想观念开化与其继承南北、融会胡汉有直接而密切的关系。

(一)沿丝路入华粟特人的汉地化

来自中亚索格底亚那地区的粟特胡人从汉代以来就活跃在"丝绸之路"沿线,并逐渐东迁,到隋唐时期,得益于"丝绸之路"的畅通,他们大量来到中原内地,沿塔里木盆地、河西走廊、长安、洛阳、河套等地,都有他们活动的记载和痕迹。入华的粟特人到中国居住,主要分为聚落和散居两种形式,聚落是他们主要的生活方式。这些移居的粟特人多系男性,他们受条件限制,在当地只能娶汉族的女子,胡汉通婚呈现增长的趋势,而汉人和汉文化的主导地位,也使外来者汉化的倾向越来越明显。在汉地的粟特聚集地区或部落,他们主要会采取族内联姻,或者男子与西域地区的女子通婚。但是在同族女子不多甚至没有的情况下,他们则与当地其他民族,特别是汉族女子通婚。如《唐故陪戎副尉康君墓志铭》中康武通所娶的妻子唐氏,《唐故试光禄卿曹府君墓志铭》中曹润国的妻子刘氏、韩氏等都是汉人,久而久之,汉化就成为这些粟特胡人在汉地生活的主要趋势。这些胡人的心态和观念也会融入唐朝的主体文化之内,②他们将中原王朝视为归属和安身立命

---

① 张云.唐以前西藏地区和祖国内地的内在联系、密切交往与中华民族共同体的培根筑基[J].中华民族共同体研究,2022(4).
② 瞿林东、李鸿宾、李珍.历史文化认同与中国统一多民族国家:第二卷[M].石家庄:河北人民出版社,2013:217.

之所。

中华文化博大精深,对"丝绸之路"来华族群有着神秘的吸引力。粟特人在其故地时即已经对中国生产的物品有所接触,对礼仪之邦的泱泱大国之风早就十分钦慕。"丝绸之路"正式开通以来,中原内地的繁华富庶吸引了中亚粟特人纷至沓来,史书记载他们源源不断地遣使朝贡中原王朝,将其地所出奇珍异宝贡奉中原皇帝及亲贵。掀起了中西方之间文化艺术、科技、经济等多领域全面交流的浪潮。蕴含礼乐诗书等中华文明体系的艺术品,如丝绸、漆器等奢侈品便随着往来使节、和亲公主、商旅和军队等不断沿着"丝绸之路",向世界各地传播。粟特人热爱中国文化,积极学习和使用汉地文化。在见多识广的粟特商人眼中,中原天朝地大物博、物华天宝、人物贵重。在不断学习模仿的基础上,粟特商人更被中华文明的体大思精、文物繁盛、人才文雅深深折服,并自内心深处产生了对华夏文化的赞赏和认同。

隋唐时期索格底亚那地区的粟特诸国得到了很大发展,在外交上也更加活跃,唐朝政府对粟特地区的了解日益加深。粟特诸国也积极地派遣使臣、质子与大唐通好,积极地向唐朝朝贡和缴纳贡金。唐朝政府也用极宽广的胸怀来包容他们,如给部分入华粟特人精英委任高官,给予其富贵和权力。进入中国定居的粟特胡人积极与汉族融合,他们自觉穿戴中原服饰、学习汉地语言,甚至追宗汉人姓氏为远祖、改姓汉姓等,以符合中原士人的文化和礼俗,其中的精英人士,主动积极地与中原贵族及士大夫接触交往、诗酒唱和、艺术交流等。他们渴慕得到中原衣冠士族的接纳和认可,希望能加强和中原地区的贸易活动,扩大其贸易范围,获取超额的商业利润。

隋唐时期东西方经济联系和文化交流的主要通道就是"丝绸之路"。正是通过"丝绸之路",包括粟特人在内的西域入华族群,更具体地接触和感受到了中华文化的魅力,其对中原文明越来越了解和熟悉。众所周知,丝绸是中华民族的创造,在西北陆路"丝绸之路"最繁荣的隋唐时期,随着有"世界商贩"之美誉的中亚粟特人陆续来华朝贡、贸易等,他们将产自中原内地的丝绸源源不断地输送至其长途跋涉的贸易活动所经之地,附着丝绸之上的各种纹样,如团花纹等最具盛唐气象和特色的纹样不断向西方世界传播,受到了异域民族的喜爱。

(二)"丝绸之路"拓展了中华纹饰艺术的宝库

隋唐时期民族群体的分布以及民族之间关系的密切乃至融合共处,都比其他朝代明显和突出。因此隋唐时期最大的特征是包容性极强,从民族意识上来讲这一时期的中华民族共同体是"胡汉混一""华夷一体"的大民族共同体,而非只是汉族的单一民族成分。实际上,中华文化中是有"华夷共祖"思想因子的。汉语语境中的"中华"也好,"天下"也罢,最初范围是相对有限的。而隋唐时期随着中国皇帝实际控制区域的扩大,产生了广阔无垠的"天下"观念。[1] 这一时期,以中国为中心,周围各个民族的君主国家,纷纷向中国朝贡。这是统一东亚的世界帝国,是具有东亚特殊形态的世界帝国,不同于主要依靠征服而建立的罗马世界帝国。[2] 由之逐渐形成的生活伦理、文化性格和社会构造,都有隋唐世界帝国的典型时代特色。这种长时期、多层次、全方位的民族融合,造成了各民族之间空前的流动与交错杂居。值得注意的是,在北方少数民族不断被汉族地区的文化所同化的同时,其他民族的优秀纹饰艺术及文化也不断地被中原汉族积极地吸收和借鉴,成为新的中华民族纹饰艺术及文化的有机组成部分。

(三)丝绸等中国所产的"唐物"成为凝固民族共同体的物化符号

隋唐时期丝绸依然是丝路贸易的主要商品。虽然 6 世纪 60 年代,在波

---

[1] [日]堀敏一著,韩昇译.隋唐帝国与东亚[M].昆明:云南人民出版社,2002:2.
[2] [日]堀敏一著,韩昇译.隋唐帝国与东亚[M].昆明:云南人民出版社,2002:7.

斯和突厥的两面夹击下，嚈哒帝国迅速崩溃，但经过嚈哒帝国之前一个多世纪的丝路扩张，丝路各段及其沿线大小国家已经紧密联结在一起，这应是7—9世纪欧亚大陆丝绸贸易达到顶峰的一个重要原因。① 遥远地域之间的起始阶段的文化接触大都是从物化的具体载体开始的。而在隋唐时期，正是由于西北陆路"丝绸之路"的空前繁盛，给了中国生产的"唐物"，如丝绸、瓷器、茶叶等物质产品流行西方广袤区域的机会。

维系一个民族共同体的基础，就是由共同的记忆、共同的经历和共同的故事所构成的为全体成员共享的符号、信仰与价值观，这也是中华民族共同体传承、发展的社会基础和整合机制。在"丝绸之路"发展的黄金时期里，丝绸等中国所产的"唐物"进一步发展成为凝固民族共同体的物化符号。作为丝路贸易主角的中国丝绸带给不同地域和民族的是和平和友谊的美好记忆，是各民族资源共享、分工协作的结果和对美好生活的追求，也是最有意义的记忆载体和共享符号。②

"器以藏礼"，在隋唐时期中国传统造物文化里，器物的礼仪性是一个重要方面，在百工造物中也创造着中国的礼仪文化。这些物化的"唐物"上凝结着中华文明的因子，其质地、造型、装饰、花色、纹样等无不与隋唐时期的等级秩序、价值体系、文化礼俗密切相关，尤其是渗透其中的平安吉祥的美好寓意的追求对所有民族都容易形成心理上的共同欣赏与接纳。因此，接触和使用这些"唐物"的西方人也自然珍视这些来自遥远隋唐盛世的"舶来品"，并领会其中的中华文化因素。也因此产生对更多、更深层次的中华文明体系的探索的积极性和热情。因此，迄今为止在世界各地博物馆还珍藏着大量宝贵的"唐物"，如日本的正仓院等，另外还有各地出土文物

---

① 张爽.5—6世纪欧亚大陆的政治联系与丝绸贸易——以嚈哒帝国为中心[J].社会科学战线,2013(4):130-134.
② 刘志扬.边茶贸易与中华各民族的交往交流交融[J].中华民族共同体研究,2022(1).

中的"唐物"都表明了这些物化的中华外交使者曾在对外纹饰艺术与文化交流中扮演过非常重要的角色。

四、胡汉融合与中华纹饰艺术的开放性

（一）胡汉融合与中华民族文化的新发展

隋唐时期，各民族交往融合进一步深化。① 空前大一统的隋唐时期也是胡汉融合和中华民族共同体形成和发展史上非常关键的历史时期，在民族交往与融合不断扩大并逐步深入的背景下，中华纹饰艺术与文化不断发展的过程中，异域族群对中华民族纹饰艺术及文化的吸纳融合逐渐走向深入。

隋唐时期中华民族共同体最突出的新发展是胡汉民族之间的高度交流与融合。"民族关系的实质是各民族物质利益的矛盾和统一。"②北方游牧民族与中原农耕民族之间所有关系的产生，都是以两种经济类型的紧密而必然的联系为母胎，"是中原物质文明极大地吸引了北方游牧民族南下中原引起中国农牧文化碰撞和接触的最根本的动力"③。随着隋朝大一统局面的形成，隋唐时期统治者的思想和观念有很大变化，呈现出比较开放的心态。如唐太宗的名言："自古皆贱夷狄而贵中华，而朕独爱之如一。"这种颇具代表性的全新"华夷观"是时代的产物，是南北朝以来胡汉大规模融合的结果，并因隋唐大一统的巩固而日益呈现出一种包容胡汉和华夷不分的新气象。这种新气象，很大程度正体现于"中华"一词当时作为中国名号的广泛使用。④

费孝通先生指出："中华民族是由汉族继续不断吸收其他民族的成分而

---

① 张亚涛.多元一体的中华文化格局探析[J].新疆师范大学学报,2019(4):52-58.
② 蔡凤林.中国农牧文化结合与中华民族的形成[M].北京:中国财政经济出版社,2000:11.
③ 蔡凤林.中国农牧文化结合与中华民族的形成[M].北京:中国财政经济出版社,2000:12.
④ 石硕.胡入中华:"中华"一词的产生及开放性特点——东晋南北朝至隋唐胡汉融合与"中华"词义嬗变[J].清华大学学报,2022(4):128-136.

日益壮大,而且渗入其他民族的聚居区,构筑起凝聚和联系的网络,奠定了许多民族联合成不可分割的统一体的基础,成为一个自在的民族实体,经过民族自觉而称为中华民族。"①隋唐统治集团早先均是汉人出身,但他们都跟随宇文泰西进关中,融合鲜卑文化,形成关陇胡汉集团之核心。他们对胡汉文化包容兼顾,通过不断地"接触、混杂、联结和融合",中华民族的向心凝聚力不断加强,②造成"胡汉共融"的特点更加突出。

这一时期基于中华民族文化认同的心理成为维系中华民族多元一体格局形成与发展的关键因素。③ 稳定的社会环境所创造的高度物质文明与精神文明也增强了"统治者的自信心"。④ 如唐朝的统治者认为:"天子以四海为家,故置一堂以象元气,并取四海为家之义。""四海"的地理范围随着唐朝直接统治地域的扩大而发生变化,正如学者指出的:"唐人更容易从天下的角度观察世界,天然地具有世界性视野。"⑤国家疆域的持续拓展无疑极大地开拓了唐人的视野和格局,并增强了其文化自信。其将疆域划分为直接管理的府州和间接管理的羁縻府州。其"地域一统"的范围远大于直接管辖的地域,比如安西、北庭都护府管辖西域广阔的地域,延续了汉朝对西域的有效管理;安北、单于都护府管理北部辽阔的草原地域;安东都护府等管理东北区域;安南都护府管理南部疆域。⑥ 以太宗为代表的唐朝统治集团对周边各族力量和域外各种势力怀有比较开放的心态,将他们与唐朝联系起来作同等对待,显然是有其深厚的文化背景和积累的。北方游牧势力

---

① 张云.唐以前西藏地区和祖国内地的内在联系、密切交往与中华民族共同体的培根筑基[J].中华民族共同体研究,2022(4).
② 陈奕平,关亦佳.海外侨胞与中华民族多维空间的拓展[J].中华民族共同体研究,2022(3).
③ 瞿林东,李鸿宾,李珍.历史文化认同与中国统一多民族国家:第二卷[M].石家庄:河北人民出版社,2013:165.
④ 毛阳光,石涛,李婉婷.唐宋时期黄河流域的外来文明[M].北京:科学出版社,2010:11.
⑤ 李扬帆."中华帝国"的概念及其世界秩序:被误读的天下秩序[J].国际政治研究,2015(5):28-48.
⑥ 都永浩,王禹浪."大一统"思想——中华民族历史发展的主线[J].中华民族共同体研究,2022(2).

之所以接受隋唐法统、认可其价值观念,与隋唐王朝吸收农耕、游牧多种文化因子共创国家政权的特性有直接关联。①

(二) 天下"大一统"与纹饰艺术的凝聚

"中国"一词作为"天地之中"与"文化中心"的美称,并成为边疆民族及政权所向往的目标,是"大一统"政治最核心的表达。② 汉族在形成和发展过程中大量吸收了其他各民族成分,同时汉族也不断给其他民族输出新的血液。③ 特别是在中华民族大一统时期,以册封和朝贡制度维系的天下格局极大地促进了中华纹饰艺术及文化广泛渗透世界的影响力和辐射力。

大一统的理想境界是以中国为宗主,以四夷为附庸的华夷一统。天下秩序的制度化结构是朝贡制度,无论在传统典籍的叙述中还是在后来的研究中都将这种秩序想象为以中国为中心的同心圆结构。④ 中国的天下秩序与朝贡制度的关系是一种文化与制度的关系,朝贡可以变化,而作为共识的文化层面的天下秩序则难以取代。⑤ 蔡美彪先生指出:"隋唐统一后,北方与南方的汉族合为一体。唐代汉族的强大超过汉代。西部各族兴起,彝族建南诏,藏族建立吐蕃,回鹘也建立汗国,都与唐朝有密切的联系。"⑥周边各民族逐步接受了中原的儒家文化,在与中原、汉人的接触中以生活方式、思想、习俗及纹饰文化的共享来处理彼此的关系。同时,周边各民族也用自身的思想、文化、习俗及纹饰文化影响中原,双方或多方的互相学习、吸收和

---

① 瞿林东,李鸿宾,李珍.历史文化认同与中国统一多民族国家:第二卷[M].石家庄:河北人民出版社,2013:186.
② 陈俊达,赵永春.十至十三世纪中国各民族政权的"中国观"与"中国认同"[J].中华民族共同体研究,2022,(3).
③ 方李莉.论铸牢中华民族共同体意识与中华民族文化符号的再建构[J].中华民族共同体研究,2022(3).
④ 李扬帆."中华帝国"的概念及其世界秩序:被误读的天下秩序[J].国际政治研究,2015(5):28-48.
⑤ 李扬帆."中华帝国"的概念及其世界秩序:被误读的天下秩序[J].国际政治研究,2015(5):28-48.
⑥ 瞿林东,李鸿宾,李珍.历史文化认同与中国统一多民族国家:第二卷[M].石家庄:河北人民出版社,2013:208.

借鉴,最终融合为一体。① 这一时期的中华民族共同体并不只是简单的军事行政的联合,而是语言文化、意识形态乃至纹饰文化等多方面,形成内在凝结的有机整体。② 隋唐两朝的统治集团汇合了胡汉因素,其纹饰艺术及文化特质也是农业文化与游牧文化的相互渗透。

中国境内各民族的纹饰艺术及文化的交融互鉴有悠久的历史和雄厚的基础。"丝绸之路"的不断发展与对外关系只是在中原与那些正式接受中原中心观的国家或首领之间才会产生。自唐代君臣认为宇宙的标志性秩序是一种对世俗秩序的必然需要与反映以后,正式接受中原中心观的世界秩序就成为实质所在。通过与中原结盟,游牧首领除了重建其军事联盟之外,也获得了免受其对手打击的军事保护。③ 因此,隋唐时期边疆民族纷纷效仿中原纹饰文化是文化交流、艺术审美、寻求政治保护及文化归属等多重因素综合作用的结果。

在造型艺术中,纹饰是一种比较有特点的形象符号。从实用功能上看,它们往往是主要艺术形象的烘托和陪衬,但是,它们在很多时候呈现出的是相对独立的审美状态。造型艺术中的纹饰作为相对独立的审美形式,如同锦上之花,既起到装扮和美化主体形象的作用,又有一定的吉祥与祈愿的文化内涵。纹饰似乎总是抽象的,与我们生活中所见到的现实事物的特征相去甚远,但它们大多是生活形象的抽象、变化、概括、浓缩和升华。柿蒂纹、玉璧纹、绶带纹、规矩纹、卷草纹、宝相花纹等纹饰的内涵是十分丰富的。其中,如经西域传入的联珠纹等,原本就有来自不同民族纹饰艺术的因素,经过中原工匠们的借鉴、创新以后,其表现形式和使用范围进一步丰富和拓

---

① 瞿林东,李鸿宾,李珍.历史文化认同与中国统一多民族国家:第二卷[M].石家庄:河北人民出版社,2013:198.
② 蔡美彪:"中华民族"商释[J].中国文化,2018(1):16-17.
③ [美]巴菲尔德著,袁剑译.危险的边疆:游牧帝国与中国[M].南京:江苏人民出版社,2011:80.

展。其中蕴含的对平安富足的渴望、多子多福的追求和登科取仕、加官晋爵的向往等,是不分胡汉和族群的普世追求,加之中华器物造型优美、匠心独具、审美独特,在精美纹饰的加持下拥有了超越其他任何形式的文化传播力和影响力。

(三) 多民族纹饰艺术及文化交流的开放性

多民族纹饰艺术及文化交流的开放性。隋唐时期的"大一统"中,"文化一统"是基础,有了"文化一统"才能实现政治、疆域和民族的一统。"文化一统"是中华民族统一的意识形态形成的基础,也是"大一统"的核心内涵。[①] 有以"王道化天下"的必然诉求,大一统意味着"天下"的范畴是向外开放的。

因此,隋唐王朝的"大一统",吸收的民族成分,特别是游牧与西域民族的成分,是超越以往的朝代的,隋唐新的大一统文化的形成和发展,是数百年来中华大地各个割据和区域性政权不断努力的结果。隋唐两朝的统治集团来自胡汉融合的关陇,它继承了北方中原与边地融合的传统,打破了以往纯粹汉人集团的界限,在思想和观念上融多种因素为一体。衍生出具有开拓创新精神的气质,终于统一了中国。[②] 高度的兼容吸纳,使它具备了宽阔的度量和宏大的气魄,在纹饰艺术与文化上也积极地吸收和接纳南北东西各方的艺术元素,为我所用。因此它结合众多的民族纹饰艺术与文化,各种思想和观念兼容并蓄,不同的文化得以汇聚一体,内地与边疆各民族在纹饰艺术及文化的交往交流交融中丰富了中华文化的纹饰体系,以其强大的兼容性把各个民族的纹饰文化紧密联系起来。

隋唐时期纹饰艺术及文化最大的特征和发展在于其"多元性"与"一体

---

① 都永浩,王禹浪."大一统"思想——中华民族历史发展的主线[J].中华民族共同体研究,2022(2).
② 瞿林东,李鸿宾,李珍.历史文化认同与中国统一多民族国家:第二卷[M].石家庄:河北人民出版社,2013:196.

化"的高度统一。辽阔的边疆地区的纹饰艺术与文化体系是有很大差异的。在草原游牧人群聚居的区域内,中原与北部草原交界地区是中原与边疆"天然的"政治边界,它直接横穿了游牧民族占据的草原地域,因此受到了草原与农耕地区的影响。而在西北边疆地区的多元文化交接地区,其人口与文化大部分是汉化的,①中原汉地的儒家思想及纹饰文化有着深刻的影响。因此隋唐时期纹饰艺术及文化的交流与发展是双向互动、动态融合的,"多元性是基于中华纹饰艺术体系各组成部分的文化多元,不同民族的纹饰艺术及文化各具特色,增加了中华纹饰艺术及文化的丰富性"②。

隋唐时期各民族对彼此的了解多于此前的任何朝代,周边地区的使节、商贾、各类技艺人士等相继前往长安、洛阳和内地,而途经的河西走廊的丝路沿线,更是充满了各色人等,他们带来了富有异域风情的珍宝器物,及各类器物上的装饰图样等,其独特的纹饰文化与装饰艺术极大地丰富中原内地人们的审美和物质文化与精神文化,其规模和程度,都超过前朝。在此基础上隋唐王朝的能工巧匠们向北方游牧人群的动物纹、来自西域、中亚等地的莲花纹、对兽(禽)纹、绶带纹、翼马纹等积极学习、模仿、借鉴和创新,推出了诸如宝相花纹等更为丰富多彩的盛世纹饰艺术及文化,其历史影响十分深远。

---

① [美]巴菲尔德著,袁剑译.危险的边疆:游牧帝国与中国[M].南京:江苏人民出版社,2011:23-24.
② 张亚涛.多元一体的中华文化格局探析[J].新疆师范大学学报,2019(4):52-58.

非物质文化遗产研究

FEIWUZHIWENHUAYICHANYANJIU

非物质文化遗产入志浅析

——以《咸阳市民俗志》为例

高文智　史欣玥[①]

摘　要：处于八百里秦川腹地的陕西省咸阳市有着深厚的历史文化资源，非物质文化遗产作为地方文化中独具特色的部分，既是中华优秀传统文化的重要组成部分，也蕴含着丰富的价值。因此，对非遗的传承、保护和开发利用就成为摆在当下的迫切问题，地方志书在这一过程中当仁不让地承担起了存史、资治、育人的社会历史功能与文化使命。而在多种记述地区非物质文化遗产的地方志书中，《咸阳市民俗志》便起到了一个很好的范式，通过对非物质文化遗产在编纂方式、载录形式等方面进行创造性转化和实录性书写，从而为传承保护咸阳市非物质文化遗产起到了巨大的作用。但同时我们也应看到其在记述非物质文化遗产时的不足，以小见大，对非物质文化遗产入志工程展开全面而深入的探究。

关键词：非物质文化遗产；咸阳；民俗志；编纂方式；载录形式

[①] 作者简介：高文智（1987—　），男，陕西咸阳人，文学博士，宁夏师范大学文学院副教授，主要从事中国古典文献学研究、地方文化研究和志鉴编修；史欣玥（2001—　），女，山西太原人，宁夏师范大学文学院硕士研究生。

得天独厚的自然历史环境孕育了咸阳域内异彩纷呈的民俗文化。咸阳市作为千年古城,域内存留有丰富的文化资源,民间剪纸、琥珀糖、渭北地坑式窑洞等非遗技艺涉及当地民俗文化的方方面面,甚至成为当地人生产生活的重要组成部分,为带动当地文化经济的发展发挥了重要作用。同时,非遗作为当地文化资源的一种,无疑对创建独属于咸阳地区的文化符号、地区名片又产生着深刻且持久的影响。因此,对于这些文化的记述是当今现代化发展过程中时代性课题。

从理论层面上说,非物质文化遗产作为我国优秀传统文化的重要组成部分,因其"物质成果或具体行为方式、礼仪、习俗,其所体现的思想、情感、意识、价值观极为独特,难以被模仿",而展现出广泛人民群众的独特创造力和文化差异,其中渗透着人民生活的方方面面,是人民群众集体智慧以及地方文化特色的凝结。在当代,非遗的概念逐渐得到进一步的明确,2005 年 12 月国务院发布的《关于加强文化遗产保护工作的通知》中,将非物质文化遗产界定为:"各种以非物质形态存在的与群众生活密切相关、世代相承的传统文化表现形式,包括口头传统、传统表演艺术、民俗活动和礼仪与节庆、有关自然界和宇宙的民间传统知识和实践、传统手工艺技能等以及上述传统文化表现形式相关的文化空间。"[①]该概念的提出旨在从非遗的存在状态和流传介质两个层面对其空间上的活态性和时间上的可传承性加以强调,这与民俗学当中对民俗学性质特征的集体性、传承性深度契合。因此,两者核心特征的相融相交是非遗入志工程实施的重要理论基础。

从现实实践方面来说,弘扬非遗传统文化,彰显非遗在国家现代化发展过程中的独特精神文化价值是非遗入志的首要任务。在非遗实用价值逐渐被削弱的社会背景下,深度发掘其历史内涵和潜在精神文化含义是当前较

---

① 西沐.中国非遗及其产业发展年度研究报告[M].北京:中国经济出版社,2019:40.

为紧迫的任务。非遗归根到底是民族的、人民大众的文化，不论是以物质形态还是非物质形态存在，非遗始终蕴含着非遗创造者与传承者对国家、对民族的深厚情感，体现着人民群众独特的生产、生活方式。从广义上来说，非遗文化其实也是地域范围内的民俗文化，在历史发展过程中，因有益于人民群众生产生活实践，且反映地方特色而被人民大众喜闻乐见。因此，《咸阳市民俗志》首先着眼于咸阳域内非遗和民俗文化的共通之处进行整体的架构，继而从精微处构建非遗自身的文化特征，如非遗传承的恒定性和活态性，通过对每一代传承人的简述，读者可看到时代流变过程中咸阳市各级非遗的继承和创新之处。

此外，非遗与志书的结合更是对当地民俗文化记述方式的一个开创，既尊重了非遗发展过程中"述而不作"志书编纂传统，同时也深度还原了非遗的历史发展过程，为非遗营造了生态化的书写空间，使非遗不仅活跃于人民大众面前，更使非遗的精神文化内涵流动于各行业、各机构。从其编纂者角度来说，《咸阳市民俗志》中有关咸阳地区非物质文化遗产的记述，广泛吸纳域内对民俗事象和各类掌故熟知的专家学者和乡贤耆宿参与其中，最大限度发挥各行人民工作者的最大优势，集中力量办大事，真正做到社会力量广泛参与，为民修志，人民志书人民修，秉持志成众手这一修志传统。在编纂时，对作为"活态文化"的非遗所承载的人民深厚情感与其艺术表达有着地域性地专业记述。正如2023年12月中共中央政治局常委、中央书记处书记蔡奇在文化遗产保护传承座谈会时强调："要加强党对文化遗产保护传承的领导，各级党委和政府要坚决负起文化遗产保护传承的政治责任，各级宣传部门要履行统筹协调文化遗产工作的重要职责，各级文化遗产主管部门要发挥职能作用，确保规划落地、政策落实、工作见效。"《咸阳市民俗志》的编纂就是咸阳各级部门充分参与、配合的积极体现，同时也是咸阳市地区风貌的一个缩影。

一、民俗志的编纂方式

民俗，即民间风俗，指一个国家或民族广大民众创造、享用和传承的生活文化，是一种历史文化传统，也是人民现实生活中一个重要组成部分。从概念上来说，民俗文化在时间和空间上的传承和扩布离不开作为传播主体的人民群众以及传播媒介，但是随着中国特色社会主义发展进入新时代新征程，地区经济以及人民生活水平的快速发展变化，许多民俗传承逐渐因其实用价值的消解而面临生存危机，其中就有很多民俗文化已经计入非物质文化遗产名录。因此，这对当前地域范围内的文化发展也随之提出新的更高要求，考虑到非物质文化遗产本身的特殊性，这更要求我们对其要采取特殊的记录保护和传承方式。

首先，从非遗的保护层面来说，民俗志书编纂非以个人一己之力可以独立完成，咸阳域内的非遗入志工程将非遗和整个社会文化运行机构产生有效联动。从其编纂主体层面来说，下至民间文艺工作者，上至地方志专门编纂机构相互协调，使当地文化资源得到最大限度的调配和利用。因此说《咸阳市民俗志》是由咸阳市地方志编纂委员会办公室坚持党委领导、地方政府主持，地方志办公室具体负责实施、社会各界广泛参与的工作体制，充分发挥了专兼职结合的人员优势，邀请陕西省民俗学会副会长、咸阳市民间文艺家协会主席梁澄清牵头组织，吸纳郑智贤、王新民、安升先、杜三卫、郭旭晔、孟正民和洪东海等域内熟悉并热爱民俗文化的专家学者参与，咸阳师范学院教授张沛审阅，地方志办公室相关人员校改，最大限度保证了志书收录的全面性、权威性和地域性。由各机构牵头组织非遗的采录工作，通过对咸阳市地域范围内的民俗文化进行编纂整理，在此过程中形成政府与民间的内外联动，从学校到地方志机构，从修志人员到非遗传承人，不仅拉近了上述两者之间的距离，同时也拉近了读者与编者、编者与非遗传承者、读者与非遗传承者间的距离，最终形成约 70 万字、112 幅彩色图片、近 300 幅黑白插图的《咸阳市民俗志》，真正使民俗志写之于民，用之于民。而这正是非遗融入现代社会进程中的行之有效的重要途径。

其次，从非遗的记述方面来讲，以民间风俗学的学科分类方式对非遗进行整理、以地方各民俗事象为温床、以地方志书作为编纂载体，基本囊括咸阳域内人民生产生活、人生礼仪、岁时节令与信仰、手工技艺、民间娱乐、文艺和方言等各个方面，以此为经纬，将域内非遗进行归类整理，进而在书后专设非遗目录，以便读者有重点地进行查阅，这种分类方式充分体现了非遗的地域性、多元性。而从文本角度来看，将非遗置入民俗大类，使域内同质、异质的民俗文化并列对举，并为其设定一定时期的咸阳域内文化氛围，这种编纂体例既充分尊重了非遗的独特价值，更促进了非遗自身与其他民俗之间兼容并蓄的流动创造，不仅能更好的保护和滋养非遗文化价值，使非遗文化也民俗志的编纂中得到自我净化与发展，而且能够有效发挥各个学科优势、深挖地方文化的民俗传统和特色，形成记述某一地域较稳定民俗事象的民俗志。在此过程中又通过增加非遗传承人和其技艺制作过程的记述篇幅，重点凸显其地域文化特色，进一步明确域内文化发展定位，并对域内旅游经济的发展提供进一步的思考价值。

再次，而从民俗志中采用的非遗记述话语而言，要体现非遗的动态传承过程，就不能仅采取第三者的叙述视角，而是需要编纂人员贴近人民、贴近社会，既秉持"述而不作"的志书编纂体例，又力图使民俗志的书写摆脱"学院派"的格式化书写，使"民俗事象的记述不再是面无表情的'冷描'，而是有着温度、厚度、深度与质感的'热描'"[①]。这种"热描"的实现方式在本书当中的表现方式便是部分记述采取具有当地方言特色的话语形态进行描

---

① 岳永逸.始终：社会学的民俗学：1920—1950[M].北京：北京师范大学出版社，2023：294.

述,对于非遗项目中部分生僻字、词的处理很少采取其他字词替代,而是将其本土化、还原化,借助拼音、同音字等多种方式对其进行注音,例如"biang biang 面"的非遗记述即是如此。

最后,从其传承过程方面来说,虽然"非物质文化遗产的传播是一种活态流变,是继承与变异、一致与差异的辩证结合"[1],在具体的传承形式上可能更限于家族、地域等范围之内,但其横向地传播与发扬仍然是我们当前非遗入志工程的着眼点。从这个角度上来说,非遗项目在社会层面流传过程中的静态价值和不变性特征是其进行纵向传承的基本因素。非遗入志工程便是尽可能挖掘其中的恒久性特质,再通过与新时代发展相结合,既考虑到非遗自身的独特性与活态性,也充分把握地方整体民俗的风格特征以及多种民俗文化之间的关系,如此非遗便不再只关乎纵向的新旧传承,从横向层面来看,它更是平行状态下的共享与传播,这才是实现非遗活态流变的根本现实举措。

《咸阳市民俗志》就全面系统、客观真实地挖掘梳理了咸阳辖区的普遍性民俗文化现象及发展变化情况,有效保护并及时记述了域内非物质文化遗产事项,立体式反映咸阳市民俗文化的历史渊源与基本面貌,突出了咸阳市博大精深、绚丽多彩的民俗文化的传承特点、时代特点、地方特点,为社会各界认识了解咸阳独具特色的地方文化提供了珍贵资料,为全市人民记住乡愁、坚定文化自信提供了生动教材。

二、非遗内容的载录形式

非遗是一门属于过去、现在、未来的活态文化,这种文化之所以流传深远而不衰亡,正是因为其与民间风俗文化的互融共存,因此与民俗变异性特

---

[1] 陈淑姣,白秀轩.非物质文化遗产概论[M].北京:中国人民大学出版社,2016:40.

征相吻合。而"地方志中详细记载着丰富的非物质文化遗产的资料,内容涉及民间风俗、民族民俗、民间工艺等非物质文化遗产多方面的内容"①。因此,以民俗学为纲,以地方志书作为固定的文化载体,对地方非遗采取系统性记述,从中对地方的民俗特色的更深入的展现。地方志记述非物质文化遗产主要存在两种形式:一是分散式记述,即将非物质文化遗产相关内容于文化篇章中记述,或是将其内容在工业、文化、体育、卫生、民俗、人物、附录等相关篇章记述;二是集中式记述,即以专门章节或门类进行记述,或是撰写专门的非物质文化遗产志。

两种记述形式各有优劣,"民俗志"中将非遗揉进社会文化生产生活的分散式记述是表现非遗生命力的方式之一,而与此相对照的集中式记述则是使非遗保有独立价值的重要途径。但无论是哪一种都反映了特定时代的要求,同时与非遗的传承、保护和开发工程相契合,是非遗入志编纂体系更趋完整的充分体现。而《咸阳市民俗志》则是这两种方式兼而有之,最大程度保留了非遗的完整性和特殊性。

(一) 一、二轮市志的分散式记述

对于市志的鉴别寓于一、二轮市志记述形式的比较中。那么,作为文献类型之一的地方志书,横陈百科、纵述历史、包罗万象,对包括非物质文化遗产在内的地方事物的记述是其职责所在。但是回顾中华人民共和国成立以来的两轮地方志书编修,关于当地非物质文化遗产的记述主要为分散式记述。

以"弦板腔"为例,一轮《咸阳市志》(第四分册)第三章戏剧第一节中以单独一个条目来记述;二轮《咸阳市志》则记述更为简略,于第二十八编《文化艺术》第二章《艺术》第一节《戏剧》下设孙目"弦板腔"进行记述,更加集中概况,而且也说明了"弦板腔"与域内另一非物质文化遗产"皮影"的关

---

① 滕思琦,信丹丹.区域文化发展背景下的地方文献工作——上海浦东图书馆的探索[J].图书情究,2021(4):62-67.

系,即"弦板腔作为皮影形式演出"。① 又如"旬邑剪纸",一轮《咸阳市志》(第四分册)在《文化》编第二章第四节《书画摄影术》中将其作为1976年举办的地区农业学大寨美术展览中的一部分,简单记述了在旬邑开办剪纸美术学习班并且创作作品500余件的有关概况。除此之外,同样是在该编中,将其作为"群众文化活动"内容之一,主要通过"旬邑县文化馆"这一条目对其概要记述,但并未对其特点和制作过程等说明,而这些均在《咸阳市民俗志》当中以专章专节形式直接列出,使非遗本身艺术价值的独特性更加完整;而在《娱乐民俗》编第二章第二节则专节记述"咸阳红拳"对其域内传播情况、其他文献考究、代表人物及传承内容有详细的记述,并且对于"红拳口诀"有所摘录但由于记述的书面化可能对红拳的讲解并未有生动的呈现。即从其记述体例上而言,从一轮志作为一个条目概要说明到"民俗志"设专章专节详细载录其特点、制作技艺等,升格处理,可以看出记述重心和保护力度的不同,同时也不难发现非物质文化遗产社会重视度与关注点的变化,这使得非遗不总是以孤章的记述形式出现在民俗研究视域中,而能与其他艺术形式形成联动。因而,通过两轮民俗志中对于非遗或简或详的载录,我们知道非遗在市民文化生产生活领域中所承担的具体社会职能以及其自身内在生态体系的建构,同时也在民俗各类型文化交流中互鉴互融,形成有机的良性互动。

又如《咸阳市民俗志》于第七编《手工技艺》第三章《剪刻技艺》分设《剪纸》和《皮影制作》两节予以专门记述。二轮《咸阳市志》也于第二十八编《文化艺术》第二章《艺术》第四节《美术 书法 摄影》下列子目"民间艺术"进行介绍。② 由此,通过民俗志中目录层级的扩展,非遗的分类自然更趋细致,而在两轮志书的对比中,非遗的社会功用与艺术价值在志书中也有

---

① 咸阳市地方志编纂委员会.咸阳市志(下)[M].西安:陕西人民出版社,2021:2414-2415.
② 咸阳市地方志编纂委员会.咸阳市志(下)[M].西安:陕西人民出版社,2021:2427.

所交汇,体现在从历时和共时两种角度将非遗置入时代和地域范围里对非遗传承、创新的记述方面,通过采用不同的记述视角与手法对非遗进行多维记录。与此同时,非遗生存环境趋于常态化的研究现状也使得非遗在其保护与利用领域有更明显的进展,另辟出新的美学价值。

总体而言,这两轮地方综合志书记述域内非物质文化遗产时均体现分散化倾向,分别于文化、体育、人物等专章专节中分散记述。这与地方综合志书性质有关,毕竟属于综合性志书,涉及面广,综合性强,不可能就某一个方面深入展开。即使如此,编纂人员仍然在坚持志书记述体例的前提下,展现地方特色,记住乡音、留住乡愁。

(二)《咸阳市民俗志》的"两结合"记述

民俗学学科体系的包容性拓宽了非遗入志的渠道。地方志的记述特点使记述非遗有实践理论支撑,以上都对非遗入志工程有所增益,但是在市志的地域范围内对非遗进行整体建构仍需多学科理论的支持与实践性内容的丰富。"民俗志"关于非遗的记录形式大致是以民俗分类为大纲进行构建,因而《咸阳市民俗志》按照生产民俗、生活民俗、人生礼仪、岁时节令、信仰民俗、社会民俗、手工技艺、娱乐民俗、民间文艺和方言10个方面分编记述咸阳域内民俗文化的历史渊源与基本面貌,可称为咸阳市人民生产生活文化"百科全书",而作为当地被纳入国家级和省级的非物质文化遗产名录,其在《咸阳市民俗志》中的载录主要表现在如下编章节目中:

表1 《咸阳市民俗志》载录非遗项目情况表

非遗项目名称	类别	《咸阳市民俗志》载录情况
弦板腔	传统戏剧	第九编《民间文艺》第三章《民间戏曲》第一节《域内主要戏曲》"二、弦板腔"
旬邑彩贴剪纸	民间美术	第七编《手工技艺》第三章《剪刻技艺》第一节《剪纸》

续表

非遗项目名称	类　别	《咸阳市民俗志》载录情况
水帘灯山庙会	民俗	第四编《岁时节令》第三章《元宵节》第一节《送灯 赏灯》"二、赏灯"
蛟龙传鼓	民间音乐	第九编《民间文艺》第一章《民间音乐》第二节《民间器乐曲》"三、民间锣鼓乐·（二）著名锣鼓乐班社·2.乾县大王乡（蛟龙转鼓）班社"
咸阳牛拉鼓	民间音乐	第九编《民间文艺》第一章《民间音乐》第二节《民间器乐曲》"三、民间锣鼓乐·（一）民间锣鼓乐组织、（二）著名锣鼓乐班社"
中华老字号张记馄饨制作技艺	传统手工技艺	/
长武道场	民俗	第九编《民间文艺》提及
柳毅传书的传说	民间文学	第五编《信仰民俗》第三章《地方神崇拜》第二节《平民型地方神》"六、柳毅"
秦琼敬德门神传说	民间文学	第四编《岁时节令》第二章《春节》第一节《年前准备》"五、室内外布置·（二）贴门神"；第五编《信仰民俗》第二章《神仙崇拜》第四节《保护神崇拜》"三、门神"；第七编《手工技艺》第四章《印画技艺》第一节《雕版印画》
泾河号子	民间音乐	第九编《民间文艺》第一章《民间音乐》第一节《民间歌曲》"一、号子"类中只载录了"渭河号子"
秦汉战鼓	民间音乐	第九编《民间文艺》提及名称
监军战鼓	民间音乐	第九编《民间文艺》提及名称
旬邑唢呐	民间音乐	第九编《民间文艺》第一章《民间音乐》第二节《民间器乐曲》"一、民间唢呐鼓吹乐"
三原老龙	民间舞蹈	第九编《民间文艺》第四章《民间舞蹈与社火》第一节《民间舞蹈》"二、代表性的民间舞蹈·（一）三原筒子龙（即三原老龙）"
泾河竹马	民间舞蹈	第九编《民间文艺》第四章《民间舞蹈与社火》第一节《民间舞蹈》"一、域内各县民间舞蹈种类"/第二节《民间社火》"二、域内主要社火类型·（二）表演型·3.竹马"
东寨十八罗汉	民间舞蹈	第九编《民间文艺》第四章《民间舞蹈与社火》第一节《民间舞蹈》"一、域内各县民间舞蹈种类"提及

续表

非遗项目名称	类　别	《咸阳市民俗志》载录情况
永寿民间剪纸	民间美术	集中在第七编《手工技艺》第三章《剪刻技艺》第一节《剪纸》记述
乾州布玩具	民间美术	第七编《手工技艺》第二章《织绣技艺》第三节《布艺》——需要再提炼
礼泉皮影	民间美术	第九编《民间文艺》第三章《民间戏曲》第一节《域内主要戏曲》
武功土织布技艺	传统手工技艺	第七编《手工技艺》第二章《织绣技艺》第一节《纺织》
普集烧鸡制作技艺	传统手工技艺	第一编《生产民俗》第五章《商贸服务业》第一节《经商》类别中提及店名
三原金线油塔制作技艺	传统手工技艺	第二编《生活民俗》第二章《饮食习俗》第四节《小吃 糕点》"一、小吃·（三）千层油饼塔"
咸阳琥珀糖制作技艺	传统手工技艺	第二编《生活民俗》第二章《饮食习俗》第四节《小吃 糕点》"二、糕点·（一）琥珀糖"
乾州四宝制作技艺	传统手工技艺	/
长武庙宇泥塑礼仪	民俗	第七编《手工技艺》第五章《雕塑技艺》第二节《泥塑》
渭河南忙罢古会	民俗	第四编《岁时节令》第一章《时序节令》第二节《二十四节气和入伏数九》"一、二十四节气·（十）夏至"提及"在渭河以南各个村庄则在此后陆续举办定期的忙罢会"；第四编《岁时节令》第四章《四季传统节日》第二节《夏季节日》"四、看忙罢"
古豳国传说	民间文学	/
泾阳木偶	传统戏剧	第五编《信仰民俗》第三节《庙会的娱神活动》提及
旬邑咪子戏	曲艺	没有专章专节或设目记述，甚至看不到正文中有关旬邑咪子戏的具体记述
李氏太极拳	传统体育、游戏与杂技	第八编《娱乐民俗》第二章《民间体育》第二节《武术》
渭北地坑式窑洞建筑技艺	传统技艺	第二编《生活民俗》第三章《居住习俗》第二节《居住类型》"二、窑洞"

85

续表

非遗项目名称	类别	《咸阳市民俗志》载录情况
三原蓼花糖制作技艺	传统技艺	第二编《生活民俗》第二章《饮食习俗》第四节《小吃 糕点》"二、糕点·（六）蓼花糖"
泾阳砖茶制作技艺	传统技艺	第一编《生产民俗》第五章《商贸服务业》中提及产生时间及影响
茯砖茶制作技艺	传统技艺	/
陕西河水biangbiang面制作技艺	传统技艺	第二编《生活民俗》第二节《面条和汤粥》"一、面条种类·（二）干面类·咸阳河水𰻝𰻝面"（记述名称来源,制作过程及技艺没说）
泾阳水盆羊肉制作技艺	传统技艺	第二编《生活民俗》第二章《饮食习俗》第四节《小吃 糕点》"一、小吃"中提及名称而已
西王禹村纸台	民俗	/
渭城区二月二古庙会	民俗	/
彬县大佛寺三月八庙会	民俗	/
苏慧织锦回文与武功民间送手绢风俗	民俗	/
重阳追节送花糕	民俗	第四编《岁时节令》第四章《四季传统节日》第三节《秋季节日》"三、重阳节"
丁兰刻母	民间文学	第六编《社会民俗》第三章《村落习俗》第四节《村落命名》"四、以历史传说为名"中提及"兴平的丁兰刻母子孝村"
长武背芯子	传统舞蹈	第九编《民间文艺》第四章《民间舞蹈与社火》第一节《民间舞蹈》提及而已
永寿土梁油制作技艺	传统技艺	/
荞面饸饹制作技艺	传统技艺	/
关中丧葬风俗礼仪	民俗	第二编《生活民俗》第四章《丧葬习俗》

续表

非遗项目名称	类　别	《咸阳市民俗志》载录情况
旬邑石门爷传说	民间文学	第五编《信仰民俗》第三章《地方神崇拜》第一节《历史名人型地方神》"四、扶苏"（专门记述有关石门爷传说）
兴平劝善	曲艺	第九编《民间文艺》第二章《民间曲艺》第一节《劝善》，以"兴平劝善"为例（专节记述）
彬县南街社火、高亭	传统体育、游戏与杂技	第九编《民间文艺》第四章《民间舞蹈与社火》下两节中均有关于域内社会的记述，但关于南街社会、高亭则较为模糊
秦腔脸谱绘画	传统美术	第九编《民间文艺》第四章《民间舞蹈与社火》第二节《民间社火》"一、社火脸谱"，对秦腔脸谱绘画并没明确指出
木轮大车制作技艺	传统技艺	/
五陵塬黑陶制作技艺	传统技艺	/
三原小磨香油制作技艺	传统饮食	/
刘氏宫廷御宴传统制作技艺	传统饮食	/

咸阳地区国家级和省级非物质文化遗产有传统戏剧、传统美术、传统技艺、传统饮食、传统舞蹈、民间文学、曲艺、民俗等不同类别，《咸阳市民俗志》在不同编章节目下对其进行了记述，但是显然记述并不全面完整，也并非集中记述，不同的非物质文化遗产在记述时所占比重显然是有差异的，有的是以专章形式记述，如"丧葬习俗"；有的以专节形式记述，如"兴平劝善"；有的则以一个条目形式记述，如"重阳追节送花糕"，虽然名称稍有差异，其实质内容一致。又或者只作为款项简单的罗列，如"三原蓼花糖制作技艺"中的"琥珀糖"，而有部分传统技艺以及民俗"乾州四宝制作技艺""渭城区二月二古庙会"在《咸阳市民俗志》中已无详细载录，由此可见，对于非遗项目的记述比重极大受到了非遗资料不足的限制。因而，继续加强非遗

资料的收集整理仍然是目前"民俗志"汇编过程中面临的严峻挑战。

另外,对域内有的非物质文化遗产的记述往往采用互见形式,分散在多处进行记述,如关于"渭河南忙罢古会"的记述,实则是分几处来完整揭示这一非遗的源起、内涵、演变等。又如"秦琼敬德门神传说",则既在第四编《岁时节令》中设立"贴门神"作为一个条目记述,又在第五编《信仰民俗》下设"门神"独立条目记述,同时还在第七编《手工技艺》中以《雕版印画》专节记述,可见其在域内影响之深广。

三、存在的不足

《咸阳市民俗志》关于域内非物质文化遗产的记述虽然在一、二轮市志基础上有所突破,也较为全面地反映了域内非物质文化遗产,但依然存在一些不足,主要表现在以下几点:

一是所列非物质文化遗产项目名录时间断限问题。如《咸阳市民俗志》附录中所列为"咸阳市国家级与省级非物质文化遗产名录一览表"共55项,其中国家级3项,省级从第一批到第五批非物质文化遗产涉及52项。这里既没有第六批省级非物质文化遗产涉及咸阳地区的,也没有列明市级非物质文化遗产名录七个批次的项目。

表2　咸阳市第六批省级非物质文化遗产一览表

序号	项目名称	申报地区、单位和个人	级别	批次	类别
1	二弦演奏技艺	礼泉县	省级	第六批	传统音乐
2	武功刺绣	武功县馨绣手工布艺开发有限公司	省级	第六批	传统美术
3	唐三彩烧制技艺	乾县西北琉璃有限责任公司	省级	第六批	传统技艺

续表

序号	项目名称	申报地区、单位和个人	级别	批次	类别
4	车轱辘灯制作技艺	三原县非物质文化遗产保护中心	省级	第六批	传统技艺
5	乞丐酱驴肉制作技艺	渭城区文化馆	省级	第六批	传统技艺
6	醇古（鹑觚）酒酿造技艺	陕西金醇古酒业有限责任公司	省级	第六批	传统技艺
7	泾阳裕兴重散茯茶制作技艺	陕西省泾阳县裕兴重茯砖茶有限责任公司	省级	第六批	传统技艺
8	王浩峰中药堂手工水泛丸制作技艺	渭城区文化馆	省级	第六批	传统医药
9	冯氏脉诊技艺	咸阳市群艺馆	省级	第六批	传统医药
10	气血和胶囊制作技艺	陕西摩美得制药有限公司	省级	第六批	传统医药
11	王氏传统正骨手法技艺	泾阳县杨赵永宏医院	省级	第六批	传统医药
12	延寿丹技艺	咸阳市群艺馆	省级	第六批	传统医药
13	郭氏中医骨伤、烧伤治疗技艺	长武县文化馆	省级	第六批	传统医药

这主要是因为志书编纂定稿时间为2017年，而陕西省第六批非物质文化遗产名录正式向社会公布的时间为2018年。另外，因为作为《咸阳市志（1991—2010）》的姊妹篇与《咸阳市艺文志》共同构成了"咸阳市志"一体两翼，两相对照，形成较完整的补充，而关于市级非物质文化遗产项目收录的标准问题，则主要是参考了市志和年鉴关于人物收录的标准，因此并不全面，对于非遗收录的标准仍需要多方考虑，例如结合市志地域性特征对非遗性质分类、非遗元素资源的整合仍是一个重要的切入点。而从收录的非遗类别来看，主要是以传统技艺为主，传统手工技艺次之，这就对我们的编纂以及多方机构非遗材料的收集整理提出更高的要求。

表3 咸阳市非物质文化遗产名录(第一~六批)

序号	项目名称	申报地区、单位和级别	批次	类别
1	旬邑民间唢呐	旬邑县	市级	第一批	民间音乐
2	秦汉战鼓	渭城区	市级	第一批	民间音乐
3	蛟龙传鼓	乾县	市级	第一批	民间音乐
4	咸阳牛拉鼓	渭城区	市级	第一批	民间音乐
5	永寿监军战鼓	永寿县	市级	第一批	民间音乐
6	柳毅传书的传说	泾阳县	市级	第一批	民间文学
7	历代皮影戏文学剧本	兴平市	市级	第一批	民间文学
8	西关老龙	三原县	市级	第一批	民间舞蹈
9	十八罗汉	三原县	市级	第一批	民间舞蹈
10	枣庄太平竹马	泾阳县	市级	第一批	民间舞蹈
11	弦板腔	乾县	市级	第一批	传统戏剧
12	陕西快书	礼泉县	市级	第一批	曲艺
13	库淑兰剪纸	旬邑县	市级	第一批	民间美术
14	秦腔脸谱绘画技艺	兴平市	市级	第一批	民间美术
15	彬县民间刺绣	彬县	市级	第一批	民间美术
16	永寿民间剪纸	永寿县	市级	第一批	民间美术
17	长武庙宇泥塑	长武县	市级	第一批	民间美术
18	崔少锋脸谱	长武县	市级	第一批	民间美术
19	礼泉皮影	礼泉县	市级	第一批	民间美术
20	荞面饸饹制作工艺	淳化县	市级	第一批	传统手工技艺
21	手织布制作工艺	武功县	市级	第一批	传统手工技艺
22	乾州布艺制作工艺	乾县	市级	第一批	传统手工技艺
23	旗花面制作工艺	武功县	市级	第一批	传统手工技艺

续表

序号	项目名称	申报地区、单位和级别		批次	类别
24	老朱家肉夹馍制作工艺	井研县	市级	第一批	传统手工技艺
25	千层油饼制作工艺	三原县	市级	第一批	传统手工技艺
26	礼泉烙面制作工艺	礼泉县	市级	第一批	传统手工技艺
27	赵家醪糟	兴平市	市级	第一批	传统手工技艺
28	张记馄饨	咸阳张记馄饨馆	市级	第一批	传统手工技艺
29	旬邑御面制作工艺	旬邑县	市级	第一批	传统手工技艺
30	水帘灯山庙会	彬县	市级	第一批	民俗
31	长武道场	长武县	市级	第一批	民俗
32	泾河号子	泾阳县	市级	第二批	民间音乐
33	平湖派琵琶演奏艺术	市艺研室	市级	第二批	民间音乐
34	渭河号子	秦都区	市级	第二批	民间音乐
35	秦琼敬德门神传说	礼泉县	市级	第二批	民间文学
36	神农后稷传说	武功县	市级	第二批	民间文学
37	旬邑民间执事说唱词	旬邑县	市级	第二批	民间文学
38	旬邑石门爷（扶苏）传说	旬邑县	市级	第二批	民间文学
39	长武背芯	长武县	市级	第二批	民间舞蹈
40	枣坪纸台	泾阳县	市级	第二批	民间舞蹈
41	乾州花棍	乾县	市级	第二批	民间舞蹈
42	泾阳木偶表演	泾阳县	市级	第二批	传统戏剧
43	兴平曲子坐唱	兴平市	市级	第二批	曲艺
44	泾阳太平曲子坐唱	泾阳县	市级	第二批	曲艺
45	普集烧鸡制作技艺	武功县	市级	第二批	传统手工艺
46	乾州四宝制作工艺	乾县	市级	第二批	传统手工艺

续表

序号	项目名称	申报地区、单位和级别		批次	类别
47	五陵原黑陶制作工艺	渭城区	市级	第二批	传统手工艺
48	咸阳琥珀糖制作工艺	秦都区	市级	第二批	传统手工艺
49	老王家烧鸡制作工艺	王仁义	市级	第二批	传统手工艺
50	泾阳砖茶制作工艺	泾阳县	市级	第二批	传统手工艺
51	三原面花制作工艺	三原县	市级	第二批	传统手工艺
52	三原蓼花糖制作工艺	三原县	市级	第二批	传统手工艺
53	渭河南忙罢古会	秦都区	市级	第二批	民俗
54	劝善和劝善经	秦都区	市级	第二批	民俗
55	苏武陵园祭祀活动	武功县	市级	第二批	民俗
56	武功镇东河滩庙会	武功县	市级	第二批	民俗
57	重阳追节送花糕	秦都区	市级	第二批	民俗
58	旬邑十三花宴席	旬邑县	市级	第二批	民俗
59	彬县古豳国传说	彬县	市级	第三批	民间文学
60	弄玉吹箫的传说	渭城区	市级	第三批	民间文学
61	丁兰刻母传说	兴平市	市级	第三批	民间文学
62	前秦才女苏慧与织锦回文	武功县	市级	第三批	民间文学
63	民间歌谣	旬邑县	市级	第三批	民间文学
64	绣鞋运坟土	淳化县	市级	第三批	民间文学
65	杨双山的传说	兴平市	市级	第三批	民间文学
66	乾州面塑	乾县	市级	第三批	传统美术
67	秦都咸阳民间剪纸	秦都区	市级	第三批	传统美术
68	来家唢呐	永寿县	市级	第三批	传统音乐
69	关中夯歌	泾阳县	市级	第三批	传统音乐

续表

序号	项 目 名 称	申报地区、单位和级别		批 次	类 别
70	关中农耕歌	泾阳县	市级	第三批	传统音乐
71	咪子戏	旬邑县	市级	第三批	传统戏曲
72	任派唱腔	永寿县	市级	第三批	传统戏曲
73	李氏太极拳	渭城区	市级	第三批	传统体育、游艺与杂技
74	彬县荞面凉粉制作工艺	彬县	市级	第三批	传统手工技艺
75	彬县旋木工艺	彬县	市级	第三批	传统手工技艺
76	茯砖茶制作工艺	陕西苍山茶叶有限责任公司	市级	第三批	传统手工技艺
77	永寿土梁油制作	永寿县	市级	第三批	传统手工技艺
78	渭北高原下沉式窑洞建造技艺	泾阳县	市级	第三批	传统手工技艺
79	泾阳水盆羊肉制作技艺	泾阳县	市级	第三批	传统手工技艺
80	咸阳河水 biangbiang 面	秦都区	市级	第三批	传统手工技艺
81	北杜纸活制作工艺	渭城区	市级	第三批	传统手工技艺
82	彬县大佛寺"三月八"庙会	彬县	市级	第三批	民俗
83	关中传统婚礼	泾阳县	市级	第三批	民俗
84	"二月二"古庙会	渭城区	市级	第三批	民俗
85	纸台	礼泉县	市级	第三批	民俗
86	贞元烧伤药	武功县	市级	第三批	传统医药
87	刘氏中医技艺	三原县	市级	第三批	传统医药
88	孝子刘霞的传说	长武县	市级	第四批	民间文学
89	木偶头制作	乾县	市级	第四批	传统美术
90	窦德盛大篆书法艺术	华夏大篆文化研究院	市级	第四批	传统美术

续表

序号	项目名称	申报地区、单位和级别		批次	类别
91	关中对花	泾阳县	市级	第四批	传统音乐
92	关中情歌	泾阳县	市级	第四批	传统音乐
93	周秦汉唐宴名肴制作	泾阳县	市级	第四批	传统手工技艺
94	泾阳茯砖茶制作	泾阳县	市级	第四批	传统手工技艺
95	泾阳ranghuo制作	泾阳县	市级	第四批	传统手工技艺
96	泾河蜜枣杏脯制作	泾阳县	市级	第四批	传统手工技艺
97	咸阳"兴盛成"制醋技艺	渭城区	市级	第四批	传统手工技艺
98	咸阳锅盔牙子制作	渭城区	市级	第四批	传统手工技艺
99	李师风箱	淳化县	市级	第四批	传统手工技艺
100	张口酥饺	淳化县	市级	第四批	传统手工技艺
101	北牌鲴面	礼泉县	市级	第四批	传统手工技艺
102	倪家大锅盔制作	武功县	市级	第四批	传统手工技艺
103	漆泥浮雕	永寿县	市级	第四批	传统手工技艺
104	泾阳太壶寺庙会	泾阳县	市级	第四批	传统手工技艺
105	关中丧葬风俗礼仪	渭城区	市级	第四批	民俗
106	周陵祭祀礼仪	渭城区	市级	第四批	民俗
107	长武门楣斗格习俗	长武县	市级	第四批	民俗
108	三原城隍庙庙会	三原县	市级	第四批	民俗
109	彬县南街社火·高亭	彬县	市级	第四批	民俗
110	皇帝铸鼎的传说	泾阳县	市级	第五批	民间文学
111	御泉的传说	淳化县	市级	第五批	民间文学
112	碳晶画	秦都区	市级	第五批	传统美术
113	馨绣工艺	武功县	市级	第五批	传统美术

续表

序号	项目名称	申报地区、单位和级别		批次	类别
114	兴平劝善	兴平市	市级	第五批	曲艺
115	裕兴重散茯茶制作技艺	泾阳县	市级	第五批	传统技艺
116	王氏传统正骨手法	泾阳县	市级	第五批	传统技艺
117	泾阳粮食酒酿造技艺	泾阳县	市级	第五批	传统技艺
118	王氏皮肤病软膏制作技艺	泾阳县	市级	第五批	传统技艺
119	泾城老黄家传统蒸碗制作工艺	泾阳县	市级	第五批	传统技艺
120	泾阳夹背馍煎饼粥制作工艺	泾阳县	市级	第五批	传统技艺
121	花馍制作工艺	彬县	市级	第五批	传统技艺
122	煎汤面制作技艺	彬县	市级	第五批	传统技艺
123	纪耀春木雕技艺	彬县	市级	第五批	传统技艺
124	礼义成硬轱辘大车制作工艺	渭城区	市级	第五批	传统技艺
125	乾陵唐三彩复制工艺	乾县	市级	第五批	传统技艺
126	小磨香油制作技艺	三原县	市级	第五批	传统技艺
127	乾州洪拳	乾县	市级	第五批	传统体育
128	城隍庙会	武功县	市级	第五批	民俗
129	媒婆习俗	秦都区	市级	第五批	民俗
130	高家村龙灯	礼泉县	市级	第五批	民俗
131	老黄家地方饮食文化	三原县	市级	第五批	民俗
132	三原马家白龙膏药	三原县	市级	第五批	传统医药
133	旬邑民间传说	旬邑县	市级	第六批	民间文学
134	李世民与武功传说	武功县	市级	第六批	民间文学
135	二弦演奏技艺	礼泉县	市级	第六批	传统音乐
136	王店孙木偶戏	三原县	市级	第六批	传统曲艺

续表

序号	项目名称	申报地区、单位和级别		批次	类别
137	两寺渡红拳	秦都区	市级	第六批	传统体育、游艺与杂技
138	泾阳白蟒塬孙氏剪纸	泾阳县	市级	第六批	传统美术
139	乞丐酱驴肉制作技艺	渭城区	市级	第六批	传统技艺
140	陈氏养生酒	渭城区	市级	第六批	传统技艺
141	张老五香醋酿造技艺	礼泉县	市级	第六批	传统技艺
142	伯温世家杂粮麻矢制作技艺	礼泉县	市级	第六批	传统技艺
143	乾州土织布技艺	乾县	市级	第六批	传统技艺
144	乾州酱辣子制作技艺	乾县	市级	第六批	传统技艺
145	武功长宁醋酿制技艺	武功县	市级	第六批	传统技艺
146	黄毛车辘轳灯制作技艺	三原县	市级	第六批	传统技艺
147	彬县白吉馍制作	彬县	市级	第六批	传统技艺
148	旬邑花子馍制作技艺	旬邑县	市级	第六批	传统技艺
149	醇古（鹡鴒）酒酿造技艺	长武县	市级	第六批	传统技艺
150	长武血条汤	长武县	市级	第六批	传统技艺
151	长武锅盔	长武县	市级	第六批	传统技艺
152	泾阳葱花饼制作技艺	泾阳县	市级	第六批	传统技艺
153	泾阳杨家石子馍制作技艺	泾阳县	市级	第六批	传统技艺
154	泾阳刘家炒葫芦头制作技艺	泾阳县	市级	第六批	传统技艺
155	武功炝菜制作技艺	市群艺馆	市级	第六批	传统技艺
156	穿罗绣	永寿县	市级	第六批	传统技艺
157	兴平十布扎染制作技艺	兴平市	市级	第六批	传统技艺
158	王浩峰中药堂手工水泛丸	渭城区	市级	第六批	传统医药

续表

序号	项目名称	申报地区、单位和级别		批次	类别
159	郭景存中医骨科、烧伤治疗技艺	长武县	市级	第六批	传统医药
160	张氏生肌散	礼泉县	市级	第六批	传统医药
161	冯氏脉诊技艺	市群艺馆	市级	第六批	传统医药
162	延寿丹技艺	市群艺馆	市级	第六批	传统医药
163	泾阳华元骨伤膏药制作技艺	泾阳县	市级	第六批	传统医药
164	气血和胶囊制作技艺	秦都区	市级	第六批	传统医药
165	阿尚芯子社火	兴平市	市级	第六批	民俗
166	游凤龙王沟庙会风俗	武功县	市级	第六批	民俗
167	长武牛犊馍	长武县	市级	第六批	民俗

表4　咸阳市非物质文化遗产名录(第七批)

序号	项目名称	申报地区、单位或个人	级别	批次	类别
1	泾阳锅盔制作技艺	泾阳县	市级	第七批	传统技艺
2	泾阳老樊家烧鸡制作技艺	泾阳县	市报	第七批	传统技艺
3	泾阳老任家油糕制作技艺	泾阳县	市级	第七批	传统技艺
4	泾阳兴龙葫芦头泡馍制作技艺	泾阳县	市级	第七批	传统技艺
5	泾阳葡萄酒酿造技艺	泾阳县	市级	第七批	传统技艺
6	武功席家铁锅羊肉制作技艺	武功县	市级	第七批	传统技艺
7	武功镇馓酥制作技艺	武功县	市级	第七批	传统技艺
8	泾阳华元骨伤传统疗法	泾阳县	市级	第七批	传统医药
9	泾阳宜善通络筋骨膏药传统制作技艺	泾阳县	市级	第七批	传统医药
10	压痛区推拿诊疗技艺	秦都区	市级	第七批	传统医药

续表

序号	项目名称	申报地区、单位或个人	级别	批次	类别
11	公祭唐汾阳王郭子仪典礼	礼泉县	市级	第七批	民俗
12	武功赵家唢呐	武功县	市级	第七批	传统音乐
13	秦腔"焦派"唱腔艺术	兴平市	市级	第七批	传统戏曲
14	螳螂拳	淳化县	市级	第七批	传统体育
15	武功弓家红拳	武功县	市级	第七批	传统体育
16	兴平根雕艺术	兴平市	市级	第七批	传统美术
17	兴平剪纸	兴平市	市级	第七批	传统美术
18	西部戏剧脸谱造型	秦都区	市级	第七批	传统美术
19	咸阳面花	秦都区	市级	第七批	传统技艺
20	古渡四宝	渭城区	市级	第七批	传统技艺
21	彬州御面制作技艺	彬州市	市级	第七批	传统技艺
22	旬邑粘糕	旬邑县	市级	第七批	传统技艺
23	长武馇酥制作技艺	长武县	市级	第七批	传统技艺
24	长武手工布艺	长武县	市级	第七批	传统技艺
25	淳化面花技艺	淳化县	市级	第七批	传统技艺
26	卢记豆腐	礼泉县	市级	第七批	传统技艺
27	礼泉王氏甑糕	礼泉县	市级	第七批	传统技艺
28	芝麻滚子制作技艺	乾县	市级	第七批	传统技艺
29	杨世必手工揭裱、装裱技艺	三原县	市级	第七批	传统技艺
30	永寿沙棘醋制作技艺	永寿县	市级	第七批	传统技艺
31	泾阳茯砖茶筑茶梆子传统制作技艺	泾阳县	市级	第七批	传统技艺

二是对所有非物质文化遗产的记述并非面面俱到。如作为国家级非物质文化遗产的"水帘灯山庙会"既不是作为专章专节记述，也不是单独设目记述，而是将其置于第四编《岁时节令》第三章《元宵节》下的"赏灯"条目中去说明。比之同为国家级非遗的"弦板腔"和"旬邑剪纸"记述体量则显然不可同日而语。又如省级非遗"关中丧葬风俗礼仪"，因为考虑封建思想影响，对其进行了大量删节，亦不能全面、如实反映这一非遗面貌。再如有关"剪刻技艺"中的非遗项目"旬邑剪纸"，因其用途涉及丧葬等有关鬼神迷信思想而对其进行删节，这对非遗项目完整如实记述产生一定影响。再如"三原蓼花糖制作技艺"，志书中作为一个条目记述的蓼花糖的制作及产生，却没有其传承的记述；无独有偶，"三原金线油塔制作技艺"，也是在《生活民俗》编以"千层油饼塔"为目记述其制作过程，但对其传承和保护没有说明，"咸阳琥珀糖制作技艺"亦是如此。由此可见，主流意识形态观念以及非遗材料的不足明显使非遗入志工程受限，对于如何平衡两者关系仍然是亟须解决的现实问题。

三是缺乏对域内非物质文化遗产概况的提炼。如关于"长武庙宇泥塑礼仪"的记述，在志书第七编《手工技艺》下设《泥塑》专节，但只是介绍了域内泥塑制作流程，与长武庙宇泥塑礼仪实质内涵相差较大。"乾州布玩具"，在志书第七编《手工技艺》中虽设《布艺》专节记述，但将"乾州布玩具"与域内其他县区布艺情况混同记述，体现不出这一非遗项目的重要性和独特价值；"礼泉皮影"的记述，也多混于志书第九编《民间文艺》中有关"域内主要戏曲"的记述里面，"武功土织布技艺"也是如此。另外，对域内许多耳熟能详的非物质文化遗产项目漏记，如"乾州四宝""茯砖茶制作技艺""中华老字号张记馄饨制作技艺""永寿土梁油制作技艺""苏慧织锦回文与武功民间送手绢风俗""荞面饸饹制作技艺"等均未载录。即使从民俗饮食文化的角度看，上述许多非物质文化遗产本应记述也未载录。这主要是因为对非遗入志的记述定位不准确,以及未能深入实际展开对非遗的了解所致,对于"民俗志"中的非遗记述我们应主要突出其如何改变及造福人民生活方面,此外对于非遗沿革的历史原因以及非遗所在地方史的考究也是必不可少的。因而,在记述前我们仍需要采取多种调研方式来加深对调研事物的了解,并且对一些民间曲调、歌谣、口诀要进行更加详细的分类整理和解释而非简单的罗列,民间文艺部分不能只追求篇幅而要求有针对性地对域内其进行筛选罗列,而其他非代表性的部分则可以另外收编。

四是由于题材所限,对传统医药类非物质文化遗产的记述缺失。"民俗(folk-lore)一词,是英国学者威廉·汤姆斯(W. J. Thoms)于1846年首创,用于指'民众的知识',最早由日本学者将其翻译为'民俗',后来也为我国民俗学界所采用。"[①]如果采用上述关于"民俗"的概念界定的话,"民俗"自然应该包括"传统医药"在内。咸阳地区的非物质文化遗产项目不仅包括省级第五批名录的"三原马家白龙膏药",还包括省级第六批非遗名录的"王浩峰中药堂手工水泛丸""郭景存中医骨科、烧伤治疗技艺""冯氏脉诊技艺""延寿丹技艺""泾阳华元骨伤膏药制作技艺"等等,这些在《咸阳市民俗志》中均未载录。一方面,如果说除了"三原马家白龙膏药"之外,其他的为省级第六批非遗项目,而《咸阳市民俗志》定稿时该批项目未公布,因此没有载录进去,那定稿时的第五批非遗项目之一的"三原马家白龙膏药"依然未予收录。另一方面,如果仅仅以其被公布时间为由进行记述的话,同作为市级第六批非遗项目的"旬邑花子馍制作技艺"在第二编《生活民俗》下的"馍食种类"中设条目进行了记述说明。而且,无论是否被评为非遗项目,作为传统医药技艺是一直存在的,作为民俗事类没有记述,只能是认识上的偏差所致。由此也可看出《咸阳市民俗志》记述非物质文化遗产时只是载

---

① 巴莫曲布嫫.非物质文化遗产:从概念到实践[J].民族艺术,2008(1):6-17.

录了传统国人认知上的"风俗习惯"类。这应该是一个不足,也提示志书编纂的同时,应该观念先行。

五是同质化的记述方式以及对于非遗来说同样是对其活性传承创新的损失。从记述语言上来说民间文艺编第五章《口头文学》第一节《谚语》与第二章《民间曲艺》第二、三节《陕西快板》和《陕西快书》的记述方式都是对民俗内容的堆述而非根据各个领域特点进行区分,对此,非遗方式的分类仍然是值得反复探究的议题;在《陕西快板》与《陕西快书》两个小节中虽然编者对两类民俗的流传过程有简单描述,但从读者视角来看,两小节并未对流传过程中两类民俗的差异性进行详细的比较分析,而只是对代表性曲目节选的机械化罗列。此外,当对医药类非遗进行记述时,我们可以通过对涉及此类的有关图书进行简单明了的简介,在记述时也可能面对专业术语到通识话语形态转化的问题。因而对于不同艺术形式、民间技艺等民俗类型并不能够一以贯之,而是需要深入结合各个领域记述形式、记述方法进行鉴别,在对比中总结出共性的地域性特征而不是过分依赖大量的内容篇幅展示,这同时也涉及编者对于所收集民俗以及非遗资料的处理与应用上。因而,差异化记述不仅仅是鉴别非遗与民俗传统的重要方式,对于非遗生态活性的维系也发挥着不可代替的作用。

因此,针对《咸阳市民俗志》中有关域内非物质文化遗产记述所存在的问题,或许可以从以下几点考虑,以避免非物质文化遗产入志同类问题再现。

首先,非物质文化遗产入志应规范标准,既需明确志书应载录有关非物质文化遗产项目内容要求,又要明确收录级别或范围。在非遗入志的过程中对于所收录非物质文化遗产的来源需要有明确的说明,入志非遗的年鉴整理也是实现现代地方志更续的重要途径之一。对于"民俗志"来说,非遗记述形式如何适应志的自身特性从而完整、全面、真实保留非遗原貌是很有必要的，这也为廓清非遗与"民俗志"的界限打下基础。此外，对于方志中非遗资料的采集时限不仅要有明确的说明，对其中插画、摄影的记录时间也需做简明备注，这样就能够避免非遗收录时间的模糊不清，也能为多轮方志的修订提供可靠的时间线索，而在这个过程中，我们更需要注意非遗申报获批时间与方志编纂时间的契合，通过缩短方志编纂周期或者在周期内持续开展非遗民俗的收录工作对于非遗入志的完整性大有裨益。此外，在对新录入地方非遗项目进行整理的同时也需要结合地方特色与同一门类的文化艺术形式进行适当的串联，以加强非遗与"民俗志"的黏性，从而达到凝聚地方文化特色、气脉中贯的效果。

其次，非物质文化遗产入志应该解决如何记述的问题。

从记述体例而言就需要考虑到非遗集散程度不一的现实情况，体量较小、项目较少的非物质文化遗产作为地方综合志书或其他志书的组成部分，可以专章集中记述，在记述过程中尽可能选取集中反映地方民俗文化特色、具有独特艺术价值的部分；而对于非遗项目较多、体量较大的，则可以编纂《非物质文化遗产志》进行专门记述。此外，针对受到主流文化思潮影响以及封建鬼神思想遗留的民俗非遗部分自然不能够全部删减，而要做大量保留和分析工作，将其存在原因和价值有简明的记述，达到"史""志"相协的功效。

从记述角度而言，有关文献资料提及，民俗志的抒写应该尽量避免资料汇集式的民俗记录，而应该在记述过程中有一定的美学解释和诗性抒写，这是有一定价值引导倾向在其中的，美的价值观念传递也理应作为民俗志编写过程中的主要任务，而在这个过程中我们既要做到真、善、美的融合统一，同时也要兼顾到各个阶层对于非遗的差异化阐释，并且以确定的立场对非遗进行全面客观记述。此外，对于方志中部分非遗存在制作工艺和步骤流程流程以及传承断裂缺失的情况，除了需要如实记录以外，还需要结合已掌握的资料现状进行考证,运用有关科学技术进行推演和模拟,最后以动画、连环画的形式进行导入也是使传承赓续的重要途径。科学如实的技术与生动立体的民俗形象相结合,做到传承与创新相结合。

对于非遗记述内容来说,"民俗志"中应该注重把握非遗的动态活性特征。在面对非遗历史动态节点时需要根据非遗材料的丰富程度采取分散式或集中式的记述描写,并且对与其有多角度关联的民俗传统进行点染、互见等描写手法进行补充,力求细致化构建非遗在民俗志中的生态体系,此外在这种构建中更要对地方经验式抒写有总体关照,使客观描绘与主观抒写相结合、非遗细致化体系构建与时代地方性特色全揽相结合,从而避免"只见传统,不见当下"①的弊端。

因而,在修志过程中,我们应该尽量避免以修志者视角为导向的记述,而是应该注重原住民话语视角对非遗或民间风俗的理解和阐述,保留非物质文化遗产叙述的主体性,还原历史本真和精神文化内涵,这样才能够使我们编纂的"民俗志"兼具有叙述者的理论性以及讲述人的真实动态性,保留民俗志中非遗的原汁原味、活灵活现,这正是编纂地方志最为重要的原则性问题。

再次,建立体制机制,确立非物质文化遗产在志书记载中的依据。以国家、省市关于非物质文化遗产法规及规划为遵循,科学有序开展区域内非物质文化遗产工作,既要反映非物质文化遗产历史演变,又要突出非物质文化遗产的地方特征,"史""志"结合的同时又要尽可能全面描述非物质文化遗产制作工艺、方法步骤、项目传承人和开展保护活动及成效。编纂时,关于非遗材料的搜集整理也应当各单位部门协调配合,以政府相关部门为主导,广泛征集域内多方民间人士进行材料汇集,同时规范资料来源渠道,对非遗

---

① 毛晓帅.城市化进程中民俗志书写的理论思考——兼论民俗志写人与写文化[J].河南科技学院报,2020(3):43-48.

材料有更系统全面的体察认知。此外，对于入志非遗的级别批次我们也需要有简明标识，这对有关部门建立体制机制提供明确的载录时间和资料检索范围，使其"既能记载文献、提供历史的真实，也具有反映现情、昭示未来发展的效用"①。

最后，使非遗可视化在方志中如何更好地切入是我们当今思考的重要问题。我们因此能够在维系非遗稳定性特征的同时表现非遗的时代性，这就涉及非遗在传承过程中的更新与创造以及其表现形式的多样性，这是非遗永葆生命力的不尽源泉。我们必须承认当非遗以文字形态出现在大众视域中无疑会造成自身活态价值的缺失，非物质文化遗产本身就是具有特殊价值的民间传统文化的表现形式，这种表现主要在于非遗创造者、传承者的动态演绎以及创新性发展和创造性转化，因而文字记录只能作为民俗志的外在稳定形态，其内在活性不仅仅需要通过内容、插画等方式还需要与当代科学技术手段相互配合呈现，以多媒体链接、口述、录音录像等形式来对方志进行补充不失为一种动态记述的重要途径。如《中国影像方志》《典籍里的中国》《典籍里的非遗》等就是这种实践形式的生动呈现，这不仅使得非遗内容的记述更加完整可靠、形式更加多元，同时也使非遗入志工程在时代更迭中与人民群众紧密相连。此外，我们仍然需要对非遗在现当代民俗中的流变和传承发展有总体认知，这是对非遗入志最终方向性的把握。

四、结语

总之，《咸阳市民俗志》的编纂为以后各地市、县民俗志的抒写都提供了良好的范例，其中，非物质文化遗产与传统民俗的互通互融不仅是对地方文化特色的最好诠释，同时也是激发民族情感、维系地方文化血脉的重要途

---

① 雷恩海.现代学术视野下的方志编纂思想——读黎锦熙《方志今议》[J].中国地方志，2008(4)：8-15.

径,为地方志的抒写注入了独具一格的民族特色和地方情怀。虽然当前仍未有完善的规范标准与制度体系保障,但通过借助科学技术和配套年鉴、艺文志书等多种方式来对非遗民俗传统进行总体的收集、还原与把握,"史""志"相协,从而也大大保留了非遗民俗的活性与历史性,多种表述形式和记述手法相结合的记述也使得非遗入志工程更进一步,成为方志记述过程中的一个亮色。此外,志书的修订也必然在多次增补中呈现出更加生动、完整的市容市貌。

泾源龙神话故事研究

黑志燕①

摘　要：泾源县作为关陇民俗、泾水文化的交融交汇之地，流传出了许多与龙有关的神话故事和民间故事，这在全国都不多见。泾源县流传的龙神话传说中有些在整个泾河流域都有流传，有些仅在泾源县流传，其中一大部分龙神话传说都是围绕着老龙潭和泾河龙族展开的，这些神话传说表明了泾源县与泾河流域的其他地方既有文化共同性的一面，也有自身的文化独特性的一面。泾源县还流传着三类龙女报恩故事：孤儿娶妻、书生娶妻和龙女替兄报恩，这三类故事既反映了泾源县的人文生态环境、泾源底层百姓对权贵阶层的非暴力反抗和年轻人对美好爱情的向往，也反映了不同讲述者对同一故事的即兴演绎，从而产生了大量异文。

关键词：泾源民间故事；龙神话；龙女报恩

龙图腾与中华民族息息相关，是神灵和权威的象征。中华龙文化距今已有 8 000 年的历史，龙的形象深入到了社会的各个角落，龙的影响也波及了文化的各个层面。它们居住在河流湖泊里，能上天入地，是掌管雨

---

① 作者简介：黑志燕(1986—　)，女，宁夏同心人，宁夏师范大学区域历史文化研究院副教授，主要从事地方民俗、非物质文化遗产研究。

水之神。因而,有河流湖泊的地方大多会流传出神龙的传说以及与神龙有关的民间故事。泾源县作为关陇民俗、泾水文化的交融交汇之地,流传出了许多与龙有关的神话故事和民间故事,"这样一个深居西北偏僻山区的小县,有如此丰富、美丽的历史神话传说,在全国并不多见,或者说绝无仅有"。①

一、泾源龙神话传说

围绕着泾水河及其源头老龙潭,诞生了各种龙神话传说。泾源县流传出的这些民间故事中既有神话传说,也有与民众生活息息相关的生活故事,这些龙王龙女的形象或善或恶,反映了泾源民众与大自然做斗争、追求美好生活的生活态度和愿望。

首先,泾河流经泾源县、平凉市、泾川县、长武县、彬县、永寿县、礼泉县、泾阳县等地,在泾河流域流传着许多龙神话故事,虽然各地流传的龙神话故事各有不同,但其中部分故事在这些地方都有流传。一是《神课先生》,该故事的主人公出自《西游记》,是唐朝时期能"知凶定吉,断死言生"的神课先生袁守诚,精通算卦,常在平凉鞍鞍桥摆摊算卦,袁守诚的好友在他的指点下,在河里钓鱼虾时经常满载而归,被水府巡告到泾河龙宫,龙王被激怒,假借算卦诱骗袁守诚,随后有了《西游记》里的"袁守诚妙算无私曲,老龙王拙计犯天条"的情节。二是《魏征梦斩泾河老龙》,与上面的故事有承接关系。故事源自《西游记》第十回"老龙王拙计犯天条　魏丞相遗书托冥吏",《神课先生》里的袁守诚角色被换成了魏征。故事发生在唐朝李世民统治时期,当时逢大旱,魏征为解决民生乔装打扮到民间访察,通过掐指算卦算出将要有雨,被同样乔装打扮的泾河老龙知道了,两人打赌,泾河龙王为了

---

① 马崇林主编.泾源神话传说[M].银川:宁夏人民出版社,2005:序.

让魏征的卦象不应验,私改玉皇大帝的雨敕,把轻风细雨改为狂风暴雨,导致六盘山地区遭水灾,殃及生灵百姓。玉帝知道后判他触犯天条,最后被魏征入梦斩首。三是《柳毅传书》,故事发生在泾河老龙被斩一百年之后的唐仪凤年间,泾河龙王的二儿子娶了洞庭龙君的女儿为妻。但他并没有善待洞庭龙君的女儿,而是将她赶到荒无人烟的河滩上去牧羊。有一天,书生柳毅路过此地,十分同情洞庭龙女的处境和遭遇,便帮她给她的父母带了一封书信。洞庭龙君见到书信后才知道女儿遭到虐待,十分气愤。洞庭龙君的弟弟钱塘龙君得知消息后更是恼怒,立刻腾飞到泾河讨伐泾河小龙并将侄女接回了洞庭湖。后来,龙女以凡间卢姓女子身份与柳毅结为夫妻。在老龙潭的香龙河畔有一处独秀挺立的翠绿色的山峰,传说是《柳毅传书》中龙女的缩影。

其次,根据神话故事描述,泾河龙族所居龙宫在泾河之源的老龙潭里,因而在泾源的老龙潭周边流传着许多与老龙潭、泾河老龙王、龙母、龙子、龙女有关的神话故事。例如,《卧龙山的传说》讲述的是坐落在香水河畔的卧龙山的由来,传说这座山是被魏征斩杀的泾河老龙的尸体所化,原本在老龙潭边上,被一家三兄弟以技艺比赛为由头背到了香水河畔。这座山形似巨龙,人们称之卧龙山。《马驹山的传说》的主角之一就是老龙潭里的一条独眼龙。《老龙潭边有一股红水》讲述了老龙潭边上流淌着一股偏红色的水的由来,这股红水被认为是老龙潭龙王被斩头后流出的血。《三姑娘与干海子》讲述的是老龙潭西北方向的干海子的由来,故事发生在泾河老龙被斩之后,故事角色有泾河龙王三公子、泾河龙母、泾河龙三公主。《瞎娘》讲述的是老龙潭附近的一块瞎娘石的由来,故事发生在老龙潭附近的小村庄里,故事角色之一是泾河恶龙。《张梅映》讲述了老龙潭周边生长的一种叫张梅映的山花的由来,故事角色有龙潭龙王、龙子。《马驹山的传说》讲述的是泾源县城东三里的石头山的来历,故事角色之一是老龙潭里的一条独眼龙。

再次,除了老龙潭之外,泾源其他有湖有水的地方也流传着龙神话故事。《黑桃潭沟的传说》讲述的是泾河源涝池村外黑桃潭沟的来历,这里原来是个大水潭,里面有座龙宫,龙子无恶不作,为害百姓。王母娘娘的小女儿,名叫桃花,听说这位龙子的恶行后打算整治一下。她偷了玉皇大帝的宝锹、迷药和黑桃籽,用迷药把龙子迷倒,然后用宝锹把龙子铲进黑潭。宝锹铲过之地成了一条大沟。她在临走前撒下了黑桃籽,防止潭水发洪水。自此,那个潭就流出了一小股清泉,就是今天的涝池村的南溪水。人们为感谢桃花仙女的帮助,便把那个潭和沟起名为黑桃潭沟。《海子湾的传说》讲述的是泾河源高峰村北边的海子湾的来历。这里原本是一个海子,里面有龙居住。人们用这个海子里的水饮牲畜、洗衣服、洗尿布,甚至把垃圾和死了的动物都扔到海子里。海子龙王发怒,给村上德高望重的老头托梦说他要离开这个海子了。天亮后人们到海子边上发现水干了,并且龙王发怒,发大水把东面冲成了一条深沟,就是现在的海子湾。

以上这些自唐朝以来流传下来的龙神话传说给泾源县的每座山、每条河都赋予了强大的生命力,并体现出了历史的厚重性。这些神话传说一方面体现了泾源民众朴素的龙神信仰和自然观,神话传说里的神龙拥有超凡的能力,如果神龙能正常履行职责,则人间风调雨顺,如果神龙喜怒无常,不能正常履行施风布雨之责,则人间或闹干旱或闹水灾,这种把天灾归咎于神龙的滥用职权的龙神信仰反映了在传统农耕社会里,泾源民众靠天吃饭和无力抵抗自然灾害的生活现实。另一方面,这些龙神话传说反映了泾源人民与自然环境相互依存、相互斗争的生活景象。有大量故事情节讲述了人在面对来自神龙的危害时,虽无力战胜神龙,但可以借助神仙之力战胜神龙,很多山水地貌就是神仙在帮助人的过程中留下的痕迹。通过这些神话描述表达了泾源民众渴望改善自然环境、勤劳致富的愿望。

二、龙女报恩故事

龙能腾云驾雾,以水为居,有水的地方都有可能流传出与龙有关的故事,其中龙女与凡人的婚恋故事更是为人乐道。泾源民间故事中流传着三类"龙女报恩"的故事:一是《曼苏尔》《尕席和龙女》,龙女以某种动物的形象出现,有变身情节;二是《柳毅传书》,龙女以人身出现,没有变形的情节;三是《三公主》,男主人公救了龙公子,龙女出面报恩,帮助男主人公金榜题名并嫁给男主人公为妻三年。

(一)孤儿娶妻:《曼苏尔》《尕席与龙女》

1. 故事内容概要

《曼苏尔》的故事发生在老龙潭边上的一个小村庄里。曼苏尔是一个勤劳朴实的小伙子,时常在老龙潭边上漫"花儿",引起了龙潭三公主的爱慕。一天,龙潭三公主变成白蛇在潭边玩耍时遭到一条黑蛇的欺负,然后被曼苏尔救下。为了报答曼苏尔,她托梦让他跟着骑白马的白衣人走,不要跟着骑黑马的黑衣人走。曼苏尔醒来后果真见到了两队人,然后跟着白衣人走了。白衣人让他到泾河龙宫时要房里挂的第三朵花。曼苏尔到龙宫后,老龙王拿出金银珠宝酬谢他,但他只要了那朵花。原来这朵花就是龙潭三公主。曼苏尔与龙潭三公主结为夫妻。名叫东拉西的人看上了龙潭三公主的美色,想害死曼苏尔并让龙潭三公主给他儿子哈三当媳妇,共出了四个难题。在龙潭三公主的帮助下,曼苏尔解答了这些难题。在解决最后一个难题中,曼苏尔获得了金子。东拉西贪财,结果害死了父子俩。曼苏尔和龙潭三公主从此过上了幸福生活。

《尕席与龙女》讲述了类似的故事情节。男主人公尕席看到财主手里捏着一条小金鱼,便用手里的一捆柴换了这条小金鱼,然后把这条小金鱼放到小河里,小金鱼游走了。尕席离开河边时听到有人叫他,转身看到一个美丽的女子。这位女子称呼他为恩人,并打算报答他。他跟着这位女子到了龙宫,并让尕席索要一只小花猫作为酬谢之礼。龙王款待了他,临走时问他要什么东西,尕席要了那只小花猫并带回了家。他每次上山打柴时,都有一位女子来他家做饭。有一天他没有去打柴,偷偷发现每天给他家做饭的女子就是他在河边遇到的那位女子。原来这位女子是龙王的三女儿,小花猫是她变的。为了把龙女留下做他的妻子并永不变成猫,他把猫皮埋到了地里。最后尕席与龙潭三公主结为夫妻,过上了幸福的生活。

2. 类型分析

艾伯华列出的39型"海龙王满足愿望"和丁乃通列出的555＊型"感恩的龙公子(公主)"基本描述了"孤儿娶妻"的故事情节。同时,一个剧情复杂的、更加吸引人的故事都不是单一类型的,而是两三个类型夹杂在一起的。因而《曼苏尔》还增加了"巧媳妇解难题"型故事情节。这个类型里出现了一个搅局者,让幸福的生活显得来之不易,也弥足珍贵。丁乃通465型"妻子慧美,丈夫遭殃"涵盖了各类巧媳妇帮助丈夫解决难题的类型,其中就有与《曼苏尔》情节类似的。因此,《曼苏尔》是两个类型的结合体,故事情节更加复杂。具体故事类型如下:

Ⅰ."龙女报恩"型情节

(1)男主角救了(a)一条遭黑蛇欺负的白蛇,把它放到山洞里,并给受伤的头部贴上了棉花灰,(b)一条小金鱼,它被村里的财主捏在手里,男主角用一担柴把小金鱼换下了,把它放回河里。

(2)这条黑蛇(或小金鱼)实际上是龙王的三公主。女主角为了报答男主角,(a)以白衣人的形象托梦给男主角,邀请他到龙宫做客,(b)变为美丽的女子邀请男主角到龙宫做客。

(3)男主角即将告别回家,龙王要赠送礼物,女主角让男主角不要接受别的礼物,只要(a)房里挂的第三朵花,(b)一只小花猫,因为它实际上是女主角的化身,男主角听从了建议,向龙王要了第三朵花(或小花猫)带回了家。

(4)男主角不在家时(外出放羊或打柴),女主角变成人为男主角做家务事。他开始怀疑,有一天他躲起来偷看,就把她捉住了。

(5)男主角得到一个漂亮的妻子(龙三公主),(b)男主角为了不让妻子变身,把猫皮埋了。

Ⅱ."巧媳妇解难题"型

(6)(a)某人看上了女主角,想害死男主角并让女主角给自己儿子当媳妇。他想出了各种男主角难以完成的毒计,(a_1)赶天亮砍一堆柴,(a_2)去狼洞背案板,(a_3)挖海大的坑,放一个海大的锅,装满水并烧开,(a_4)到烧水锅里转一趟。

(7)(a)女主角有非凡的能力,在她的帮助下,男主角完成了难题。在最后一个难题中,男主角带着女主角的金手镯进入烧水锅并从里面拿出了金子。某人也想得到金子,父子俩相继进入烧水锅,结果被烧死了。

在这种类型中,不仅有男女之间的爱情故事,还体现了龙女的超凡能力。刘守华发现在我国30多个民族中都流传着这类故事,"它是中国民众最喜闻乐见,流布最广泛的神奇幻想故事之一"①。在宁夏回汉民族中流传着这种类型的各种异文。

流传于彭阳县的《豆皮皮和豆瓢瓢》②也是两个类型的结合,"龙女报恩"型部分内容基本一致,"巧媳妇解难题"型部分有所不同。《曼苏尔》里出现的对立双方关系是财主和佃农,而《豆皮皮和豆瓢瓢》里出现的对立关系是同父异母兄弟之间的关系,实施毒计的人从财主变成了后娘,类似于男

---

① 刘守华.中国民间故事类型研究[M].武汉:华中师范大学出版社,2002:385.
② 《中国民间故事集成·宁夏卷》编辑委员会.中国民间故事集成·宁夏卷[M].北京:中国ISBN中心,1999:256-261.

版的"灰姑娘"型故事。后娘出的难题仍然是男主角无法完成的,依次是刮三十捆蒿子、挖两亩地打坑、把坑装满水、把水烧开、进到烧水坑里拣簪子,结果男主角骑着驮着金银的马从坑里出来了,后娘和弟弟见钱眼开,最后被开水烫死了。从此,夫妻俩过上了幸福生活。本人在对泾源民间故事传承人杨彩兰老人进行口述访谈时,她讲述了一个《害人如害己》的故事,内容基本与《豆皮皮和豆瓢瓢》一致。

流传于银川的《红葫芦》和石嘴山的《三公主》虽然读起来感觉和《曼苏尔》很类似,都讲述了龙王三公主爱上贫穷小伙子的故事,但从类型上来说完全不一样。第一部分虽然也有龙三公主与男主角结婚的情节,但不属于报恩类型,而是龙王被男主角吹的音乐打动,邀请他去龙宫吹奏,属于丁592A*"乐人和龙王"型。第二部分也增加了婚后遭遇难题的情节,但属于艾伯华的195"白鸟衣"型。

流传于同心一带的《饭饱生余事饥寒落安然》也讲的是龙三公主与贫穷小子的爱情故事。但第一部分是"狗耕田"型和"龙女报恩"型的结合,财主将老黑牛抵债给男主角,老黑牛实际上是龙三公主变得,老黑牛驮着男主角到了龙宫,龙王款待了他,临走时听了老黑牛的话带走了一个花葫芦,这个花葫芦其实是龙三公主变的。两人结了婚,过了一段幸福的生活。第二部分也遇到了难题,结局与丁465A₁"百鸟衣"型相似,艾伯华认为这个类型是"动物妻子""田螺女""天鹅处女"类型的变异类型。情节如下:

(1)穷汉娶仙女为妻。

(2)由于她而变得富裕起来。

(3)富人想以财产交换妻子。

(4)交换后仙女失踪,所有的一切恢复原样,富人变穷。①

---

① [德]艾伯华著,王燕生、周祖生译.中国民间故事类型[M].北京:商务印书馆,2017:67-68.

总之,反映幸福婚姻的故事,尤其是不同社会阶层之间的,王子与贫女、富家女与贫穷小子之间的美好婚姻故事,总是令人着迷。千百年来,人们用口头叙事的方式把这类故事流传于世界各地。表达这类故事的类型也是多种多样,"灰姑娘""青蛙王子""龙女报恩""乐人与龙王""狗耕田""动物妻子""田螺女""天鹅处女""百鸟衣",等等。为了让婚姻生活经得起考验,这类故事总是会通过好几个类型的叠加,为婚姻生活增加障碍,同时也表明了只有经过磨难的婚姻才能经得起时间的考验,获得真正的幸福。同时,很多异文的出现表明了这些类型会被讲述者灵活组合,针对不同的听众和环境,讲述者会对所讲的故事即兴改编,以便讲述的故事与当时的场合应景。

3. "孤儿娶妻"故事反映出的社会现实

首先,"孤儿娶妻"故事主要反映的是底层老百姓与上层社会之间的矛盾以及贫困百姓渴望改变穷苦现状的愿望。仔细阅读或聆听这些故事,我们会发现里面的男主角都是家境贫寒的穷小子,《曼苏尔》的男主角父母双亡,靠牧羊为生,《尕席与龙女》的男主角与寡母相依为命,靠打柴为生。两人是底层社会百姓的典型代表,在封建社会里靠自身能力无法翻身过上富裕生活。不仅是这类故事,其他生活故事、幻想故事、寓言故事等大都反映的是底层百姓的生活状况。天鹰在他的研究中对此有清晰的认识。他把"孤儿娶妻故事"主题分为三种类型:"龙女报恩""动物女""百鸟衣"。他发现这类故事的男主角有牧羊娃、猎人、钓鱼郎、樵夫、牧人、工匠、贫农、雇工、奴隶等,他们都属于被压迫的劳动阶级。孤苦贫穷的劳动者很难在现实中娶上妻子,这类故事给了他们幻想的愿望。即使是这种幻想的美满家庭,也必须经过一番与压迫阶级(县官、土司、奴隶主、财主、长辈等)的斗争才能获得。[①] 显然底层民众反抗阶级压迫以及过上美好生活的意愿很强烈,

---

① 天鹰.中国民间故事初探[M].上海:上海文艺出版社,1981:208-210.

但他们的反抗形式大多是非暴力的。因而作为底层民众内心愿望集中体现的民间故事,其对社会现实的揭露是隐晦的,对社会现实的抗争是隐忍的。

无独有偶,不仅中国的民间故事主要反映的是阶级斗争,国外也一样。日本的《天人女房》属于"百鸟衣"型故事,也表现出了封建社会的阶级斗争。美国的杰克·奇普斯在考察欧洲民间故事时发现:

> 在民间故事的世界里活动的主要是国王、王后、王子、公主、士兵、工匠、农民、各种动物以及超自然的生物,但很少出现中产阶级成员。这个世界也没有机器,没有工业化的迹象。换言之,民间故事表现的是君主制和封建社会里的主要人物和各种关系。它集中关注的是阶级斗争、贵族阶级内部的争权夺利、农民阶级与贵族阶级之间的权力斗争以及农民之间的权利纷争。①

显然无论是中国还是欧洲乃至其他国家的民间故事,封建主义的阶级差别以及底层民众无力反抗阶级压迫的现实是催生民间故事广泛流传的重要因素。琳达·德伊在《民间故事与社会》里进一步论述哪怕到了资本主义社会,因阶层差别依旧存在,民间故事依然在底层民众中流传着:

> 随着读书识字的人群的增加、都市生活的扩展、文化和教育的阶级差异的扩大,欧洲民间故事成为社会最底层民众的一种最重要的艺术表达方式。由于教育精英们造成的日益扩大的差异的结果,民众的教育进展非常缓慢。民间故事的基本的封建社会因素并没有改变,或者说只有细微的变动。尽管现代的科学因素已经渗透到民间童话故事当中,但这些因素并没有从根本上改变民间故事。欧洲国家工业和城市发展的不平衡对民间故事的存在产生

---

① [美]杰克·奇普斯著,舒伟译.冲破魔法符咒:探索民间故事和童话故事的激进理论[M].合肥:安徽少年儿童出版社,2010:39.

了影响：在西欧，迅猛的工业发展将农民变成了中产阶级，而民间故事仍然保存于中下阶级人群当中，而且退居到了儿歌童谣的行列。

在泾源县，民间故事在整个20世纪都流传于百姓之间，进入21世纪后才逐渐淡出人们的生活。在调研中发现，人们讲述的故事仍然是新中国成立之前流传的那些，很少有新故事的创作和流传。这说明新中国成立至改革开放这段时间，民众的生活生产方式变化不大，没有可供新故事诞生的社会环境。同时，旧的民间故事依然广泛流传，但它的作用已从揭露阶级压迫的本质转向了对美好生活的向往。进入21世纪后，随着泾源人民的物质生活水平逐渐提高，随着电视、电脑、手机的普及，人们获取信息和丰富精神生活的途径越来越多，民间故事逐渐被其他娱乐方式取代。

其次，"孤儿娶妻"故事反映了现实生活的坎坷和对美好生活的向往。男主人公的身份都是赤贫群体，每日的温饱问题都难以解决，靠自身的能力想要结婚成家并过上美好生活的可能性比较低。但他们并没有丧失对美好生活的向往，他们也不缺少追求幸福生活的信心，他们相信诚实做人、善待他人、辛勤劳动能够寻找到改善生活的机会和平台。救助龙女化为的蛇、金鱼等就是他们为自己创造的机会。通过有恩于龙女这样的富家女或者其他具有神奇能力的人，借助于她们的势力就能翻身过上富裕的生活，因而故事的结局总是以大团圆为主。

同时，无论是听故事者还是讲故事者，都知道随随便便不可能获得幸福生活，因而这类故事中总是几个类型的叠加，既增加了故事的趣味性，也增加了主人公获取幸福生活的难度。通过增加故事的曲折性和戏剧性来反映现实生活中获取幸福的艰难又曲折的途径。"这些故事的真正魅力来自于那些戏剧性的冲突，它们的最终解决让我们得以从中发现某种创造这个世界的可能性，也就是说，按照我们的需要和意愿去改造这个世界的可能性。"①"孤儿娶妻"故事中处于底层社会的男主角在面临困境和挫折时拥有勇气和信心,但缺少挣脱困境的能力,龙女赋予他能力,两人通力合作,解决一个个难题,最终实现了过上美好生活的愿望。

(二)书生娶妻:《柳毅传书》

《柳毅传书》的故事最早出自唐代文学家李朝威创作的传奇小说《柳毅传》。十多年前曾在隆德县出土了一枚铜镜,据考证这枚铜镜属于唐代产物,距今有一千多年的历史。铜镜上铸有高浮雕绘成的《柳毅传书》故事情节:在一棵古树下,柳毅向龙女施礼作答,古树周边有羊群,地上有野草和山花,远处有扶马伫立的书童。这个铜镜的出土说明《柳毅传书》故事在唐朝时期就在泾河一带流传,也在泾河之源的泾源县流传。近些年泾源县非常重视挖掘《柳毅传书》故事。2022年,宁夏固原市泾源县委宣传部和泾源县文化旅游广电局共同策划,宁夏旅投集团旅游演艺有限公司、宁夏宁红演艺集团有限公司、宁夏六盘山旅游演艺公司联袂打造了宁夏首部实景花儿歌舞剧《柳毅传书》,从当年6月26日起每逢周末在泾源县卧龙山公园精彩上演。

除了在宁夏境内流传之外,这个故事在全国很多地方都有流传并被改编成戏剧广泛传播。张莉莉和李冰清专门探讨了《柳毅传书》故事的归属地,山东潍坊、河南卫辉、湖南岳阳三地都流传着这个故事。② 在山东,2011年山东省第三批非物质文化遗产项目将其纳入其中,2015年省级传承人张宝辉挖掘到了失传已久的潍县版全本。在河南,第一批河南省级非物质文化遗产名录中收录了"柳毅的传说",河南省卫辉市庞寨乡柳卫村有一座"柳毅庙",故事男主角的原型有可能是这位。在湖南,岳阳洞庭湖上有

---

① [美]杰克·奇普斯著,舒伟译.冲破魔法符咒:探索民间故事和童话故事的激进理论[M].合肥:安徽少年儿童出版社,2010:24.
② 张莉莉,李冰清.《柳毅传书》故事归属地的文学地域性解读[J].戏剧之家,2022(6).

一个"君山"岛,岛上有一口"柳毅井",说明故事发生地在这里的可能性极大。《柳毅传书》的流传之广泛可见其受欢迎程度之高,它不仅以故事形式在各地流传,也通过秦腔、花儿剧等形式被人们传唱着。

相比《曼苏尔》《尕席与龙女》,《柳毅传书》里的龙女报恩过程显得异常艰辛。第一次请钱塘龙君说媒遭拒,接着是柳毅相继娶了张姓和韩姓妻子,等两位去世后,龙女才以卢姓女子的身份嫁给了柳毅,报恩终于取得成功。之所以报恩如此艰难,与柳毅的身份有很大关系。第一,相比曼苏尔和尕席的贫穷者身份,柳毅是个书生,他的家境显然好得多,娶妻子并不是一件犯难的事,也不需要靠娶富家女来翻身。第二,柳毅的书生身份致使其在追求爱情上会多加考虑社会伦理道德的约束,正如故事内容所说一不能"杀其婿娶其妻",二不能"攀富贵"。在传统社会里婚姻需要媒妁之言的背景下,柳毅必然不能直接答应与龙女结婚,甚至也没有在回去后及时向龙女提亲,直至第三次婚姻时,龙女以俗世女子身份才得以嫁给他。

《曼苏尔》是底层民众口头传承的故事,是围绕着某个主题按照一定的故事结构讲述情节的,只需要遵从"好人有好报,坏人有恶报"的原则即可,不需要过多地考虑社会伦理道德。正如施爱东所言:"故事产生的关键步骤不是意识形态,而是结构形态。结构框架设计好了,所谓的伦理正当性、思想意义、宗教情怀,都可以通过平庸的背景来解决。"[1]"相对于伦理而言,叙事的趣味性要强烈的多。"[2]而《柳毅传书》是文学家笔下的故事,趣味性要建立在伦理正当性之上。柳毅与龙女的婚姻面临的困境不是某个恶人的阻碍,也不是某项前置的故事规则,而是基于现实的社会伦理规范,故事的发展也是在这个规范之内推进的。因而相比于口承故事的跌宕起伏和大团圆

---

[1] 施爱东.故事法则[M].北京:生活·读书·新知三联书店,2021:28.
[2] 陈泳超.民间叙事中的"伦理悬置"现象——以陆瑞英演述的故事为例[J].民俗研究,2009(2).

结局,文人作品则平庸了一些。

(三)龙女替兄报恩:《三公主》

《三公主》的故事讲述了书生救了龙公子,龙三公主替兄报恩,给书生当了三年妻子并帮助书生考取了功名。这个故事与前面两类故事差异较大。一是《三公主》和《曼苏尔》一样也包含了"龙女报恩"型和"巧媳妇解难题"型情节,但在"巧媳妇解难题"型情节部分,男主人公遇到的难题并非来自他人的故意为难,而是男主人公科考不过的难题,通过龙三公主的手眼遮天之力,帮助男主人公做考卷和批阅考卷并最终考取了功名。二是《三公主》与《柳毅传书》也有差异,虽两个故事的男主人公都是书生,但讲述者的身份决定了讲述内容的差异。《柳毅传书》的撰写者是一个文学家,他的身份决定了其笔下的男女主人公的一言一行都要符合时下士大夫阶层的社会伦理道德规范,男女主人公要想结婚,必然要门当户对且必须要遵守一定的结婚议程。《三公主》的讲述者是一个农民,他的身份决定了其口中的男女主人公虽然门第不低,但结婚不一定要门当户对且不需要严格遵守结婚议程,因而男主人公在未经家长同意时就可以带着女主人公回家。三是《三公主》与前两个故事都不一样的地方在于缺少了爱情因素,前两个故事里以男女主人公婚后幸福地相守一生为结局,而《三公主》里龙三公主嫁给男主人公为妻三年仅为报恩,因而三年时间到期后,龙三公主就离男主人公而去。

三、结语

泾源龙神话故事类型丰富,反映了泾源的人文生态环境、底层百姓群体的家庭关系和社会关系。大量的龙神话故事是泾源民间故事的独特之处,通过讲述与龙有关的神话故事,泾源独特的地理环境和自然风貌一并呈现了出来。"龙女报恩"故事反映了泾源底层百姓对权贵阶层的非暴力反抗和年轻人对美好爱情的向往。同时,通过反映不同主题故事可以看出,不同的讲述家在讲述同一个故事时运用的母题略有差异,不同的地区流传的母题也有很大差异。"作为移民文化特征突出的六盘山地区,许多民间故事在被讲述的过程中只保留了大致故事情节,更多细节、曲折的故事情节及母题链环节在流传中遗失和脱落了。还有一种变化的情形就是母题链的重组、情节的交叉感染。"[①]

---

① 马晓雁.六盘山地区民间故事研究[M].北京:中国社会科学出版社,2021:123-124.

西北宴席曲文本苦难叙事的艺术特征

张 玉[①]

摘 要：本文以西北宴席曲文本苦难叙事的内容呈现为切入点，对西北宴席曲文本的叙事视角和叙事结构进行审视和剖析，以文学人类学的视角考察西北宴席曲文本苦难叙事的价值和意义。通过细读西北宴席曲文本依旧能够感受到封建社会时期朴实的民间情怀，悲惨的社会现实和坚毅的人格魅力。宴席曲的苦难叙事构思于真实贫苦的生活情景，表现出民间生活疾苦，传达了西北人民面对命运不公时百折不挠的抗争精神。

关键字：宴席曲；苦难叙事；艺术特色

宴席（或筵席）一直是我国传统节日活动的主要形式之一。宴席作为一种民间场合或情境，为民众不仅提供了品尝美味与交流的机会，也提供了民间口头文学展示与集中的场合。[②] 它既是孕育民间口头文学的母体，也满足了乡民们听觉与味觉的需要。在西北地区民间，婚礼庆典往往被称作"有宴席""坐宴席"，参加婚礼往往被称作"吃宴席"。民间歌手被邀请来在

[①] 作者简介：张玉（1984—　），女，宁夏银川人，宁夏师范大学区域历史文化研究院副教授，主要从事人类学研究。
[②] 万建中.筵席与民间口头文学[J].民族文学研究，2007(3).

婚礼举行时演唱助兴,于是,在婚礼场合演唱的这类礼仪民俗小曲被统称作"宴席曲",也叫"家曲子""菜曲儿""柴曲儿"。宴席曲的展演往往是在特定的时空进行的:时间固定,仅仅在婚礼举行的过程之中;空间特定,即在家院、庭院中进行。

宴席曲是流传于民间,反映社会风俗和地方文化的一类民间文学,是历史的生动写照,是人民群众智慧的结晶。其歌词文本正是西北地区乡民心声的传达,包含着当地传统文化的口头传统和语辞艺术。西北地区宴席曲既是一种民间歌谣又是一种民间文学。"民间歌谣,是民间文学中的韵文作品。它是广大民众集体创作的口头诗歌,是他们的现实生活、思想情感和心理愿望在有节奏的、音乐性的口头语言中真实反映。"①

宴席曲歌词文本内容十分广泛,是一幅描写社会风情、民俗生活的历史画卷,更是一部记录西北地区人类社会的生活史。对于口头文学的主题,洛德定义其为一些经常使用的意义群。② 弗里又更进一步确认主题的特征,与其说他们是词语群,不如说他们是成组的观念群。③ 因此,确定宴席曲的主题某种程度上就是确立歌唱的意义群与观念群。

宴席曲文本事实上是苦难叙事的呈现,心中没有泪水的人唱不出感觉。在整个宴席曲中,开场的恭喜曲和夹杂在中间的打莲花(即戏曲中的插科打诨、打搅儿)只是为了活跃气氛,而宴席曲的味道全在它的叙事曲中。④ 于是,就形成一个独特的现象:在宴席这样一个喜庆的场合,"人生之苦"的主题成为宴席曲表达内容的构成部分。宴席曲文本中有相当数量的曲词书写人生之苦,既包括奔波劳碌的生活之苦也包括生离死别的命运之悲。

---

① 李惠芳.中国民间文学[M].武汉:武汉大学出版社,1996:152.
② 阿尔伯特·贝茨·洛德著,尹虎彬译.故事的歌手[M].北京:中华书局,2004:96.
③ 约翰·迈尔斯·弗里著,朝戈金译.口头诗学:帕里—洛德理论[M].北京:社会科学文献出版社,2000:99.
④ 马有福.回族宴席曲[M].中国民族,2010(1):45-48.

一、宴席曲苦难叙事的内容

在封建社会时期西北地区人民受自然环境影响生活艰辛,宴席曲的苦难叙事构思于真实贫苦的生活情景,内容上表现出民间生活疾苦,传达了西北人民面对命运不公时百折不挠的抗争精神。

1. 谋生之苦

历史上在艰苦恶劣的自然生态之中,西北地区人们常常会生活困难,难以维持,除了从事耕种、放牧外,还会从事赶车人和参加兵役等方式进行谋生。

有因天寒地冻打不上柴而难以谋生,但是外出寻找生计,却又碰上"人吃人来狗吃狗,鸦雀老鸹吃石头"的大灾之年。采集自青海循化的《打柴》,[①]听来令人不由得心生悲怆。有为了应对荒年,甚至要选择卖儿卖女来渡过困境。采集自青海民和的《三才六卖儿女》[②]叙写了一位科考失利后的落魄书生返回家园,在遭遇荒年向亲戚借粮无果的情形下,无奈卖儿卖女的惨痛经历,使人体味到人生之艰辛,世态之炎凉。在家中谋生,往往会碰到兵役、官府欺压、地主盘剥等,导致日子困苦不堪。如《穷人心里像刀剜》[③]全景式地概括了在家中所遭受的诸种剥削与压迫,将穷人心中的苦水与血泪呈现出来,控诉整个社会的不合理,诉说了西北乡民们在旧社会的生活苦痛。

若论对在外谋生之艰辛摹写之细致,要数采集自甘肃临夏的《脚户哥下四川》这一首曲词文本细致地描摹出了脚户哥在外行路之艰难危险、劳苦受累,完整地呈现出脚户哥们谋生之不易。

脚户哥下四川

掌柜的骑马者打前站,苦命的哥哥们往后头攒。/千里的大路

---

① 马正元.青海回族宴席曲[M].西宁:青海人民出版社,1987:92.
② 洪梅香,刘同生.中国西北回族宴席曲大观[M].银川:宁夏人民出版社,2008:409.
③ 马正元.青海回族宴席曲[M].西宁:青海人民出版社,1987:143.

几时到？脚底板上打满了紫血泡。/站到店里者把灯照,气死猫的灯底下挑血泡。/

燎红的火针者连心痛,不挑血泡是走不成。/辛甸的壁虱者店家的炕,烟呛嘛火燎地睡不者亮。/黄铜的铃铛们一路上响,出门的脚户哥把家想。……/

二指大的脸脑者像病汉,这们大的苦楚谁经见?/两站走成了一站半,个个走成了喝醉汉。/人断了盘缠者骡断了料,不见个哭来也不见笑。……/

绑下了骡子者洗鞍花,恐害怕骡子胡跳踏。/洗罢了鞍花者修大鞍,绷子上沾满了血片片。/人家们都说是脚户哥好,脚户哥的寒苦我知道。/

成都的街道里浪一趟,给我的婆娘娃扯件花衣裳。/掌柜的领上个摩登者玩,受苦的脚户哥哥真可怜!/交上了驮子者绑好了货,孽障不过的脚户哥。/

头帮的骡子起了身,二帮的骡子们进了门。/回脚上驮的是棉花布,走不完的路来受不完的苦。①

在外谋生的艰辛苦痛常常在宴席曲中得以表达,显现了作为民歌的宴席曲与历史上西北地区经济生活和社会生活的密切关系。

除了谋生之苦外,较为常见的男性之苦还有因为服兵役外出打仗而带来的苦难,于是这一困难也化为凄苦的宴席曲被传唱开来。西北地区的青年男性,或因为生活穷困,或因为军阀的征兵,不得以离开亲人而外出当兵。因此在出行之前往往有一种生离死别之感,令人倍觉凄凉。如:

---

① 甘肃临夏回族自治州群众艺术馆.回族宴席曲[M].临夏回族自治州印刷厂印刷(内部资料),1984:134.

送　兵

我爷爷你送兵送在炕沿根,手扶住炕转,清眼泪往下滚,

几时者兵马儿散?小孙子早日转回家。

我奶奶送兵送在房门前,手扶住门转,清眼泪往下滚,

几时者兵马儿散?小孙子早日转回家。

我大大送兵送在院中间,手扶住转槽儿转呀,清眼泪往下滚,

几时者兵马儿散?小儿子早日转回家。

我妈妈送兵送在大门前,手拉住衣襟儿转呀,清眼泪往下滚,

几时者兵马儿散?小儿子早日转回家。

我哥哥送兵送在村庄前,手拉住手儿转呀,清眼泪往下滚,

几时者兵马儿散?小兄弟早日转回家。

我嫂嫂送兵送在厨房前,手扶住厨房转呀,清眼泪往下滚,

几时者兵马儿散?小兄弟早日转回家。

我姐姐送兵送在绣房前,手扶住绣房转呀,清眼泪往下滚,

几时者兵马儿散?小兄弟早日转回家。

我妹妹送兵送在闺房前,手扶住闺房转呀,清眼泪往下滚,

几时者兵马儿散?二哥哥早日回家园。

我兄弟送兵送在学堂前,手扶住学门转呀,清眼泪往下滚,

几时者兵马儿散?哥哥早日回家园。

我妻子送兵送在十里亭,手扶住栏杆转呀,清眼泪往下滚,

几时者兵马儿散?我丈夫早日回家园。[1]

——采集自青海平安

　　整首歌谣从送兵这一场面出发,分别叙写了爷爷、奶奶、父母、哥嫂、姐

---

[1] 洪梅香,刘同生.中国西北回族宴席曲大观[M].银川:宁夏人民出版社,2008:450.

妹、兄弟、妻子对当兵人的依依不舍之情。每一句中都用"清眼泪往下滚"构成重复,这种部分重章叠句的写法,一方面是演唱的需要,另一方面进一步渲染出分别之痛。

还有一些宴席曲,不仅传达出了送兵之苦,也描述出当兵过程中的具体苦难。如采集自甘肃临夏的《当兵苦》不但叙写了骨肉至亲和亲朋好友送兵的依依不舍的场景,还记载了在战场上的具体经历,以及因打仗致残而沦落为乞讨要饭的境地,听来令人心酸不已。采集自甘肃临夏《吃粮的人》详细记载了从军过程中的各种苦难,较为细致地从衣食住行四个方面虽简略却生动地揭示了作为"吃粮的人"的士兵在外所遭遇的种种困苦生活。兵役不仅给男子带来苦难,也会给留在家中的女性带来不幸。如采集自宁夏平罗的宴席曲《嫁人不嫁当兵的汉》,男子当兵留下妻子在家中,妻子到处寻找不见而心急如焚,最后得知丈夫因为牵挂家庭而做了逃兵最终被砍头示众,于是心死如灰、欲寻短见,其中的悲苦之情跃然纸上。

宴席曲歌词文本不仅传达男性的谋生之苦与从军之苦,也并未忽视人类社会的另一半女性的哀歌。宴席曲文本将这些女性的婚姻不幸、生活之苦以歌谣的形式记录下来。

2. 婚姻不幸

在中国封建社会时期,女性在社会之中没有获得独立的社会地位,她们往往依附于男性生活,"未嫁从父,既嫁从夫,夫死从子"。在婚姻的选择上,她们依循的是"父母之命,媒妁之言",没有自己选择爱情与婚姻的自主权。民间歌谣宴席曲歌词文本就记录了大量的婚姻不幸的内容。

采集自宁夏同心的《小女婿》[①]详细地叙写了与小女婿一起生活的情状,并且还表达出想通过寻死以求解脱不幸婚姻,但是又难以下定决心的矛

---

① 洪梅香,刘同生.中国西北回族宴席曲大观[M].银川:宁夏人民出版社,2008:398.

盾心理。采集自宁夏泾源的《扁豆开花麦穗黄》因为嫁在了偏远的"高山上",吃苦难耐,想选择以死解脱,但又舍不得"公公好心肠""女婿好模样""前庭后楼房",揭示了对于"小女婿"婚姻的复杂心态。在婚姻选择上,父母往往起到极其重要的作用,因此对于婚姻不幸还会埋怨父母,如采集自青海大通的《娘老子端害了我》。此外如因为婚后生活不幸,还会埋怨媒婆。如采集自甘肃临夏的《一根谷草十二个节》丈夫出门在外,自己一个人在家辛苦过活,将这种不幸局面归结于坏天良的媒婆。还有一首《恨媒人》明确说出不怪父母,父母知道了会心疼自己,只怪媒婆乱保媒。

恨　媒　人

　　正月里来正月正,一对对媒人往来奔。

　　公公毒来婆婆狠,坏心姑子揪头发。

　　一根头发连着心,我爹妈听着好心疼。

　　不怪我爹不怪我娘,只怪媒人丧天良。

——采集自宁夏固原①

　　一对"丧天良"的媒人给女子找了一桩"公公毒""婆婆狠""姑子坏"的婚姻,使女子受到了非人的虐待,因此发出"只怪媒人丧天良"的怨愤。

　　女子在出嫁之后,往往被视为外姓人,常常受到各种虐待,给她们造成悲惨的境遇。在采集自宁夏泾源的《苦女谣》中,较为全面详细地呈现出女子所受的虐待,自从被娶进家门之后,"苦女子"一年之中遭受到几乎全方位虐待,致使其激烈地呼喊出"为啥当初不掐死她"的愤激之语。还有采集自宁夏同心的《鸡娃叫鸣天亮了》,这位女子不仅嫁给了"小女婿",而且最痛苦的是其所遭受的起早贪黑的担水、推磨繁重的家务劳动,"一天担水四十担,一黑推磨二斗半",觉睡不好,饭吃不好,以至于"有心死来没心活"。

---

① 洪梅香,刘同生.中国西北回族宴席曲大观[M].银川:宁夏人民出版社,2008:396.

妇女婚后的不幸生活似乎是封建社会的一个较为普遍的现象。除了上述的例子之外,值得提及的还有一首《方四娘》①这首宴席曲文本不仅篇幅较长、内容相对完整且流传范围广泛,现已知其在宁夏同心、青海西宁和甘肃麦积山都有传唱。它以较长篇幅描写记录女性婚后的悲惨生活,"又挨打来又受骂,当一趟媳妇孽障大",从婚后生活的各方面诉说封建婚姻时期女性遭受的不公和虐待。

结婚对于任何人、每个家庭甚至是一个家族而言,都是一件重要的仪式,可以说和生死是同等的地位。在出嫁女儿时,父母不能放声大哭,那么就借以宴席曲为媒介,听他人命运之苦疏解自己的不舍之情。青年人在听到这些悲惨故事的时候,更多是被宴席曲文本内容所感动,同情曲中人的遭遇,"初听不识曲中意,再听已是曲中人"。而那些已婚男女既是对宴席曲文本中人物悲惨命运的同情,也是对自己不尽如人意的生活无声的控诉。

3. 思念之痛

宴席曲中叙写女性思念之苦的内容,既有对外出谋生的丈夫的牵挂,还有对从小长大的娘家的思念。女性出嫁后首先遇到的是对娘家的思念之苦,历史上西北地区交通不便是一部分原因,还有一部分原因是婆家担心媳妇经常回娘家探亲会减少一个劳动力从而耽误干活。如采集自宁夏灵武的《走娘家》传达的就是"当媳妇的真下贱,回一趟娘家多难呀"的痛苦心理。再如采集自宁夏同心的《女儿望娘》因婆婆以农忙为借口阻拦媳妇回娘家探亲,于是以重章叠句的形式来反复传达回娘家之难,由此不难体会到女性一年四季不停劳作却难以回娘家探亲的困苦处境。

另一方面就是对丈夫的思念。因家庭生活困难,很多已婚男性不得不

---

① 洪梅香,刘同生.中国西北回族宴席曲大观[M].银川:宁夏人民出版社,2008:366.

外出谋生以养活家人。这首《布耐宿》就是以"五更曲"的形式,详细叙写了一位年轻妻子担心思念外出谋生的丈夫。

布 耐 宿

一更里布耐宿,我睡在一更天;心不歇,灯不灭,眼泪花在枕头上滴。心急着,眼跳着,睡了者睡不着。睡梦里惊醒来,一床的锦被儿半床上叠放着,这就象我的出门人,回来者搭茶喝。我的出门人呀你不回来时,半边被儿风吹者噗噜噜地摆哟。

二更里布耐宿,我睡在二更天;心不歇,灯不灭,眼泪花在胳膊弯上滴。心急着,眼跳着,睡了者睡不着。睡梦里惊醒来,月照树影儿在窗子上落,这就象我的出门人,回来者陪我坐。我的出门人呀你回来呗,心上的话儿哈说来;我的出门人呀你不回来时,活活儿急坏奴家的嫩身材哟。

三更里布耐宿,我睡在三更天;心不歇,灯不灭,眼泪花在粉白的腔子上滴。心急着,眼跳着,睡了者睡不着。睡梦里惊醒来,风吹着门扣儿擦啦啦的响。这就象我的出门人,下马者马叉子响。我的出门人呀你回来呗,亲人哈安一个心来;我的出门人呀你不回来时,恐害怕一晚上熬不到天明哟。

四更里布耐宿,我睡在四更天;心不歇,灯不灭,眼泪花在心尖上儿滴。心急着,眼跳着,睡了者睡不着。睡梦里惊醒来,风吹着树叶儿唰啦啦落。这就象我的出门人,回来者把衣帽脱。我的出门人呀你回来呗,你我啦团团乐乐坐来;我的出门人呀你不回来时,空光阴阿门者过哩哟。

五更里布耐宿,我睡在五更天;心歇了,灯灭了,睡了者睡着了。一觉睡到了大天亮,日头哥照红了满床角。紧洗脸呀忙梳头,担上水桶下南坡。慢走来到河岸上,一对鸳鸯颠倒卧;公鸳鸯它展

129

翅飞过河,丢下母鸳鸯空守窝。这就象我的出门人,家丢下年少的妻儿受折磨。

——采集自甘肃临夏①

苦难叙事是文学叙事的重要组成部分,是历史事实和民族情感的记忆载体,是对苦难和人性的反思。宴席曲是西北民众的心声,其中既蕴含着独特的民族与地域特色,也在更深层上也体现出"多元一体"的文化融合特征。一首宴席曲,双泪落君前。因为唱起这些苦歌,会情不自禁地流露出一种从历史深处带来的忧郁。西北宴席曲唱出了生活的沉重与荒芜,唱出了男人不轻弹的泪水与女人诉不尽的思念。

二、宴席曲苦难叙事的艺术特色

民俗学家乌丙安先生认为:"我们需要了解的不是唱歌、跳舞本身,而是唱歌跳舞背后老百姓的生活状态和他们的生活需求。"②苦难叙事最终指向的是社会进步对苦难的消解,期许的是社会和个体的幸福保证。宴席曲文本中苦难叙事既有传统文学的叙事特征,又富有强烈的艺术感染力。

1. 叙事视角

叙事视角是演唱者在表演宴席曲时选择的特定角度。宴席曲歌词文本苦难叙事时常常使用第一人称主人公回顾性视角,宴席曲是口头文化的产物,在口头媒介的文化环境中属于口头文学的宴席曲,需要考虑其在有关群体中的传播与接受。因此,其往往采取大众耳熟能详的、容易把握的形式,既便于理解、记忆,也易于传唱。宴席曲文本中苦难叙事时采用第一人称的限制视角表演可以引起听众的兴趣,营造奇特的氛围,使演唱者和听众在苦

---

① 甘肃临夏回族自治州群众艺术馆.回族宴席曲[M].临夏回族自治州印刷厂印刷(内部资料),1984:147.
② 戴廉.非物质文化遗产保护的困惑[J].瞭望新闻周刊,2005(30).

难叙事的氛围中更好地进行情感交流。

如采集自宁夏同心的《女儿望娘》,采集自甘肃临夏《布耐宿》,采集自宁夏固原的《恨媒人》采集自宁夏泾源的《苦女谣》等都是以第一人称"我"来讲述故事。采集自宁夏同心的《小女婿》①按照女子出嫁,照顾小女婿的经过以及自己内心的痛苦娓娓道来,如流水一般自然畅通,是非常典型的民间歌谣的苦难叙事。当"曲把式"以限制视角"我"演唱时能够产生较强的代入感也就流露出更多的角色情感,让听众更容易为之感动。

"曲把式"在使用第一人称"我"演唱时更能展现出叙述主体身处苦难之中,对于苦难有着深刻的感受,以"我"的叙述视角构建宴席曲文本更能让听众对人物的苦难遭遇有感同身受的体验。演唱者通过采用这种叙事方式来抒发自己对于历史变迁中苦难人生的独特感受,表达出对于困苦生活的自我感慨。

2. 叙事结构

结构是存在于事物之中的较为普遍的逻辑关系,不同的组成部分形成排列和搭配。"结构是文学、哲学内各个层次、要素之间系统组织关系的体现,是构成意义完整体的关键。对于结构的解析,就是要揭示并说明隐藏在意义背后、致使该意义成为可能的形式和阐释程式系统。"②宴席曲文本结构是歌词文本借以存在的重要方式,具有独立的审美价值,不仅是情感意蕴的显性呈现,也是审美意蕴的外化。它是众多无名的民间歌手依循美的客观规律,进行不懈探索与自觉经营的结果。

在宴席曲歌词文本中苦难叙事经常会采用时序来结构篇章,常见的时序结构有:月份体、四季体、五更体等。如前文的《布耐宿》就是以五更的时

---

① 此首采集自宁夏同心,见:洪梅香,刘同生.中国西北回族宴席曲大观[M].银川:宁夏人民出版社,2008:398.
② 孙鸣晨.《周易》结构论[D].哈尔滨师范大学,2017.

间顺序来谋篇布局。宴席曲中以"五更体"为结构的篇章较为常见,内容往往是表达对丈夫的思念。还有按照十二个月结构成更长篇幅的,如《拉长工》①作为一首呈现一年之中十二个月一直辛勤劳作的长工苦歌,全篇依照十二个月份分为十二章,每章四句,描述出长工每个月的经历,整篇完整地、较为细致地叙述出长工一年之中的悲惨遭遇与不幸命运。

另外,还有一首较为特殊的以农作物种植过程为顺序来建构篇章的,其实也是一种时间结构。如《走娘家》②这首宴席曲歌词文本按照芝麻的"种—薅—淌—割—背—打—扬—装—堆—收"的过程建构篇章,发出"当媳妇的真下贱,回一趟娘家多难呀"的哀号,抒发媳妇盼望着回娘家的急切心理,具有浓烈的地域色彩。

在宴席曲歌词文本中苦难叙事主要按照时序结构形成一种较为稳固的叙事和抒情模式,建构出一种内在较为周密的逻辑结构。

三、宴席曲苦难叙事的意义

苦难叙事可以记忆历史、彰显人性。"历史的苦难只有在它不被遗忘的时候才有可能转化为积极的思想资源和必要的前车之鉴。人是历史性的动物对历史苦难的反思也包含着对人性的反思。"③在婚礼这种人生重要仪式场合中由"曲把式"通过演唱宴席曲的方式传递生活哲理、传统智慧和情感表达便成为传承历史记忆的重要途径。

1. 传承历史记忆

"民间文学是一种记忆媒介,同时也是一种潜在的经典文本,它们在文

---

① 杨玉经.回族宴席曲荟萃[M].银川:宁夏人民出版社,2008:286.
② 洪梅香,刘同生.中国西北回族宴席曲大观[M].银川:宁夏人民出版社,2008:255.
③ 王达敏.民间中国的苦难叙事——《许三观卖血记》批评之批评[J].文艺理论研究,2005(2).

本生成过程中建构意义,在文本接受过程中延续民族记忆的基本内容。"① 作为口传文学的宴席曲,承载着浓郁的地域文化,具有鲜明的时代记忆,其最大的意义就是历史文化的传承。

宴席曲文本中对于苦难的战争记忆,有采集自青海门源的《顺治挑兵》这一类型的记忆以清朝所发生的历史居多。采集自青海民和的《杨大人领兵》和流传于宁夏彭阳的《董大人领兵》中不但有清代历史的记忆,还有现代的历史记忆。采集自宁夏固原的《马仲英打宁夏》采集自甘肃临夏的《韩起功抓兵》除了与战争有关的苦难记忆之外,还会涉及一些灾难记忆。如采集自青海民和的《宁夏大城遭了难》。

还有对婚恋习俗的历史记忆,在封建社会中,女性的婚姻大多成了封建陋习的牺牲品,所以有了《恨媒人》《女儿望娘》《娘老子端害了我》《尕女婿》等对封建社会畸形的婚嫁关系记录与控诉。

历史上西北地区受自然环境影响生活艰辛,故而宴席曲文本记录表达出西北地区乡民的生活疾苦。在西北这片贫瘠的土地上,生活在这里的人们血液里也流淌着忧伤,有历史上战乱留下的伤害还有现实生活的艰难。宴席曲集体记忆带有鲜明的地域特色与时代烙印,记录了不同时期西北乡民的生活状态和情感需求。

2. 讴歌坚韧精神

苦难可以增强人的承受能力提升人的精神境界。奥地利著名的意义派心理治疗家、精神病学家维克·弗兰克认为:个人对苦难的认知态度可以增强个人对苦难承受和超越的能力,通过个体的积极自我认知改善自我对待苦难的态度依赖从苦难背后看到的希望给予自我承受苦难的信心。②

---

① 黄景春.中国当代民间文学中的民族记忆[M].上海:上海大学出版社,2020:174.
② 王达敏.民间中国的苦难叙事——《许三观卖血记》批评之批评[J].文艺理论研究,2005(2).

通过对宴席曲文本的具体分析,我们不难发现,这种与中国文学苦难叙事传统一脉相承的苦难讲述是希望通过对苦难的理性思考,使人们超越苦难,找到属于自己的灵魂栖息之所。[①] 苦难叙事可以激发听众的思考和反思,增强他们在生活中遇到困难勇敢面对的能力,引导他们对生命意义的思考,赋予人们面对国仇家恨时决绝的抗争精神,增强民族凝聚力强化国家认同。

宴席曲本是一种欢快场合的高兴之歌,但是通过梳理,我们不难看出其中所包含的悲苦之情。"除了欢快、风趣、喜庆的一面,宴席曲的灵魂在于它所携带的浓浓的忧郁。有人说忧郁是音乐的灵魂,宴席曲大漠旷野般的寂寥、宏阔,像层峦河流一样悱恻、委婉,千回百折。他们没有其他军旅歌谣的豪迈、亢奋、激越、浓烈,但在深深的忧郁中有一种穿越、渗透的力量。那是一种遥远的、阻隔万千的呼唤,既凄然又温暖。"[②]宴席曲歌词文本内容包含着乡土情怀,民族智慧和人生力量,承载着浓郁的地域文化,具有鲜明的时代记忆。宴席曲歌词文本创作关注苦难,体察人们的痛苦忧伤,透视苦难建构起独特的文学审美,通过对苦难的书写表达出疗愈伤痛、抚慰心灵的爱与温情。

---

① 郝帅.论苏童小说中的苦难叙事[D].大连:辽宁师范大学,2018.
② 曹晓娟.回族民间舞蹈的形成与演变——以宁夏回族舞蹈为例[D].兰州:西北民族大学,2015.

区域历史研究

QUYULISHIYANJIU

萧关县令路嗣恭考论

李进兴①

摘 要: 原州管县四:平高、平凉、百泉、萧关。其中萧关县,地处唐蔚茹水河川,即"萧关道"上。路嗣恭,在席豫的考核与推荐下出任萧关县令。路嗣恭在任期间,充分利用县境内的各种资源,发展农牧业、丝路商贸业、手工业;在民族关系上实行"华夷一体",和平共处,从而"考绩为天下最,玄宗以为可嗣汉鲁恭"。他在丞相郭子仪的推荐下出任朔方节度使,恢复水利设施,实行均田制,安置流离失所的农牧民,抵御吐蕃入侵,成绩斐然。后被唐代宗任命为岭南节度使,平定循州刺史哥舒晃叛乱,官至兵部尚书。

关键词: 路嗣恭;萧关县令;朔方节度使;业绩

路嗣恭,唐代萧关县(今宁夏海原县)县令,官至兵部尚书。《旧唐书》《新唐书》及陕西、甘肃、宁夏、固原等省区旧志书中均有传记和记载,对其评价甚高:"在官恭恪,善理财赋","考绩为天下最,玄宗以为可嗣汉鲁恭","历仕郡县有能","嗣恭起州县吏,以课治进至显官"。但记述较为简单,不

---

① 作者简介:李进兴(1965—),男,回族,宁夏海原县人,海原县文物所原所长、海原县文化旅游广电局原副局长,主要从事地方历史文物与历史文化研究。

甚翔实,使我们对路嗣恭生平事迹等难窥其详。本文从路嗣恭同僚及唐代帝王的传记中所了解到关于路嗣恭的一些较为详细的典型事例,加以补证,以供同仁进一步研究做参考。

一、成立萧关县的时代背景

萧关县是"丝绸之路"上的一个重要城镇,它位于原州(今宁夏固原市)通往灵州(今宁夏吴忠市)、河西(今武威)的大道上,为此,这段道路史称萧关道。萧关县也处于黄河支流清水河谷地带,土地肥沃,地处边塞,也是农耕与游牧地区的分界线,亦为各少数民族聚居地。唐朝为安置突厥降户,置萧关县。广德元年陷吐蕃,大中年间收复之后,又升萧关县为武州。

黄河支流清水河,古代称西洛水、高平川水、蔚茹水,发源于六盘山东麓固原市原州区开城镇境内的黑刺沟脑,向北流经固原、海原、同心、中宁等县,在中卫的泉眼山西侧注入黄河,长 303 千米,流域面积 8 499.6 平方千米,年平均径流量 1.65 亿立方米。清水河是宁夏境内流入黄河最大、最长的支流。《水经注》对流域内的水系支流、地理环境、战略位置与发生的历史事件均有着较详细的记述:

(黄)河水又东北迳于黑城北,又东北,高平川水注之,即苦水也。水出高平大陇山苦水谷,建武八年,世祖征隗嚣,吴汉从高平第一城苦水谷入,即是谷也。东北流迳高平县故城东,汉武帝三年置,安定郡治也。王莽更名其县曰铺睦。西四十里有独阜,阜上有故台,台侧有风伯坛,故世俗呼此阜为风堆。其水又北,龙泉水注之,水出县东北七里龙泉。东北流,注入高平川。川水又北出秦长城,城在县北一十五里。又西北流迳东、西二土楼故城门,北合一水。水有五源,咸出陇山西。东水发源县西南二十六里湫渊,渊在四山之中,湫水北流,西北出长城北,与次水会,水出县西南四十里长城西山中,北流迳魏行宫故殿东,又北,次水注之。出县西南四十里山中,北流迳行宫故殿西。又北合次水,水出县西南四十八里,东北流,又与次水合,水出县西南六十里酸阳山,东北流,左会右水,总为一川。东迳西楼北,东注苦水。段颎为护羌校尉,于安定高平苦水讨先零,斩首八千级于是水之上。苦水又北与石门水合。水有五源,东水导源高平县西八十里,西北流,次水注之,水出县西百二十里如州泉,东北流,右入东水,乱流左会三川,参差相得,东北同为一川,混涛历峡,峡即陇山之北垂也,谓之石门口,水曰石门水,在县西北八十余里。石门之水又东北注高平川。川水又北,自延水注之。水西出自延溪,东流历峡,谓之自延口,在县西北百里。又东北迳延城南,东入高平川。川水又北迳廉城东,按《地理志》,北地有廉县。阚骃言,在富平北。自昔匈奴侵汉,新秦之土,率为狄场,故城旧壁,尽从胡目。地理沦移,不可复识,当是世人误证也。川水又北,苦水注之。水发县东北百里山,流注高平川。川水又北,迳三水县西,肥水注之。**水出高平县西北二百里牵条山西,东北流,与若勃溪合。**水有二源,总归一渎,东北流入肥。肥水又东北流,违泉水注焉。泉流所发,导于若勃溪东,东北流入肥。肥水又东北出峡,注于高平川,水东有山,山东有三水县故城,本属国都尉治,王莽之广延亭也。西南去安定郡三百四十里。议郎张奂为安定属国都尉,治此。羌有献金马者,奂召主簿张祁入,于羌前以酒酹地曰:"使马如羊,不以入厩;使金如粟,不以入怀!"尽还不受,威化大行。县东有温泉,温泉东有盐池。故《地理志》曰:县有盐官。今于城之东北有故城,城北有三泉,疑即县之盐官也。高平川水又北入于河。河水又东北迳眴卷县故城西,《地理志》曰：河水别出为河沟，东至富平，北入河。河水于此有上河之名也。①

从上述记载不难看出，高平川水出秦长城，流入黄河，这一地带的水系较多，基本上都是当时的肥饶之地。优越的自然环境给发展畜牧业、农业提供了先决条件，也是西北少数民族与中原王朝之兵家必争之地。居民除去经营传统的畜牧业外，还种植一些农作物。隋末唐初，这一地区除汉族外，还有突厥、铁勒、吐谷浑、吐蕃、党项、粟特、回纥等多民族居住和活动。唐王朝建立以后，十分注重处理与边疆地区少数民族的关系，其民族政策是区分情况不同对待。对于周边强大的民族，他们各自为政，弱肉强食，予以打击为主，拉拢为辅；对于依附于唐朝的弱小者，则完全给予保护。总的看来，唐朝的民族政策比较灵活开明。这是唐朝边境安定、经济繁荣的一个重要原因。当时，军旅四起，粮食长途转运非常的不便，朝廷命在"长城以北，大兴屯田，以实塞下"②。这一带的居民有旧、熟户之分，"旧户久应淳热，熟户既是王人，章程须依国法"③，王人就是有编籍的百姓。为便于管理这一地区，亟待需要设置建立一个县级以上的管理机构，这便是"萧关县"成立的事因。

贞观四年（630），突厥突利可汗投降，额利可汗被俘，其部众或投降薛延陀，或投降西域，但仍剩余10万多人，唐太宗与群臣认真讨论突厥降部的安置办法。唐太宗采取了温颜博的主张，采用汉武帝安置匈奴人的办法，使其不离旧土故俗，教之礼法，授之以生活之业，数年之后，可成为农民，给其他四夷树立榜样。选酋长，使之入居宿卫，恩威兼施。贞观六年（632），安置突厥降户，设置缘州，寄治于平高县（今宁夏固原市原州区）他楼城，史籍亦称

---

① 郦道元.水经注[M].长春：时代文艺出版社，2001：16.
② 陈育宁.宁夏通史·古代卷[M].银川：宁夏人民出版社，1988：111.
③ 陈育宁.宁夏通史·古代卷[M].银川：宁夏人民出版社，1988：110.

土楼城(今宁夏海原县高崖乡)。景龙三年(707)又废他楼县,改设萧关县。《元和郡县图志》载:"萧关县,中。南至州一百八十里。本隋他楼县,大业元年置,神龙三年废,别立萧关县。"又因萧关县"以去州阔远,御史中丞侯全德奏於故白草军城置,因取萧关为名"。① 萧关县最终选址于蔚茹水河谷地带(今宁夏南部,黄河支流的清水河谷)的白草军城(今海原县李旺镇),②向南行一百八十里即是唐代平凉郡(治原州)。

二、出任萧关县令之路嗣恭

在唐朝近三百年的时间内,这片大地上涌现出了无数的人才,他们也许并不尽善尽美,但却都留下了自己的特色,或战功赫赫,或治国奇才,或文武兼备。在唐朝璀璨的群星中,路嗣恭不算耀眼,但他的功业,也远非寻常人所能比。路嗣恭原名剑客,没参加科举,仅凭"门荫入仕,任邺县县蔚",虽然官小,但他并不在意,还是好好干了,后被户部尚书席豫推荐位萧关县令。任县令期间,在县级政绩考核中勇夺第一,因此他的名字传到了唐玄宗耳朵里。唐玄宗认为他可作为汉代良吏鲁恭的后嗣官员,继承鲁恭的贤良,于是唐玄宗赐名"嗣恭",从此路剑客就成了路嗣恭。

(一)出任萧关县令的时间

路嗣恭的籍贯与身世,据《〔宣统〕固原州志》《唐史》称,路嗣恭是京兆三原(今陕西省三原县)人,始名剑客,字懿范,太原县令路太一之子,门荫入仕,任邺县(治在今河北省临漳县西南邺镇)县尉。显然,路嗣恭出身于一个普通的官宦家庭。

唐代地方政府机构,基本上沿袭隋朝的建制,为州(府)、县两级制;州下设县,长官一律称令,佐官为丞。县令、丞的属官有主簿、尉、录事、司户、

---

① 李吉甫.元和郡县图志[M].北京:中华书局,1983:57.
② 陈育宁.宁夏通史:古代卷[M].银川:宁夏人民出版社.1988:119.

司法、仓督等。路嗣恭何时任萧关县令，新旧《唐书》均无记载，仅《〔宣统〕固原州志》载：

> 路嗣恭，字懿范，三原人。开元时，为萧关令，考绩为天下最，元宗以其政教与汉鲁恭相等，赐名曰嗣恭。后官至兵部尚书，封冀国公。①

可知路嗣恭出任萧关县令的时间是开元年。"开元"是唐玄宗李隆基执政时期的年号，即从公元713年始，741年止，共29年，年度跨度较大，具体是哪一年，无从考知。

公元712年，唐太子李隆基即位，次年改元开元。李隆基登上皇位之后，花大力气对吏治进行整顿，提高朝廷各部门的办事效率。首先，精简行政机构，把武则天以来增加的不少冗员裁撤，不仅提高了办事效率，还节省了不少费用支出。其次，确立严格的考核制度，加强对地方各级官吏的管理。在每年的十月份，派出不少监察官员到各地去巡查民情。发现贪官污吏后，一律严惩不贷。再次，恢复谏官和史官参加宰相会议的制度。这宰相会议就是朝廷的办公会议，主要内容有传达皇帝的旨意，研究贯彻皇帝旨意的具体办法，检查各部门完成任务的情况等。这个制度是唐太宗朝时确立的，武则天主政以后，由于没按规定程序提拔宰相，有的事就不敢公开，只好把这个制度废除。最后，重视基层地方主官，也就是县令的任用。县丞、主簿、县尉等佐官都由县令领导，李隆基认为县令是朝廷治理的最前沿，和老百姓直接打交道，代表了朝廷的形象。因此李隆基经常出题考核他们，确切了解他们称不称职。如果表现优秀，可以提拔他们任上一级职务；如果名不副实，马上就会遭到罢免。因而路嗣恭在此大背景下，其理政能力才被挖掘、发现，用到合适的领导岗位上。唐玄宗李隆基十分重视对地方官吏的考

---

① 固原地区地方志办公室.〔宣统〕固原州志[M].西安:陕西人民出版社,1992:94.

核与升迁,曾在开元二十九年(741)"二十一日,派使臣赴各地考察并降升官吏"的记载。

路嗣恭出任萧关县令与席豫的考核升降官员有关。据《新唐书·路嗣恭传》载:"席豫黜陟河朔,表为萧关令。"席豫,字建侯,襄州襄阳(今湖北襄樊)人,北周昌州刺史席固七世孙。武则天长安年间,席豫应试学兼流略、词擅文场科,考中上等,当时年仅十六岁,因父丧没有出仕。太极元年(712),又应考手笔俊拔科,考中,补授襄邑尉。后因耻于与邪恶势力同流合污,就悄悄离开了。开元二年(714),席豫考中贤良方正科,成绩优异,任阳翟县尉。为人正直,迁任监察御史,出任乐寿县令。开元二十年(732),出任郑州刺史。次年(733),韩休辅政,举荐席豫代替自己。席豫主持铨选六年,奖拔清寒疏远的士人,有很多人后来官居要职,当时舆论推崇他知人,称他为"席公"。天宝六年(747),进位礼部尚书,册封襄阳县子。天宝七年(748),席豫去世,终年六十九岁,追赠江陵大都督,谥号为文。

《新唐书·席豫传》记载:

> 韩休辅政,举代己,入拜吏部侍郎。玄宗曰:"卿前日考功职详事允,故有今授。"豫典选六年,拔寒远士多至台阁,当时推知人,号席公云。①

从上述记载来看,开元二十一年(733)席豫被韩休推荐礼部侍郎之后,开始选拔推荐地方官员,"典选六年"。期间,路嗣恭有可能被"席豫黜陟河朔,表为萧关令"。也就是说路嗣恭上任萧关县令的时间是在开元二十一年至二十七年。至于结束,则无从考证。

(二)任萧关县令所做出的成绩

路嗣恭任萧关县令时,史料仅有"路嗣恭,字懿范,三原人,开元时,为萧

---

① 上海古籍出版社、上海书店.二十五史[M].上海:上海古籍出版社、上海书店,1986:4589.

关令,考绩为天下最,元宗以其政教与汉鲁恭相等,赐名曰嗣恭","历仕郡县有能","在官恭恪,善理财赋"等简单记述,具体做出了哪些业绩,则无详细的记载。从萧关县所处的优越地理位置、温润的气候条件来看,此地最适合发展种植业、畜牧业、手工业和商贸物流业,与西北各民族的和平共处等,发展县域经济。

首先是重视农业发展,兴修水利、提高农业生产力。河流是气候的产物,唐代萧关县地区雨量充沛,蔚如河流量较大。萧关县地处蔚如水(今清水河)河谷地带,两岸为山谷地带。在当时就开始兴修水利,充分利用蔚如水及支流的水资源,发展种植农作物,旱涝保收。当时主要种植糜谷、小麦、荞麦等地方特色粮食作物外,还引种了水稻。路嗣恭在土地耕种方面,推行唐朝的"均田制",募民耕种,使县域粮食产量大增。经济上实行"与民休息"的政策,推行轻徭薄赋,注重农业生产发展。

唐朝均田令规定:土地以五尺为步,二百四十步为亩,百亩为顷。丁男(21岁)和18岁以上的中男,各授永业田20亩,口分田80亩;老男、笃疾人、废疾人各受口分田40亩,寡妻妾受口分田30亩,原有的永业田纳入户内口分田数额里计算。丁男和18岁以上中男以外的人,凡作户主的,则各受永业田20亩,口分田30亩。佃户到了60岁之后,口分田是需要上交给国家。唐因隋制,定为"租庸调法"每个人一年纳税粟两石,是为租;每人一年服役二十日,是为庸;每户一年纳税绫、绢(生白缯)、絁各二丈,绵三两,是为调。租庸调,是以均田制为基础,分成地租和夫役两项来征收之法。后来,唐朝又进行了减轻农民赋税改革,将全国户口"量其资产"定为上、次、下三等,所纳税米、税钱或输羊数字不同。上户纳税米一石二斗,次户八斗,下户六斗。夷獠(蕃胡,指北方边境的少数民族)之户,皆从半输。蕃胡内附者,上户丁税钱十文,次户五文,下户免之。附经二年者,上户丁输羊二口,次户一口,下户三户共一口。凡水旱虫霜为害,十分损四分以上免租,损六分以上免调,损七分以上课役全免。唐代州、县均按户数标志分别分为上、中、下三组;户数越多,税收越多,州、县越富。据史料,县级户数达到六千户以上,为上;二千户以上,为中;二千户以下,为下。据《旧唐书·路嗣恭传》记载,路嗣恭在任萧关县令时"考绩上上,为天下最"。由此可知,萧关县户数已近达到了六千户以上,根据唐代均田制来估算,土地面积达到 100 万亩左右,所纳税米也是领先于全国的。

其次是发展畜牧养殖业。萧关县这一地区河谷山地丘陵丰富,六盘山西北余脉的牵条山,成为萧关县西南面的屏障,是水草丰沛的天然牧场,为发展畜牧业创造了条件,同时又是出产马匹的重要地区,这在很大程度上萧关县为国家的防卫提供了军事支持和军事保障。

唐朝在西北设置牧监使,仍以原州刺史为牧监使,以管四使。南使在原州(今固原市原州区)西南一百八十里,西使在临洮军西二百二十里,北使寄理(治)原州城内,东使寄理(治)原州城内。监牧的建立,在西北形成一个以原州为指挥中心的牧马区。分东西南北四使掌管,而每个使都统有若干监。以天宝年间为例,诸使共有 50 监,南使管 18 监,西使管 16 监,北使管 7 监,东使管 9 监。在萧关县境至少有 3 监。监又分上中下等,凡马 5 000 匹为上监,3 000 匹为中监,1 000 匹为下监。在一马群中还设有牧长尉,管理十分严密。牧监官员的地位也相当高,上监牧监为从五品,中间为正六品,下监从六品。对牧监官还有一套考核办法:"其马皆印,每年终,监牧使然按挈数,以功过相除,为之考课。"当然牧监均有地方官员兼任,萧关县管辖其境内的牧监。萧关县令路嗣恭"考绩上上,为天下最",每个牧监的牧马数达到 5 000 匹以上。在监牧边境修筑城堡,挖掘长壕,加以隔离。在今海原县境内有多个壕堑,如从甘肃省平川区东的青砂岘至海原县甘盐池,就有长达百公里的壕堑,同心县城南的壕堑沟过兴隆镇、蒿川一带有长达百里的壕堑,从海原县红古城至海原县城至固原也有数百里的壕堑,形成了网格式的大马圈。因史料无载，无法知晓其养马及牛羊数，但据唐代宗广德元年(763)，萧关县境曾被吐蕃占据，成为其牧场之一。吐蕃夏牧青海，秋冬回牧萧关县境。唐代宗大历十三年(778)，吐蕃8万余人，屯居于原州北萧关县境的长泽牧监，长泽牧监的水草资源可以窥见一斑。居住在萧关县境内的突厥、铁勒、昭武九姓和党项降户均以从事畜牧业而见长，畜牧产品为其生活的主要来源。他们与唐朝互市，"于斯之时，天下以一缣易一马，秦汉之盛，未始闻之"。

再次，手工业和商业也得到长足发展。萧关县不仅是农业大县，而且也是畜牧业大县，以农业、畜牧产品为主的加工业也非常有名，有白毡、覆鞍毡、龙须席、布和麻制品，并成为献给朝廷的贡品。

其四，丝路贸易空前繁盛。举世瞩目的"丝绸之路"自汉代凿空以来，就成为我国通往中亚、西亚的唯一重要通道。经过萧关县这一段，史称"萧关道"，从北朝开始即有轻重的位置。西域各国使节、商队通过这里进入京都长安；中亚、西亚的奢侈品也随之东来。至隋唐时期，伴随着唐帝国与外界交往的不断加强，萧关县地区的"丝绸之路"愈加重要。初唐时，经过许多战争，控制"丝绸之路"的突厥人或降或已退至西域或远离这条道路的地方；占据丝绸之路的另一大族吐谷浑人随着国家的覆灭也已归顺唐朝。唐朝大军驻扎到了西域，安西都护府的设立就是标志。唐盛时丝绸之路极为繁荣，《通典》在论及开元年间，长安至凉州(今甘肃武威)一线交通情况时说：西至凉州府"皆有店肆以供商旅，远适数千里，不持寸刃"。萧关县境内的道路史称"萧关道"，在唐代非常著名，好多诗人都曾经歌吟萧关。如，陶翰的《出萧关怀古》"驱马击长剑，行驿至萧关"，王昌龄的"蝉鸣空桑林，八月萧关道"，岑参的"凉秋八月萧关道，北风吹断天山草"等，更是脍炙人口。从萧关县向西过黄河可至凉州，通西域，必经黄河会宁关渡口及黄河九渡，仅在黄河会宁关就有渡船50只，每日可渡千人以上，往来行旅之多可窥一斑。来往于这条道路上的西域商旅，主要是粟特人，他们带来萨珊金、银币、东罗马金币、异域风格的杯、碗、壶、瓶、盆等黄金及琉璃奢侈品，中原的茶叶、瓷器、丝绸等产品等，也经萧关县境源源不断地输入京都长安及中原、输出西域各国。还有原州北、灵州、河西境内还有许多独特的产品也向京都长安输入贸易和进贡，主要有野生药材、矿物、野生动物及其制品、牲畜、畜产品和各种手工业品等。原州萧关县有白毡、覆鞍毡、龙须席和麻；盐州有青盐、木瓜、狩牛；灵州有甘草、青虫子、鹿皮、红花、野马皮、鸟翎、雕翎、鹿角胶、杂筋、麝香、花苁蓉、赤棳、马鞭、红兰、代（岱）赭、白胶、鹘、白羽、野马、野猪黄、吉莫靴、鞟、毡、库利、印盐、黄牛臆等。畜牧业和与之相适应的狩猎业也相当发达，并有一定的手工纺织品，其中以毛纺织品最为突出。萧关县令路嗣恭以"在官恭恪，善理财赋"著称，丝绸之路贸易与繁荣，提供了赋税财源，加上其管理才能，从而更大程度上繁荣了萧关县的社会经济。

其五，民族关系上采取"华夷一体"等较为平等的民族政策，慎征伐，重安边，以和亲代替战争。萧关县为其首冲，体现出宽容和睦相邻精神，与吐蕃、西域等国家保持友好关系，为唐朝的疆域萧关县的稳定打下了坚实的基础。这种开放的外交政策不仅提升了唐朝萧关县的国际地位，也促进了中外文化、经济的交流与合作。

三、升任朔方、岭南节度使

路嗣恭出任朔方节度使后，抵御吐蕃的侵扰，修复被吐蕃毁坏的引黄灌渠，开垦撂荒田地，安置流离失所的农牧民，使州境居民得到休养生息、安居乐业，将灵州治理得井井有条，得到了朝廷的认可，升任户部尚书、洪州刺史，兼御史大夫、江西观察使。当循州刺史哥舒晃发动兵变时，唐朝经过多年的战乱，已无大将可派，代宗皇帝即可任命路嗣恭前往平叛，取得了胜利。

（一）出任朔方节度使

安史之乱时，路嗣恭曾被任朔方营田押、军粮使、诸蕃部使及户部侍郎等。朔方军原有 10 万大军，战马 3 万匹，经过收复两京和平息仆固怀恩之乱，居民消亡三分之二，与天宝年间相比只有十分之一。作战将士，不到吐蕃的十分之一，战马约为吐蕃的百分之二，吐蕃的频繁入侵，带有很大的目的性。首先是掠夺人口，即使在一些吐蕃人军事上失利的战斗中，吐蕃也还掠去不少人口牲畜。其次是进行破坏性的活动，践踏快要成熟的庄稼，在灵州一带破坏水利设施和营田，使汉渠、御史、尚书等渠道毁坏堵塞。在此背景下，郭子仪向代宗推荐具有地方管理才能的路嗣恭出镇灵武。唐代宗采纳了郭子仪的建议，升路嗣恭为朔方节度使。路嗣恭任朔方节度使之后，即刻赴任，在灵武（今宁夏吴忠市）修复被毁坏的城市，建立帅府，整顿军纪，加强练兵，树立军威，同时还修复被吐蕃兵士毁坏、撂荒的营田、灌渠，安置流离失所的农牧民，同时抵御吐蕃的再次入侵。

《〔万历〕朔方新志》载：

> 路嗣恭，朔方节度使。灵武初复，戎落未安，嗣恭披荆棘，立军府，威令大行。①

《旧唐书·路嗣恭传》：

> 历工部尚书、灵州大都督长史充关内副元帅、郭子仪副使、知朔方节度使营田押、诸蕃部等使，嗣恭披荆棘以守之。②

《资治通鉴》卷二二四载：

> 永泰元年（765），闰十月，乙巳，郭子仪入朝。子仪以灵州初复，百姓凋弊，戎落未安，请以朔方军粮使三原路嗣恭镇之。
>
> 戊申，以户部侍郎路嗣恭为朔方节度使。嗣恭披荆棘，立军

---

① 胡玉冰校注.〔万历〕朔方新志[M].北京：中国社会科学出版社，2015：156.
② 上海古籍出版社、上海书店.二十五史[M].上海：上海古籍出版社、上海书店，1986：3898.

府,咸令大行。

《旧唐书·代宗纪》载:

  以刑部尚书侍郎路嗣恭检校工部尚书兼御史大夫、灵州大都督府长史、充关内道副元帅兼直朔方节度使。①

路嗣恭在出任朔方节度使期间多次击败吐蕃重兵入侵,稳定并繁荣了灵州的社会经济。据《新唐书·代宗本纪》记载:

  (大历二年)九月甲寅,吐蕃寇灵州。乙卯,寇邠州。郭子仪屯于泾阳,京师戒严。……十月戊寅,朔方节度使路嗣恭及吐蕃战于灵州,败之。京师解严。

  灵武兵破虏二万,上级五百首。

《通典纪事本末》卷三二下载:

  冬十月戊寅,朔方节度使路嗣恭破吐蕃于灵州城下,斩首二千余级,吐蕃引去。

(二) 出任岭南节度使

在大历八年(773)九月,循州刺史哥舒晃发动兵变,攻占了广州城,杀死广州刺史、岭南节度使吕崇贲,连陷潮、韶、端等州。哥舒晃是西突厥哥舒部人,唐代有一首著名民谣:"北斗七星高,哥舒带夜刀。至今窥牧马,不敢过临洮。"唱的就是哥舒部族。与朔方节度使哥舒翰是同一个部族。哥舒晃这次攻打广州,有一个奇怪的现象,就是哥舒晃叛乱还得到了大批商人得支持。朝廷不敢慢待,即诏令朔方节度使路嗣恭为岭南节度使、广州刺史,统兵南讨。路嗣恭收到命令后立刻招募敢死队8 000人,并提拔有才干的流放者孟瑶、敬冕等人为头领,戴罪立功的口号极大地调动了他们的士气。路嗣恭一面让孟瑶率大军大张旗鼓从正面进攻,另一面则派敬冕率一支轻装部

---

① 上海古籍出版社、上海书店.二十五史[M].上海:上海古籍出版社、上海书店,1986:3517.

队由小道深入敌后,两相夹击之下,唐军出其不意地斩杀了哥舒晃及其同党,歼敌一万余人,岭南平定。在《钦定古今图书集成·职方典》卷一三三二、《旧唐书》《新唐书》之《路嗣恭传》均有这次平叛的记载:

> 乙丑,以江西观察使路嗣恭为广州刺史、充岭南节度使,封翼国公。①

> 大历八年秋九月,循州刺史哥舒晃反,十月冬十一日,岭南节度使路嗣恭克广州,晃伏诛。

> 唐大历九月甲寅,循州刺史哥舒晃反,杀节度使李崇贵。诏江西都团练使路嗣恭兼岭南节度使讨之,驻于虔,秋毫无忧,民悉咸德,为建生祠。

> 大历八年,岭南将哥舒晃杀节度使吕崇贲反,五岭骚扰,诏加嗣恭兼岭南节度观察使。嗣恭擢流人孟瑶、敬冕,使分其务:瑶主大军,当其冲;冕自间道轻入,招集义勇,得八十人,以挠其心腹。二人皆有全策诡计,出其不意,遂斩晃及诛其同恶万余人,筑为京观。俚洞之宿恶者皆族诛之,五岭削平。拜检校兵部尚书,知省事。嗣恭起于郡县吏,以至大官,皆以恭恪为理著称。及平广州,商舶之徒,多因晃事诛之。②

> 大历八年,岭南将哥舒晃杀节度使吕崇贲,五岭大扰。诏嗣恭兼岭南节度使,封翼国公。嗣恭募勇敢士八千人,以流人孟瑶、敬冕为才,擢任之。使瑶督大军当其冲,冕率轻兵由间道出不意,遂斩晃及支党万馀,筑尸为京观。俚洞魁宿为恶者,皆族夷之。还为检校兵部尚书,复知省事。嗣恭起州县吏,以课治进至显官,及晃事株戮舶商,没其财数百万。

---

① 上海古籍出版社、上海书店.二十五史[M].上海:上海古籍出版社、上海书店,1986:3519.
② 上海古籍出版社、上海书店.二十五史[M].上海:上海古籍出版社、上海书店,1986:3898.

四、惩治不受制官员及贪官污吏

唐朝虽然平息了"安史之乱",但帝王心有余悸,对一些手握重兵,不听调遣的大将,时常会设计除掉。御史中丞孙守亮,他手握重兵,逐渐骄横傲慢,不听从朝廷的命令,唐朝皇帝感觉到其是个最大的隐患,放任下去早晚成害,于是安排路嗣恭去除掉。路嗣恭假称自己有疾病,有重要事务交由孙守亮代理,等到孙守亮离开大军前来时,被路嗣恭斩首,从而树立了朝廷得威信,朝廷的命令得到了行使。《新唐书·路嗣恭传》载:

>大将御史中丞孙守亮握重兵,倔强不受制,嗣恭称疾召至,因杀之,威信大行。①

唐朝时期有很多官员倚仗权势,横行乡里,鱼肉百姓,贪污腐败,得不到惩治。路嗣恭走马上任后,不畏权势,秉公执法,为民除害。当时有个叫贾明观的人,是唐代万年县的一个捕贼吏,从事于宦官刘希暹门下,残暴狠毒,凶恶程度堪比豺狼。后来搭上了大宦官鱼朝恩这条线,在鱼朝恩的提携下平步青云,为非作歹,好不风光。鱼朝恩被朝廷诛杀之后,皇帝清算同党,按理说作为死党的贾明观是必死无疑的,但这家伙滑溜,把多年搜刮的钱财拿来贿赂宰相元载。元载拿人的手短,自然对他提供庇护,将贾明观派遣到江南西道效力。贾明观这几年罪恶昭著,民愤极大,临行之时,长安城中数万百姓怀藏砖瓦石块,准备待其路过时打他。元载获知此情,令市史严加禁止,贾明观方才离京。贾明观到了江南西道一切如故,甚至还有过之,搞得民怨沸腾。江南西道原观察使魏少游害怕元载的权势,故意庇护贾明观。路嗣恭到任后,命人把贾明观抓来,然后将其杖击而死。当地百姓广为传颂,路嗣恭的名气就此传开。《新唐书·路嗣恭传》记载:

>贾明观者,事北军都虞候刘希暹,鱼朝恩诛,希暹从坐,明观积

---

① 上海古籍出版社、上海书店.二十五史[M].上海:上海古籍出版社、上海书店,1986:3898.

恶犯众怒。时宰相元载受赂,遣江南效力,魏少游承载意苟容之。及嗣恭代少游,即日杖杀,识者称之。

五、在官恭恪险象环生

唐朝因常年与吐蕃对峙,加上一些地方势力的割据,税收不能及时上缴,致使唐朝的经济严重赤字,濒临崩溃,很多叛乱,因没有粮草、军费,无法平定。路嗣恭"在官恭恪,善理财赋",曾担任过朔方节度使粮草官,又有指挥才能。循州刺史哥舒晃叛乱,在无粮草、无将领可派的情况下,唐朝政府就选择了路嗣恭来执行。路嗣恭在平叛循州刺史哥舒晃叛乱一案及其支持者和支持的商人时,将没收其资财珍宝达数百万贯,全部用于行军打仗的开支。但很多官员认为广州是一座对外开放的城市,商贸非常发达,民众非常富有,路嗣恭平定叛乱后,将没收来的财宝据为己有,没有献给朝廷。代宗听到一些大臣的传言后甚为愤恨。由于这个原因,路嗣恭虽有平定方面的大功,却除过任检校兵部尚书外,再没有给予什么酬劳。及至德宗即位,明察秋毫,给路嗣恭的功过重新给了评价,才叙录前功,正授兵部尚书,任为东都留守,不久加怀郑汝陕四州、河阳三城节度使及东畿观察使。在《旧唐书·路嗣恭传》《新唐书·路嗣恭传》中均有记载:

> 及平广州,商舶之徒,多因晃事诛之,嗣恭前后没其家财宝数百万贯,尽入私室,不以贡献。代宗心甚衔之,故嗣恭虽有平方面功,止转检校兵部尚书,无所酬劳。

> 俚洞魁宿为恶者,皆族夷之。还为检校兵部尚书,复知省事。嗣恭起州县吏,以课治进至显官,及晃事株戮舶商,没其财数百万私有之,代宗恶焉,故赏不酬功。德宗立,阴赇宰相杨炎,炎录前效,更拜兵部尚书、东都留守。

来自西亚的精美玻璃,是达官贵人争相追求的珍宝。一件琉璃盘差一点给路嗣恭招来了杀身之祸。路嗣恭在平定岭南后,曾向朝廷进献过一个直径九寸的琉璃盘,唐代宗视为珍宝,不想查抄宰相元载时,发现了一个直径一尺的琉璃盘。据说这个玻璃盘也是路嗣恭平定岭南后送给元载的。代宗发现路嗣恭没有把最大的玻璃盘贡献给自己,而献给了宰相,心中非常不快。事过一年以后,代宗与江西判官李泌谈起这件事,还耿耿于怀,妒恨之情跃然纸上:"路嗣恭刚刚平定岭南时,曾向朝廷进献了一个琉璃盘,直径有九寸,朕当时把它当作最珍贵的宝物。等到抄了元载的家,结果查获到路嗣恭送给元载的琉璃盘,直径却有一尺。等他到京后,我再和议一议怎么处理他。"路嗣恭为这事差一点被杀。后来李泌劝说代宗道:"路嗣恭为人小心谨慎,他善于侍候人,害怕有权有势的人,做官十分精明勤恳但有点不识大体。过去他担任县令时,就有了能干的名声,然而陛下没顾上了解他,结果被元载发现并重用,所以路嗣恭才为元载尽心尽力。陛下如果真能了解并且重用他,他也会为陛下尽心尽力的。虔州别驾是我自己想当的,这不是他的罪过。况且路嗣恭新近立下大功,陛下岂能因为一件琉璃盘就问他的罪啊!"代宗听李泌这么一说,心中原有的疙瘩解开了,于是任命路嗣恭为兵部尚书。约建中元年(780)路嗣恭被征召回京,随即去世,终年71岁。这在《资治通鉴》卷二二五有较详细的记载:

> 江西判官李泌入见,语以元载事,曰:"与卿别八年,乃能诛此贼。赖太子发其阴谋,不然,几不见卿。"对曰:"臣昔日固尝言之。陛下知群臣有不善,则去之;含容太过,故至于此。"上曰:"事亦应十全,不可轻发。"上因言:"朕面属卿于路嗣恭,而嗣恭取载意,奏卿为虔州别驾。嗣恭初平岭南,献琉璃盘,径九寸,朕以为至宝。及破载家,得嗣恭所遗载琉璃盘,径尺。俟其至,当与卿议之。"泌曰:"嗣恭为人,小心,善事人,畏权势,精勤吏事而不知大体。昔为县令,有能名;陛下未暇知之,而为载所用,故为之尽力。陛下诚知

而用之,彼亦为陛下尽力矣。虔州别驾,臣自欲之,非其罪也。且嗣恭新立大功,陛下岂得以一琉璃盘罪之邪!"上意乃解,以嗣恭为兵部尚书。①

六、结论

路嗣恭恪尽职守、廉洁奉公、关心民瘼、善理财赋,踏踏实实地解决老百姓的实际问题,其兴利除弊的种种举措,皆能造福一方,不仅有利于边地的稳定,也促进了地方的开发和社会发展,成为全国考核的第一大县。路嗣恭不畏权势,秉公执法,为民除害,惩治不受制官员及贪官污吏;路嗣恭还在维护边关、平定叛乱,为国家的安定做出了突出的贡献。

---

① 司马光.资治通鉴[M].北京:中华书局,2011:7372.

新见四方北魏略阳王氏墓志综考

王怀宥①

摘　要：近年刊布的《王静墓志》《王遵墓志》《王通墓志》《王悦及妻郭氏墓志》四方墓志，为研究北魏略阳王氏提供了一手珍贵资料，同时对深化北魏孝文帝定姓族等历史问题的认识也有所助益。

关键词：北魏；墓志；略阳王氏；姓族

北魏略阳王氏在史籍中零星可见，但其籍贯地略阳郡即今甘肃天水市秦安县及其左近出土的大量北朝造像记表明，至少一部分王氏为十六国北朝时期略阳的氐人豪右，史籍称之为"休官"也即"兴国氐"。其人数众多，势力强大，尤其在西魏北周时期略阳王氏多在官僚系统任职，成为关陇集团的主要组成部分。② 此外，近年刊布的《王静墓志》《王遵墓志》《王通墓志》《王悦及妻郭氏墓志》四方墓志对进一步研究北魏略阳王氏等问题提供了新的材料。本文拟就这四方墓志所涉及的有关问题展开考述，以期达到证史补史的目的。

---

① 作者简介：王怀宥（1987—　），男，宁夏西吉人，宁夏师范大学区域历史文化研究院副研究馆员，主要从事十六国北朝民族史研究。
② 王怀宥.甘肃天水地区出土北朝权氏佛教石刻造像研究[J].西北民族论丛,2020(1).

一、墓志录文

（一）王静墓志

《王静墓志》共 20 行，满行 20 字。志石长宽均为 46 厘米。出土地不详，据志文知出土于河南洛阳。兹迻录志文如下：

君讳静，字迴安，略阳安融人也。望著关西，姓华秦陇。轩盖相承，冠冕奕世。幼遭家难，凤侍宫闱。慧敏之识，标于稚齿。景明中，除中谒者，转小黄门。出内机密，能官称流。永平二年，迁中黄门。谨节之诚，著于二宫；肃恭之美，彰于禁闼。迁骑都尉、领内者令。虽巷伯载于国风，赵谈扬于汉册，无以过也。神龟二年，除伏波将军、善无太守。治平正清，民和讼息。化美一邦，歌途五袴。惟帝念劳，加宁远将军。以正光三年四月五日卒于位。以四年三月丁亥朔十一日丁酉，葬于北邙之岭。故吏功曹丁悦等痛良木之云摧，惧山川之易改，乃作志铭其辞曰：

穆穆华胄，世载其美。爰及哲人，处屯能在。少慕忠孝，长玩经史。绸缪禁闼，分竹千里。非义弗行，非清弗履。出齐良政，入等多士。温恭淑慎，在终若始。惊川易迈，电促难止。垄雾夜结，松风晨起。身同丘壑，声流无已。

曾祖略，姚朝员外散骑侍郎、除略阳太守。曾祖亲，河间尹伯女。伯，本郡功曹。祖儁，本郡丞。祖亲，河间刘景女。景，奉朝请。父生圣朝，南征、子都、郡功曹。母，车显女。显，州主簿。①

（二）王遵墓志

《王遵墓志》共 20 行，满行 20 字。志石长 52 厘米，宽 51 厘米。出土地不详，据志文知出土于陕西西安。兹迻录志文如下：

---

① 齐运通.洛阳新获七朝墓志[M].北京：中华书局，2012：16.

君讳遵,字乐祖,略阳人也。其先出后稷,魏景王之苗裔,西中郎将之孙,秦州使君敬公之子。君禀质天咨,风礼夙成;操亮洪猷,匪仁莫测。挺秀叶于魏都,播金声于京邑。□颉廷节宫阶,立忠辰极。大魏太和廿年会孝文皇帝考定诸夏,岳望云蓁,躬选殿庭,公握板入员。帝唯时举,履宦益明,朝望佥服,树德敷仁,风齐漠咏。方将阐崇帝业,开导蛮夏,雅志未融,遂缠时疾。春秋五十三,以魏正光四年岁次癸卯二月十五日薨于洛阳遵悌里。朝廷怨哲仁其倾,亲朋伤芳林之抑,痛简帝心。以即年十一月廿七日窆于京兆郡山北县樊川之原,附于祖父墓次。哀感天山,悲伤乌石,朋人冠卓,故述志焉。乃作铭曰(下略)。①

(三) 王通墓志

《王通墓志》共10行,满行23字。志石长70厘米,宽37厘米。出土地不详,据志文知出土于陕西西安。兹迻录志文如下:

公讳通,字驭达,略阳阿阳人也。周毕公高之苗,魏景昬(湣)王之裔。昔为秦所逼,柬(东)迁大梁,因官即姓,遂氏王焉。语其根萌,理跨人表;谈其枝节,殆同山水。盖欲绪之,百世可知。公八世祖祕,陇西太守;七世祖作,燉煌太守;六世祖景,洗马郎;五世祖允,散骑常侍;高祖执,三辟公府掾不就;曾祖辨,始平太守;祖转,白水护军;父双,从事中郎。公绍其业,有自然之量,宽容博爱,言不苟合。弱冠登朝,遂亲阶陛,出佩銮舆,入侍金鼓,剑步紫庭。历奉四帝,位至司农卿、太中大夫、冠军将军、安秦二州刺史,谥曰敬公。正始五年三月中旬窆于京兆之南乡。良木既摧朝野,故刊石铭,资寄申单志也。

---

① 赵文成、赵君平.秦晋豫新出墓志搜佚续编[M].北京:国家图书馆出版社,2015:55.

(四) 王悦及妻郭氏墓志

《王悦及妻郭氏墓志》共 20 行,满行 25 字。志石长宽均为 66 厘米。1927 年出土于河南洛阳北西山岭头村,1935 年于右任赠与西安碑林博物馆。兹迻录志文如下:

君讳悦,字文欢,略阳陇城人也。盖黄帝之所出,后稷之枝裔矣。曾祖,符氏东宫中庶子、秘书监、太子詹事、仪曹尚书、使持节、平远将军、益州刺史、文乡侯,清晖令誉,声播于秦朝。祖,赫连时散骑常侍、金部尚书、使持节、平西将军、河州刺史。父,沮渠时东宫侍讲,以太延二年归阙,为第一客,并以风标峻整,名高一时。

君承奕世之英华,挺珪璋之秀质。歧嶷肇于弱季,瑚琏成于早岁。名高乡塾,器重闾阎。及其孝敬忠笃之诚,信义仁恕之美,卓荦雄儁之风,秉文经武之业,固以缀美前修,仪形邦族者矣。弱冠,拜黄袱,转强弩将军,寻与御史中尉东海王世荣,光州刺史勃海高世表,冀州别驾清河崔文若等并为侍御。续迁都水使者、宁远将军、奉车都尉、冠军将军、本郡略阳太守。专城之寄,所任非轻,自非望重当时,莫膺斯举。君以才第兼华,剖符旧邑,后迁中散大夫加征房将军、侍御师。

方当骋力康衢,亨兹荣宠,福善无征,春秋六十一,以正光五年八月五日卒于京师。诏赠持节平西将军洛州刺史。即以其年窆于洛城西北。然龟筮谬,卜兆入定陵,严敬理殊事,当迁改主。永熙二年,夫人薨逝,言归同穴,更营坟陇。上天降慭,有顾存亡,追寻往册,声实未隆。复赠本州秦州刺史,余官如故,谥曰简公。合葬于芒山南岭,定陵西岗。乃作铭曰:

蝉联远奠,氤氲余烈,如彼江河,长源靡绝。金玉连辉,咸恒相结,桂馥筠贞,凌霜负雪。见善则迁,闻谏必受,孝以事亲,信以期友。不玷不亏,能敬能久,内恬惛愠,外夷藏否。虬鳞方泳,鸿翼将骞,凌风矫翰,缀彼翔鹢。西光难合,东流易奔,悲泉尚远,徂镳已翻。攸攸霜斾,肃肃寒帷,道沦幽室,路隔玄扉。短辰遽晓,长夜莫晞,徒尘珠玉,空想声徽。①

二、墓志所见王静生平及家世

《王静墓志》载王静为略阳郡安融县人,又《魏书·地形志》载秦州略阳郡领安戎县,②可见"安融"实为"安戎"之异写,以地名所表达寓意理解,当以"安戎"是。王静历任中谒者、小黄门、中黄门之职表明其经历过"充腐刑",是一名宦官。中谒者即中宫谒者,为宦官所任。小黄门与中黄门亦是,《后汉书·百官三》云:"小黄门,六百石。本注曰:宦者,无员。掌侍左右,受尚书事。上在内宫,关通中外及中宫已下众事。诸公主及王太妃等有疾苦,则使问之……中黄门,比百石。本注曰:宦者,无员。后增比三百石。掌给事禁中。"③自袁绍大诛宦官后,宦官势力在汉末曹魏时期遭到沉重打击。直至北魏孝文帝太和年间改革官制后,以上所列宦官职官又复现。墓志没有明确说明王静春秋几何,但通过卒年为正光三年(522)判断,其主要生活年代大致在北魏文成帝即位(452)以后。后又迁骑都尉、领内者令。其中内者令,《后汉书·百官三》谓:"内者令一人,六百石。本注曰掌(宫)中布张诸(衣)袲物。左右丞各一人。"④内者令在记录魏晋南北朝史的文献中阙如,而《唐六典》却载后魏有内者令。⑤《王静墓志》则印证了《唐六典》的记载。对《唐六典》这条史料,校注者云:"《魏书·官氏志》载太和前制有内

---

① 赵力光.西安碑林墓志百种[M].西安:三秦出版社,2015:55.
② 魏收.魏书[M].北京:中华书局,1974:260.
③ 范晔.后汉书[M].北京:中华书局,1965:3594.
④ 范晔.后汉书[M].北京:中华书局,1965:3596.
⑤ 李林甫等.唐六典(上)[M].北京:中华书局,2014:361.

署令,第四品中。'者'疑当作'署'。"①内署令,除了《魏书·官氏志》这条孤证之外,亦不见涉及这段历史的载籍里面。中黄门在《前职员令》中为第五品上,②而骑都尉系从第四品上。③ 内署令为第四品中,不见于《后职员令》。从王静的升职次第为中黄门、骑都尉、内者令分析,《前职员令》中内者令的品阶当在第四品上中下之间。换言之,内署令即为内者令之讹,内者令在《后职员令》失载,然王静视事时间在北魏后期,说明《后职员令》有缺漏。

王静因"幼遭家难"而受腐刑为宦人。纵观北魏历史,充腐刑者很大一部分是因其家族参与反叛而受到牵连。此现象在关陇屡见不鲜,王静老家略阳就有例子,《魏书·阉官传》载:"苻承祖,略阳氏人也。因事为阉人,为文明太后所宠,自御厩令迁中部给事中、散骑常侍、辅国将军,赐爵略阳侯,兼典选部事,中部如故。初太后以承祖居腹心之任,许以不死之诏。"④文献虽无明确交代苻承祖因何事为阉人,但是有魏一代,秦州氐羌等部族反叛活动不绝于史,规模也不小。故而苻氏因家族参与反叛行动而被没入宫中为阉人当无误。而同为略阳人的王静亦为宦人,其原由与苻氏应并无二致。其"幼遭家难"说明乃父应是有所牵涉。关于这点,墓志中似乎也有所反映,志文在记述王静祖上之三代时唯独其父失讳,由此可见有难言之隐,对其父名讳特意隐晦,实系"为亲者讳"之曲笔。

《魏书·天象志》谓:"太和元年正月,秦州略阳民王元寿聚众五千余家,自号为冲天王。二月,诏秦益二州刺史武都公尉洛侯讨破元寿,获其妻子送京师。"⑤王元寿反叛时间在孝文帝太和元年(477)与王静生活年代相合,并且王元寿妻子皆被送往京师平城。由此可见,王静的经历与王元寿反

---

① 李林甫等.唐六典(上)[M].北京:中华书局,2014:375.
② 魏收.魏书[M].北京:中华书局,1974:2984 – 2985.
③ 魏收.魏书[M].北京:中华书局,1974:2978.
④ 魏收.魏书[M].北京:中华书局,1974:2011.
⑤ 魏收.魏书[M].北京:中华书局,1974:2361.

叛事件是非常吻合的。进而言之，王静应为史籍中的略阳王元寿之子，受其父牵连被迁到平城进而没入宫廷充腐刑。墓志载其父官历"南征、子都、郡功曹"，南征当指南征都将或南征统军、子都指子都将，然王元寿仅为略阳民，可见墓志所记显系杜撰。又志文曰"夙侍宫闱"应指王静在中宫即文明太后身边。另外，上文举例中，略阳氏人苻承祖"因事为阉人"，但在王元寿起兵之前他已在文明太后身边，也就是说他受腐刑与此次事件无关。王元寿于太和元年起兵，从而导致王静"幼遭家难，夙侍宫闱"。此时王静"慧敏之识，标于稚齿"，知其年齿尚小，并不及弱冠之年。是以王静准确生年当在公元458年之后，享寿在五六十岁之间。

王元寿起兵原因亦备于载籍，《魏书·于洛侯传》称于洛侯（即尉洛侯）时以功勋为秦州刺史，其性贪婪残暴，施酷刑于州民，"百姓王陇客刺杀民王羌奴、王愈二人，依律罪死而已，洛侯生拔陇客舌，刺其本，并刺胸腹二十余疮。陇客不堪苦痛，随刀战动。乃立四柱磔其手足，命将绝，始斩其首，支解四体，分悬道路。见之者无不伤楚，阖州惊震，人怀怨愤。百姓王元寿等一时反叛"。于洛侯的残忍行为引起州民强烈反抗，最终导致略阳民王元寿等人起兵。孝文帝为平民愤，"诏使者于州刑人处宣告兵民，然后斩洛侯以谢百姓"①。由此看来，王元寿起事是由于当地主政官员的不当行为所造成。事实上，事件导火索涉事者王陇客、王羌奴、王愈等人应当还是略阳民，为王元寿的宗党，由此才能理解略阳王元寿等人率众反抗的动机。此外，《北史·封敕文传》载："略阳王元达因梁会之乱，聚党攻城，招引休官、屠各之众，推天水休官王官兴为秦地王。敕文与临淮公莫真讨破之。"②时为太武帝太平真君七年（446），陇右氐羌等部族响应关中卢水胡盖吴反抗北魏也纷纷揭竿而起。而略阳王元寿于太和元年起事，两者相距三十二年，又参以王静生

---

① 魏收.魏书[M].北京：中华书局，1974：1917-1918.
② 李延寿.北史[M].中华书局，1974：1354.

年,二人生活年代接近,据此推测王元达应是王元寿之兄。进而可见,北魏处理与当地民众的关系恰当与否对其在秦州地区遂行统治有着重要影响。

三、墓志所见北魏孝文帝定姓族

《王遵墓志》记载王遵之所以能够担任朝官,得益于太和二十年(496)"孝文皇帝考定诸夏,岳望云蒐,躬选殿庭"。其所指即北魏孝文帝太和十九年(495)十二月的"光极堂大选"。据《魏书·高祖纪下》载:太和十九年十二月乙未朔,孝文帝引见群臣于光极堂,"宣示品令,为大选之始"①,即"时大选群官,并定四海士族"。此四海士族当指诸州士族,包括汉人士族与鲜卑人士族。对这一事件,学界已经有非常清晰的认识,品令即门第品令,大选指选拔官员,以门第品级决定官位高低。②"光极堂大选"时间,墓志和《资治通鉴》系于人和二十年,③而《魏书》记于太和十九年十二月乙未朔,很明显,前后时间极其接近并且十九年十二月只是"大选之始",因此时间稍异并不影响内容的一致性。

北魏孝文帝迁都洛阳后,于太和十九年(495)下诏在代人当中推行定姓族。④ 孝文帝此举目的是推动拓跋鲜卑封建化,加强鲜卑贵族与汉族士人进一步合流、合作,建立新的门阀秩序,以巩固北魏政权。《隋书·经籍志》云:"后魏迁洛,有八氏十姓,咸出帝族。又有三十六族,则诸国之从魏者;九十二姓,世为部落大人者,并为河南洛阳人。其中国士人,则第其门阀,有四海大姓、郡姓、州姓、县姓。"⑤说明在汉族士人当中也推行姓族制且有高低等级之分。事实上,太和年间对汉人曾进行过两次清定:第一次是在太和

---

① 魏收.魏书[M].北京:中华书局,1974:178.
② 卢向前,王春红.光极堂大选与品令[J].浙江大学学报(人文社会科学版),2010(4).
③ 司马光.资治通鉴[M].北京:中华书局,1956:4394.
④ 魏收.魏书[M].北京:中华书局,1974:3034.
⑤ 魏徵.隋书[M].北京:中华书局,1973:990.

十六年(492)左右"定四姓",其目的主要是确定"四海通望"或"四海大姓",所谓五姓七望。第二次就是前面所说的诸州士族。①

从墓志得知略阳王遵这支在太和廿年取得了门阀士族身份,并借此进入仕途。墓志并未说明王遵所任之职,但志曰:"方将阐崇帝业,开导蛮夏。"王遵似在边地任地方官。其实,边防之官亦在本次选官范围之内,已为学者指出,②此不赘述。墓志亦未交代王遵家族入姓族原因,但是,北魏代人与汉人入姓族的主要标准是当朝官爵。③ 基于此,我们再从《王通墓志》入手。《王通墓志》记载其为略阳阿阳县人,曾摄篆秦州刺史,卒后赠谥敬公,北魏正始五年(508)三月葬于京兆之南乡。与《王遵墓志》记载相比,可以确定王遵正是王通之子,这支王氏具体出自略阳阿阳县,与王静不同。墓志记载王通自八世祖以来便是作牧地方的要员,而其本人"弱冠登朝,遂亲阶陛,出佩銮舆,入侍金鼓,剑步紫庭,历奉四帝,位至司农卿、太中大夫、冠军将军、安秦二州刺史"。王通为皇帝近侍,历奉四帝,资历颇深。其位至司农卿、太中大夫,司农卿即大司农卿。两者在北魏《前职员令》中分别为正二品上、正三品下,《后职员令》中则分别为正三品、从三品,可知王通当时身居高位,家族跻身姓族之列也在情理之中。王通家族郡望略阳,坟茔却在京兆山北县,当与祖辈在长安做官有关,因宦家焉。至于何时定居长安,不得详知。

《王悦及妻郭氏墓志》记述王悦为略阳陇城县人,可见这又是另一支略阳王氏,墓志谓:"祖,赫连时散骑常侍、金部尚书、使持节、平西将军、河州刺史。父,沮渠时东宫侍讲,以太延二季归阙,为第一客。"王悦祖父与父亲分别在大夏和北凉任职,从当时的政治形势分析,王悦家族在北魏消灭大夏时从河州(今甘肃临夏)西逃北凉,生活在凉州的略阳王氏于北魏太延二年

---

① 陈爽.世家大族与北朝政治[M].北京:中国社会科学出版社,1998:61.
② 卢向前,王春红.光极堂大选与品令[J].浙江大学学报(人文社会科学版),2010(4).
③ 唐长孺.魏晋南北朝史论拾遗[M].北京:中华书局,1983:85.

(436)又归附了北魏,在北魏太延五年(439)灭北凉之前,略阳王氏因此受到了北魏政权的优待,被视为"第一客"。第一客以及相似称谓的上客、上宾皆是北魏政府为安抚怀柔周边政权及胡族部落归附人员实行的策略。这些被视为"第一客"的归顺者在北魏享有崇高的政治地位,通常会被封官赐爵、赐妻,甚至尚公主,与皇室联姻,而且子孙可以世代因袭爵位,从而造就了许多地位显赫的世家大族,如北魏高门华阴杨氏、渤海高氏。① 来自河西的略阳王氏虽然名不见经传,但墓志记载王悦下逝后祔祀北魏孝明帝定陵,再结合"第一客"身份,其地位可窥见一斑。王悦这支由河西而平城,再随孝文帝迁于洛阳。北魏被授予"第一客"等身份的归附之人,晋级姓族行列的亦不乏其人,如所周知的河东薛氏,其元为部族蜀人,却列入了汉人门阀,很大程度上仰赖于身处南朝宋政权的薛安都归降北魏。② 墓志虽未显示王悦家族入姓族的信息,但是可能性还是非常大的。此外,甘肃秦安县出土《北周保定四年王文超造像碑》题记曰:

夫先出轩辕,支惟帝誉姬俊,□□之次子江亭,周世之封名兹。

于百代焕乎方策,累叶簪缨,天下称为盛,后选士豪常为次第。③

王文超构建的家族谱系,自认轩辕黄帝为始祖,帝誉姬俊之胤后,周代封土于略阳。"后选士豪常为次第"当指略阳王氏在北魏成为士族。

四、略阳王氏的族属

有学者认为王静为略阳羌人。④ 事实上,史籍所见略阳部族中的王氏仅为氐人(休官)和休屠人,羌人中并不存在。《王悦墓志》载其为略阳陇城

---

① 安介生.略论北魏时期的"上客""第一客"与招怀政策[J].中国边疆史地研究,2007(1).
② 刘淑芬.北魏时期的河东蜀薛,台湾学者中国史研究论丛·家族与社会[C].北京:中国大百科全书出版社,2005:259-281.
③ 张铭.甘肃秦安诸邑子石铭考析——甘肃馆藏佛教造像研究之三[J].敦煌研究,2016(5).
④ 曾晓梅、吴明冉.羌族石刻文献集成(第1册)[M].成都:巴蜀书社,2017:274.

县人,曾祖在前秦时任益州刺史。1972年,天水张家川发现了北魏王真保墓,出土地北朝时应属陇城县,《王真保墓志》记其高祖为略阳休屠王擢。王擢二子王统、王广均为益州刺史。因此,王悦应是略阳休屠王擢后裔。王静、王遵两支王氏是否为略阳部族还值得进一步探讨。略阳王元达因梁会之乱,招引休官、屠各之众,推天水休官王官兴为秦地王,亦起兵反抗北魏统治,聚党攻城。从王元达招引休官(兴国氏)、屠各(匈奴人的一支)且对比"略阳王元达"与"天水休官王官兴"的记载看,王元达并非部族。同样的文本模式亦见于《魏书·封敕文传》,其载:"金城边囧、天水梁会谋反,扇动秦益二州杂人万余户,据上邽东城,攻逼西城。敕文先已设备,杀贼百余人,被伤者众,贼乃引退。囧、会复率众四千攻城。氐羌一万屯于南岭,休官、屠各及诸杂户二万余人屯于北岭,为囧等形援。"①天水梁会、金城边囧同样招引氐羌、休官、屠各等部族攻打秦州(天水郡)城。但是天水梁姓自汉代以来即是当地汉人大姓。金城边囧亦是如此,边囧当为汉代金城边章之昆裔,史籍中又称其为汉阳(天水)人,说明金城边氏当是来自天水,当时自天水往金城徙民比较普遍,金城赵氏便是一例。通过与天水梁会比较,同样也可以说明略阳王元达并非部族,而应是当地汉人大姓。王静祖上在后秦时作牧本郡,曾祖与祖父分别与河间尹氏及刘氏联姻,此二姓为河间汉人高门,若其为部族,河间的大族未必肯与其通婚。此外,《王通墓志》所载家族仕宦表明他的家族自魏晋以来地位显赫,族人多位居要职。若不经奕世累叶的积淀,其家族很难有如此影响力,而这也正是略阳部族王氏所难以俦比的。

略阳郡至晚可追溯至西汉,此时为略阳道,属天水郡。东汉为略阳县,属汉阳郡(东汉永平十七年改天水郡为汉阳郡)。曹魏时汉阳郡分置广魏郡,西晋泰始年间改为略阳郡,也即是说略阳初为天水郡辖地。事实上,自汉代至

---

① 魏收.魏书[M].北京:中华书局,1974:1135.

北朝，王氏固为天水汉人望族。西汉末年天水人王莽为卫尉卿。①《三国志》引《魏略》云天水王迁。②《元和姓纂》记载天水为王氏郡望之一。③ 天水地区的汉人基本都是移民。大规模的移民主要有两次：第一次是秦灭六国，将六国大族徙至当地。第二次是西汉初年，汉高祖将关东豪族大规模迁至关中和陇右。移民的目的即削弱豪族势力和充实开发边塞。不过，略阳王氏未必就等同于天水王氏，徙民中同宗的会被分散至各县，同时，徙民中同姓的也可能来自不同地区，情形较为复杂。故而，上述两支略阳王氏自汉代以降应是当地颇有影响力的汉人豪族。

五、结语

新刊的四方北魏略阳王氏墓志反映了略阳豪望王氏的活动轨迹以及一些历史事件，是补证北魏历史的珍贵石刻资料。通过对文献与墓志的爬梳勾隐，可知《王静墓志》之墓主王静为《魏书》中所载略阳王元达之子，因孝文帝太和元年王元达反抗北魏而在幼年被没入宫中沦为寺人，服侍文明太后和孝文帝，因而受到宠遇。太武帝太平真君七年，与北魏相颉颃的略阳王元达为王元寿之兄。以王氏为代表的略阳豪望是北魏在秦州施政时特别重视的地方势力。《王遵墓志》和《王通墓志》则反映了居于长安地区的略阳王氏在北魏政权中爵高位显，并借此在孝文帝定姓族时跻身士族行列的史实。而《王悦及妻郭氏墓志》则反映了第三支略阳王氏从河州迁往河西再徙至平城进而受到北魏礼遇，三支略阳王氏以不同途径在北魏后期逐渐显贵。十六国北朝时期略阳王氏同时存在于当地不同民族当中，而本文所讨论的墓志所见三支略阳王氏则分别是休屠人和汉人。

---

① 班固.汉书[M].北京：中华书局，1962：792.
② 陈寿.三国志[M].北京：中华书局，1971：512.
③ 林宝.元和姓纂[M].北京：中华书局，1994：586.

宁夏隆德博物馆藏秦汉青铜容器研究[①]

高 科 刘世友 夏福德[②]

摘 要：宁夏回族自治区固原市隆德县博物馆藏有一批青铜容器，为历年来从隆德县及其周边地区征集。本文通过以往考古材料的对比及考证，认为其年代为秦汉时期，属于中原文化系统，可能是生活在固原的秦人和汉人所使用。

关键词：秦；西汉；中原系；青铜容器

宁夏隆德县位于宁南边陲，六盘山西麓，东望关陕，西眺河洮，南走秦州，北通宁朔，襟带秦凉，拥卫西辅。近年来，隆德县文物管理所陆续从宁夏回族自治区固原市隆德县、原州区征集到一批当地出土的精美的秦汉时期青铜容器，现藏于隆德县博物馆。考虑到这批铜器是研究固原地区秦汉历史文化的重要物证，现将其公布于学界。

一

隆德县博物馆藏秦汉青铜容器包括鼎、壶、钫、蒜头壶、匜、盆、鐎壶。鼎

[①] 本文系国家社会科学基金青年项目"甘宁地区东周时期北方系青铜器的整合研究"（项目号：24CKG018）阶段性成果。
[②] 作者简介：高科（1982— ），男，宁夏隆德人，宁夏回族自治区固原市隆德县文物管理所文博馆员；刘世友（1966— ），男，宁夏隆德人，宁夏回族自治区固原市隆德县文物管理所文博研究员；夏福德（1994— ），男，辽宁大连人，浙江大学艺术与考古学院助理研究员。

共2件，均为附耳带盖圆鼎。

Z2474(馆藏编号，下同)号鼎，子母口，内敛，扁圆腹，圜底，长方形附耳近直，上端稍外撇，三蹄足粗短，足根起台。腹部有一道窄凸棱，盖面有三个环形钮。通高19厘米，口径21厘米，腹径27厘米，重2 900克(图1)。固原市原州区出土征集。

Z0681号鼎，子母口，内敛，半球形腹，圜底，长方形附耳弯曲外撇，腹中部有一道腰沿，三马蹄足瘦高。浅盖，盖面有三个环形钮。腹部有小部分破损，通高18.2厘米，口径17厘米，腹径21厘米(图2)。隆德县凤岭乡出土。

图1　Z2474 　　　　图2　Z0681

圆壶1件。编号Z2622，小直口略外侈，宽带沿，束颈，溜肩，圆鼓腹，肩部有一对铺首衔环耳，肩、腹部有三道凸弦纹，高圈足。通高31厘米，口径11厘米，腹径23厘米，圈足径13厘米，重2 730克(图3)。固原市原州区开城镇出土。

钫共2件，形制相似。

图3　Z2622

Z0682号钫，整体较细高。长方形口略

侈,方唇,束颈,溜肩,鼓腹,平底,高圈足,腹中部偏上两侧各有一铺首衔环耳,素面,无盖,制作略粗糙。通高 19 厘米,口径 10 厘米,底径 11.5 厘米,重 2 680 克(图 4)。隆德县文物管理所旧藏。

Z2473 号钫,长方形口微侈,窄方唇,束颈,溜肩,鼓腹较甚,平底,高圈足,腹中部偏上两侧各有一铺首衔圆环耳,素面,无盖。通高 35 厘米,腹最大径 22 厘米,口径 11 厘米,底径 13 厘米,重 4 500 克(图 5)。固原市原州区出土征集。

蒜头壶 1 件。编号 Z2621,蒜头状口,浅直唇,唇下蒜头六瓣,细长颈,扁圆腹,圜底,矮圈足。通高 38 厘米,口径 3 厘米,腹径 22 厘米,底径 13 厘米,重 2 430 克(图 6)。固原市原州区开城镇出土征集。

图 4 Z0682    图 5 Z2473    图 6 Z2621

铜匜共 3 件,形制相似,均为固原市原州区开城镇出土征集。

平面为圆角长方形,口沿外折,流与口沿平齐,折腹,平底。Z2616 号匜,器身有破损,通长 30 厘米,宽 25 厘米,高 7 厘米,重 490 克(图 7)。Z2617 号

图 7 Z2616

匜，后壁有一铺首衔环耳，长 30 厘米，宽 24 厘米，高 8 厘米，重 570 克（图 8）。Z2618 号匜，后壁有一铺首衔环耳，长 34 厘米，宽 26 厘米，高 10 厘米，重 900 克（图 9）。

图 8　Z2617　　　　　　图 9　Z2618

铜盆共 4 件，均为固原市原州区出土征集。宽平沿、斜弧腹，依据腹的变化可分两式。

Ⅰ式：敞口，宽折沿，腹较浅，大平底。Z2501 号盆，腹上饰一道凸弦纹，高 8 厘米，口径 31 厘米，底径 17 厘米，重 850 克（图 10）。

图 10　Z2501　　　　　　图 11　Z2498

Ⅱ式：敞口，窄平沿，腹较深，平底变小。Z2498 号盆，腹上饰一道凸弦纹，高 9.5 厘米，口径 25 厘米，底径 13 厘米，重 690 克（图 11）。Z2499 号盆，高 9 厘米，口径 26 厘米，底径 12 厘米，重 600 克（图 12）。Z2500 号盆，口部略变形，高 10 厘米，口径 30 厘米，底径 14 厘米，重 750 克（图 13）。

图 12　Z2499

图 13　Z2500

铜鐎壶 1 件。编号 Z2612,器身扁圆,盖与口有活栓相接,能自由开合,盖顶面饰柿蒂纹和交错山字纹。小直口微敛,短颈,广肩,扁鼓腹,中腹有一兽首状流及一扁方内空曲柄,腹中部有一道腰沿,圜底,下附三兽蹄状足。长 28 厘米,高 11 厘米,口径 3.5 厘米,重 1 130 克(图 14)。固原市原州区开城镇出土征集。

图 14　Z2612

二

隆德县博物馆藏的这批青铜容器做工较为精良,在固原及陇东地区以往考古发掘中并不多见,为研究此地区秦汉时期历史文化提供了极其珍贵的实物资料。这批铜器的发现和征集地点都位于固原境内,战国晚期至秦属于秦地,西汉时期纳入汉王朝的版图。由于这些铜器均无纪年铭文,故我们结合以往的相关考古发现,根据其形制特征初步推断它们的年代。

铜鼎子母敛口、瘦蹄足特征为战国中、晚期中原系铜鼎的风格,秦国铜器在中原化进程中借鉴了此类铜鼎造型的同时亦保留了自己在战国早期的部分铜器形态特征。而这种方形附耳、一耳与一足同侧的所谓"耳足重合式"(即一耳立于一足上方)风格的铜鼎目前仅秦墓中有出土,[1]如战国晚期凤翔高庄秦墓 M1 出土的铜鼎 M1∶7。[2] 西汉早期此类铜鼎兽蹄足既短且粗,与战国晚期相似,不过蹄足弯曲程度更甚。隆德县博物馆藏的 Z2474 号铜鼎与广州汉墓 M1097∶21[3]、三门峡火电厂 M25∶13、M25∶17[4] 形制、风格相同,蹄足弯曲较甚,年代应为西汉早期,或早至秦汉之际。Z0681 号铜鼎蹄足瘦高,与太原尖草坪 M1∶5[5] 等形制相似,太原尖草坪 M1 出土五铢钱,其他随葬品也均为西汉中期的风格,而铜鼎蹄足瘦高多见于西汉中期,故 Z0681 号鼎的年代可能也在西汉中期。

战国末期至秦代,束颈、直壁式圈足的铜圆壶多见于秦墓中,隆德县博物馆藏的 Z2622 号铜壶束颈、高圈足、宽带沿的特征与陕县 M3409∶2、M3411∶18[6] 以及陕西咸阳塔尔坡秦墓出土的铜圆壶[7]特征相似,年代应为秦汉之际,是对战国晚期中原系铜壶风格的延续。

铜钫最早出现于战国中期,如长治分水岭 1954M12∶37[8]、洛阳西工区针织厂 1996C1M5269∶2[9],短颈,深鼓腹斜直壁圈足,器盖顶饰三鸟形钮。战国晚期至秦代颈变长,腹外鼓,腹最大径下移。[10] 隆德县博物馆藏的 Z0682、Z2473 号铜钫与南阳麒麟岗 M8∶3[11]、襄樊郑家山 M12∶6、M67∶3[12]、三门

---

[1] 吴小平.汉代青铜容器的考古学研究[M].长沙:岳麓书社,2005:36.
[2] 雍城考古工作队.凤翔县高庄战国秦墓发掘简报[J].文物,1980(9).
[3] 中国社会科学院考古研究所,广州市文物管理委员会,广州市博物馆.广州汉墓[J].北京:文物出版社,1981:136.
[4] 三门峡市文物工作队.河南三门峡市火电厂西汉墓[J].考古,1996(6).
[5] 山西省博物馆.太原市尖草坪汉墓[J].考古,1985(6).
[6] 中国社会科学院考古研究所.陕县东周秦汉墓[M].北京:科学出版社,1994:131.
[7] 中国青铜器全集编辑委员会.中国青铜器全集·第 12 卷·秦汉[M].北京:文物出版社,1998:8.
[8] 山西省考古研究所.长治分水岭东周墓地[M].北京:文物出版社,2010:238.
[9] 洛阳市文物工作队.洛阳市针织厂东周墓(C1M5269)的清理[J].文物,2001(12).
[10] 路国权.东周青铜容器谱系研究(上册)[M].上海:上海古籍出版社,2018:131.
[11] 南阳市文物工作队.河南南阳市麒麟岗 8 号西汉木椁墓[J].考古,1996(3).
[12] 湖北省文物考古研究所,襄樊市博物馆.湖北襄樊郑家山战国秦汉墓[J].考古学报,1999(3).

峡火电厂 M21：3①形制相似,这几件铜钫颈部较秦末汉初流行的长颈略短且束颈较甚,年代定在西汉早期为宜。

铜蒜头壶是秦文化的标准性器物之一,根据李陈奇先生的考证,蒜头壶起源于秦,为秦人所创造。②隆德县博物馆藏的 Z2621 号铜蒜头壶细长颈,圆鼓腹近球形,矮圈足,与泌阳官庄 M3：6③、云梦睡虎地 M34：33④以及陕西咸阳长陵车站出土的铜蒜头壶⑤形制特征相似,但与湖北谷城县高铁站北 GBM10：1⑥一样颈部无凸棱,而近球形圆鼓腹是秦末至汉初蒜头壶较为明显的特征,故这件蒜头壶年代应为秦末汉初。

汉代铜匜出土的数量非常少,西汉早期风格与战国晚期相似,均为斜槽流、折腹平底、铺首衔环式,但战国晚期铜匜多为椭圆形,西汉早期多为委角方形,西汉中期开始,流逐渐与口沿平齐,早期委角方形又逐渐变成椭圆形。西汉晚期,铜匜基本消亡,反映了"奉匜沃盥"礼制的终结。⑦隆德县博物馆藏的 3 件铜匜同山东五莲张家仲崮 M1⑧、山西朔县赵十八庄 M1⑨等出土的铜匜形制相同,流与口沿平齐,年代为西汉中期,但隆德县博物馆藏的铜匜平面形状与西汉早期的委角方形相像,故这 3 件铜匜的年代可能为西汉中期偏早,处于平面呈委角方形向椭圆形过渡的阶段。

汉代铜盆出土数量较多,形制复杂多样。隆德县博物馆藏的Ⅰ式

---

① 三门峡市文物工作队.河南三门峡市火电厂西汉墓[J].考古,1996(6).
② 李陈奇.蒜头壶考略[J].文物,1985(4).
③ 驻马店地区文管会,泌阳县文教局.河南泌阳秦墓[J].文物,1980(9).
④ 云梦县文物工作组.湖北云梦睡虎地秦汉墓发掘简报[J].考古,1981(1).
⑤ 中国青铜器全集编辑委员会.中国青铜器全集·第 12 卷·秦汉[M].北京：文物出版社,1998：7.
⑥ 重庆师范大学历史与社会学院,四川大学历史文化学院,谷城县博物馆.湖北谷城县高铁北站墓群西汉发掘简报[J].考古,2019(9).
⑦ 吴小平.汉代青铜容器的考古学研究[M].长沙：岳麓书社,2005：74.
⑧ 潍坊市博物馆,五莲县图书馆.山东五莲张家仲崮汉墓[J].文物,1987(9).
⑨ 山西省平朔考古队.山西省朔县赵十八庄一号汉墓[J].考古,1988(5).

Z2501号铜盆浅腹、大平底,与荆门瓦岗山 M1:21①、洛阳北邙 M45:4② 以及淅川县程凹汉墓③出土的铜盆形制一致,均为西汉早期。Ⅱ式 Z2498、Z2499、Z2500号铜盆腹变深,小平底,同山东临沂金雀山 M33:10④、陕西陇县 M18:3⑤、陕县 M3003:53⑥ 等相似,年代为西汉中期。

铜鐎壶又被称为盉,汉代鐎壶是由战国时期盉演变而来。隆德县博物馆藏 Z2612号铜鐎壶曲柄,矮兽蹄足,与襄樊郑家山 M17:3⑦、江陵张家山 M249:8⑧、山东荣成梁南庄 M2:15⑨ 以及荆州高台 M2⑩ 出土的铜鐎壶形制相似,为西汉早期铜鐎壶的典型特征。

三

隆德县博物馆收藏的这批青铜容器的主体年代为秦代至西汉中期,纹饰简单,作为日常生活实用器的可能性较大。秦末至汉初,青铜容器无论是形制还是纹饰均与战国晚期一致,如隆德县博物馆藏的 Z2474号铜鼎、Z2622号铜壶、Z2621号铜蒜头壶、Z0682、Z2473号铜钫、Z2501号铜盆、Z2612号铜鐎壶均是延续了战国晚期中原系同类铜器的特征。进入西汉中期,青铜容器的器类、器型及纹饰均有相应的变化,开始脱离战国晚期的窠臼,逐渐形成自己独特的文化风格,⑪如隆德县博物馆藏的 Z0681号铜鼎、ZZ2616、Z2617、Z2618号铜匜以及 Z2498、Z2499、Z2500号铜盆,尤其是 3 件

---

① 荆门市博物馆.荆门市瓦岗山西汉墓[J].江汉考古,1986(1).
② 洛阳市第二文物工作队.洛阳北邙 45 号空心砖汉墓[J].文物,1994(7).
③ 淅川县文管会.淅川县程凹西汉墓发掘简报[J].中原文物,1987(1).
④ 临沂市博物馆.山东临沂金雀山九座汉代墓葬[J].文物,1989(1).
⑤ 宝鸡市考古工作队.陕西陇县原子头汉墓发掘简报[J].文博,2002(2).
⑥ 中国社会科学院考古研究所.陕县东周秦汉墓[M].北京:科学出版社,1994:182.
⑦ 湖北省文物考古研究所,襄樊市博物馆.湖北襄樊郑家山战国秦汉墓[J].考古学报,1999(3).
⑧ 荆州地区博物馆.江陵张家山三座汉墓出土大批竹简[J].文物,1985(1).
⑨ 烟台市文物管理委员会.山东荣成梁南庄汉墓发掘简报[J].考古,1994(12).
⑩ 荆州博物馆.荆州高台秦汉墓[M].北京:科学出版社,2000:96.
⑪ 吴小平.汉代青铜容器的考古学研究[M].长沙:岳麓书社,2005:294.

铜匜既有西汉早期的委角方形的特征,又呈现出西汉中期铜匜流与沿平齐的风格,应是西汉早期向中期转变的体现,反映了汉代青铜容器自身文化特征尚处在形成阶段。总体来看,这批铜器具有鲜明的中原文化特征,仍属于典型的中原系铜器。

关于秦汉时期的固原地望,罗丰先生已经有过详细考证。[①] 根据《史记·匈奴列传》《后汉书·西羌传》等记载,秦昭襄王三十五年(前272),秦灭义渠、乌氏,始置北地郡,固原包括在北地郡中。秦始皇统一后,废封建,而改置郡县,固原仍属北地郡。汉初,沿用秦制,并在隆德境内设置月氏道。[②] 汉武帝元鼎三年(前144),析北地郡西北部另置"安定郡",其辖二十一县,属凉州刺史部州,一直沿用至西汉末年。辖县中高平、乌氏、朝那、月氏道等县,均在固原境内。而隆德县博物馆藏的这批秦汉时期青铜容器中原风格明显,应该还是秦汉时期生活在固原地区的秦人和汉人所使用的。

总之,隆德博物馆藏的这批青铜容器特征鲜明,丰富了秦汉时期青铜容器的实物资料,对于研究固原地区秦汉时期的历史文化具有重要的学术价值。

---

① 罗丰.固原地区历代建置沿革考述[J].固原师专学报,1986(3)
② 刘世友.隆德县文物志[M].北京:宁夏人民出版社,2016:2.

从固原城北古长城形状看"朝那"含义

——兼论"四象城"与上古"昆仑山"关系

刘万恩[①]

  摘　要："朝那"是古代祭祀重地"湫渊"所在之地。作为地名,朝那有何含义?地域在何处?笔者实地走探固原城北古长城及周边几座古城址,分析、对比城址形状,认为固原城北的"长城结"应为古"朝那塞",朝那的含义为"朱雀",朝那塞即朱雀城。固原及邻近地区还存在青龙城、白虎城、玄武城,与朱雀城组成完整的"四象城",意义非凡;固原的东海子、西海子、北海子、南海子四个海子均为古代的祭祀重地,流传着很多关于伏羲女娲的故事;发源于六盘山的清水河、葫芦河、祖厉河、泾河等四条河流与《山海经》中的河水、洋水、黑水、赤水相吻合。四象城、四个海子、四条河流集中出现在六盘山区,表明六盘山就是《山海经》中的"昆仑山"。

  关键词：固原城北古长城;朝那;四象城;昆仑山

  "朝那"(读作"朱挪")作为祭祀重地"湫渊"所在之地,春秋以前就已声名鹊起。秦灭义渠,置陇西、北地、上郡,朝那隶北地。汉析北地置安定

[①] 作者简介：刘万恩(1965—　),男,宁夏固原人,固原市原州区委党史和地方志研究室原主任。

郡,领县二十一,朝那隶安定。至隋代朝那县废。作为地名,朝那究竟有何含义? 地域又在何处? 有学者认为,朝那为戎族语音译,无实际意义;有学者认为,朝那是古羌语词,意为"黑龙";有学者认为,朝那与蒙古语"叱奴"读音相近,意为"狼"。对此,笔者实地走探固原城北古长城及周边几座古城址,分析、对比城址形状,认为朝那的含义应为"朱雀",秦汉时期的朝那县所辖地域基本为今固原市大部分区域。而且,包括"朱雀城"在内,固原及邻近地区存在"四象城",表明上古"昆仑山"就是现在的六盘山。

一、固原城北的"长城结"规模宏大,形似飞鸟,应为古"朝那塞",亦即"朱雀城"

固原城北古长城即学界所说战国秦长城。战国秦长城西起甘肃临洮河谷东岸,经陇中高原,在固原地区穿陇山(六盘山)出宁夏,再次进入甘肃陇东及陕北黄土高原,止于内蒙古鄂尔多斯市东胜区黄河南岸。全长1 700千米,是中国境内最古老的长城之一。

宁夏境内的战国秦长城,全长约170千米,自西向东分布于西吉、原州、彭阳三县(区)。其中原州区内约74千米,而位于固原城北、城西的这段长城则是战国秦长城中保存较为完整、最具代表性的一段,也是最具特色的一段。

这段长城从叠叠沟口开始由一道变为四道,四道城墙并行经白马山北坡,过大营河至开城镇吴庄村变为两道,两道城墙并行向东北沿大营川东侧台岸行至中河乡枯井村时开始有所变化:外道长城从中河乡庙湾村东南台岸上进入长城梁,沿长城梁梁脊东行至清河河谷,经清河镇乔洼、郑磨过清水河至火车路,折而向南至陈家沙窝南侧壕沟(这段长城压在铁路下);内道长城斜向内张开,东北向穿过长城村阎家庄、陆家庄,在陆家庄庙东侧折而向东,沿长城梁南侧山脚平地,经明庄、海堡、郭庄、十里,紧邻十里小古城北侧向东延伸,过清水河,沿陈家沙窝壕沟南侧台地,在铁路东与外道长城合为一道长城,向南延伸至沙窝沟折而向东进入东山。

内外两道长城组成一个巨大的"长城结",投影面积12平方千米,足有4个半固原古城大,在整个战国秦长城中也是独一无二的。这个巨大的长城结形似一只飞翔的大鸟,身长12千米,头朝西南,尾在东,遨游在固原城北的苍苔上,像是时刻拱卫着固原,拱卫着六盘山(如图1所示)。只是内道长城目前几乎尽毁,仅存沙窝村一小段。

图1　固原古城西北内外两道长城组成的形似大鸟的"长城结"

中国传统天文学把沿黄道赤道一圈可见星分成4组,其中北方为玄武,南方为朱雀,东方为青龙,西方为白虎,又称为四象、四兽、四维、四方神。四象中每象包括7个星宿,构成28星宿。实际在地理应用上,常常以具体坐向来确定方位,即左青龙、右白虎、前朱雀、后玄武。传统天文学上的朱雀包括井、鬼、柳、星、张、翼、轸7个星宿,巧合的是,固原城西北长城梁上两道长城组成的这个大鸟,从头部至尾部,沿外道长城内侧正好建有大小相近的7个城障,因此笔者认为,这个大鸟应为"朱雀"。

段玉裁《说文解字注》曰："朝，旦也"，"旦，明也"，即天亮日出之意，而"朱雀"象征红色，代表光明，这正是"朝那"一词中"朝"读做"朱"的原因。"那"《说文解字注》认为是西夷国名，笔者认为"那"通"挪"，有腾挪、腾跃之意，而朱雀是古人心中的神鸟，腾挪飞跃是朱雀与生俱来的本领。所以朝那就是朱雀，是朱雀的早期称谓。

（一）这段长城结上的内道长城建筑时期判定。《宁夏长城资源分布图》将叠叠沟口至吴庄村的四道长城其中的三道（两外一内）标识为宋代长城，将吴庄村至陈家沙窝的内道长城均标识为宋长城。笔者认为这样不够准确和全面。

1. 内道长城沙窝村保留的一小段，有残存的绳纹瓦片，证明这段长城是秦汉以前的城墙。而且，这一小段长城紧邻小古城，小古城文物部门考证为春秋战国时期的古城，其形状、大小以及离这一小段长城的距离与外道长城上的城障完全相仿，应为内道长城城障，也正好说明内道长城与外道长城为同一时期所筑（如图2、图3所示）。

图2 沙窝村残存的内道长城

图3　内道长城内侧（南侧）的小古城

2. 这段长城结上的内道长城建于长城梁南侧脚下的平地，东边又紧邻长城梁。设若宋朝将居高临下的外道长城弃之不用，而"据低望高"地筑这样一道长城，则明显违背了军事常识。设若外道长城能正常使用，则没必要再修筑一道新长城。换句话说，这段长城结上的外道长城是内道长城存在的前提，没有外道长城，内道长城则毫无意义，也不会出现下述情况：

宋夏争战期间，北宋用深挖长城壕的办法来对付西夏骑兵。史载："宋景德二年（1005）五月，知镇戎军曹玮言：'军境川原夷旷，便于骑战，非中国之利。请自陇山而东，缘古长城凿堑以为限。'从之。"[①] 到庆历二年（1042）发生"定川寨之战"时，史书仍载"其长城壕深阔各五七丈，最为险固。旧有板桥，为贼毁去"[②]，并未提及新修筑的长城。

宋庆历二年（1042）闰九月，"癸巳，泾源副都部署葛怀敏与元昊战没于定川寨。先是，元昊声言入寇……王沿命（葛）怀敏将兵御之……辛卯……

---

① 李焘.续资治通鉴长编[M].北京：中华书局，1995：1337.
② 李焘.续资治通鉴长编[M].北京：中华书局，1995：3328.

谍言贼已屯边壕上……日几午,怀敏入保定川寨。贼毁板桥,断其归路……是夕,贼……围城四隅……怀敏召诸将计议……遂谋结阵走镇戎军……及旦。怀敏束马东南驰二里许,至长城壕,路已断,(贼)周围之,怀敏及诸将……皆遇害……贼长驱直抵渭州……焚荡庐舍,屠掠居民而去。"[①]

定川寨经笔者考证应为中河乡境内的大营城,地处大营河谷,距长城结外道长城直线距离不到2千米,距枯井南侧内外两道长城分叉处不足2.5千米。此两处位置看定川寨,居高临下,一清二楚(如图4所示)。设若内道长城为宋代所筑新城,则一定有军队把守,定川寨近在咫尺,葛怀敏被围不可能不被宋军发现,也不可能无人去接应,最起码在葛怀敏撤退时会有接应。由此断定,内外两道长城皆为战国秦长城,到北宋时已坍塌倾圮,失去了防御功能。当然也不排除吴庄至叠叠沟口的四道长城以及吴庄至古井的内道长城北宋做了维修和加固,但主要还是以深挖壕沟为主。特别是吴庄至枯井段的外道长城紧邻沟边,外壕沟基本无存,只能在其内侧深挖城壕以拒敌。

图4 定川寨(大营城)遗址

另外,葛怀敏入保定川寨之前,史书这样记述:"庚寅……晚,趋养马城。曹英及泾源都监李知和……等分兵屯镇戎城西六里,夜则入城自守,凡三

---

① 李焘.续资治通鉴长编[M].北京:中华书局,1995:3300-3302.

日,至是亦趋养马城,见怀敏……赵珣谓怀敏曰:'贼远来,利速战……为今之计……固守镇戎……可必胜。不然,必为贼所屠。'怀敏不听,命诸将分四路趣定川寨。"①宋兵频繁出动,却没有一次提到长城,只能说明镇戎城(固原城)西北的这段古长城已不能使用,更不存在新修的长城。

(二)这段长城结与朝那塞、朝那和萧关的关系。《史记·孝文本纪》:"十四年冬,匈奴谋入边为寇,攻朝那塞,杀北地都尉卬。"②《史记·匈奴列传》:"汉孝文皇帝十四年,匈奴单于十四万骑入朝那萧关……虏人民畜产甚多,遂至彭阳。"③这里出现了朝那塞、朝那、萧关等地名,对于他们之间的关系,笔者认为:《孝文本纪》中的朝那塞非常具体,指的应当是固原城西北长城梁上两道长城组成这段长城结。《匈奴列传》中的朝那则是指包括朝那塞在内的一个大的区域,是一个代名词。既然朝那是一个区域的代名词,那么"朝那萧关"自然是指朝那这个区域内的萧关,大中函小,就像现在我们说"固原彭阳"是同样的道理。结合前述理由,萧关就是朝那塞,朝那塞就是萧关。当然,这个萧关是秦汉以前关中四大名关,即东函谷、西散关、南武关、北萧关之中的萧关(如图5所示)。

(三)朝那与湫渊的关系以及朝那地域的判定。《史记·封禅书》:"自古以雍州积高,神明之隩,故立畤郊上帝,诸神祠皆聚云。盖黄帝时尝用事,虽晚周亦郊焉……及秦并天下,令祠官所常奉天地名山大川……于是自华以西,名山七,名川四。曰华山……吴岳……渎山。水曰河……沔……湫渊,祠朝那;江水,祠蜀。"④"吴岳"即六盘山。可知,六盘山和湫渊祭祀非常之早,黄帝时期就已存在;湫渊与黄河、汉水、长江齐名,为华山以西四大名川之一;湫渊神祠在朝那这个地方。

――――――――――
① 李焘.续资治通鉴长编[M].北京:中华书局,1995:3300-3301.
② 司马迁.史记[M].北京:中华书局,1982:428.
③ 司马迁.史记[M].北京:中华书局,1982:2901.
④ 司马迁.史记[M].北京:中华书局,1959:1359,1372.

图 5　朝那塞(萧关)外城墙

朝那因朝那塞而得名,其基本地域应以朝那塞为中心,涵盖周边区域。但目前对朝那地域的理解不太一致,甚至张冠李戴。《汉书·地理志》载:"安定郡……县二十一:高平……朝那……乌氏……彭阳……月氏道。"[1]一般来说,排在最前的应为郡治所在地。设若高平县为今原州区这一区域,则朝那县会被排除在朝那塞之外;若朝那县为今原州区这一区域,则又将高平县排除在外。目前来看,汉安定郡高平县应该不是原州区。这方面,认识上还存在误区。误区的产生,既有魏晋南北朝 300 多年大动荡造成的历史断档、无法衔接之因素,也有后人不能通读和正确解读历史之原因。

朝那因湫渊而知名。湫渊,主要指东海子,《史记》苏林注曰:"湫渊在安定朝那县,方四十里,停不流,冬夏不增减,不生草木。"[2]《汉书》载:"朝那,有端句祠十五所,胡巫祝。又有湫渊祠。"[3]实际上,除了东海子,还有西海子、北海子和南海子,均与古代的祭祀活动有关,有很多关于伏羲女娲的

---

① 班固.汉书[M].北京:中华书局,1962:1615.
② 司马迁.史记[M].北京:中华书局,1959:1373.
③ 班固.汉书[M].北京:中华书局,1962:1615.

传说。

东海子,在原州区东南20千米处的开城镇马场村和彭阳县古城镇海口村交界处,四周群山环抱,中有一条长约3千米的主峡谷;两边峡谷数道,最长者至东北的二道沟,长约4千米;各峡谷总长10千米上下。峡谷总体呈西北—东南走向,地势较为平缓。东南凉马台为一处山阜,将峡谷紧紧锁住。阜上散落大量秦砖汉瓦。2007年,马场村出土一块残碑,上有"……那之湫……"字样,说明东海子为湫渊重要祭祀之地。东海子所在区域海拔比固原古城一带高出200多米,汉以前的高山平湖,规模宏大,十分震撼。后因地震,凉马台下沉,边际开裂,湖水骤减。唐代水域面积已减为周回7华里,现水域面积仅350亩左右(如图6所示)。

图6 东海子

明代将东海子、西海子并称朝那湫,东海子为东朝那湫,西海子为西朝那湫。《明史》载:"又东西有二朝那湫,其下流注于高平川。"①嘉

---

① 张廷玉.明史[M].北京:中华书局,1962:1005.

靖《固原州志》云："朝那湫双出于都卢山，左流州曰东海，右流州曰西海。"①

西海子在固原古城西南20千米的高山峡谷，四周群峰环抱，形如掌立，中间有石隙，水由此出，激湍清冽，湛澄且甘，北岸有龙王庙。明代，西海子水域面积大于东海子，当在千亩以上，为固原八景之西海春波。现水域面积仅100亩上下(如图7所示)。

图7　西海子

北海子，《水经注》称龙泉水，又叫暖泉、北鱼池。在固原古城北3千米处，水面80余亩，深可丈余，隆冬不冻，四季长流，水里长满菖蒲，四周青柳环抱，碧绿葱翠。西侧坡上有太白庙，南侧有龙王庙。古时水域面积当在300亩以上，西魏以前已经是原州重要人文景观，清代为固原十景之蓬沼听莺(如图8所示)。

---

① 杨经，刘敏宽.〔嘉靖〕固原州志[M].银川：宁夏人民出版社，1985：104.

图 8　北海子

南海子,即白鸾池,又称北灵湫。位于隆德县城东北 15 千米处的山腰之上,水面阔 50 余亩,清澈明净,状如葫芦,九峰团绕,岚烟出岫,幻如仙境,相传为王母洗浴池。池北不远处有伏羲神崖,险峻异常。崖上凿有两石洞。一为先人洞,供奉伏羲女娲圣像。一为神泉洞,内有神泉,相传为伏羲女娲修凿(如图 9、图 10 所示)。

《山海经》载:"雷泽中有雷神,龙身而人头,鼓其腹在吴西。"①"吴"应指吴岳,即六盘山。"吴西"指六盘山之西,白鸾池位置正好与其相合,当为雷泽。史载:"太皞庖牺氏……母曰华胥,履大人迹于雷泽,而生庖牺于成纪。"②《拾遗记》云:"春皇者,庖牺之别号。所都之国,有华胥之洲。神母游其上,有青虹绕神母……有娠,历十二年而生庖牺。"③《路史》载:"太昊伏羲氏……母华胥,居于华胥之渚。"又引《宝椟记》云:"帝女游于华胥之渊,感

---

① 郭璞.山海经[M].上海:上海古籍出版社,1989:97.
② 司马贞.史记索隐[M].西安:陕西师范大学出版社,2018:497.
③ 王嘉.拾遗记[M].北京:中华书局,1981:1.

图 9　白鸾池

图 10　伏羲崖

地而孕,十二年生庖羲。"①这些传说既有雷泽,也有华胥之洲、之渊、之渚,所以,笔者认为,以朝那塞为中心,包括固原四个海子所在区域当为朝那地域范围,大体包括今固原市原州区、彭阳县全境,以及隆德县、西吉县、泾源县的部分地区。固原古城距战国秦长城仅 7.5 千米,最早应与战国秦长城同一时期修筑,当为朝那县最早县治。

二、固原除了朱雀城,还有青龙城、白虎城,邻近地区有玄武城

青龙城,即西吉县将台乡火家集古城,宋代称羊牧隆城。火家集曾属兴隆镇,此城也称兴隆古城。古城东边紧临葫芦河,西边紧临烂泥河,由南、北两座古城组成。北城保存比较完整,平面呈长方形,南北长约 800 米,东西长约 500 米,开南北两道城门。比较奇特的是,古城东、西墙皆呈蛇形走位。城内靠东墙中段为 方形内城,边长 265 米左右,应为管理机构所在地。南城今已不存,仅剩一段南墙,当地人称"点将台"。南城南墙到北城之间的台地呈不规则长方形,南北长约 400 米,东西宽约 260 米,为南城城址。紧靠点将台南边的台地为校场。校场南端之下降为河滩地,距校场南端 160 米处的河滩地上有一隆起的圆峁,当地人称"龙珠"(如图 11 所示)。

站在古城西山俯瞰,葫芦河、烂泥由北向南、曲曲弯弯夹城而行,至校场南端变窄,这一段恰似"龙额";行至距校场南端 1.3 千米处变宽,这一段恰似"龙鼻"的鼻梁,其下为"龙口",而"龙珠"正好含在口内;至距校场南端 2 千米处两河合为一处流入葫芦河,此段非常圆润,恰似"龙鼻"的"鼻端"。距古城东北 450 米左右的葫芦河上有一泓水,为龙的"左眼";古城西北烂泥河相应位置也有一泓水,不过水浅而少,为龙的"右眼"。两条"龙角"则分别隐藏在古城北侧的葫芦河与烂泥河中。古城前后这一区域为"龙头",

---

① 罗泌.路史[M].上海:中华书局,民国:59.

"龙身"为古城北边的山脉,向北延伸至远处。不难判定,兴隆古城即"四象城"之青龙城(如图12所示)。

图11 兴隆古城遗址

图12 兴隆古城位置和形状

兴隆古城地处葫芦河川,是六盘山之西战略要道,地理位置十分重要。宋康定二年(1041),宋、夏曾在这里发生过激烈交战,史称"好水川之战"。古城最早修筑时期虽无历史记载,但实地考证,古城东距战国秦长城仅580米左右,应为战国秦长城的组合防御设施之一,当与战国秦长城同一时期修筑。有明确记载的为宋代，不过也仅说"置"而未提"筑"或"修"。史载："(宋)天禧元年置羊牧隆城，庆历三年改为寨。"①"宋天禧初置羊牧隆城寨。庆历中改曰隆德寨。金改为县，属德顺州。"②此城的修筑不仅出于军事需要，也融合了传统文化要素。龙是中华民族的象征，能显能隐，呼风唤雨，战斗力强悍，寄托着美好愿望。实际上，羊牧隆城中的"羊"代指"羊角"、暗指"龙角"，"牧"有"走动、游动"之意，"隆"指"龙"，合起来就是"灵动的龙城"。

白虎城，即泾源县六盘山镇(原为原州区什字路乡)境内的瓦亭城。古城地处六盘山峡谷，依山势而建，上靠北山，下临颉河，东扼弹筝峡，西守陇山道，有内外两城。外城北高南低，轮廓似坐僧。北山制高点中间为1个大角墩，似"头"，视野开阔，俯视全城；东、西两侧各有1小角墩，似"两肩"。内城建于河谷台地上，东窄西宽，平面呈琵琶形。古城整体形状像一个怀抱琵琶的仙者(如图13、图14所示)。瓦亭城下的颉河穿峡东流，是为弹筝峡，其山又称弦歌之山。《水经注释》云："泾水径都卢山，山路之内常有如弹筝之声，行者闻之鼓舞而去。又云弦歌之山，峡口水流风吹滴崖，响如弹筝之韵，因名。"③显然，"弹筝之声"指"琵琶之声"；"弹筝峡"为"琵琶峡"。

古代城堡以方形为主，此外也有圆形、龟形、鱼形、刀形、矛形等各种形状，体现出古人丰富的想象力，不过，以乐器形状为城的则极为罕见。以乐器为城者自然以乐器为兵，以乐器为兵的记述则以古典小说《封神演义》和《西游记》最为精彩。《封神演义》中，佳梦关魔家四将魔礼海、魔礼红、魔礼青、魔礼寿，是白虎、朱雀、青龙、玄武的化身，其中魔礼海怀抱一面琵琶，上有四条弦，按"地、水、火、风"布设，弦声一动，风雷齐至，魔音激荡，扰乱敌

---

① 徐松.宋会要辑稿[M].北京：中华书局，1957：7611.
② 顾祖禹.读史方舆纪要[M].北京：中华书局，1957：2801.
③ 赵一清.水经注释[M].乾隆甲寅年(1794)杭州小山堂雕刻本：卷十九.

图 13　瓦亭古城遗址

图 14　瓦亭古城位置和形状

方心神,即刻杀敌于无形,着实厉害。后来,魔家四将分别被姜子牙封为执掌西方、南方、东方、北方的四大天王,司"风、调、雨、顺"之职。"地、水、火、风"是佛家所谓构成世界的四大要素,代表北、东、南、西四个区域,在小说中四个区域人格化的执掌者也被演绎为四大天王。从古城形状及所处位置来看,瓦亭城应当就是"四象城"之白虎城。瓦亭城素有"铁瓦亭"之称,这也从另一侧面反映出"音乐武器"的非同一般。

瓦亭古城一般认为修筑于汉代,历代也多有修葺。史载:"安定郡乌枝有瓦亭,出薄落谷。"①"平凉郡鹑阴有瓦亭。"②"平高县。瓦亭故关,在县南七十里。即陇山北垂。隗嚣使牛邯守瓦亭,即此是也。"③《重修瓦亭碑记》载,光绪三年(1877)三月,陕甘总督魏光焘见瓦亭城"坍塌五百四十余步,瓮洞堞楼,悉倾圮无存",便"请币重修",遂"屹为雄镇"④。后遭兵燹震灾,景象不再。瓦亭城下为瓦亭故道,直通萧关。汉武帝曾六出萧关,不是走茹河故道,便是走瓦亭故道。作为"四象城"之白虎城,瓦亭古城修筑时期应该更早,当与战国秦长城为同一时期。

玄武城,初步考证为甘肃平凉市庄浪古城。庄浪古城在元、明、清三代曾为庄浪县城,古城址即今庄浪县南湖镇政府所在地。古城东为游龙山,西为寿丰山,左临东河(现称庄浪河),右临西河。东河沿庄浪川西南流至游龙山脚时乐正河从左侧汇入,汇入后沿折向东南的"几"字湾后继续向西南而流。西河亦西南流向,至南门村时折而向东汇入东河。三河相汇之处的河谷地即古城址位置。乾隆《庄浪县志》卷一之城图较为细致地勾勒出古城形状(如图15所示)。⑤ 古城平面如方似圆,正北、西南各开一城门,东南墙呈弧形,偏东位置为魁星楼,两个弧形瓮城以及呈弧形的东南墙,像一根绳索将古城紧紧缠住,正与"蛇"缠"龟"之象相合。作为"龟",北瓮城为"头",西北、东北两城角为"两肩"(两个前肢隐于肩

---

① 范晔.后汉书[M].北京:中华书局,1965:3519.
② 魏收.魏书[M].北京:中华书局,1974:2619.
③ 李吉甫.元和郡县图志[M].北京:中华书局,1983:58.
④ 王学伊.〔宣统〕固原州志[M].西安:陕西人民出版社,1992:494.
⑤ 邵陆.〔乾隆〕庄浪县志略[M].南京:凤凰出版社,2008:146-147.

下),西南瓮城及东南魁星楼为两个后肢;作为"蛇",突出的瓮城及弧形的城墙均为蛇身,其他部位隐匿不见。东、西两河亦似"蛇",围绕古城而流。龟、蛇皆长寿,"游龙山"实际指"蛇",西北的蟒嘴山为"蛇嘴";"寿丰山"实际指"龟";古城内的万寿宫则代表龟与蛇,寓意龟蛇之象寿比天地、万古永存。

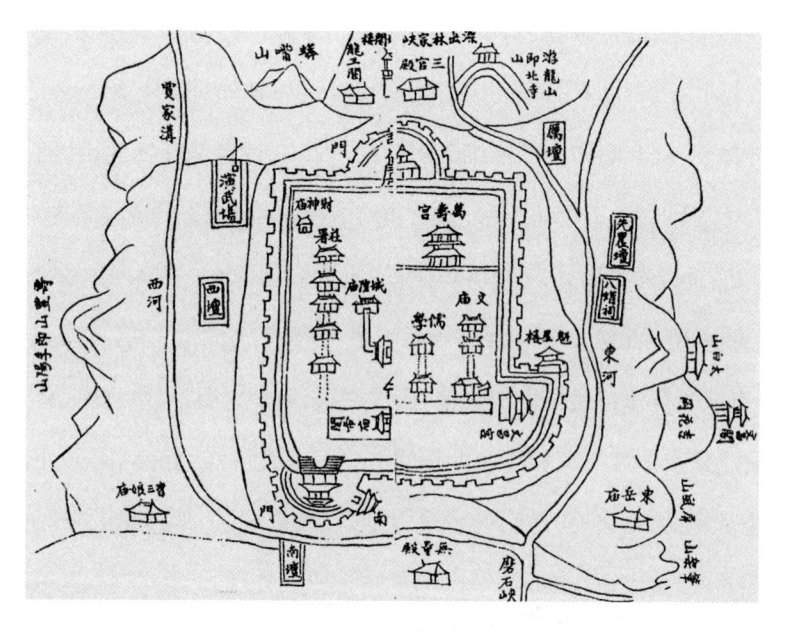

图 15　庄浪城图

龟蛇相缠即玄武,简称龟蛇,又称玄冥。中国传统天文学中的玄武指斗、牛、女、虚、危、室、壁这 7 个星宿形成的一组龟蛇互缠形象,春分时节出现在北部天空。用于地理方位则指靠背之地,亦即靠山。庄浪古城恰好符合这一特征,应为"四象城"之玄武城。龟蛇有坚韧的甲鳞,以之为城寓意固若金汤、牢不可破。

庄浪古城史载元至正二十七年(1367)修筑,考古初步判定修于汉初,元末在其基础上重修。现已毁坏殆尽。作为"四象城"之玄武城,庄浪古城最早亦当与战国秦长城同一时期修筑。

三、四象城在六盘山区的出现意义特殊,其拱卫中心当为上古"昆仑山"

中国传统天文学将星空划分为三垣四象二十八宿,四象二十八宿居外,三垣居内。三垣为紫薇垣、太微垣、天市垣三个天区。紫微垣是三垣的中垣,居北天中央,又称中宫或紫微宫,是天帝居住的地方;太微垣即办事机构,是三垣的上垣,居紫微垣之下的东北方,北斗之南;天市垣即集贸市场,是三垣的下垣,居紫微垣之下的东南方向。四象二十八宿相当于护卫,驻守四方,时刻拱卫着以紫薇垣为中心的三垣。这种划分是古人天人合一思想的具体体现,有鲜明的中国传统文化特色。所以,四象城在六盘山区的出现注定与上古昆仑山有密切关系,意义非同一般。

《史记》将六盘山列入"自华以西""七大名山"之一,与华山并列,地位非凡(如图16所示)。《山海经》则将六盘山描述为古人心中至高无上的昆仑山,有很多具体记述:"西海之南,流沙之滨,赤水之后,黑水之前,有大山,名昆仑之丘……其下有弱水之渊环之……有人戴胜虎齿有豹尾穴处,名西王母也。"①"昆仑之丘,是实惟帝之下都,神陆吾司之,其神状虎身而九尾,

图16 原州区境内的六盘山

———
① 郭璞.山海经[M].上海:上海古籍出版社,1989:112.

人面而虎爪。是神也,司天之九部及帝之囿时……河水出焉,而南流注于无达。赤水出焉,而东南流注于汜天之水。洋水出焉,而西南流注于丑涂之水。黑水出焉,而西流注于大杅。"①"海内昆仑之虚,在西北,帝之下都……赤水出东南隅,以行其东北……河水出东北隅,以行其北……洋水、黑水出西北隅。"②尤其提到的"四水"是判断昆仑山位置的显著特征。

六盘山南连秦岭、北接祁连,黄河绕其北,渭河经其南,如昂首腾飞的巨龙,纵贯陕甘宁三省(区),绵延近千里,素有"峰高华岳三千丈,险据秦关百二重"美誉。由北向南大体上包括甘肃平川区境内的崛吴山,宁夏海原县境内的西华山、南华山,西吉县境内的月亮山,原州区境内黄铎堡至中河的大关山(东部有炭山、云雾山、黄峁山等),原州区至甘肃华亭、庄浪的大陇山,庄浪至宝鸡、天水的小陇山等系列山脉(如图17所示)。发源六盘山的四条河流,即清水河、葫芦河、泾河、祖厉河分别流入黄河、渭河,与昆仑山四水非常吻合。

图17 六盘山之关山

---

① 郭璞.山海经[M].上海:上海古籍出版社,1989:26-27.
② 郭璞.山海经[M].上海:上海古籍出版社,1989:93.

祖厉河与黑水相吻合。祖厉河为黄河上游一级支流(如图18所示),由祖河与厉河构成,源出六盘山西北,即宁夏西吉县月亮山、甘肃会宁县太平店大山顶、通渭县与会宁县之间的华家岭、会宁县党家岘等地,北流至甘肃靖远县城西在红嘴子注入黄河。值得注意的是,黄河流经甘肃靖远县境,形成一个大湾子,呈现以下特征:一是四龙镇至石门乡茨滩村这个大湾子长约85千米,很像一个盛水器具,又似一个圆底杯;一是源于白银市西北的几条河流,从白银市市区经金沟、沙河等东南流至水川镇、四龙镇汇入黄河,源于靖远县刘川镇西南的冰道沟河东北流至三滩镇苏家坪汇入黄河,以上河流与水川镇至苏家坪段黄河共同组成一个宽50千米、高20千米左右的地域,地域平面状似水盆(如图19、图20所示)。这个特征在整个黄河中几乎独一无二,应当就是《山海经》中的"大杅(yú)"。"杅"指"浴盆",祖厉河正好注入这个浴盆。有了这个状似浴盆的大杅,可以确定祖厉河就是黑水。

图18 祖厉河

图 19 "大杅"示意图 1

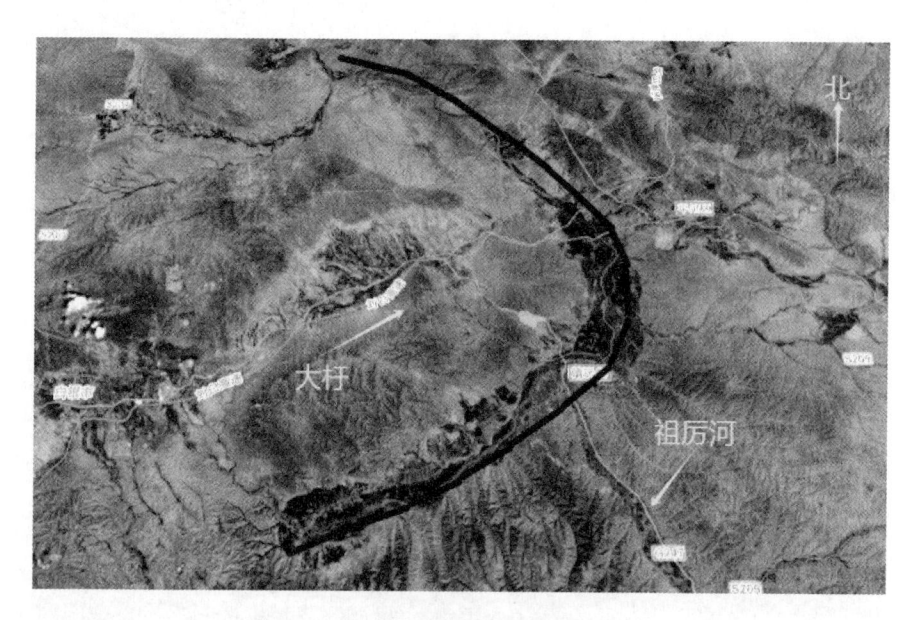

图 20 "大杅"示意图 2

泾河与赤水相吻合。泾河是渭河一大支流,有南、北两大源头。南源出六盘山东麓,即宁夏泾源县老龙潭、大湾乡绿源村,原州区开城、官厅、寨科,甘肃环县芦家湾等地(如图 21 所示)。北源出陕西定边县樊学乡、甘肃环县甜水镇等地。《山海经》等古籍中泾河源头主要指南源。泾河向东南流,在陕西省高陵县泾渭镇汇入渭河。泾河南源之水与赤水一致,流向与赤水一致,特别是发源于大湾乡绿源村西侧的颉(xié)河是泾河主要源头之一,名称也很有意思,"颉"通"血",正好与"赤"一致。据此可以确定泾河就是赤水。

图 21　泾河

葫芦河与洋水相吻合。葫芦河(如图 22 所示),《水经注》称陇水,宋代以后称葫芦河,是渭河又一大支流,发源于宁夏西吉县月亮山南麓、甘肃会宁县老君坡柳家岔等地,流经宁夏西吉、隆德、甘肃静宁、庄浪、会宁、通渭、秦安、张家川等县区,在天水三阳川与渭河交汇。三阳川即《山海经》所言丑涂之水,这个还得从"象"说起。

汉字为象形文字,中华民族传统文化为象数文化。《周易》曰:"象

图22 葫芦河

也者,像也。"象指天地万物,有什么就有什么像,像什么就有什么,这是中国传统文化的认识论和方法论,广泛地运用于天文学、中医药、地理学等方面。六盘山南段为关山,亦称小陇山,与秦岭宝鸡至天水段重叠,其山状似"一立一卧"两头黄牛。卧着的牛,嘴部伸向渭河,呈悠闲饮水状,饮水之地恰为葫芦河、渭河汇合之处。十二生肖中丑牛处第二位,"一立一卧"两头黄牛当为丑牛所在之地,葫芦河、渭河相汇之处自然就是"丑涂之水"了(如图23所示)。据此可以确定葫芦河就是洋水。

清水河与河水相吻合。清水河是黄河一级支流,《水经注》称高平川水,发源于六盘山东北麓,即原州区境内的香炉山、西海子,西吉县偏城乡柳林村任家仚,甘肃环县毛井乡、芦家湾乡等地(东海子亦曾为源头之一),向北流经固原、海原、同心、中宁等县,在中卫市泉眼山西侧注入黄河。有了前面三条河流的对应关系,几乎可以确定清水河就是昆仑山"四水"中的河水(如图24所示)。

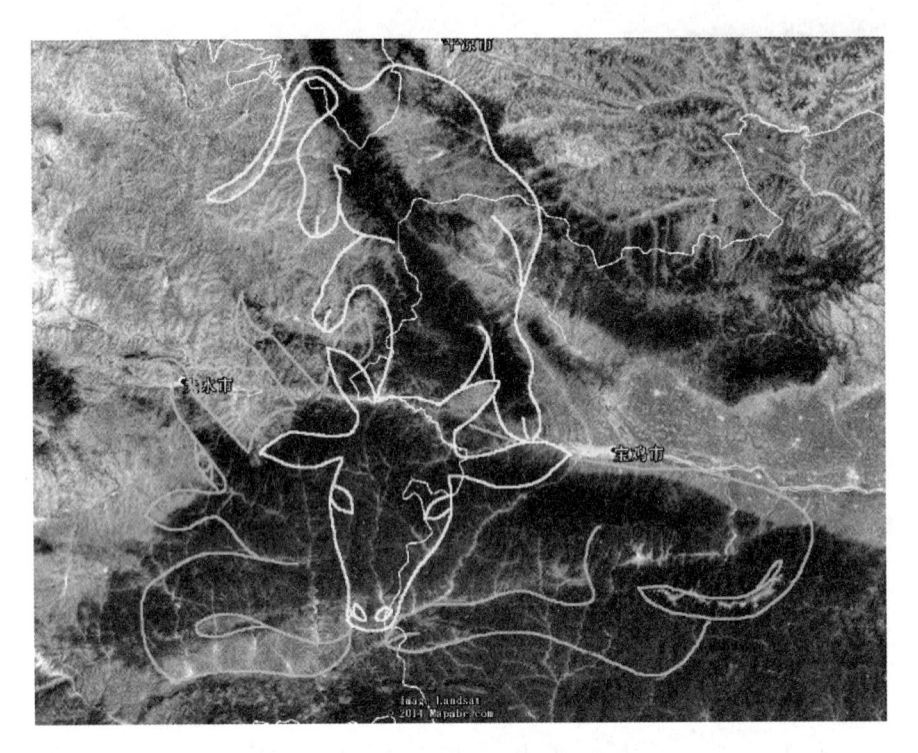

图 23　丑牛位置示意图

图 24　清水河

《山海经》记述黄河一般只用一个字——河,此为统称;有时也用两个字——河水,主要指支流。但《山海经》既言"河水出焉,而南流注于无达",又言"河水出东北隅,以行其北",方向上南、北并存,有点语焉不详,应为传抄之误。注意里面一个词——"无达","无达"这个词与"这达(zhīda)"意思相对,西北地区许多方言至今都有这个词汇。"这达"即"这儿、这里","无达"即"那儿、那里"。对不宜直说的地方,比如裆部,也会用"无达"含蓄表示。黄河流经宁夏中卫至青铜峡的这一段呈反弓形,恰似人的裆部,"无达"其实指的就是这个地方。所以,"河水出焉,而南流注于无达"中的"南流"应为"北流"。

六盘山四条河流是黄河、渭河主要支流,也是黄河文化主要源头之一。其流域业已发现大量旧石器、新石器时代遗址,如葫芦河流域的大地湾遗址,泾河流域的岭儿、刘河遗址,祖厉河流域的牛门洞、石石湾遗址,清水河流域的南山洼、菜园村遗址等,涵盖仰韶、马家窑、齐家文化各个阶段,特别是大地湾遗址的发现,将黄河流域人文历史由距今8 000年推前至距今6万年。华胥履大人迹故事发生在六盘山,黄帝曾"西至于空桐,登鸡头"并"问道于广成子"[①],空桐即崆峒,与昆仑读音相谐,应为昆仑山的局部称谓(如图25所示)。六盘山及四个海子自古以来为国家和各民族的重要祭祀之地。

佛家认为须弥山为宇宙中心,现实中的须弥山就在六盘山北麓(如图26所示)。四象城更是将护卫中心指向六盘山核心区。四个海子、四条河流和四象古城,无一不在昭示六盘山的非同一般,由此可以确定,六盘山就是上古昆仑山,昆仑山核心区就是大陇山。

---

① 司马迁.史记[M].北京:中华书局,1959:6-7.

图 25 崆峒山

图 26 须弥山

文学研究

WENXUEYANJIU

知县与文人：清代宁夏进士梁栋诗歌文本阐释①

洪锦芳②

摘　要：梁栋历任含山县和新化县知县，本文从《〔乾隆〕含山县志》《〔乾隆〕新化县志》中辑录8首诗歌，按照内容将其分为劝农诗、节妇诗、祝寿诗、写景诗。这8首诗语言平实，内容上继承各类诗歌创作的传统，呈现了两县安居乐业的景象。这些诗歌的创作很大程度显示出教化特色，这与他"文人—官员"的复合身份有关。梁栋诗歌反映清代中期县官的部分政治生活，梳理和分析其诗歌有助于进一步探索清朝地方吏治。

关键词：梁栋；教化；知县

进士是中国古代文学创作的中坚力量,宁夏地区亦然,有清一代,宁夏共产生43位进士,③他们的作品是宁夏古代文学的重要组成部分,目前关于宁夏进士个人的研究还有许多可挖掘空间,梁栋便是其中一位。梁栋,字飞虹,又字南浦,④灵州(治今宁夏吴忠)人,雍正乙卯(1735)乡试三十五名,乾

---

① 基金项目：2020年宁夏哲学社会科学规划年度项目"明清宁夏文进士著述研究"（20NXBTQ01）。
② 洪锦芳（1995—　），女，福建闽侯人，华中师范大学文学院博士研究生，主要从事明清散文研究。
③ 林光钊.清代宁夏进士述考[D].宁夏大学,2021：12.
④ 林光钊.中心与边缘：清代宁夏进士梁栋主修旧志考述[J].西夏研究,2022(2)：117-124.

隆丙辰会试三百零二名,殿试三甲一百七十七名,①是年三十五岁,正是年富力强之际,他历任安徽和州含山县知县、②湖南新化县知县、江华县知县、③乾隆丁卯(1747)江南文闱同考官。④梁栋勤政爱民,他在含山县为官期间,督促修缮县署、项王庙、谯楼、萧曹祠等多处建筑,其诗歌亦和爱民行为相映成章。乾隆十三年(1748),梁栋修《〔乾隆〕含山县志》十六卷,于营建和文化方面各有政绩。新化县任上,梁栋主导修葺水晶阁、魁星楼、养济院等,防灾守民,主张兴办学校教育,乾隆二十四年(1759),监修《〔乾隆〕新化县志》二十七卷。其诗文主要见于《〔乾隆〕含山县志》《〔乾隆〕新化县志》,目前学界涉及其诗歌研究不多,⑤有较大研究空间。梁栋诗歌没有结集流传,笔者从《〔乾隆〕含山县志》《〔乾隆〕新化县志》两书辑录出《劝农(三首)》《题烈女鲍霜姑》《题节妇庆逢缮妻张氏》《赠寿民康斗虚》《维山叠嶂》《八字岩》八首诗,按照内容将其分为劝农诗、节妇诗、祝寿诗、写景诗四种,试对其进行文本阐释。

一、劝农诗

劝农诗是指在社会劝农风气的影响下,诗人凭借诗歌可歌可吟的特点,劝勉农民勤于耕作的诗歌类型。劝农诗多表达诗人对农业生产的高度关注与强烈的社会责任感。这一诗歌类型可上溯至《诗经》,如《小雅·甫田》《周颂·噫嘻》载有周成王劝勉农夫之事。历代亦有不少劝农诗作,如陶渊

---

① 王承烈.清陕西历科进士录.国家图书馆藏雍乾嘉道咸递修本.
② 秦国经.清代官员履历档案全编·16[M].上海:华东师范大学出版社,1997:193.
③ 李瀚章修,裕禄等纂.〔光绪〕湖南通志.清光绪十一年(1885)刻本.
④ 梁栋修,唐焯纂.〔乾隆〕含山县志[M].海口:海南出版社,2001:5.
⑤ 林光钊《中心与边缘:清代宁夏进士梁栋主修旧志考述》(《西夏研究》2022年第2期)辨析梁栋的字为飞虹和南浦,并考述梁栋主修的两部县志:《〔乾隆〕含山县志》《〔乾隆〕新化县志》,但尚未论及梁栋诗歌研究,其《清代宁夏进士所撰诗歌考略》辑录梁栋诗8首,着眼于宁夏进士诗歌整体研究,未详细梳理梁栋诗歌成就。刁俊《明清宁夏儒学教育述考》(宁夏大学2019年博士学位论文)简要介绍梁栋生平经历,为本文奠定研究基础。

明《劝农》、苏轼《和陶劝农六首》、真德秀《长沙劝耕》等。《管子·君臣》曰："禁淫务,劝农功,以职其无事,则小民治也。"①指出劝农是治理百姓的重要方式,是官员职责之一,徐燕琳认为："宋以后,劝农的行为和成效开始成为官吏品绩的重要标准。明清两代,也以劝农为地方官的职责和考绩内容。"②梁栋作为含山县长官,劝农是其任职要求。因此,三首《劝农》的创作不仅是他关爱民生思想的体现,更是梁栋作为地方官促进当地农业发展的一大举措,这是对朝廷重农政策的响应,也是对中国文学史上劝农诗传统的继承。清代重视农业发展,尤其是乾隆时期出版了众多农书,有的农书甚至带有官方色彩,如《康熙几暇格物编》《钦定授时通考》,③皆可表明梁栋的劝农诗创作有浓厚的社会背景影响因素。

劝农　其一

西畴方力穑,出郭劝农功。林鸟鸣春昼,川鱼跳晚风。民胼百日里,官课绿阴中。薄暮篮舆返,归鸦带落虹。

劝农　其二

借种助贫乏,休教仰屋嗟。乘时勤播插,隙地树桑麻。多黍宜知节,盈箱更戒奢。试思为牧者,于此又何加。

劝农　其三

芃芃阡陌秀,瑞气溢田垓。渔艇随潮去,农歌傍犊来。已欣今岁稔,还叹旧年灾。社鼓酬神佑,邻邻献酒醅。④

梁栋下田劝农时间与农民务农一致,他走到田间地头和农民一起感受焦灼烈日,践行"勤"的任职原则,这也使劝农诗具有在场性和劝农经验的直接性,他劝告农民勤俭耕种:"乘时勤播插""盈箱更戒奢",在行为品质上

---

① 黎翔凤.管子校注[M].北京:中华书局,2004:594.
② 徐燕琳.劝农文学:一种值得注意的文学体类[J].学术研究,2011(6):153-158.
③ 曾雄生.中国农学史[M].福州:福建人民出版社,2012:448.
④ 梁栋修,唐焯纂.〔乾隆〕含山县志[M].海口:海南出版社,2001:211-212.

保持勤劳耕种、戒除骄奢的好习惯，在精神方面积极引导农民。他还推行"借种"和"种桑"策略，帮助农民度过无种子可用的时期，以免让农民对屋仰叹，告诫民众不能错过适宜耕种的农时，教农民在空地种植桑树。最后一首劝农诗可以看出梁栋劝农举措获得成功，田野茂盛，渔业和农业都一派繁荣，梁栋对此感叹往年灾害对民生的影响，进而又写到酬神献酒的仪式，丝毫没有夸耀政绩的意味。他既以劝农诗劝化百姓勤勉农事，也与百姓共享丰收喜悦，其与民同甘共苦的官员形象跃然纸上。

这三首劝农诗是层层递进的组诗。第一首诗中，梁栋自述出城劝农，以林鸟春昼、川鱼晚风、薄暮篮舆等暗示一天的时间进程，也可知梁栋作为地方官将劝农真正落实到田地中，并非是在书案上写出劝农诗以应付统治者。朱熹《劝农文》曰："生民之本，足食为先，是以国家务农重谷，使凡州县守皆以劝农为职。每岁二月出郊课督子弟竭力耕田。"①明确指出劝农是地方官的职责，梁栋的劝农诗以诗歌形式记录当时出郊劝农耕田的场景，以其地方官的创作者身份为文人的劝农文章作了良好注解。梁栋描绘农民的辛勤劳动和官员在绿荫下收税的场景，夹杂清新动人的乡间景致，昭示着生机勃勃的春日，这也正是农事起始之时，与次首中的"乘时"呼应。三首劝农诗妙在首尾连结，第一首描写春景春意，在精神上鼓励农民与时俱进、顺应春时。第二首诗中，他提出具体的农业发展策略，第三首写农田繁茂，农人庆贺，前两首诗所叙述的百日辛劳、乘时勤种的景象在第三首诗中看到了努力耕种的硕果，展现地方官对百姓民生的关怀，诗歌语言质朴真实，无生僻用典，这也有利于传播劝农思想，充分发挥诗歌的现实作用。

---

① 朱熹.晦庵先生朱文公文集[M]//朱杰人等(编).朱子全书(25)，上海：上海古籍出版社，合肥：安徽教育出版社，2002：4625.

二、节烈诗

节烈诗指颂扬节妇和烈女守贞的诗作,或为文人所题,或节烈女性自题,如虞集《赋卫节妇汪夫人》、黄宗羲《卓烈妇诗》、李柏《卓烈妇》等。梁栋创作的《题烈女鲍霜姑》《题节妇庆逢缮妻张氏》亦是赞扬烈女、节妇之作,这是他在含山县任上所写,带有浓厚"风教"思想。除梁栋此诗外,《〔乾隆〕含山县志》涉及鲍霜姑事迹还有四首诗和两篇文章,足见其在当地之影响。①

题烈女鲍霜姑

捐躯岂愿姓名彰,巾帼偏能植五常。有恨寒盟宁玉碎,无缘同穴抱簪亡。杜鹃莫滴三春血,乌鹊会传千载芳。祠畔秋霜一片月,漫劳过客费评章。②

题节妇庆逢缮妻张氏

何事摧残连理枝,顿教巢覆倒悬悲。荧荧裙布呼天日,惨惨遗言谢世时。二子零丁须抚育,一姑衰老赖维持。荻芦画尽名成立,丹诏荣旌出凤池。③

鲍霜姑初许配王章,其父汪丁明欲将其改嫁富豪,她携带王章聘礼自杀。④ 汪丁明诈言女心病死。地方官收受贿赂,判"王章欺妄,杖三十"。汪家邻居汪有德坚持为鲍霜姑声冤:"德即身首异处,终不忍没死者之烈。"但鲍霜姑依然未被认为是烈女。梁栋从儒家教化角度认为霜姑有儒家"五

---

① 四首诗分别为:唐綖《挽烈女鲍霜姑》、吴炯《和梁中尊题鲍烈女韵》、张曾炳《步梁中尊题鲍霜姑韵》、张燮《鲍霜姑墓》;两篇文章分别为:唐良《鲍霜姑传》、周元宰《烈女鲍霜姑碑铭》,分别载于《〔乾隆〕含山县志》卷一二《艺文志·诗》、卷一五《艺文志·传》、卷一六《艺文志·碑》。
② 梁栋修,唐焯纂.〔乾隆〕含山县志[M].海口:海南出版社,2001:216.
③ 梁栋修,唐焯纂.〔乾隆〕含山县志[M].海口:海南出版社,2001:216.
④ 传详如下:"鲍氏,名霜姑,汪丁明养女,许字王章,已纳采。丁明寻悔,欲更为豪右妾,女闻恸愤不从。丁明百计逼之,遂以苎绳自经死,肘后傅一布包,内贮花簪脂片履样,皆王氏聘物。时顺治丙申年六月朔日,女年一十有六,邑令周元宰有烈女鲍霜姑碑铭勒石。"见梁栋修《〔乾隆〕含山县志》卷一一《人物志·列女》[M].海口:海南出版社,2001:188.

常"的品德：仁、义、礼、智、信。这与受贿官员形成鲜明对比，正如唐良在《鲍霜姑传》中说："彰善瘅恶，主持风化，男子有位者之责也。"①审理此案的李雷收受贿赂，未能清明断案，明显违背敦促风教、彰显善德的责任，他临终亦愧悔。"雷以场屋之变受酷刑，无完肤，死于中途，曰：'予生平无甚败德，唯含山烈女一案耳。按霜姑死于丙申六月朔，正当溽暑，月余不掩棺，过者绝不闻臭气，夫非纵死犹闻侠骨香者耶。'"②梁栋慨叹霜姑秉承五常之德，一"偏"字含蓄道出对当时风化的批判，德行道义不显于士大夫而在寒闺弱质之中，鲍霜姑之死是为尽名节之义，而非彰显本名，地方官断案错误不使其名彰显于世，这本非霜姑之愿，但其"五常"之德却能使其名字在民间长久流传，名实相符。"贞烈祠中名最彰，水心铁骨植天常""比洁秋霜姓字彰，怜渠巾帼树纲常"都是对梁栋此诗的同义唱和，污浊的官府无法阻止鲍霜姑德名的彰显。"有恨寒盟宁玉碎，无缘同穴抱簪亡"是诗中用力处，没有使用常见典故和套语，以鲍霜姑故事的细节入诗，足见梁栋对霜姑事件的熟悉程度。旌表妇女是梁栋作为知县的职责，但梁栋之于鲍霜姑的颂扬没有附和流俗，而是真正崇敬、感情真挚，这是其超越知县职责之外的深厚情感。

《〔乾隆〕含山县志·艺文志》记载不少旌表烈女的诗作，如汪元鹏《挽许凤姑》、吴炯《挽徐贞女》、叶肇梓《张烈妇传》、贾樨《余烈妇传》等，但于题目中即有姓名的数量极少。咏叹鲍霜姑的诗文数量颇丰，且多于题目点其名讳，其中缘由，除鲍霜姑本身故事的传奇性外，还有梁栋诗歌发挥的聚集作用，如吴炯《和梁中尊题鲍烈女韵》和张曾炳《步梁中尊题鲍霜姑韵》，都是对梁栋诗作的唱和，在内容上也多有相似之处。梁栋诗作和其他有关鲍霜姑的诗文直呼其名，凸显女性个人的主体性，霜姑以其自身姓名流传后

---

① 梁栋修，唐焯纂.〔乾隆〕含山县志[M].海口：海南出版社，2001：273.
② 梁栋修，唐焯纂.〔乾隆〕含山县志[M].海口：海南出版社，2001：273.

世,而非某某女儿或某某氏,可见她作为烈女在当地的影响之大、流传之广,即如梁栋诗言"谩劳过客费评章",即可看出当地百姓十分认同其忠贞不渝的行为,在此种集体共同意识背后,梁栋作为县官所创作的诗歌所起的引导作用不可忽视。

在梁栋另一首《题节妇庆逢缮妻张氏》中,张氏只留下自己的姓氏,不知具体名字,她的身份依存于丈夫庆逢缮,她在社会中的称谓只是"庆逢缮妻张氏"。贞女和节妇同被旌表,但从其名字称谓可看出人们对其不同身份的认识,女子嫁人后失去个体生存的主体性,逐渐遗忘作为女性应有的权利,她一生的身份认同仅作为庆逢缮的妻子,当地女性在社会的生存状态可见一斑。庆逢缮离世后,张氏欲追随而去,但还有两个孩子需要抚养,以及年迈衰老的婆母也需要张氏照顾。因此,她放弃殉葬,效仿欧阳修母亲以获芦画字教养两个儿子功成名就,婆母长寿,张氏也获得乡贤写诗褒扬。①

梁栋写节烈诗的原因主要在于响应朝廷旌表制度、推行教化民风,据《清史稿》载:"清制,礼部掌旌格孝妇、孝女、烈妇、烈女、守节、殉节、未婚守节,岁会而上,都数千人……"②根据董家遵《历代节烈妇女的统计》,清代节烈女性数量为 12 323 人,明代 35 829 人,元代 742 人,宋代 274 人。③ 明清节烈女子数量远超前代,且清代少于明代,除了节烈思想观念的强化,更重要的在于此种观念形诸制度的体现,元代节烈女性数量骤升即因为"在元代统治者推行'大学'之道齐家治国的统治方术时,妇女节烈的表彰很快被制度化了"④。清代节烈数量略少,官方不再提倡表彰激烈殉葬的女性,更希望

---

① 传详如下:"姑寿而健,二子先后成名,又善于持家,克勤克俭,不坠前业,邑候绅士,多以诗歌褒美,乾隆八年奉。"见梁栋修《[乾隆]含山县志》卷一一《人物志·列女》[M].海口:海南出版社,2001:193.
② 赵尔巽.清史稿[M].北京:中华书局,1977:14020.
③ 董家遵.历代节烈妇女的统计[C]//鲍家麟(编).中国妇女史论集,台北:稻乡出版社,1993:112.
④ 杜芳琴.明清贞节的特点及其原因[J].山西师大学报(社会科学版),1997(4):41-46.

女性承担扶持夫家的责任,这一点明显体现在庆逢缮妻张氏身上,张氏欲殉夫时受到旁人劝阻说:"养姑训子,尔之大事,一死未足塞责也。"其意表明照顾家庭的女子才是朝廷推崇的持守家业的典范,这也是梁栋撰写此诗的重要原因,张氏持家,奉养婆母,抚育幼子功成名就,这是当时节妇形象的典型特征,儒家传统礼教规范和主流社会对女性的认知在其中有重要影响。因此,诗歌文本内的烈女、节妇和文本外的作者梁栋及读者,无不处于儒家礼教影响下,烈女、节妇秉持传统的儒家女性观,正如陈东原在《中国妇女生活史》中说:"男尊女卑的观点,夫为妻纲的道理和三从四德的典型,虽然是很早就有的,但很散漫,很浮泛。就是刘向《列女传》,也不过罗列一些事实,做妇女生活的标准。班昭的《女诫》才系统的将压抑女性的思想编纂起来,使它成为铁锁一般牢固,套上了妇女的颈子。"①妇女接受社会角色赋予的家庭责任,丈夫去世后,妇女便服务于家庭需求,节妇在这样的社会规范中没有个体自由,完全沦为儒家伦理体系构建的一环,但作为地方官的梁栋所关注的正是这样有助于维持伦理纲常和社会秩序的人物。

杜芳琴《明清贞洁的特点及其原因》提出:"除了以往已婚妇女为夫死烈外,明清还兴起未嫁(已字或已聘)殉夫的'处女烈'。"②鲍霜姑即为"处女烈",尚未与丈夫谋面便矢志不渝,以死来为节烈道德做注,并且事件多有情节离奇之处,遂使诗文数量众多。周元宰《烈女鲍霜姑碑铭》指出:"谓其能得天地之正性,凡忠孝节烈之事,不难毅然行之,无所却于前,无所畏于后。"③放笔于节烈教化的文本是节烈诗创作总的趋向。主流社会是节烈诗最主要的阅读场域,也是其创作目的的重要实施场所,节烈诗多创作于主人公身后,因此对其本人思想的影响甚微,流风所及沾溉后来的女性,以及形

---

① 陈东原.中国妇女生活史[M].北京:商务印书馆,2015:37.
② 杜芳琴.明清贞节的特点及其原因[J].山西师大学报(社会科学版),1997(4):41-46.
③ 梁栋修,唐焯纂.〔乾隆〕含山县志[M].海口:海南出版社,2001:295.

成整个社会崇尚节烈的风气,这一切都仰赖于地方官在制度上的旌表和诗文上的倡导。引导世风向善是儒学教化的一部分,有助于社会稳定和谐,也是地方官的重要政绩。梁栋特意选取节妇、烈女两种典型形象,具有高度代表性:"磨笄名山,望夫化石,自古有之,于今为烈,锡之贞珉,以保无斁,凡民有心,顽廉懦立。"①咏叹节烈的深层原因在于维持风俗教化,尤其是鲍霜姑"未入夫门,遂与夫诀",从未与王章谋面,此故事也就与爱情无涉。因此,其所有相关诗作皆从贞洁纲常入笔,称颂世教民风。

三、祝寿诗

祝寿诗围绕生日而作,表达祝寿愿望或生命情怀的诗歌,自先秦就已产生,如《诗经·小雅·天保》《小雅·楚茨》,后有杜甫《宗武生日》、范成大《东宫寿诗》、成多禄《壬戌六十初度十首》等。梁栋《赠寿民康斗虚》是为新化县当地102岁的老人康斗虚所作,《〔乾隆〕新化县志》卷二二《人物·愿寿》载康斗虚生于顺治十五年(1658),为人宽厚忠孝,梁栋于乾隆二十四年(1759)访之。②

赠寿民康斗虚

梅山一寿翁,矍铄谁与伍。耕凿忘帝力,含哺任腹鼓。一堂人四世,几对班衣舞。海鹤拟其姿,苍松堪比侣。期愿岂易臻,乃在滨江浦。安车应有征,顾问将唯汝。我闻善庆家,宜受天之佑。升平重人瑞,皇仁德泽溥。丹书飞北阙,百岁自千古。

该诗既有对康斗虚的祝福,如以"海鹤""苍松"作比,赞叹其姿态高雅、品德高尚,也推广到对其家庭积善受佑的关注,进而从家庭上升到对国家皇帝的颂扬,使祝寿诗不单薄地抒发个体愿景,体现梁栋作为地方官的创作者身

---

① 梁栋修,唐焯纂.〔乾隆〕含山县志[M].海口:海南出版社,2001:295.
② 梁栋修,杨振铎纂.〔乾隆〕新化县志[M].海口:海南出版社,2001:180.

份,时刻记挂百姓。尾句又回到对康斗虚百岁千古的祝愿,诗作不离祝寿的主题,却能一环扣一环,从寿翁自身的体力神采出发,延伸至子女、家族、国家,长生的祝寿模式满足祝寿诗的应酬和交际功能,也有实际的生活体验,展示新化县长寿者温馨美好的家庭生活,平易真切,颂德祝寿的文化特征熔铸其中。涂小伟《宋代祝寿诗研究》提出寿友诗的三个特征:"创作者'我'的凸显、多祝颂有根据、多有勉励和感慨之语。"①《赠寿民康斗虚》亦凸显创作者的存在及其对地方百姓生活的了解,从生活细节来书写寿友诗,包括精神矍铄的洞察、斑衣戏舞的孝顺、安车召贤的才能,以及积善有庆的护佑等,这皆是康斗虚所教养的四世同堂之家所具有的特征,他以其高尚品德和贤德才能立足于世,培养积善处世的子孙,受到皇帝表彰。梁栋试图消解固化颂扬富贵荣华的模式化写作,全诗祝颂色彩浓厚,却丝毫不提及升官发财的祝愿, 应祝福皆在礼教范围内,强化孝道观念,以康斗虚一家带动千万家,梁栋对康斗虚的勉励之语亦是其他百姓的教导,有助于儒家道德的规范和强化。

四、写景诗

梁栋共有两首写景诗存世,其一《八字岩》曰:"谁将铁笔写崖前,开关由来景自然。双挂新钩邀夜月,平分嫩柳锁朝烟。风飘雨露东西至,云卷晴岚左右旋,作字象形形象字,天工喜带墨痕鲜。"②该诗纯为自然风景描写,为梁氏政暇时抒情览景之作。另一首《维山叠嶂》是新化县八景诗之一:"层峦耸翠映朝霞,黛色阴翳罩碧纱。龙虎榜开题姓字,玉珠雨布润桑麻。锦屏云幻诗中画,雪案春摧笔上花。十屐登临回首望,梅城烟火万千

---

① 涂小伟: 宋代祝寿诗研究[D].西南大学,2012:19-21.
② 梁栋修,杨振铎纂.〔乾隆〕新化县志[M].海口:海南出版社,2001:226.

家。"①带有较为浓厚的儒家教化思想,兹析之。

《〔乾隆〕新化县志》载当地八景为:维山叠嶂、瀛江带水、水晶高阁、月照碧潭、东泽龙池、潮源仙洞、黎山潮信、崇阳夕霭。②《维山叠嶂》是八景文化聚合景观系统中的诗歌之一,《〔乾隆〕新化县志》记载维山地理位置为:"维山叠嶂,治南四十里,层峦叠翠,峰峰相接,远到邑治前,宛如屏障。"③

《维山叠嶂》描绘山峰的整体特征与县志一致,皆强调山峰如屏,其写实性彰显新化地区风物,中间两联诗思尤奇,从维山翠景陡转学子中举,《〔乾隆〕新化县志·学校志》记载新化县学宫修建始末,其地址在县西南隅,④维山在"治南四十里",两者方向大略相同,登山而见学校,故有学子登榜之意,继而希望士人他日为官亦能如春雨恩泽乡里。维山层峦叠嶂,如锦绣屏风,景色优美,激发诗人创作才情。而后转成城市景观描写,人烟繁华,视角平远。首联中,山景高耸,于热闹中体现青年登榜的喜悦和一年之计于春勃发的盎然生机,人的生命与大自然拥有同等节奏,山中和世上各有其景。诗人亦为山头景色所沉醉,云霞如诗画,造极之美,以诗相形,更添神韵。尾联气象雍容高华,回首眺望城市夜景,烟火万家与山林静谧两相映照,山峰静穆沉思,城市烟火是诗人为官的政绩,一地繁荣是其精心为政的成果。诗文创作为山水园林增色不少,尤其是新化县作为湖南小县,其八景远不如"潇湘八景"名传四方,亦无名人作诗文以传世,其风景或许平淡,但也属于地方文化景观遗产,其中熔铸着新化县人民的赏景习俗和景观审美意识,这一切都需要以诗文为载体来呈现。因此,锻造八景山水文化对于一地文化体系而言亦有其重要地位。梁栋作为知县,扛下为新化县八景作诗

---

① 梁栋修,杨振铎纂.〔乾隆〕新化县志[M].海口:海南出版社,2001:226.
② 梁栋修,杨振铎纂.〔乾隆〕新化县志[M].海口:海南出版社,2001:182-183.
③ 梁栋修,杨振铎纂.〔乾隆〕新化县志[M].海口:海南出版社,2001:182.
④ 梁栋修,杨振铎纂.〔乾隆〕新化县志[M].海口:海南出版社,2001:77.

以彰其名胜的重任,他融合深厚的地域情怀和特定地区的地理感知,由此形成任职新化时期的历史记忆。

李开然和央·瓦斯查合作的《组景序列所表现的现象学景观:中国传统景观感知体验模式的现代性》提出:"被选入地方组景序列的景观被视为当时当地的最佳景点,通常也是最受民众欢迎的游憩场所。"①这也正是梁栋及新化邑人创作维山诗的重要意义,在显示教化和政绩之外,以其诗歌才华将新化县各处景观有序组合,使之关联化和整体化,这样的组景方式"反映了精英式的文化感知方式对景观的大众体验的深刻影响"。梁栋及儒生们以其对维山的独特描摹及其意义呈现带领百姓解读本土景观序列,充实普通景点的景观文化内容,借助诗作载入地方志,使之从赏玩场所成为带有历史文化价值的组景之一。

除梁栋外,《〔乾隆〕新化县志》还有四首关于维山景观之作,吴思树《登维山》,以及姚九功、吕律、毛学古所作的同题《维山叠嶂》,知县与地方文人同一咏题,群体之间互相唱和,可见新化八景诗创作具有强烈的群体意识。姚九功和吕律的八景诗皆是详细描摹维山景色,毛学古的尾联则写到降雨对百姓的影响:"时与霖雨苍生望,永镇梅城福泽长。"②但梁栋《维山叠嶂》仅首联写青翠山景,余则皆为目及之景,重在勾连万象,旁见书院中举、千门万户的昌盛,这很大程度上是由于他的知县身份影响,姚九功、吕律、毛学古皆是新化县人士,无官职在身,他们作诗带有更多的个人意愿,且写景为八景诗创作的常见模式,因此,他们的"维山诗"主要吟咏维山风光。但梁栋作为地方官具有浓厚的儒家教化思想,知县身份主导他的诗歌创作,以至于在八景诗中亦要涉及繁荣盛景及书院科举,以表政绩所在。

---

① 李开然、央·瓦斯查.组景序列所表现的现象学景观:中国传统景观感知体验模式的现代性[J].中国园林,2009(5):29-33.
② 梁栋修,杨振铎纂.〔乾隆〕新化县志[M].海口:海南出版社,2001:232.

五、结语

总体而言,梁栋的诗歌价值主要在于知县身份的影响所造成的内容意义。其劝农诗旨在劝勉农事以发展民生,这是官员在社会发展层面的职责追求,节烈诗力图敦促民风礼教,祝寿诗感念皇恩,借此推行孝道精神,最终起到维护社会秩序的作用,暗合国家昌盛的局面,写景诗亦有写都市繁荣以映照斐然政绩。这些教化题材创作很大程度上和他"文人—官员"的复合身份有关,他作为一地知县,受到儒家文化深刻影响的官员角色意识支配,具有浓厚的使命感,自觉在诗歌中承担社会教化的责任,以期借助文学形式匡时救弊,正如《新化县志序》记载的其修志观:"凡有关于国计民生、政教风化者,靡不据实直书,援古证今,条分缕晰,令观者了如指掌,然后可信可征,鉴已往而示来。"①《新化县志序》出现了三次"国计民生、政教风化",这八个字也正是梁栋诗歌作品的主线。梁栋的县官身份也使他的诗歌对地方文学起到聚集作用,梁栋创作《题烈女鲍霜姑》后,同郡吴炯、张曾炳即写了同题唱和诗。清朝大部分知县皆如梁栋一样较为平凡,他们的政治活动也不会进入正史,但这群体却是清朝治理地方的中坚力量,梁栋诗歌正反映县官的部分政治生活,梳理和分析其诗歌有助于进一步探索清朝地方文化。

---

① 梁栋修,杨振铎纂.〔乾隆〕新化县志[M].海口:海南出版社,2001:4.

明清固原川籍仕人及其著述考略

周思言①

摘 要：为巩固西北边防，明王朝颁布了一系列援边举措，钳制多方势力，维护国家安定。如出台著名的"三边总制"之任官政策、建立"九边重镇"之御边体系等。固原，为明清时期边防军事重镇。自明代始，固原的军事地理地位得到进一步提高，以科举制度为主的人才选拔机制将各地区人才输送至固原地区为官治政，其中明清时期的川籍仕人计51人，这一数量相较明前有了大幅增长。川籍仕人们大多政绩卓越、功勋斐然，深受固原地区百姓爱戴。现对明清任官于固原的川籍仕人数量及其功绩作一简单梳理及勾勒，明晰其著述详情，为进一步研究其对固原历史文化产生的影响及著述价值奠定基础。

关键词：明清；固原；川籍；仕人

一、固原的军事地位及川籍仕人任职情况

固原史称"高平第一城"，是顾祖禹口中"据八郡之肩背，绾三镇之要

---

① 作者简介：周思言（1996— ），女，四川达州人，广西师范大学文学院博士研究生，主要从事中国古代文学研究。

脊,左控五原,右带兰会,黄流绕北,崆峒阻南"①的形胜要地。处于中原农耕文化与北方游牧文化的交汇处,是古代陆上"丝绸之路"东段北道的必经之地,是历史上西北地区的经济要地、交通枢纽与军事重镇。

自明代始,固原的军事地理地位得到了进一步提高。明王朝为巩固西北边防、抵御北方游牧民族的侵扰,施行了一系列援边举措,如出台"三边总制"之任官政策、建立"九边重镇"之御边体系。明代"九边重镇",是明弘治年间在北部沿长城防线陆续设立的九个军事重镇,故"九边"亦称"九镇",包括辽东、宣府、大同、山西、延绥、宁夏、甘肃、蓟州、固原九个军事重镇。《明史·兵志三》载:"元人北归,屡谋兴复。永乐迁都北平,三面近塞。正统以后,敌患日多,故终明之世,边防甚重。东起鸭绿,西抵嘉峪,绵亘万里,分守防御。初设辽东、宣府、大同、延绥四镇,继设宁夏、甘肃、蓟州三镇,而太原总兵治偏头,三边总制府驻固原,亦称二镇,是为九边。"②由于陕西三边(延绥、宁夏、甘肃)是九边中地处最西端的三镇,故史称"西三边",加之固原,史称为"三边四镇"。固原不仅为"九边重镇"之一,亦为"三边总制"之开府地。清初著名地理学家刘献廷在其著作《广阳杂记》卷一中记载:"明三边总制,驻扎固原,军门为天下第一,堂皇如王者。其照墙,画骐骥一,凤皇三,虎九,以象一总制三巡抚九总镇也。"③"堂皇如王者",足见三边总制府的庄严与气派,亦深刻凸显出固原在明代极为重要的军事地理地位。

明代陕西"三边总制"制度,便是指在"西三边"重镇上分设文武重臣,各自承担辖区事务的任官政策。据侯颖《明代陕西"三边总制"制度研究》考述,成化八年(1472),西边的情形危急,朝廷遂命王越为总督军务指挥战守全局,控制延绥、宁夏、甘肃三边,是为三边总制之始。并命各边总兵、巡

---

① 顾祖禹撰,贺次君、施和金点校.读史方舆纪要[M].北京:中华书局,2005:2802.
② 张廷玉等.明史[M].北京:中华书局,1974:2235.
③ 刘献廷撰,汪北平、夏志和点校.广阳杂记[M].北京:中华书局,2007:35.

抚均受节制。成化十七年(1481),王越被免职,总制之设无后续。弘治初年,边烽又起,明廷再次起用王越总制三边。次年,王越卒,三边总制之位再度虚悬。至弘治十四年(1501),正式设三边总制府,驻固原。先任史琳为临时代理三边总制,寻任命秦纮专司此职。嘉靖三年(1524)末,明廷起用杨一清,改称提督陕西三边军务大臣,始为定制。嘉靖八年(1529),王琼接任,仍称总制。嘉靖十六年(1537),改称"陕西三边总督"①。从首任总制王越始,至末任总督李化熙止,160余年间,三边总制时设时罢,或任或缺,先后有60余人②任总制或总督。③明清固原川籍仕人中四川籍三边总督有两位,且均有作品存世,即明万历年间就任的高文荐、梅友松。④

清兵入关,明朝覆灭,九边体系易主。随着战争的逐渐消弭,原先设立以统领三边、统筹应对蒙古的固原镇,其御边功能在清代相对弱化,内地性加深。但由于固原地处陕西三边居中之地,且距青海、蒙古不远,故固原镇虽然战略地位有所下降,但在应对西北边疆局势上仍具有一定战略地位。因此,明、清时期,尽管朝代更迭、时局变换,固原镇的军事地理地位依然是极为重要的。

经过时代拣选,官员选拔制度经过层层更迭,科举制应运而生。科举制始于隋朝,成形于唐,在宋、元时期经过艰难发展,至明清两代,科举制成为

---

① "三边总制"与"三边总督"的称呼并无实质区别。成化十年(1474),明朝设置三边总制一职,但因"制"为帝王专属用词,为避"专制"一词,嘉靖十九年(1540)起,改"总制"为"总督",此后便多称"三边总督"。
② 关于三边总督的实际就任人数,学界有不同的说法。学者徐兴亚、薛正昌、佘贵孝等均认为,"150余年间""140余年""147年间","先后有56人65次出任三边总制(督)"。而佘贵孝后期对时间长度及出任人数做了考订,认为"169年间先后有60多人任总制或总督",随后又进行了一次考订,认为"140余年间,先后有61人到固原出任三边总制"。学者侯颖提出人数为"56人",刘景纯称"先后有60余人"。学者马维仁在《明代陕西三边总制人数考实》一文中对三边总制人数做了较为详细可靠的考证,得出结论:成化十年(1474)设置伊始至崇祯十七年(1644)明朝灭亡169年间共有64人出任三边总制。
③ 侯颖.明代陕西"三边总制"制度研究[M].兰州:甘肃文化出版社,2014:81.
④ 明清固原川籍仕人中除高文荐、梅友松二人出任为明万历间的三边总督,"余子俊"官职亦为"巡抚兼摄三边总督",但经分析,其官职应为兼摄之衔,行代理之权,因此不将其归入"三边总制"之列。

了士子入仕最主要的方式。有明一代重视科举,其发展盛况亦延续至清代。固原军事地理地位提高、明王朝援边政策的出台以及科举取士制度的兴盛等因素,是明清两代相较于明前固原川籍仕人数量陡升的主要原因。川籍仕人大多政绩卓越、军功卓著,深受百姓爱戴。以固原方志为主要材料及数据来源,以四川地区方志文献为辅助及对照佐证材料,对明前及明后的川籍仕人数量作对比统计及分析,列出明前(包括汉、晋、南北朝、隋、唐、宋)在固原任职的川籍仕人数量及在当朝仕人总数中的占比率;明、清两代各自在固原任职的川籍仕人数量及在当朝仕人总数中的占比率。将三组数据进行对比,得出结论:明代以前任职固原的川籍仕人数量较少,而明及以后川籍仕人数量陡升,形成鲜明对比。列简表于下:

表1 各朝代在固原任职的川籍仕人数量对比简表

朝　　代	川籍仕人数量(人)	当朝名宦、文武职官总人数(人)	占比率(约)
明前(汉、晋、南北朝、隋、唐、五代、宋、金)	1	72	1%
明	28	283	10%
清	23	684	3%

由上表可知,在明王朝出台"三边总制"任官制度、建立"九边重镇"御边体系的时代背景下,固原的军事地理地位在明代得到了进一步重视,由各地擢官至固原的仕人数量有了较大幅度的增长,其中川籍仕人数量亦呈陡然增长的趋势,形成了一幅"明清时期固原川籍仕人群像图"。

二、川籍仕人群像及其著述详情

(一)仕人群像

通过对固原各时期的地方志作详细资料整理,以四川地区的方志为辅

助对照材料,析出明清时期在固原为官的川籍仕人共计51人,将仕人的详细信息列表于下①:

表2 《固原州志》所载51位川籍仕人信息

序号	《[嘉靖]固原州志》（记载11人）	《[万历]固原州志》（记载26人）	《[宣统]新修固原直隶州志》（记载51人）	官　职	学历	籍　贯
1	杨　勉	杨　勉	杨　勉	整饬固原兵备宪臣	进士	安岳
2	洪　恩	洪　恩	洪　恩	知州	举人	成都
3	李　佐	李　佐	李　佐	学正	岁贡	成都
4	周　价	周　价	周　价	学正	岁贡	巴县
5	李　鹏	李　鹏	李　鹏	学正	岁贡	茂州(今属阿坝州)
6	李　澄	李　澄	李　澄	训导	岁贡	盐亭(今属绵阳市)
7	胡　贯	胡　贯	胡　贯	训导	岁贡	巴县
8	罗　衮	罗　衮	罗　衮	训导	岁贡	宜宾
9	马　元	马　元	马　元	训导	岁贡	华阳(今属成都市)
10	毛凤起	毛凤起	毛凤起	训导	岁贡	宜宾
11	朱崇易	朱崇义	朱崇义	训导	岁贡	新宁(今属达州市)
12		高文荐	高文荐	三边总督	进士	成都
13		梅友松	梅友松	三边总督	进士	内江
14		曹　迈	曹　迈	兵备道	进士	荣县(今属自贡市)
15		崔　官	崔　官	兵备道	进士	江津(今属重庆市)
16		李临阳	李临阳	兵备道	进士	江津(今属重庆市)
17		王之臣	王之臣	兵备道	进士	南充

① 为呈现清晰的表格阅览效果,信息不详处均以"/"标示,后表均如是。

续表

序号	《〔嘉靖〕固原州志》（记载11人）	《〔万历〕固原州志》（记载26人）	《〔宣统〕新修固原直隶州志》（记载51人）	官 职	学历	籍 贯
18		胡 光	胡 光	知州	举人	雅州(今雅安市)
19		任企贤	任企贤	知州	举人	阆中(今属南充市)
20		刑汝龙	刑汝龙	知州	监生	铜梁(今属重庆市)
21		刘汉卿	刘汉卿	监收同知	监生	/
22		吴国士	吴国士	监收同知	选贡	/
23		颜似葵	颜似葵	监收同知	监生	巴县
24		萧元圭	萧元圭	学正	岁贡	纳溪(今属泸州市)
25		陈 吉	陈 吉	学正	岁贡	成都
26		张 田	张 田	训导	岁贡	汉州(今广汉市)
27			余子俊	巡抚兼摄总制	进士	青神(今属眉山市)
28			冯从龙	兵备道	举人	邻水(今属广安市)
29			廖溥明	知州	附生	富顺(今属自贡市)
30			罗登绰	吏目	/	/
31			王立中	吏目	/	越巂厅(今属凉山州)
32			陈 寅	代理吏目	/	/
33			任建勋	吏目	/	南充
34			周宗濂	吏目	/	新繁(今属成都市)
35			陈光在	吏目	/	/
36			杨遇春	提督	武乡	崇庆(今崇州)
37			雷正绾	提督	行伍	中江
38			韩正德	提标后营游击	/	秀山(今属重庆)

续表

序号	《〔嘉靖〕固原州志》（记载11人）	《〔万历〕固原州志》（记载26人）	《〔宣统〕新修固原直隶州志》（记载51人）	官　职	学历	籍　贯
39			陈廷龙	提标后营游击	武进士	泸州
40			吴飞凤	提标后营游击	武探花	顺庆（今属南充市）
41			甘文玉	提标后营游击	/	安边（今属宜宾市）
42			雷洪春	提标中营守备	/	/
43			雷豫动	提标右营守备	行伍	南江（今属巴中）
44			李长富	提标右营守备	/	中江（今属德阳市）
45			罗天德	提标前营守备	/	三台（今属绵阳市）
46			赫全升	提标后营守备	/	彭州（今成都市代管）
47			许国栋	固原城守营守备	行伍	成都
48			唐宝臣	固原城守营守备	/	金堂（今属成都市）
49			雷天禄	固原城守营守备	/	/
50			黄玉芳	固原城守营守备	/	/
51			唐滋生	固原城守营兼辖瓦亭营守备	武童	内江

由上表可得出以下信息：第一，仕人所任职位有文有武，任文官职位的仕人数量为35人，任武官职位的仕人数量为16人。文官官职有：三边总督、整饬固原兵备宪臣（即兵备道）、知州、学正、训导、监收同知、吏目七种；武官官职有：提督、游击、守备三种。第二，《〔嘉靖〕固原州志》（以下简称"嘉靖本"）记载明代川籍仕人数量共11人；《〔万历〕固原州志》（以下简称"万历本"）记载明代川籍仕人数量共26人，相较于"嘉靖本"新增15人；《〔宣统〕新修固原直隶州志》（以下简称"宣统本"）记载明清两代川籍仕人

共 51 人,相较于"万历本"又新增 26 人。第三,辨误三则。其一,"嘉靖本"中"固原州并属官"之"训导"条下记载为"朱崇易",而"万历本"及"宣统本"中均记载为"朱崇义"(见表格中序号第 11 行)。以《〔嘉靖〕平凉府志》作为参校本,对其人的相关记载为:"朱崇易,四川新宁人,岁贡,升麟游教谕。"①《康对山先生全集》中《固原州重修庙学记》一文的相关记载为:"专司出纳则训导朱崇易。"②《〔康熙〕麟游县志》"教谕"条下亦记载为"朱崇易"③。因此,"嘉靖本"《固原州志》的记载"朱崇易"应是正确的,"万历本"及"宣统本"的记载有误。其二,"嘉靖本"与"万历本"均记载其中一位学正的名字为"李鹍",而"宣统本"记为"李鹏",应是"宣统本"记载有误(见表格中序号第 5 行)。其三,"整饬固原兵备宪臣杨冕"在以上三部《固原县志》中均被记载为"杨勉",而笔者搜集到杨冕撰写的著述题名均记载为"杨冕",又查询四川方志中的相关记载,发现其名亦被记载为"杨冕"。此外,其他地区方志与杨冕相关的记载亦为"杨冕",仅三部《固原县志》记为"勉"。可见,《固原县志》中应为误记,其正确姓名应为"杨冕"(本文此后除引用文本内容外均写作"杨冕")。第四,"宣统本"记载的明代川籍仕人相较于"万历本"增加了余子俊、冯从龙两人,应为补"万历本"之漏记的情况。第五,仕人中无争议的"三边总制"有两位,即明万历九年(1581)就任的成都籍仕人高文荐与明万历十七年(1589)就任的内江籍仕人梅友松,而"余子俊"不应归入"三边总制"之列:除《〔宣统〕新修固原直隶州志》将其纳入三边总制条列外,其他史料"三边总制"之列均未见"余子俊"的记载。《〔宣统〕新修固原直隶州志》中对余子俊的记

---

① 赵时春纂修.〔嘉靖〕平凉府志[M]//中国地方志集成·甘肃府县志辑:第 13 册.南京:凤凰出版社,2008:239.
② 康海撰、贾三强、余春柯点校.康对山先生集[M].西安:三秦出版社,2015:481.
③ 吴汝为修,〔清〕刘元泰纂.〔康熙〕麟游县志[M]//中国地方志集成·陕西府县志辑:第 34 册.南京:凤凰出版社,2007:177.

载为:"余子俊,字世英,青神人。以巡抚兼摄总制,奏设守御千户所,莅固原卫。"①学者马维仁认为,不应将"余子俊"归入三边总制之列,其在《明代陕西三边总制人数考实》一文中对三边总制的人数进行了核实考证,他在引用《〔宣统〕新修固原直隶州志》对余子俊的记载后写道:"这里的重点词语是'兼摄',《古代汉语词典》对'摄'字的解释是'代理'。也就是说余子俊此时在西北的职务是巡抚,同时代理总制之职,实际上,他的正式职务并非三边总制,只不过代行总制之职而已。《明史·余子俊传》中对余子俊的记载较为详细,但并未提及有关余子俊担任三边总制一事。由此可见,余子俊实际未曾真正出任三边总制一职,因此不能将其归入三边总制之列。"②此处沿袭学者马维仁的说法。

（二）著述详情

51位川籍仕人中,9位仕人留有著述,现将著述详情列表于下:

表3 明清固原川籍仕人著述信息一览

仕人	朝代	诗歌(11首)	散文(共15篇,存13篇)	集子(共9部,存7部)
杨冕	明	题为《杨冕诗一首》	《重建靖虏卫打刺赤城记》《修红山法泉寺碑记》	/
李临阳	明	《登岳阳楼》	《重修岳阳楼记》(已佚)	/
高文荐	明	《岳麓和颜文宗韵》《游岳麓和颜学使韵》	《重修邑城记》《本镇关隘议》	/
梅友松	明	《题为内江梅友松诗》《谒周公庙和苏韵》《己卯三道会议河工登文昌楼偶成(其二)》	/	《抚延疏稿》(二卷)《九子山堂稿》(已佚)

---

① 王学伊纂修.〔宣统〕新修固原直隶州志[M]//中国地方志集成·宁夏府县志辑:第8册.南京:凤凰出版社,2008:231.
② 马维仁.明代陕西三边总制人数考实[J].宁夏师范学院学报,2016(8):68-73.

续表

仕 人	朝代	诗歌(11 首)	散文(共15 篇,存13 篇)	集子(共9 部,存7 部)
冯从龙	明	《过延福寺》《蓬莱野步》《谒叶雪庵祠墓》	《明赐进士中宪大夫湖广按察副使前南京户部郎中龙门邓公墓志铭》	/
任企贤	明	通判任企贤《游灵岩诗赋》	/	/
余子俊	明	/	/	《春塘集》(已佚)《余肃敏公文集》(一卷)《余肃敏公奏议》(三卷)《余子俊奏议》(六卷)
杨遇春	清	/	《拂云楼记》《重修东岳庙碑》《捐廉生息重修六营义学碑记》《新修兰州府志序》《谕长子国佐家书》《武备制胜编自序》	《武备制胜编》(十三卷)《杨遇春奏稿》(不分卷)
雷正绾	清	/	《重修南古寺碑》(已佚)《克复固原各情形疏》《多忠勇公勤劳录序》	《多忠勇公勤劳录》(四卷)

由上表可知,仕人著述详情为：11 首诗歌、13 篇散文、7 部集子。

11 首诗歌均为明代仕人所作。散文分 5 类,分别为碑记、奏疏、家书、序文、墓志铭。集子则包括奏议奏稿类、文学著作类、军事著作类及传记文献整理成果类。梅友松奏疏《九子山堂稿》及余子俊诗集《春塘集》已佚,仅在部分文献中有疏笔描述。余下的集子,1 部被收录于汇编文献合集中,未见古籍版本,即《余肃敏公文集》(一卷)。《多忠勇公勤劳录》(四卷)。杨遇春的军事著作《武备制胜编》(十三卷)及梅友松《抚延疏稿》(二卷)为珍贵的古籍资源,《武备制胜编》(十三卷)仅有一清抄本存世,馆藏于四川省图书馆。梅友松《抚延疏稿》入库时间为 2007 年,根据北京大学图书馆古籍库分类标准,其被划分为三级善本古籍。雷正绾纂辑的《多忠勇公勤劳录》(四卷)有清光绪元年(1875)固原提督署刻本,亦见收录于汇编文献中。余子俊的2部奏稿集则有多种版本,馆藏于多处图书馆,且在汇编文献合集中亦有收录,版本繁杂,列表于下:

表4　余子俊两部奏议类集子版本及馆藏信息

题　　目	版　　本	馆　藏　地
《余子俊奏议》(六卷) (《余肃敏公奏议》)六卷)	明嘉靖二年(1523)李充嗣刻本	湖南省图书馆
《余肃敏公奏议》(三卷)	明刻本	天一阁文物保管所
	明刻本	中山大学图书馆
	明嘉靖二年(1523)刻本	上海图书馆
	1998影印本	上海图书馆《四部禁毁丛刊》

三、仕人生平及其在任功绩

仕人官阶有高低,方志中的记载笔墨便有多有寡。51位在固原任官的川籍仕人大多政绩卓越、军功卓著,固原乃至四川的方志中,对仕人们的评价多为"卓有政声"。虽部分仕人官阶相对较低,记载笔墨较少,但在相当一部分仕人简短的记载末尾处,仍有方志编纂者的赞美之言。如《[嘉靖]固原州志》中对明代训导毛凤起的记载为:"四川宜宾县人,由监生任。学博行方,士子严惮。"[1]毛凤起为训导,官阶并不高,且无十分详尽的人物生平记载,仅交代其籍贯与任官官职名,在任时的功绩也并未有详细记载,但末句方志修纂者对毛凤起的八字评述却概括、刻画出其博学多识、严肃谨慎,俨然一位具有文人风骨的博学士大夫形象。获类似赞美之声的仕人还

---

[1] 杨经纂辑,刘敏宽纂次;牛达生、牛春生校勘.[嘉靖][万历]固原州志[M].银川:宁夏人民出版社,1985:41.

有明正德年间任知州的洪恩,《〔嘉靖〕固原州志》记载洪恩功绩之句为:"本州民粮旧起运宁夏边仓,恩奏留本仓交纳,州民便之。"①又如明正德年间就任学正的周价,《〔嘉靖〕固原州志》记载:"学规严整,后升巩昌县儒学教授。"②虽仅疏笔带过,但明显带有修纂者的赞美评价性质,展示了一位学规严整的文人士大夫形象。韩正德为清光绪间就任的提标后营游击,在任虽仅三年,但仍称有功,"宣统本"称其为:"在任时,修葺营房各工程,颇著劳勚。"③清光绪年间就任固原城守营兼瓦亭营守备的唐滋生,剿贼有功,在任时间计十五年。

仕人中记载笔墨较多者有4人,分别为:杨遇春、雷正绾、廖溥明、杨冕。固原方志着墨较多,多至三百字,少亦百余字,记录其在固原任的晋升经历及功绩。以嘉靖、万历及宣统三部《固原州志》为主要材料,辅以四川方志文献,简要勾勒4人在固原任官的功绩。

杨遇春(1760—1837)④,"原名绍孔,字时斋,一字慕常"⑤,绰号"杨髯子",四川崇庆州(今四川省崇州市)人。有清一代擢升至陕甘总督(正一品)的汉人武将仅五位,杨遇春便是其中之一。杨遇春经历乾隆、嘉庆、道光

---

① 杨经纂辑,刘敏宽纂次;牛达生、牛春生校勘.〔嘉靖〕〔万历〕固原州志[M].银川:宁夏人民出版社,1985:39.
② 杨经纂辑,刘敏宽纂次;牛达生、牛春生校勘.〔嘉靖〕〔万历〕固原州志[M].银川:宁夏人民出版社,1985:189.
③ 王学伊纂修.〔宣统〕新修固原直隶州志[M]//中国地方志集成·宁夏府县志辑:第8册.南京:凤凰出版社,2008:327.
④ 杨遇春的出生时间在史料文献中的记载有所不同。其子杨国桢编写的《忠武公年谱》记载其生年为:"乾隆二十六年庚辰十二月二十五日辰时",但"乾隆二十六年"为干支纪年法的"辛巳年",而非"庚辰年","乾隆二十五年"对应的干支年为"庚辰",因此杨国桢记载的杨遇春出生年至二十岁的公元纪年与干支纪年并未正确对应,前后有一年的时间错位,已证明其子杨国桢的记载为误记;清李光涵编《时斋府君年谱》记载为:"乾隆二十五年庚辰十二月二十五日辰时";清代李惺为杨遇春作的墓志铭《杨忠武公墓志铭》记载为:"公生于乾隆二十五年庚辰十二月二十五日辰时";《杨忠武侯宣勤积庆图·江源毓秀》记载为:"乾隆二十五年庚辰嘉平月二十五日"等。由于杨遇春生于年末,依照农历纪年的标准又存在多种情况,学者张伯龄的专著《漫话杨遇春》中对杨遇春的生年之各种说法、情况做了详细考述。笔者采取《时斋府君年谱》中生于"乾隆二十五年十二月二十五日辰时"即公元1760年生之说。
⑤ 杨永澍.杨忠武公记事录[M]//中国野史集成:第49册.成都:巴蜀书社,1993:401.

三朝,战功赫赫,彪炳青史。杨遇春自二十岁①中武举始,官阶逐级晋升,《杨忠武公记事录》列其简明履历,由把总、千总、守备、都司、游击、参将、副将、总兵、提督,晋升至陕西固原提督、署理陕甘总督,终至实授陕甘总督。由于战绩出色,杨遇春受皇家恩眷甚重,清《〔宣统〕新修固原直隶州志》载其受封情况:"……诏封果勇侯,授陕甘总督,加一等昭勇侯,紫光阁绘像,十八年卒。赐谥'忠武',加太傅、兵部尚书,祀贤良祠,祭葬如例。至如御赐匾额、紫缰、双眼花翎、白金玉皿诸品,洵酬庸之懋典也。"②杨遇春卒后,入祀贤良祠、乡贤祠。道光皇帝谕曰:"予告陕甘总督杨遇春,历事三朝,身经百战,勤劳懋著,功在旃常,前已加恩入祀贤良祠,著准其入祀乡贤祠,无庸再交部议……"③杨遇春身为武将,屡立军功,一生戎马征战四方;身为臣子,忠心仕上,维护皇权的统治。因此,杨遇春才能以汉人武将的身份位极人臣,以军功卓著的传奇一生为后世所乐道。

雷正绾(1829—1897),任武官,世为武职,其生父雷国棠曾任江西南赣都司、潼川营都司(清绿营正四品武官)。雷正绾的一生军功卓著,戎马倥偬,由行伍出身逐级晋升,四方征战、剿平叛逆。其虽为武将,但却能礼贤下士、捐培书院,重视民生,百姓为其立碑纪念。《〔宣统〕新修固原直隶州志》记载近三百字:"雷正绾,字纬堂,四川中江人,行伍以弓马擅胜,拔把总,随征江、皖发逆及山东捻匪,叙功升梁万营都司。旋带队秦、陇,进剿逆回,设奇决战,迭著伟绩,洊至副将,加直勇巴图鲁,授陕安镇总兵。同治元年,擢固原提督,留办陕西军务,既而率师进攻泾州、平凉、固原东、西山及金积堡,

---

① 采取《时斋府君年谱》"乾隆四十四年己亥二十岁,九月应恩科武乡试中式第十八名举人"之记载。
② 王学伊纂.〔宣统〕新修固原直隶州志[M]//中国地方志集成·宁夏府县志辑:第8册.南京:凤凰出版社,2008:298.
③ 杨国桢、杨国佐.忠武公年谱[M]//中国国家图书馆藏珍本年谱丛刊:第123册.北京:北京图书馆出版社,1993:61.

俘获巨酋,旋克之。……其治军严肃,固所宜然。至其捐廉培植书院,礼贤厚士,尤合古儒将风。绅民立去思碑也有以夫。"①《〔民国〕中江县志》中有单独传记载其生平。

廖溥明(生卒年不详),任文官,在任上亦有一番作为。《〔宣统〕新修固原直隶州志》记载:"廖溥明,字晓东,四川富顺附生。同治十一年授知州,光绪三年卸篆。在任六载,修建衙署,办理垦荒,其抚辑招来,行政一以宽和为本。至新设海、平两县、硝河分州,安民划界,布置尤极周详。盖同治十三年,始升州为直隶州也。"②由材料知,其在任六年期间修建衙署、办理垦荒,行政以宽和为本,分州划界,布置周详,是一名真正为百姓做实事的父母官。

杨冕(1424—1483),明成化间任"整饬固原兵备宪臣",在任时政绩卓越,嘉靖、万历、宣统《固原州志》对其功绩有较为详细的记载。《〔嘉靖〕固原州志》"整饬固原兵备宪臣"条下对杨冕的记载为:"杨勉,四川安岳县人。由进士成化五年任事。方创始,悉其经营。"③《〔万历〕固原州志》在"兵备"条下的记载则更为详细:"杨勉,四川安岳人。由进士成化五年,以按察司佥事任。今永宁驿草场、鼓楼,西安守御千户所城垣、官署,咸所创建,称有功焉。"④《〔宣统〕新修固原直隶州志》记载:"杨勉,四川安岳人,进士。成化初,任兵备道。创建鼓楼、永宁驿、草场、西安守御千户所仓库、官署;更开镇夷、安边二门,城堞巍然,具有条理,民称其功。"⑤由以上记载可知,杨冕任

---

① 王学伊纂修.〔宣统〕新修固原直隶州志[M]//中国地方志集成·宁夏府县志辑:第8册.南京:凤凰出版社,2008:300.
② 王学伊纂修.〔宣统〕新修固原直隶州志[M]//中国地方志集成·宁夏府县志辑:第8册.南京:凤凰出版社,2008:277.
③ 杨经纂辑,刘敏宽纂次;牛达生、牛春生校勘.〔嘉靖〕〔万历〕固原州志[M].银川:宁夏人民出版社,1985:35.
④ 杨经纂辑,刘敏宽纂次;牛达生、牛春生校勘.〔嘉靖〕〔万历〕固原州志[M].银川:宁夏人民出版社,1985:35.
⑤ 王学伊纂修.〔宣统〕新修固原直隶州志[M]//中国地方志集成·宁夏府县志辑:第8册.南京:凤凰出版社,2008:245.

固原兵备道期间创建鼓楼、驿站、草场、仓库官署，还开城门、修筑城防，使城堞巍然，为百姓办实事，将民生打理得井井有条，因此方志修纂者在记载杨冕时不惜笔墨，歌颂其功德，称其为"有功"。杨冕为安岳县人，《〔道光〕安岳县志》中对杨冕的记载尤为详尽："杨冕，字致美，邑人。天顺元年进士，授阶州知州。庚寅，西番据石城叛，都御史项忠荐冕以佥事，整饬平凉、固原、兰靖兵备，俘获甚众，后口加斯兰寇边，募兵捍御，有功。都御史余子俊荐为按察副使。前志称曰'威镇远夷，才堪边务'。"①此则材料交代了杨冕在固原任官期间的晋升过程以及其为谁所提拔，其中提到两人，一人为浙江籍三边总制项忠，另一人为四川青神籍仕人、巡抚兼摄总制余子俊，二人均对杨冕有所识拔。此外，安岳县明正街的"进士坊"条下备注："为杨冕建"，可见杨冕在安岳县的声望极大，有专门为其建立的进士坊。

除上述4人，其余仕人的记载主要为官职名、籍贯、就任时间等基本信息，较为简略。

综上可见，明清任职固原的川籍仕人在任上均勤勉勋劳、政绩卓越，其在任时间或长或短，短则数年，长则十余年，为百姓办实事、谋福祉。据记载，部分官员离任时，百姓或夹道欢迎，或为其立碑，甚至有些仕人还吸引了士大夫为其著书，可见其尽忠职守、民心所向的为政成效。

四、结语

明清两代任职固原的川籍仕人人数相较明前陡升，这得益于历史视域下的两个重要影响因素：其一，自明代始，固原作为"三边总制"开府地及"九边重镇"之一的军事历史地位得到了进一步提高，为川籍仕人以及其他由全国各地区输送至固原的文、武行人才提供了较大的施展平台及发挥空

---

① 濮瑗修，周国颐、周祚镐纂.〔道光〕安岳县志[M]//中国地方志集成·四川府县志辑：第24册.成都：巴蜀书社，1992：633.

间。其二,中央王朝对科举制度的重视及鼓励。科举制始于隋朝,在宋、元时期经过艰难发展,至明清两代,虽在后期逐渐僵化乃至发展畸形,但仍成为明清取士最主要的方式,盛况空前。

在此历史背景下,结合方志、史料文献可知,川籍仕人们均是通过科举制度的选拔调至固原为官治政,他们勤勉著劳、披肝沥胆,或为百姓做实事,如建学堂、划州界、安边民、赈灾情;或为国家的安定统一征战四方、栉风沐雨。此等本应勋名不朽之事,却因历史的巨大浪潮裹挟不显,为今日之学界关注甚少。因此,笔者作为一名在宁夏固原求学的四川籍学生,秉持"致敬先贤"的责任与使命,勾勒仕人们的群像、整理其著述详情、概述其生平及在任功绩,为进一步研究其对固原历史文化的影响及著述价值奠定基础。

唐诗笔下的"萧关"形象考论

——以杜甫诗三首为例

张 嫒[①]

摘 要:萧关,为秦汉时期著名关隘,是设置在西北边陲的关隘之一,位于今宁夏回族自治区固原东南,它不仅是北出长安的第一关,也是控扼中原通往塞北乃至西域的重要通道,自古就是历代兵家必争之地。秦汉时萧关是关中抗击匈奴进犯的前哨,隋唐时期是防备突厥、吐蕃侵扰的边塞防线,北宋时为了防御西夏,又在汉萧关故址以北200里处重筑萧关。千年来,萧关一直肩负着它的时代重任和历史使命,武帝西巡,班彪凭吊,将士出塞,商贾往来,都为这个神秘的地方添上了浓墨重彩的一笔。然杜甫诗三首中的"萧关"在唐时功能名称及地点已经发生改变,是名萧关县,乃萧关道上的重要交通要塞,与秦汉萧关绝非一处。

关键词:唐代;萧关;杜甫;萧关县

在唐代的诗词中,边塞诗是诗人笔下的"常客",而"萧关"也是边塞诗的主要意象。丝绸之路曾从这里蜿蜒向西,东西方文明曾在这里汇聚,多民

[①] 作者简介:张嫒(1989—),女,回族,宁夏银川人,青海师范大学博士研究生,主要从事文物与博物馆、魏晋南北朝隋唐史研究。

族文化曾在这里融合。仅唐一代,以"萧关"为意象的边塞诗有40余首,数量远超"阳关"。可见古人对萧关这个地方,有着数不清的浪漫情怀。

岑参的《胡笳歌送颜真卿使赴河陇》诗云"凉秋八月萧关道,北风吹断天山草",写出了盛暑八月萧关已是秋凉气寒的凄冷景象;王维《使至塞上》中"大漠孤烟直,长河落日圆。萧关逢候骑,都护在燕然",更写出了这座塞外雄关,浑厚苍凉之美感,从而成为脍炙人口的千古绝句。诸如此类描写"萧关"的古诗词数之不尽。朝代更迭,时过境迁,也致使这座塞外奇关的名称与位置随之变化,所以历代诗人笔下的"萧关"也就迥然不同。尤其在唐代,萧关名称和位置因不同历史事件而嬗变,导致学术上曾出现"萧关"与"萧关县"混淆一处的说法。本文以"萧关"为主要研究对象,以杜甫诗三首为切入点,再次探析唐代"萧关"与"萧关县"之关系。

一、"萧关"研究现状

"萧关"作为古丝绸之路东道北段的雄关重镇,在众多历史文献中皆有记载,其中《史记》《汉书》《旧唐书》《元和郡县图志》等众多史籍对其地理位置多有详细记载。薛正昌先生的《固原历史地理与文化》及牛达生先生的《汉代萧关考》等多部著作均对萧关道上的丝路文化和历史变迁做了丰富全面的概述。而"萧关"曾频繁活跃在历代文人骚客笔墨丹青中,被各朝代诗人咏颂,其中唐代是除明代以外描写萧关道及固原地区诗集最多的朝代之一。近年来,以诗论史的独特研究方法逐渐出现在大众视野中,大部分作者主要将"边塞诗"化为写作的范畴和论述的内容,且习惯使用王维《使至塞上》、卢照邻的《上之回》、王昌龄的《塞上曲》等边塞诗作为论文写作入手的对象,而以"赠友怀人""即事抒怀"等为主要题材切入的论文寥寥无几,且众人知晓"萧关"多源于王维之千古绝唱:"大漠孤烟直,长河落日圆。萧关逢候骑,都护在燕然",而不知杜甫诗集中,有三首诗皆提到"萧关"一词,且杜甫这三首诗并非边塞诗,而是以"赠友怀人"和"即事抒怀"为题材而作。本文挑选了杜甫的《伤春五首(巴阆僻远伤春罢始知春前已收宫阙)》《八哀诗·赠左仆射郑国公严公武》《喜闻盗贼蕃寇总退口号五首》(其一)诗三首,再考唐代诗人笔下的"萧关"形象。

二、萧关的设置及变迁

萧关,通常人们习惯认其为"汉萧关",但多方史料记载,其渊源可以追溯到秦,后一直沿用至清,在中国历史上屹立两千多年,是西北地区防御少数民族进犯的重要军事屏障,对历朝历代边防和国家安全产生着重要的影响。

(一)秦汉萧关

"东函谷、南武关、西散关、北萧关"①,形象地勾勒出了拱卫关中的四关及其位置的大致轮廓。《中国历史地名辞典·焉氏塞》记载:"焉氏塞,战国属秦,在今宁夏固原东南。"②同时,《吕氏春秋·当赏篇》载:"秦公子连由魏国入秦,即取道焉氏塞。"可见,在秦之前就有关于"焉氏塞"的记载。史念海先生认为,焉氏塞的设置就是为了防狄。所谓"狄",就是北方戎狄,即匈奴。所以说焉氏塞的功能之一就是防御北方匈奴所筑的军事防御体系,由此可见,"萧关"最早在秦以前就存在,焉氏塞就是秦汉萧关的前身。

《史记·孝文本纪》记载:"匈奴某入边为寇,攻朝那塞,杀北地都尉卬。"《史记·李将军列传》又载:"匈奴大入萧关。"明显可见,这里的"萧关"属"朝那地",萧关乃朝那地的一个关隘。春秋朝那地与秦北地郡,汉安定郡,三者所指一地。汉代置安定郡,安定郡治乌氏县,汉乌氏县就在今宁夏固原东南,所以说秦汉时的萧关皆在今固原地区。不论是秦以前的"塞",

---

① 司马迁.史记[M].北京:中华书局,1999:223.
② 薛正昌.固原历史地理与文化[M].兰州:甘肃文化出版社,1998:73.

还是汉代的"萧关",其功能和性质一样,都是一种军事防御屏障,用来防范北方戎狄群的侵袭而设。"由焉氏塞到萧关,有其演化过程。同时更显示出萧关地理位置的重要,也说明萧关的古老。"①

(二) 唐宋萧关

《元和郡县图志》卷三载:"萧关县,中。南至州一百八十里,本隋他楼县,大业元年(605)置。神龙元年(705)别立萧关县,以去州阔远,御史中丞侯全德奏于故白草军城置,因取萧关为名。"从记载看出,唐政府在他楼县的基础上重置萧关县,此时"萧关"与"萧关县"绝非一地。

宋代初萧关县易名为威德,后又改名萧关县。北宋崇宁四年,又重置萧关。史书记载宋萧关筑于北宋崇宁四年(1105),为宋、西夏政权交界之处。据《宋史》卷三三八载:"它路所营地,水草俱乏,非形势所在,独葫芦河川滨水路,川原宽阔,别无山谷险巇之患,乃寇出入道,且居行胜地,今城往之。"宋称之为"葫芦河川城"(红古城),即今海原县石峡口一带,乃宋萧关故址所在之地。

(三) 明清萧关

明《〔嘉靖〕固原州志·文武衙门》亦有记载:"红古城堡,在州北二百二十里,有故城址。"且明朝涉及"萧关"的一诗中这样写道:"楼头鼓角动鸡声,早梦经回戒凤征。月挂旌旗频闪烁,烟笼灯火半昏明。扶桑日旭三山晓,饶水冰凝一线横。古戍萧关何处是,仆夫遥指在红城。"②这里的"古戍萧关"指宋萧关,而"红城"就是"红古城",也泛指今天海原石峡口一带,可见"红古城"就是"葫芦河川城"。为了加强固原镇的防御,明政府在葫芦河川城(红古城)基础上增修外城,城堡内设长城镇戎守御千户所机构,明万历年间废弃,即今海原七营北嘴古城。明设置千户所存在期间,"萧关"亦

---

① 薛正昌.固原历史地理与文化[M].兰州:甘肃文化出版社,1998:73-74.
② 薛正昌.固原历史地理与文化[M].兰州:甘肃文化出版社,1998:86.

为古丝绸之路上的关防要塞。

清水河谷,控扼要道,水源充沛,百草丰茂,清朝时葫芦河川城(红古城或北嘴古城)由原来只发挥军事功能的古城逐渐发展为养马屯兵和战时弛兵的前沿阵地,逐渐成为一条成熟的商贸运输线,商旅往来不绝。程文海先生的《世祖平云南碑》记载:"公元1251年,蒙哥继位,开始对南宋发起大举进攻,派忽必烈征大理,四月出萧关,驻六盘。"可见虽然明清后的萧关军事格局及作用发生了重大改变,但"萧关"称谓依旧存在。①

随着朝代的更替,萧关的功能和地点也在发生着不断地改变和迁移。但"萧关"的名称一直活跃在历史舞台上,从未消失。从秦汉萧关到唐宋萧关再到明清萧关,萧关一直承载着时代赋予它的历史使命,凸显着它作为西北边塞重要关隘用于拱卫关中安全的伟大政治、军事及文化价值。

三、杜甫生平及其"萧关"诗创作背景

杜甫(712—770),唐代伟大的现实主义诗人,祖籍河南巩县(今河南郑州巩义市)人,与李白合称"李杜"。杜甫出身名门望族,祖上为京兆杜氏,乃北方大士族。其远祖为汉武帝有名的酷吏杜周,祖父杜审言。杜甫一生时运不济,命运坎坷。少年时家庭环境优越,有志于"致君尧舜上,再使风俗淳"。青年时,数次参加科举,屡遭失败,从此踏上了漫游他乡的艰苦旅程。

杜甫主要生活在唐朝由盛转衰的历史时期,所以在他存世的1 500余首作品中,大都反映的是当时政治动乱和民生疾苦现象。杜甫一生忧国忧民,仕途不顺,凄苦不得志,在他的官职生涯中曾任检校工部员外郎、京兆功曹参军、华州司功参军、左拾遗等官阶。所以他的诗歌表露的尽是统治者的丑恶行径和对天下苍生的怜悯同理之情。随着唐玄宗后期政治日益腐败及安

---

① 程文海.世祖平云南碑[M]//新编云南新志.大理:大理市文物保护管理所,1980.

史之乱的爆发,杜甫也辗转在颠沛流离的生活中。在杜甫的作品里,笔者找到了三首提及"萧关"古诗,分别是:

伤春五首(巴阆僻远伤春罢始知春前已收官阙)

天下兵虽满,春光日自浓。西京疲百战,北阙任群凶。关塞三千里,烟花一万重。蒙尘清路急,御宿且谁供。殷复前王道,周迁旧国容。蓬莱足云气,应合总从龙。

莺入新年语,花开满故枝。天青风卷幔,草碧水通池。牢落官军速,萧条万事危。鬓毛元自白,泪点向来垂。不是无兄弟,其如有别离。巴山春色静,北望转逶迤。

日月还相斗,星辰屡合围。不成诛执法,焉得变危机。大角缠兵气,钩陈出帝畿。烟尘昏御道,耆旧把天衣。行在诸军阙,来朝大将稀。贤多隐屠钓,王肯载同归。

再有朝廷乱,难知消息真。近传王在洛,复道使归秦。夺马悲公主,登车泣贵嫔。萧关迷北上,沧海欲东巡。敢料安危体,犹多老大臣。岂无嵇绍血,沾洒属车尘。

闻说初东幸,孤儿却走多。难分太仓粟,竞弃鲁阳戈。胡虏登前殿,王公出御河。得无中夜舞,谁忆大风歌。春色生烽燧,幽人泣薜萝。君臣重修德,犹足见时和。

这首诗是杜甫在广德二年所作,广德元年冬十月,吐蕃陷京畿,渭北行营兵马使"吕月将精卒二千,与吐蕃战于盩厔,为寇所擒"。[①] 因巴阆僻远,消息闭塞,闻京师事常后时,乃次年之春,方知去冬幸陕之事,由此发其感愤之意,遂名曰《伤春》。诗中"萧关迷北上,沧海欲东巡"一句中,出现"萧关"地名,此句乃杜甫借用《汉书·武帝纪》"(元封四年)冬十月,行幸雍,祠五

---

① 司马光.资治通鉴[M].北京:京华出版社,2015:433.

畤。通回中道,遂北出萧关,历独鹿、鸣泽,自代而还,幸河东"①及"西汉武帝刘彻常巡行天下,元封四年,他又北出萧关"。帝王巡行之典故,直抒胸臆,点石成金。除此之外,还有一首:

八哀诗·赠左仆射郑国公严公武

  郑公瑚琏器,华岳金天晶。昔在童子日,已闻老成名。巍然大贤后,复见秀骨清。开口取将相,小心事友生。阅书百纸尽,落笔四座惊。历职匪父任,嫉邪常力争。汉仪尚整肃,胡骑忽纵横。飞传自河陇,逢人问公卿。不知万乘出,雪涕风悲鸣。受词剑阁道,谒帝萧关城。寂寞云台仗,飘飘沙塞旌。江山少使者,笳鼓凝皇情。壮士血相视,忠臣气不平。密论贞观体,挥发岐阳征。感激动四极,联翩收二京。西郊牛酒再,原庙丹青明。匡汲俄宠辱,卫霍竟哀荣。四登会府地,三掌华阳兵。京兆空柳色,尚书无履声。群乌自朝夕,白马休横行。诸葛蜀人爱,文翁儒化成。公来雪山重,公去雪山轻。记室得何逊,韬钤延子荆。四郊失壁垒,虚馆开逢迎。堂上指图画,军中吹玉笙。岂无成都酒,忧国只细倾。时观锦水钓,问俗终相并。意待犬戎灭,人藏红粟盈。以兹报主愿,庶或裨世程。炯炯一心在,沉沉二竖婴。颜回竟短折,贾谊徒忠贞。飞旐出江汉,孤舟轻荆衡。虚无马融笛,怅望龙骧莹。空馀老宾客,身上愧簪缨。

这首诗是杜甫去世前因悼念好友左仆射严武功名未展而卒所作。《八哀诗·赠左仆射郑国公严公武》乃是诗歌史上非常有名的《八哀诗》的代表作之一。这诗篇幅较长,杜甫用朴实真诚之词将严武一生的经历及功绩悉数概之。因严武之父严挺之和杜甫祖父杜审言是故交,渐渐地两家也就成

---

① 班固.汉书[M].北京:中华书局,1999:139.

了世交,所以杜甫一生和严武交游甚密,严武曾多次解杜甫于困境之中。《新唐书·杜甫传》记载:"会严武节度剑南东、西川,往依焉。武再帅剑南,表为参谋,检校工部员外郎。武以世旧,待甫甚善,亲至其家。"在严武去世后,杜甫曾作数诗悼念好友,表达思念之情。在这首诗"受词剑阁道,谒帝萧关城"一句中也提到了"萧关"地名,《旧唐书·严武传》云:"至德初,肃宗兴师靖难,大收才杰,武杖节赴行,在宰相房琯以武名臣之子,素重之,及是,首荐才略可称,累迁给事中。"此事讲的就是安史之乱后,严武在剑阁(普安郡)受到玄宗接见,奉命前往萧关辅佐肃宗,参与灵州起兵一事,随后陪驾至长安,任给事中。除此之外,杜甫还有一首诗也提及"萧关"一词,这首诗是:

喜闻盗贼蕃寇总退口号五首(其一)

萧关陇水入官军,青海黄河卷塞云。北极转愁龙虎气,西戎休纵犬羊群。赞普多教使入秦,数通和好止烟尘。朝廷忽用哥舒将,杀伐虚悲公主亲。崆峒西极过昆仑,驼马由来拥国门。逆气数年吹路断,蕃人闻道渐星奔。勃律天西采玉河,坚昆碧碗最来多。旧随汉使千堆宝,少答胡王万匹罗。今春喜气满乾坤,南北东西拱至尊。大历二年调玉烛,玄元皇帝圣云孙。①

此诗是杜甫在公元 768 年喜闻西北边境的盗贼和蕃寇被击退有感而发。杜甫通过描写"萧关""青海""崆峒"等多个地方和事件,展示了当时朝廷对于边境稳定的重视和对胜利的庆贺之情。在唐朝近 300 年的历史长河中,吐蕃的不断侵扰,严重影响着唐和边疆少数民族的关系,也是唐王朝最强大的对手,从唐朝建立到最终灭亡,和唐王朝周旋始终。安史之乱后,唐与吐蕃的战略关系从之前的主攻防御演变为被动挨打,为了防御吐蕃,唐朝大量调动内地兵马驻防关中平原。公元 768 年,吐蕃围攻灵武,被唐将白远

---

① 薛正昌.固原历史地理与文化[M].兰州:甘肃文化出版社,1998:301.

光击退,同时唐将李晟奇袭吐蕃的后勤基地甘肃临洮,导致"吐蕃大败使入秦,数通和好止烟尘"的局面。杜甫的这首诗就是在这样的特定环境下完成的,开篇首句"萧关陇水入官军,青海黄河卷塞云"一句中,提到了"萧关"这个地名,足以见萧关地名之显赫及萧关在西北边疆中对边疆稳定产生着重要的历史价值和影响。

四、杜甫诗三首中"萧关"考证

杜甫这三首诗中的"萧关"皆指唐萧关,但部分学者对唐代是否设置过萧关心存质疑,翻检史料不难发现,对唐代设置萧关总能找到相应"证据"。

中唐李吉甫在《元和郡县图志》亦有记载:

> 萧关故城在县(今宁夏固原)东南三十里。①

除此外,《读史方舆纪要》卷五八平凉府平凉县记载:

> 朝那城,在府东南(按:方位有误,应作"西北"),春秋时地名也,为秦之北境。汉置县,属安定郡。……文帝十四年,匈奴入犯朝那萧关,杀北地都尉,随至彭阳,使奇兵入烧回中宫,候骑至雍、甘泉。孔氏曰:朝那故城,在今白泉县七十里,曰朝那萧关者,萧关属朝那也。②

《读史方舆纪要》乃清朝地理学家顾祖禹倾毕生心血所著,主要综述明以前各代州郡位置、州郡形势及部分省府、州郡的沿革区划,地理形势、山川险易等内容,可谓历史地理学之大成。该书成书于清康熙年间,曾被扬州学派代表人物江藩所称赞,认为"读其书可以不出户牖而周知天下之形胜,为地理之学者,莫之或先焉"。可见此书包罗万象,结构严谨。在陈述平凉府平凉县一卷中,《读史方舆纪要》依然沿用并认同了司马迁《史记》中对"萧

---

① 李吉甫.元和郡县图志[M].北京,中华书局,1983:60.
② 顾祖禹.读史方舆纪要[M].北京:中华书局,2005:487.

关"的地理认定与考略,可见至少在成书前,"萧关"一直存在,并沿用至今。并且平凉县隋属平凉郡,唐属原州,修平凉县一卷,势必要搞清平凉府县与固原地区之间的关系从属问题,既然作者没有在前人研究记录的基础上再做修改与辑补,并承认沿用,说明唐代萧关的确存在。然而杜甫诗三首中的"萧关"是秦汉沿用下来的"萧关"吗?

《元和郡县图志》卷三载:"萧关县,中。南至州一百八十里,本隋他楼县,大业元年(605)置。神龙元年(705)分别立萧关县,以去州阔远,御史中丞侯全德奏于故白草军城置,因取萧关为名。"同时《新唐书·地理志》亦载:"高宗时,于萧关置他楼县。"①说明萧关在他楼县确定之前已然存在,因"去州阔远"之故,在他楼县基础上重置萧关县,可见他楼县即萧关县前身。后因吐蕃入侵原州,原州陷,原州所属萧关县也因此废弃,后"萧关县"在广德元年(791)被历史所湮没。直到唐大中五年,唐朝政府再"以原州之萧关"置武州。② 此时的"萧关"和吐蕃攻陷前的"萧关"位置截然不同。

纵观"萧关县"存在仅 86 年,可谓昙花一现,而杜甫卒于(770)萧关县废弃之前,所以杜甫所作诗三首中的"萧关"乃"萧关县"。那么杜甫诗三首中的"萧关县"到底位于何处呢?根据《元和郡县图志》的记载,撤他楼县后,以萧关之名在白草军置萧关县,所以白草军所在地即是萧关县位置之所在。据《中国历史地名辞典·白草军》载:白草军在宁夏海原县东北清水河西。同时,《宋史·地理志》载:"萧关,崇宁四年建置,东至葫芦河十五里,西至绥宁堡三十里,南至胜羌寨六十里,北至临川堡十八里。"按照北宋设置的萧关,与他楼县位置吻合,所以他楼县的位置就是萧关县的位置。

而在今天海原县高崖乡草场村,有一座城址,其东西长 1 200 米,南北宽 600 米,开东南北三门,距今固原 190 里。根据唐宋两代距离测量标准,再结

---

① 欧阳修、宋祁等.新唐书[M].太原:山西人民出版社,1985:363.
②

合《元和郡县图志》载萧关县"南至州一百八十里"推算,此地就是"萧关县"故址。所以在唐代历史上,"萧关"和"萧关县"是两个不同的概念,前者是一个重镇关隘,为军事防御之屏障,后者是古县名,有城池规模和行政区划,两者不可混淆。

五、结语

萧关,它既是扼守河西走廊以及关中平原之咽喉要道,也是锁钥关中西北方向重要之屏障,更是传播丝路文化和弘扬中华文明的重要驿站。从秦汉萧关到唐宋萧关再至明清萧关,萧关一直活跃在两千多年的历史岁月中。唐代时期的"萧关"与"萧关县"之称混淆了它作为"关隘"和"县名"的概念,而杜甫诗三首下的"萧关"分别诞生于"安史之乱"前、"安史之乱"时及"安史之乱"后三个不同的历史时期,成诗时代和背景虽然不同,但是诗中"萧关"所指皆为一处,乃"萧关县"。两千年来,"萧关"地理位置和行政区划随时代变迁一再变革,不仅展示了它从"商贸重镇"向"军事重镇"的演变过程,也彰显了萧关与萧关古道在当时存在的历史意义,更凸显出其在西北边塞重要的政治、军事及文化价值。

千年来,萧关不负众望,真正发挥着历史赋予它"襟带西凉,咽喉灵武"的时代价值。如今的萧关,依然不失为苍凉边塞外雄奇而壮美的一道风景线,寒风烈烈,依旧挺拔威武,似乎在向世人诉说着千百年来的沧桑巨变。央视大型专题片《走遍关中》中将萧关的由来、故址和战略地位描述得形象而恰当,丰富而饱满。"萧关是一种地名,萧关是一种形态,萧关是一种情结,萧关是一个变数,萧关是一个随着朝代的变化和防御对象的变化而变化的战争防御带。"[①]千年萧关——历史最深处的记忆和符号。

[①] 刘珊.六盘山下汉萧关:丝绸之路东段北道的险要关隘[N].兰州晨报,2018-8-24.

顾光旭仕甘行迹及其诗歌创作[①]

全珂萱[②]

摘　要：顾光旭是清乾隆时期仕宦甘肃的一位循吏，他在仕甘期间重视地方文化建设，心系百姓，积极赈灾，留下了大量诗歌。他的诗歌主要有三类：一是纪行诗，描绘甘肃风光；二是咏史怀古诗，感物抒怀；三是寄赠送别诗，怀友思乡。他的仕甘诗歌呈现出以诗补史、沉雄高迈的艺术特色，塑造出一位品性高洁、清忠耿介、关怀民生、醉心文学的循吏形象，丰富了清代甘肃地域文学的内容。

关键词：顾光旭；甘肃；仕宦；诗歌

顾光旭(1731—1797)，江苏金匮(今无锡)人，字华阳，号晴沙，又号响泉。乾隆十七年(1752)壬申恩科进士，[③]户部山东司主事，擢员外郎。乾隆二十四年(1759)，授浙江道监察御史。三十二年(1767)，擢工科给事。三十三年(1768)二月，授宁夏府知府。三十四年(1769)调平凉，任平凉知府。

[①] 基金项目：宁夏哲学社会科学规划项目"明清时期六盘山文学文献整理研究"（21NXBZW01）。
[②] 作者简介：全珂萱(1999—　)，女，陕西乾县人，宁夏师范大学文学院硕士研究生，主要从事中国古典文献学研究。
[③] 梁锦秀.顾光旭生卒年考——《清史稿》补遗与订误[J].学术月刊,1993(6).

三十六年（1771）擢凉庄兵备道。三十七年（1772）改甘凉兵备道。同年，陕甘总督文绶调四川总督，光旭以四川按察使衔随文绶进剿四川。嘉庆二年（1797）离世。工于诗，著有《梁溪诗钞》五十八卷、《响泉年谱》一卷、《响泉集》三十卷。① 王昶为其作《诰授中宪大夫甘肃凉庄道署四川按察司使顾君光旭墓志铭》。

京城为官，出守西北，远宦蜀中，勾勒出循吏顾光旭一生的宦海踪迹。多年的宦游经历给他的诗歌创作提供了丰富的题材，他的诗歌带有强烈的地域色彩，为了解清代地域文化提供了可参考的资料。

一、顾光旭仕甘政绩

明清之际，无锡顾氏家族显赫，被称为"梁溪望族"，培养出不少优秀宗族子弟，在政治、科举、文化领域上名噪一时，如顾宪成、顾贞观、顾可久、顾起经、顾可适、顾奎光等。在读书仕进为尚的家学传统下，族中更是有一大批子弟先后登进士第，如顾宪成、顾允成、顾栋高、顾可久、顾可适、顾镛、顾敏恒、顾皋、顾光旭等，他们以兼济天下为己任，忠君爱民，施展抱负。在这样深厚的家学渊源下，顾光旭年少得志，二十二岁考中进士，在之后的几十年中，不论仕宦还是归里，都怀着"居庙堂之高则忧其民，处江湖之远则忧其君"的人生理想，凌学彪赞其言："当海宇升平出则诹谋询度，王事靡监处则白华南陵，色养无违，抒写性情，言近旨远，有二南风人之遗者。"②

这位勤政爱民、刚正不阿、为官清廉的循吏，在乾隆三十四年（1769）任平凉知府后，先后修葺各处文庙和书院，重视地方文化建设。逢甘肃大旱，他忧心灾情，亲力亲为，积极赈灾，让百姓少受饥寒之苦，所治之处皆为惠政，百姓称善。《清史稿》卷三三六、《清史列传》卷七五及《国朝耆献类征》

---

① 钱仲联.中国文学家大辞典·清代卷[M].北京：中华书局，1996：634.
② 顾光旭.响泉集重刊二十卷本[M]//无锡文库：第四辑.南京：凤凰出版社，2012：274.

卷二一一中都有顾光旭仕宦行迹和为官政绩的相关记载。

(一) 重视文教,修建书院

清代乾隆年间,统治者多次颁布谕令鼓励地方官员修建书院,提倡发挥书院的德教功能,为国家培养人才。光旭任职平凉时,积极修建书院,其中包括被关陇士子赞誉"人才蔚起,科第联篇"的柳湖书院和在武威地区影响深远的天梯书院。

1. 柳湖书院

乾隆三十四年(1769)八月,光旭移守平凉,学使称当地有不少德才优异的平民百姓,但是没有书院来深造人才,深为可惜,光旭认为这是执政者的责任,于是在北门外的明韩藩废苑上疏泉凿池修建书院。

书院的原址是明朝韩王就藩平凉的王府,最初的韩王府高第宏舍,殿堂亭榭,规模宏大。经过几次扩建,到嘉靖时期,王府面积已经占平凉城的四分之一,还将风景优美的柳湖公园也归入府中。① 乾隆初年,王府的原址上修建了高平书院,延聘进士孙昭为主讲,后将书院改为考试院。乾隆二十九年(1764),知县汪沄在柳湖公园凿池构亭,②这里亭台楼阁,草木花卉,湖光柳色,水面波光粼粼,景色称得上陇上一绝。

光旭到任后即刻着手修建书院,乾隆三十五年(1770)二月书院落成。光旭特意作《柳湖书院六咏》分别记录书院各处的景色,表达自己对书院的美好期望,序中提道:"于是疏泉凿池为堂于其上,颜曰观海堂。后通以板桥,历阶而升,为深柳读书堂。堂之东为响鹤山房,又东为上学舍九、下学舍九,又东为时雨亭,沿堤筑桥,折而东南为饮水亭,太守讲学于此辄酌水煮茗焉。又东南而为青藜阁,则群木阴森烟岚,倒景寻流讨源,窅然深矣。"可见书院修建的规模是比较大的,而且设施齐全,园林造景颇有意趣。

---

① 仇非.崆峒史话[M].兰州:甘肃文化出版社,2004:57.
② 景颢.平凉史事[M].西安:西北大学出版社,2016:151.

观海堂"凿池泉左右,筑室水中央"(《观海堂》),独出心裁,设计精巧。深柳读书堂"四围深柳色,终日读书声。静对黄鹂坐,闲随白鹭行"(《深柳读书堂》)。《响鹤山房》中小序记崆峒山上原有玄鹤洞,光旭宿在暖泉时听到了鹤鸣声,因此题下"响鹤"之名。《时雨亭》描写了谷雨时节光旭在亭中所见之景:"始觉杏花喜,渐看蒲叶齐,断霞明日脚,遥在小亭西。"此时春雨绵绵,雨生百谷正是万物生长的时节,此亭便以"时雨"为名。饮水亭是特地为太守讲学时煮茗而设,是柳湖书院中景色最怡人之处,从诗句"亭影倒青汉,水光澄碧林。弄花香满掬,坐月露盈襟"(《饮水亭》)可见一斑。青藜阁应是书院中的藏书楼,"小阁自虚照,高文如有神"(《青藜阁》),绿树成荫,高大茂密,周围呈现出一派静谧肃穆的气氛。透过诗句仿佛能窥见当日柳湖书院之景。

柳湖书院依山傍水,抬头可望崆峒、太统二山,俯首可窥泾水和暖泉,诗情画意的美景令人心神旷达,古代士子认为自然山水环境能潜移默化影响人的德行品格和审美情怀,因此顾光旭将柳湖书院选址定在此处,便是期望书院学子们能用心苦读、精进学识、修养品行。

2. 天梯书院

据《[乾隆]武威县志》记载,康熙四十一年(1702),武廷适任凉庄道,捐资创立成章书院。① 成章书院是武威县修建的第一所书院,也就是天梯书院的前身。

光旭在《天梯书院》中记载了修葺天梯书院的原因。乾隆三十七年(1772)他下令按郡修葺文庙,武威章令提到凉州城旧时有书院名"天山书院",岁久致圮,请求一并修缮。经批准后,一月即刻动工,同年四月竣工。武威章令禀告光旭请求更换书院的旧匾,光旭便作《天梯书院》一诗为书

---

① 张珩美修,苏暻纂.[乾隆]武威县志[M].清乾隆十四年刻本.

新牓,警示诸生。

武威章令在信中言:"天山去郡远,县南天梯山,秀彩在目。"天山与凉州相隔甚远,而凉州城南有一座天梯山,山道崎岖,形如悬梯,山巅白雪终年不化,山间清泉流响,风景绮丽,有号称"凉州八景"之一的"天梯古雪"。光旭骑马至凉州见天梯山果然是"天梯插古城,秀彩出深静",山体高耸入云,秀彩非凡。想到君子修养德性,追求上进也如同登天梯一样,没有捷径可言,如果半途而废就会一落千丈,所以将书院改名成天梯书院,发人深省,劝诫诸生学习要循序渐进,不能越级而上。在之后几百年中,天梯书院为武威教育事业发展起到了促进作用。

(二) 心系百姓,积极赈灾

甘肃地处西北,全年降雨稀少,土瘠民贫,多发旱灾。乾隆三十五年(1770),甘肃大旱,平凉、隆德、固原等地灾情惨重。《清实录》卷八八六记:"乾隆三十六年辛卯六月辛巳……甘肃上年收成歉薄,今春雨泽又复稀少,恐不能及时播种,民食未免拮据……于陕省藩库拨解银二百万两赴甘,所有应需办灾银两,自属宽裕。而拨运米粮虽有三十万石,尚恐不敷赈粜之用。"①顾光旭奉命亲查灾情,积极赈灾,《清史稿》卷一二三中有对顾光旭的赈灾政绩的记载。

关于这场旱灾,光旭在《响泉年谱》中自叙:"乾隆三十五年……旧腊大热如暑,雷乃发声。春,大风雪严寒,桃李皆不实。夏旱,六月玄霜。余入省过六盘山,上下荞麦田一夕而萎。"②《〔光绪〕无锡金匮县志》也提道:"顾光旭,字华阳……可出为宁夏知府,调平凉,值岁旱,请开赈,与布政使忤,而光旭竟先发银米,民得无饥。"③《〔乾隆〕甘州府志》记载的赈灾情况:"先于庚

---

① 清实录·高宗纯皇帝实录:第19册[M].北京:中华书局,1986:874.
② 顾光旭.响泉年谱[M]//上海图书馆藏珍本年谱丛刊续编:第22册.北京:国家图书馆出版社,2019:423.
③ 裴大中修,秦湘业纂.〔光绪〕无锡金匮县志[M].清光绪七年刊本.

寅、辛卯年,巩昌府属安定、会宁等县旱灾较甚,光旭禀请护送出外,穷民归籍,安插筑房,庐给籽种,亲身部署,不惮勤劳,全活甚众,所在欢歌。"①也与其他史料相印证。

顾光旭在诗中自注:"甘省民贫,冬春之间多仰给官仓,岁又屡歉,不能还,有积逋十数年者。"因为地理原因,甘肃百姓本就生活困苦,此次旱灾持续了一年多,百姓的生活更是难以维持。皇帝下令即行切实查明复奏,顾光旭亲历州县勘灾。查清各县灾情后,按各地受灾程度开仓发赈。② 在平凉、隆德、固原和静宁四地设置粥厂赈灾,各地粥厂每日每厂救助灾民多至四万人,少至两万人,约有二十万人依靠粥厂生存。担心发生夏疫,顾光旭下令将流落在外的灾民情况登记造册,又派发口粮将灾民送往各州县安插,借以口粮、牛具、籽种,于是兰州、巩昌、西宁、庆阳、平凉、凉州六郡穷民皆归返,民获更生。

沿途赈灾时目观受灾百姓的惨状,顾光旭自责悲痛,日夜焦思。"未言疾苦勤先问,欲救疮痍愿讵忘。臣旭剖符称守土,忧来中夜起搥床。"(《其五》)在《响泉年谱》中,光旭反复提到"余请罪""卑府之罪大矣""卑府之罪重也",在藩司秦雄飞询问其赈灾情况时不禁放声大哭,问缘故,言"此余查灾之余,泪正如万斛泉源耳"③,字里行间都透露着顾光旭哀愍民生、仁爱百姓的情怀。

光旭在《响泉年谱》中自言:"乾隆三十六年……自去年至今年三月廿八日,傍晚大雨,制府至郡巡边,余迎于静宁界上,制府遥谓余曰:'雨中请便。'余曰:'今日虽湿透千层,愿也。'"④这场迟来已久的春雨滋润了干涸贫

---

① 钟庚起.〔乾隆〕甘州府志[M].清乾隆四十四年刊本.
② 赵尔巽.清史稿[M].北京:中华书局,2008:10884.
③ 顾光旭.响泉年谱[M]//上海图书馆藏珍本年谱丛刊续编:第22册.北京:国家图书馆出版社,2019:425.
④ 顾光旭.响泉年谱[M]//上海图书馆藏珍本年谱丛刊续编:第22册.北京:国家图书馆出版社,2019:426.

瘠的土地,也浸润了光旭的爱民之心。顾光旭恪尽职守、心系百姓,用一支艰辛、感愤、博爱的笔,写下了自己的亲见亲闻,表达自己的心声,真实地反映甘肃受灾的情况。

二、顾光旭仕甘诗歌内容

到清中期时,清王朝的疆域基本稳定,这一时期的边塞诗多为漫游、怀古之作。顾光旭出守甘陇时,饱览西北人文古迹和自然风光,在《响泉集》卷七、卷八中留有大量的诗歌书写,根据题材内容可以分为三类:一是纪行诗,描绘甘肃风光;二是咏史怀古诗,感物抒怀;三是寄赠送别诗,怀友思乡。

(一)纪行诗

纪行诗,描绘了出行途中或行至某地的所见所闻所感。顾光旭见到与江南迥异的西北山水和风土人情,顿觉欣喜新奇,将出行时的所见所闻都记在诗中。如:"霜落五原树,边城朔吹哀。"(《五原》)"石壁飞泉树杪风,金城一半夕阳红。"(《五泉》)"行到峡中山万叠,玉龙破浪走潺湲。"(《古浪道中》)"寒林残雪微阳里,曲磵清流叠嶂间。"(《庄浪道中》)"秦地山川原似镜,灞陵风雪只宜诗。"(《送从侄铨南归》)另有《木峡》《柳湖林三首》《晓发古浪峡》等。

在平凉任职期间,光旭非常喜爱崆峒山,他曾在细雨中攀马鬃峰,上天梯登飞仙阁,游赏香山寺。崆峒山作为道教名山,钟灵毓秀,山势雄伟,相传黄帝曾在此山向广成子问道。《庄子·在宥》记载:"黄帝立为天子十九年,令行天下,闻广成子在于空同之山,故往见之。"[1]始皇帝西巡登崆峒山时在山上祭黄帝祠,赐"西来第一山"之名。汉武帝刘彻也效仿黄帝登崆峒北巡,"五年冬十月,行幸雍,祠五畤。遂逾陇,登空同,西临伍祖厉河而

---

[1] 庄周.庄子[M].北京:中华书局,2016:190.

还。"①崆峒山的皇城大殿上祭祀着真武大帝，每年有不少朝廷官员到崆峒山祈祷风调雨顺，国泰民安。

《响泉集》中与崆峒山相关的诗有《飞仙引》《雨中崆峒绝顶至马鬃峰同许石兰王鹤亭》《响鹤山房》《重游崆峒山（有序）》，句中提到"崆峒"的有"崆峒草木亦凋残，驻马遥看思郁盘"（《次韵毕秋帆廉使六盘山见怀》）、"崆峒秀色落吾手，雄剑一跃不可收"（《庚寅冬得华巨川西安书述，去秋与王燮公游栖霞之胜感旧怀归书此奉答》）、"朝光射崆峒，梦觉云霏霈"（《续梦》）等，都可见光旭对崆峒山的喜爱。光旭在诗歌中借崆峒山这一意象抒发情志，赋予了崆峒山一定的地理意义和文化内涵，将个人情怀融入地域景观，通过诗歌表达出来。此外，顾光旭描写崆峒山的诗歌也丰富了研究崆峒山的历史资料。

这类纪行诗大量描写了甘肃的山水美景，表达了光旭对西北风光的真情赞美，也能记录了他由出关时的落寞到沉浸于边塞美丽景物的心路历程，展现出一个高情远志、内心豁达的文人形象。

（二）咏史怀古诗

在任上，顾光旭时常驱马关塞，外出巡视，了解民情，所过蚕丛鸟道，有感必作诗纪之。凌学舫《响泉集序》言："诸胜凡少陵放翁之所经历，眉山苏氏桑梓之所游钓，宋景濂父子徙谪羁愁之所触发，益以江山之助胸臆，无所不吐片句只词之虚实，不苟而不浪用其才。"②西北地区深厚的历史积淀，极易引发人们的怀古伤今之感。

顾光旭常以历史陈迹为题材，咏叹史实，感慨兴衰，如《苏武山》《泾州寻瑶池》《崇信县》《游芮谷龙泉寺》《游五泉亭》《胜金关》等，看到芮鞫故址

---

① 班固.汉书[M].北京：中华书局，1962：185.
② 顾光旭.响泉集重刊二十卷本[M]//无锡文库：第四辑.南京：凤凰出版社，2012：274.

有公刘庙时不禁赞叹公刘的历史功绩"为指荒坡思往事,壶浆箪食颂来苏"(《崇信县》),过胜金关见壁间石刻感赋"壁间片石留题句,山口危峰补断云"(《重过胜金关》)。在这片土地上,有"醉尉可能轻李广,汉家终自倚条侯"(《漫兴四首·其二》)的感叹,还有"陇上谁知班叔皮,隗嚣宫外系人思"(《漫兴四首·其三》)的哀愁,顾光旭通过诗歌表达着他的怀古幽思,深刻地感受着甘陇地区的历史底蕴和文化沉淀。

"黄河"频繁出现在他的诗中,"我腾而上更怀古,黄河青海空悠悠"(《庚寅冬得华巨川西安书述,去秋与王燹公游栖霞之胜感旧怀归书此奉答》),"黄河九曲依天转,太华三峰拔地雄"(《漫兴四首·其一》),描写最详细的就是"万里黄河只一桥"的景象。黄河流域是中华民族起源发祥地之一,从五帝时代黄河文明开始萌发,又经历秦汉,直到北宋,黄河流域都是中国政治、经济、文化中心,对古代中国而言,黄河的重要性可见一斑。然而几千年来,黄河都因易堵塞、易决堤、易改道而著称,因此,黄河水患的治理成为农业文明时期统治者要解决的重点工作。① 黄河上游河流悍急,两岸南北阻隔,冬季冰封千里,夏季汹涌滔天,渡河难度可谓是渡河如渡天。清政府的建设技术有限,达不到在黄河上修建一座永久性的桥梁,为了利于民生和方便行军只能每年修建浮桥连接两岸,冬撤夏建。这座横跨黄河两岸的浮桥名叫镇远桥,清人齐世武抚甘期间重修黄河浮桥时作《天下第一桥记》云:"皋兰有桥绵亘黄河上游,其称为天下第一桥无疑。"②由此镇远浮桥有了"天下第一桥"的称号。清人刘于义在《河桥记》中详细介绍了黄河浮桥的形制,还考证了黄河浮桥在历史上经历几次大水患和修复状况并分析桥断舟毁的原因。关于黄河浮桥的形制,顾光旭诗句"此阁压桥头,铁锁甘

---

① 牛政威.两汉黄河水患特点与治理制度的变迁[J].河南理工大学学报(社会科学版),2022(3).
② 张卫东.土木之功城关古建筑览粹[M].兰州:甘肃文化出版社,2017:258.

四舟(环锁二十四舟横置为桥)"也对此进行了佐证。

当光旭登上兰州城外的安澜阁看见了"万里黄河只一桥"的镇远桥,顿时心有所感,提笔写下长诗《登安澜阁》。诗中描绘了安澜阁外黄河波涛汹涌的景象,先联想到潘昂霄《河源志》中记载的黄河发源地,又发问:"张骞西行不到昆仑丘,谁从九曲寻源流?"回溯千年历史:"行所无事大难夷,我怀明德禹远矣。安澜当使行地中,后千余年而河徙(周定王五年秋河徙砱砾)。秦将攻魏断故渠,朱三遏晋决河水。"明君大禹治黄河水患、周定王五年黄河第一次大改道、秦王政二十二年王贲攻魏引荥泽河水沟灌大梁、后梁太祖朱温潞州之战时深挖沟濠阻断黄河,在这些典故里,可以看出黄河不仅在农业生产发挥着巨大的作用,还影响着国家政权的稳定。可是"西北尺水南丈波,古来河患何其多",汹涌滔天的黄河难以治理,顾光旭只能感叹"安得卞书金筒指,画方略为治河嘻",他想到了《吴越春秋》中记载的人禹使用的治水宝物"金筒玉书",也希望有金筒玉书一样通治水之理的宝物,改善周边百姓的生活状况。顾光旭在《登安澜阁》这首诗中大量用典,用典既能准确地保留诗歌的大意,又能增加诗歌的趣味性和说理性,构筑出黄河、安澜阁、镇远桥完整的意象,表达尽可能丰富的意义,让诗歌具有层叠的意境,起到了含蓄委婉的修辞效果,显得整首诗庄重质朴。

(三)赠别唱和诗

顾光旭爱好高雅,品性高洁,醉心文学,结交了很多志趣相投的朋友,《响泉集》中收录了不少光旭与好友的唱和诗、送别诗。在《响泉集》卷七、卷八中出现的好友有郑王臣、许钺、顾铨、郑景、陆王任、陈兆仑、张幼华、王昶、易文基、李垒、尹嘉铨、邵陆、毕沅等。这些送别旧友的书柬往来,寄托着顾光旭的怀友思乡之情。

多年仕宦,思乡之情与日俱增,"五千里外犹为客,二十年来苦忆归"(《漫兴四首·其四》)。庚寅冬,光旭收到好友书信,回忆曾与好友王昶游历栖霞之景,不由得感怀:"三山遥望邈天际,两地相思随水流。"从思念好友再到怀念家乡,"男儿何必挂吴钩,归去长为马少游"(《庚寅冬得华巨川西安书述,去秋与王燮公游栖霞之胜感旧怀归书此奉答》),与好友相聚时欢喜,离别时哀愁。

久在官场,光旭逐渐厌倦仕宦生活,受到传统文化隐逸思想的熏陶,他向往着悠然自得的山水田园生活。光旭辞官欲归的情绪与日俱增,他时常有"离心如落叶,飘散忽无端"(《大雅堂夜坐留别诸文士》)的感伤。但是多次辞官都未被准许,只得悲叹:"客自南来征雁北,我偏西向伯劳东。"(《酒旗次韵遥和陈勾山太仆》)而江南凭借清秀的自然景观和恬淡的人文气质,不由得让人生出拔俗出尘的想法。

江南是光旭抒情诗中的一个重要意象,他借助江南这个客观物象来表现自己的主观情意。由于气候和生态条件的差异,江南的民风民俗与西北地区大相径庭,这位离乡已久的远客越发思念故土,回忆起江南的种种,只能用"青山一发江南别,二十年来此送秋"(《和张幼华送秋》)、"烟树江南阔,园林含绿滋"(《忆锦树里别业》)、"昨来河畔人听雨,正忆江南水拍天"(《雨霁亨山杜集即次其韵》)、"巡檐淡月望江南,我与梅花共一龛"(《郡斋寒夜次韵分答同学诸子咏梅花》)这些诗句抒发心中的苦闷。江南既是光旭生长之处,又是他的精神栖息之所,寄托着他身处西北时对故乡的思念之情。

任职平凉期间,顾光旭登六盘山、过弹筝峡、游崆峒山、寻泾州瑶池、过庄浪古道、上皋兰山、看苏武山,写下"余本渔樵人,爱此山水县"的句子表达对西北风光的喜爱。在赞叹西北时也有"为恋君恩未拂衣,廿年苦忆故山薇""飘摇只在天涯路"的愁思。他的诗歌在描绘甘肃自然风景时,也书写着治边的羁旅情思。顾光旭的仕甘诗歌可以看出他在"循吏"的一面外,又有风流雅致文人的一面。他通过诗歌记述行旅,抒写情志,将文人情怀与地域景观融入诗文之中,以景生诗,以诗传景。

三、顾光旭仕甘诗歌艺术特色

作为梁溪诗派的领军人,顾光旭在诗歌上的造诣是比较高的,清代不少诗集诗话有所记载,如袁枚的《随园诗话》、陆炳的《蜀游诗钞》、王昶的《蒲褐山房诗话》、李调元的《雨村诗话》等都记载了他的佳作,赞其诗沉雄高迈,锤声炼响。

张诚在《响泉集后序》中评价顾光旭的诗:"似李而有鞭挞海岳,驱走风霆之势;似杜而具兰苕翡翠,鲸鱼碧海之观。"[①]顾光旭仕甘时期诗歌的诗风沉雄高迈,表现出了以诗补史、史诗互证的历史意义,并以自注入诗的创作手法为其诗歌增添色彩。

(一) 以诗补史

顾光旭任平凉知府时,甘肃境内各地出现了不同程度的旱灾。《清实录》记载:"乾隆三十五年庚寅十月戊子……甘肃所属皋兰等州县夏禾亦间被旱灾,虽勘不成灾者居多,恐秋成亦不免稍谦,或有应须分别办理之处,并著各督抚,即行切实查明复奏,候朕酌量加恩。"[②]又三十日:"陕甘总督明山奏:'甘肃土瘠民贫,一遇荒歉,全借官仓,明春籽种口粮在所必需。查被灾州县,仓储既少,拨运又难。'"[③]

这次旱灾在史书上只有寥寥几句记载,而背后隐藏了多少贫苦百姓的辛酸血泪,光旭奉旨勘灾时将他所见所闻记录在《响泉集》中。《响泉集》中收有《勘灾二十二韵》《宿村舍主人馈鸡酒书此却之》《孟冬经青岚山感成二首》《归养有期矣,台司以灾政,故暂留两月,不敢辞也。仲冬二日,自兰州

---

① 顾光旭.响泉集三十卷本[M]//清代诗文集汇编:第375册.上海:上海古籍出版社,2010:676.
② 清实录·高宗纯皇帝实录:第19册[M].北京:中华书局,1986:675.
③ 清实录·高宗纯皇帝实录:第19册[M].北京:中华书局,1986:693.

东行,老弱累累于道,安会间尤甚触目怵然,用竺庄延绥道中韵九首》《次韵毕秋帆廉使六盘山见怀》等多首忧民疾苦纪行诗歌。这些诗歌记载填补了文献资料的欠缺,是研究清代甘肃灾害的宝贵资料。

光旭在诗中细腻地描写恶劣的自然灾害之下百姓的生活惨状:"四野风酸且放歌,短衣露胫泪滂沱。"(《归养有期矣·其三》)"羸牛曳挽青天上,饿骨支撑白日西。"(《归养有期矣·其七》)"产破妻孥贱,肠枯草木甘。"(《孟冬经青岚山感成二首·其一》)"瘠土供输薄,灾黎慰问难。"(《孟冬经青岚山感成二首·其二》)这些诗句是旱灾肆虐之下灾民死境的泣血表述,感人至深。

以《勘灾二十二韵》一诗为例,清晨鸡鸣之后光旭整理行装,亲身前去勘察周边田地的受灾情况。"五月雨既零,六月水淹坝。八月阴早霜,霜早伤我稼。老农陟陇叹,西风催櫂秠。"五月天大旱,六月又遭水涝,等到八月又突然下了早霜,地里的庄稼颗粒无收。"旧谷今莫储,敝褐不掩骼。无以救寒饥,礼义复奚暇。"地贫民穷,百姓没有存粮,老弱瘦骨嶙峋,难耐饥寒。"皇心普仁爱,赐赈兼赐借。岂惟给朝夕,此实关治化。不然化为盗,罹罪罪不赦。"幸得有朝廷积极赈灾,控制灾情,不过单靠朝廷供给粮食只是权宜之计,想要长久解决温饱问题还是要授人以渔,不然贫苦之辈只能以盗为生,影响当地治安。"为问牧民心,此责欲谁卸。惭愧守兹土,案牍纷满架。"作为当地知府,眼看百姓生活饥寒困苦,光旭自认有愧于治下百姓,只能更加勤勉尽责。这首诗在描写百姓旱灾之下惨况的同时,又展现出光旭其人善良仁爱、体恤百姓以及强烈的社会责任感。

这类纪事写实的实录性诗歌具有历史和文学双重价值,真切地描写了甘肃大旱时的景象,细致诉说着天灾给百姓带来的痛苦。通过抒情来描写现实,以诗为史,史诗互证,真实地反映了旱灾之下的底层社会图景。

（二）沉雄高迈

顾光旭主推清雅之风，王宫《响泉集原序》中言顾诗"尤契青莲，以清真为主"。但他仕甘时期的诗歌在风格上更偏雄浑高迈之风，吴省钦言其"诗约有三变，愈变愈遒而出……响泉之好初盛唐之音，有意比之"[①]。顾光旭追求自然、真实的审美感受，踏足西北，他遍览山水名胜和历史古迹，用诗句记录下清代甘肃社会景象、文化风貌以及自己对甘肃地域文化的主观印象。

顾光旭强调诗歌必须反映真实的生活与实际的体验，因此他笔下的西北边塞之景令人印象深刻，如"石壁飞泉树杪风，金城一半夕阳红"（《五泉》），"黄沙路绕黄山脊，白草声寒白玉鞭"《西行杂兴·其十三》，"五凉雪满马蹄热，双塔日高人语喧。行到峡中山万叠，玉龙破浪走潺湲"（《古浪道中》）。

以六盘山为例，顾光旭写"双旌高卷雪花残，一径横空鸟道盘"《次韵毕秋帆廉使六盘山见怀》，"终南山尾大不掉，倔强青云立天表。茫茫万古堆六盘，凿破洪蒙割昏晓。六盘突兀控西陲，陇水中开忽倾倒。川原上下殊多途，不尔此山犹蜀道"（《六盘山》），六盘山险峻雄奇，是关中通往凉州、西域的必经之路，诗中的"控西陲"也证明了六盘山地理位置的重要性，而"倔强""突兀""尤蜀道"等词都表现出了六盘山山势高峻，山道的崎岖。

多年的边塞生活并没有让顾光旭感到苦闷，反而在心中生出一股"千金欲买五花马，一剑真须七宝装。李广初为上郡守，弯弓直取左贤王"（《西行杂兴·其十五》），"不须关吏候，自有万峰迎"（《马上》）的豪迈之情。天高云淡、长河落日的边塞之景激发起顾光旭投身报国的雄心壮志。西北山川要塞让他的心胸愈发豁达，让他的经历见闻愈加丰富，主观情感色彩与视觉

[①] 顾光旭.响泉集重刊二十卷本[M]//无锡文库：第四辑.南京：凤凰出版社，2012：275.

景象相结合,描绘出了更加生动的西北景致。

顾光旭这一时期的诗歌气势雄浑、波澜壮阔。他的诗歌将儒学中文人治国经邦、经世济民的传统价值观与地域景观结合起来,比同时期很多诗人的作品更有社会深度。

(三)自注入诗

自注是诗人对自己作品中某一部分内容进行阐释说明,相较于他注更具有准确性。顾光旭博古通今,善于用典,他的仕甘诗歌中留下了不少自注,便于读者理解其诗歌。这些自注以在诗中的位置划分的话,可以分为题注、夹注和尾注,从内容上看有叙事性和知识性两类。

题注主要是对诗歌的写作缘由、时间、地名、人物进行说明。对写作背景进行交代的题注,例如《重过胜金关》后注有"夏人以予旧题壁间诗刻石感赋",表明自己是在胜金关咏物怀古所作,《飞仙引》题后注有"登崆峒山飞仙阁作",表明这首诗描写的是平凉崆峒山上的飞仙阁之景,《续梦》题后注有"八月十四夜,梦中得句,云喜照霜色,清不在人境,外觉而续之",交代了这首诗写作的时间和缘由。

对地名作解释的题注多出现在他的记游诗中,有对地理位置作说明的,如《登安澜阁》后注"在皋兰河桥上",《岩绿书堂》后注"旧有岩绿书院,今废"。有对地名作解释的,如《响鹤山房》后注"崆峒有玄鹤洞,余宿暎泉上,闻鹤声,因题于额"。对人物进行说明的题注是最多的,例如《题许石兰司马(钺)观荷写真》《赠镇原易令(文基)用前韵》《和郑兰州(王臣)集归去来辞字十首即送归莆田》《赠李四(垒)》《送庄浪令邵(陆)迁四川会理州牧》,题注中出现的这些人名为研究顾光旭的交游考提供了非常准确的资料。

顾光旭诗中的夹注主要用来解释诗句、补充信息。如《同作得皋字(莆田)郑王臣(慎人)》诗中特意对五泉的来历和征梦亭和寿星院的典故详细解释:"《水经注》:西平亭北有土楼神祠,右则五泉注之。""豆卢署本名辅真,将改名,其夕梦一老人言子当四举成名,四者甚佳,后二十年当作此郡守。指郡中隙地,曰此可建亭。既寤,思之,四者署也,遂以为名后登第。太和九年为衢州刺史,览郡内得梦中所指地,遂建亭名曰征梦。""苏东坡答钱塘主簿陈师中书云,在杭州尝游寿星院,入门便悟,会到能言其院后堂殿山石处,故诗中有前生已到之语。"除此之外,他还对诗句中的"喝"字注"音豪","橪"注"音骚"。《晓发古浪峡》中注有"峡有石如崇台,凡酿有酸者,剒片炽入酒中,即变佳酝,名酸酒石。明郎中陈棐曰:是甘也。乃更名甘,大书三字于石",《柳林湖三首》中注有"时番地产金""我朝中外一家边墙,但存其址"。这类注释说明了诗句的语词来源,将一部分历史典故保存了下来,也便于读者理解诗句。

有一部分夹注补充了诗歌的写作背景,如《重游崆峒山(有序)》中夹注:"夫秋,此游有五人,陶、尔、清、大尹,许石兰司马与焉,今陶没两月矣。"《郡斋寒夜次韵分答同学诸子咏梅花》注有"余自戊子作郡,于今三年"。还交代引用诗句的出处,如《酒旗次韵遥和陈勾山太仆》中"千里莺啼绿映红"一句下注明"用杜牧句"。

顾诗中的尾注主要是对整首诗进行说明,如《西行杂兴二十首(并序)》中注有"鸣喝泉,扶苏死处,其庙在雕山""蒙恬墓在绥德西四十里""凤宿岭,一名凤凰山,相传有凤宿其上",《过弹筝峡》注有"储光羲有奉使过弹筝峡诗",《正定道中寄秦岵斋楚雄杨笠湖邛州》注有"时发兵征缅"。

不论是叙事性的自注或者知识性的自注,这些自注有着"纪实"的性质,可以说是诗人对日常生活的诗意提炼与超越,是诗人情感的表达空间,对于读者了解诗歌创作的细节很有帮助。

四、结语

王昶在《甘肃甘凉道署四川按察使顾君墓志铭》中称赞顾光旭:"为人

祥和淳厚,澹于荣利,其色庄,其言厉,虽以吏治见称,而志在扶植忠义,主持风雅。"①光旭始终如一地把这种清忠耿介付诸行动。作为地方官吏,光旭牵挂着当地百姓,关心百姓疾苦,深得民心。《〔乾隆〕宁夏府志》卷十二记载:"调平凉知府去任之日,士民工商多勒碑,以纪遗爱。"②可见百姓对这位父母官的不舍之情。为京官时秉公执法,为地方官时造福一方,强烈的社会责任感让他成为一个循吏,为官清廉,一言一事都显露出仁者情怀。

他的诗歌创作展露出明显的地域性,记录着他的仕宦经历,求真求活的诗学观和真率自如的个性,让他的诗歌在反映社会现实的广度和深度上超出同时期很多文人。

总体来说,顾光旭在仕甘期间创作的诗歌既表达了个人主观情感,又反映了甘肃的自然地理环境和社会人文景观,对清代甘肃地域文学发展作出了一定的贡献。

---

① 钱仪吉.碑传集[M].上海:上海人民出版社,2023:3133.
② 张金城修,胡玉冰、韩超点校.〔乾隆〕宁夏府志[M].北京:中国社会科学出版社,2015:293.

清代祁寯藻及其在西北地区的诗歌创作

杨素素①

摘　要：祁寯藻是晚清时期政绩卓著的宰辅，有着"寿阳相国"的美称；是誉满天下、思想深刻的学者，被赞为"一代儒宗"；也是一位涉猎广泛的多产诗人，是清代宋诗派的代表。他生于书香名门，家学源远流长。他曾于道光二十九年（1849）赴四川查办途中改道甘肃，会同新任总督琦善查"讯控案"，总历时三月，在西北约两月之久。在此期间，祁寯藻经过西北陕甘宁多地，留下了许多诗词传世，主要有羁旅诗、山水诗以及交际诗。诗人通过这些诗歌，表现出西北地区的风土人情，也抒发了自己真挚的情感。这些诗歌丰富了西北地区的历史文化资源，是珍贵的文化遗产。

关键词：祁寯藻；诗歌；清朝；西北地区

祁寯藻（1793—1866），字叔颖，号观斋，山西寿阳人，历嘉、道、咸、同四朝，是道光、咸丰、同治三朝帝师，也是咸丰前期的首辅，对道咸年间的政治走向有重要影响。同时，祁寯藻学是著名的汉学家，但他并不死守汉学，而是主张融合汉宋，倡导通经致用。不仅如此，祁寯藻还是道咸年间颇有影响

---

① 作者简介：杨素素（2002—　），女，宁夏红寺堡人，贺兰县第七中学教师。

力的诗人,他一生倾力于诗歌创作,有《馒饤亭集》和《馒饤亭后集》两部诗集。由于祁寯藻是山西寿阳人,之前与他相关的地域文化的研究多以山西为主,而对道光二十九到三十年(1849—1850)间他在西北地区的创作关注不够。本文着重分析祁寯藻这一时期在西北地区的诗歌创作,并考察其在此期间的交游情况。

一、祁寯藻及其在西北的经历

祁寯藻出身于寿阳书香望族祁氏,他的从祖父祁文瀚、父亲祁韵士均是进士出身,在政治上颇有建树,而祁寯藻作为后继者,更是青出于蓝而胜于蓝。他一生官历四朝,宦海沉浮五十年,对待政务勤勉认真,为晚清王朝鞠躬尽瘁。他曾两次踏足西北,与大西北结缘深厚。

(一)祁寯藻的家世

祁寯藻出生于山西寿阳祁氏家族,其祖上虽是农民,但到了祁寯藻这一代,已经是名副其实的书香世家。

据《祁氏世谱》记载,"始祖以下历十一世,均隐居力田",祁家祖上数代都是农民,没有读书人,直到十一世祁昌"生而敏悟,嗜读书",与其胞弟祁器、族弟祁继昌砥砺成名,祁家始有读书人,诗礼传家也自此开始。① 在这两人后祁家每一代都有读书人,十二世懋德、懋兰,十三世云龙、云翼、云企、云路、云瑞(祁寯藻曾祖)都是,正所谓"诸生书种未尝断绝,人才辈出,其列黉序,贡成均者踵相接",祁家家学渊源可见一斑。② 至十四世,祁氏出现了第一个中进士的读书人祁文瀚,从此祁家不断有人通过科举一途取得功名,书香之气益茂。

祁寯藻是祁家第十六代,祖父祁文汪为优贡生,曾任阳城县、凤台县训

---

① 任国维主编.祁寯藻集(第一册)[M].太原:三晋出版社,2015:63.
② 任国维主编.祁寯藻集(第一册)[M].太原:三晋出版社,2015:129.

导,长治县教谕,二十年间恪尽职守,培养出了许多人才。父亲祁韵士为乾隆四十三年(1778)进士,著有《万里行程记》《西陲要略》《西陲竹枝词》等。六弟宿藻为道光十八年进士,子世长为咸丰十年进士。

祁氏家族代代发展延续,所出人才众多,数代积累的深厚的文化基础为祁寯藻提供了有力的发展环境。

(二) 祁寯藻的生平

祁寯藻,字叔颖,又字淳朴,后避讳改字实甫,又字春圃,号息翁、间叟,晚年以后又号观斋、馒馠亭叟。祁寯藻于乾隆五十八年(1793)生于北京,嘉庆十九年(1814)中进士,一生为官五十余载,大部分时间都在北京,同治五年(1866)于北京逝世,谥文端。① 祁寯藻的一生,无论是作为臣子还是学者、诗人,都成就不菲。

作为臣子,祁寯藻一生忠君爱国,为晚清鞠躬尽瘁,死而后已。他的政治活动主要在道光、咸丰年间。在道光时期,祁寯藻总共任职30余项、升迁20余次,由一开始的正七品南书房行走一路升到正一品体仁阁大学士,可谓平步青云。1840年鸦片战争爆发后,祁寯藻是旗帜鲜明的禁烟派,曾亲自去往福建,侦查鸦片以及海防军务。到咸丰三年(1853),祁寯藻六弟祁宿藻在南京为抵抗太平军呕血而殒,祁寯藻得知后感愤时事,心中悲痛,旧病愈发严重,数次请假治病,却不见起效,到咸丰四年(1854)仍久病不愈,为此祁寯藻多次请辞,于该年十一月致仕。致仕后六年祁寯藻并没有选择回原籍寿阳养病,而是继续留在北京。这六年间,他仍旧忧心国事,时刻关注着时局变化,直到咸丰十一年(1861)他被慈禧重新启用,仍不忘上疏条陈时政,为挽救清朝的衰败局势发挥作用。②

作为学者,祁寯藻提倡朴学,主张通训诂,明义理,倡导经世致用,同时

---

① 张磊.道咸诗人祁寯藻研究[D].苏州大学,2010.
② 郭彩霞.祁寯藻年谱[D].兰州大学,2014.

研读经子史集,博览诸子百家,调和汉宋学术之争,被赞为"一代儒宗"。

作为诗人,祁寯藻是清代宋诗派代表,他一生笔耕不辍,作诗三千余首,大多存于诗集《馒飦亭集》《馒飦亭后集》中,引领道咸年间诗坛"宗宋"风向。①

（三）祁寯藻与大西北的深厚缘分

祁寯藻一生与西北结缘甚深。

其一,祁韵士与祁寯藻父子二人都曾为西北史地研究做出过巨大贡献。

乾隆四十七年(1782),祁韵士充国史馆纂修官,被指定修撰《钦定外藩蒙古回部王公表传》,为完成修书工作,祁韵士曾"悉发大库所贮清字红本,督阅搜查,凡有关于外藩事迹者概为检出",这段经历奠定了他日后进行西北史地研究的基础。② 嘉庆九年(1804),祁韵士遭逢大变,他因宝泉局亏铜案被牵连获罪入狱。次年,祁韵士被放逐至新疆伊犁戍边。这件事于祁韵士既是幸运也是不幸——这件事后,祁韵士的仕途就此断绝,多年兢兢业业,一朝身归白衣,成了被流放的罪人;可也正是因此,他得以亲眼见证祖国的大好河山,得以亲身体会大自然的美妙,用双脚丈量令他心旷神怡的西域之地,体会这里独特而富有魅力的风土人情。理所当然的,祁韵士为这里着迷,开始了对西北史地的研究,并在此领域大放异彩。

西行万里,祁韵士沿途游览各地名胜古迹,看山川城池,观人物风俗,并以笔为媒,将一路见闻都记录下来,最终形成了《万里行程记》。这一路,祁韵士见过"雄壮莫比"、悍然矗立的函谷关,见过"所谓只有天在上,并无山与齐"的高峻华山,见过"雄踞黄河南岸"的兰州府城,看过城中始建于明朝的,由"二十四舟"组成的,横跨东西、"束水若带"、使"渡者如履平地"的镇远浮桥;也见过山顶积雪不化的祁连山,见过"西门锁钥,启闭森严"的嘉峪

---

① 张波.祁寯藻与道咸宗宋诗风[J].文艺评论,2012(10):33-36.
② 祁韵士.万里行程记[M].太原:山西人民出版社,1992:107-108.

关,赏过以"沙石为骨","肤无寸土……水草皆绝"的戈壁滩,到过天气炎热且昼夜温差大,所以"棉花遍野,葡萄蔓地而生……甜瓜极妙"的吐鲁番盆地。① 这一路,祁韵士也真切地了解了西北特有的民风民俗。祁韵士在西北见过人们住在坚固的窑洞,"人民皆穴土而居……土性坚可耐久";见过头戴毡帽、服饰各异的羌族人,"帽以毡为质……女番项系白色带垂之。男着皮靴,女则赤脚而已。其人即古之羌种";见过不重农耕重畜牧的塞外草原,"塞外产茂草,备牧牛羊为生业,不重耕作禾稼"。② 这种种特异的民俗,令祁韵士为之着迷。

不仅如此,西行万里到达伊犁后,祁韵士受到时任伊犁将军松筠的保护,得以专心从事西北史地研究工作,在亲自考察、寻访、阅遍有关史地资料,并亲身感受过祖国西北边疆独特的民风民俗、了解了西北地区的地理位置与历史文化、深刻认识到西北边疆的重要性之后,他撰写了《伊犁总统事略》,并创作了《西陲要略》《西域释地》等相关著作,是清代西北边疆史地学的开创者和奠基人。祁韵士在这些著作中所记载的奇山异水、展现的民风民俗,是当时清廷了解西北边疆的重要资料,也是后世人们研究当时西北地域文化的宝贵资源。

而祁寯藻耳濡目染,同样认识到西北地区的重要性。他大力支持清代学者对西北史地进行研究,并帮助这些学者刊行相关著作,其好友张穆即是受了祁寯藻的影响开始研究西北史地,其《蒙古游牧记》就是祁寯藻出资刊刻的。③

其二,祁韵士在去往新疆伊犁的路上曾途径固原,多年后,祁寯藻去甘肃查案也经过固原。

---

① 祁韵士.万里行程记[M].太原:山西人民出版社,1992:8-32.
② 祁韵士.万里行程记[M].太原:山西人民出版社,1992:11-24.
③ 段志强.顾祠会祭中的西北史地学人[J].复旦学报(社会科学版),2014(2):2-11.

祁韵士西行路过固原,对此地留下了独特的印象,这在《万里行程记》中有所体现。他写瓦亭之险,说距离瓦亭二十里左右,就已经"两山夹峙如门,仅容一辙,转侧而过,水啮山根,溅溅然险要莫比",而通过瓦亭关,则是"嵯峨万仞,叠起云间,循涧前进,如坐井观天"。① 他写六盘山,突出山间气候多变和山势险要两个特点:祁韵士是从和尚坡爬的六盘山,他到和尚坡时天空刚开始下雨,"微雨初零",而当他爬到半山腰时,雨已然越下越大了,"已而雨愈大",再往前,下的雨忽然就变成了雪,又兼狂风大作,"雨忽变为雪,济之以风,烈甚",即至祁韵士下山后没一会儿,雪就又变回了雨,"少顷,雪复变为雨",这样的气候,诡谲莫测,可谓神奇;最开始上山时,祁韵士坐着马车,山路本就陡峭难走,"曲折陡峻如壁",走到山腰处又碰上狂风大雨,山路越加湿滑,"泥益深,胶黏阻辙",几乎寸步难行,"屡起屡仆,寸步不能前",不得已换做骑马,下山途中更是"陡下千丈坡",一路上可谓艰险异常,也可窥见六盘山山势的险要陡峭。②

道光二十九年(1849),祁寯藻赴四川查办途中改道甘肃查"讯控案",来回途中都经过固原境内,他看过弹筝峡,宿过瓦亭驿,爬过六盘山,逛过隆德县城,就连除夕夜也在瓦亭驿度过。那年诗人已是五十七岁,经过六盘山,见山上皑皑白雪,不禁联想到自己已然迟暮,又兼在外羁旅,思念故乡,于是写下"雪后山如少年老,天边月是故乡明"。且除过此次出差,嘉庆十八年(1813),祁寯藻少年时也曾随恩师兼好友那彦成一起渡过六盘山,可叹时移世易,昔日好友已经逝去,诗人万种情绪涌上心头,不由悲从中来,写下"今日白头重过此,僧寮已改况题名"抒发心中感慨。③

其三,祁寯藻少年时曾随父在兰山书院学习,他也因此在兰州长住。

---

① 祁韵士.万里行程记[M].太原:山西人民出版社,1992:13.
② 祁韵士.万里行程记[M].太原:山西人民出版社,1992:14.
③ 任国维主编.祁寯藻集(第三册)[M].太原:三晋出版社,2015:349.

嘉庆十六年(1811)祁韵士受那彦成之邀前往甘肃兰山书院担任主讲,祁寯藻也跟随前往。① 之后的两年里,祁韵士成了兰山书院的山长,在这里教书育人;祁寯藻则认真学习,博览书院藏书积累学识,收获颇丰。

《九日兰州城上望河楼登高》即是祁寯藻在此期间所作。"昆仑虚接大荒西,极目长空尽处低。飞鸟似从银汉落,浮桥真与彩虹齐。凉天佳节酬尊酒,落日边城静鼓鼙。不用登临更搔首,青云已蹑谢公梯。"②诗人以极富想象力的笔触写重阳节登高所见景色,滚滚黄河穿城而过,极目远眺,只觉河面与天边相接,成群嬉戏的飞鸟像是从远处天上的黄河中飞落而来,横跨两岸的浮桥竟像是与天边彩虹齐平!美酒佳节,落日边城静鼙鼓,写出了独属于大西北的雄浑肃穆,却又极尽浪漫,一个"静"字既说明平时兰州鼙鼓练兵的肃穆,又写出此时这座边城未起战事的和平景象,诗人内心的喜悦与豪气不言而喻。

直到嘉庆十八年(1813),那彦成调任,祁寯藻才跟随父亲返还寿阳备考。

综上,祁寯藻与大西北可谓缘分深厚。

二、祁寯藻的诗歌创作内容

祁寯藻一生笔耕不辍,作诗近三千首,大部分收录在诗集《䜱䜪亭集》与《䜱䜪亭后集》中,其中只道光二十九年、三十年,便有百余首诗歌,以《渡黄河》为界,诗人在西北地区创作的诗歌有近六十首。这六十余首诗歌题材丰富,主要有羁旅诗、山水诗、交际诗三类,其余还有少量题咏书画、咏史怀古类的诗歌,种类繁多。

(一)羁旅诗

祁寯藻去时一路向西,写下了许多羁旅诗,例如《渡黄河》《赤水镇》《十

---

① 王静.祁寯藻及其诗歌研究[D].湖南大学,2013.
② 任国维主编.祁寯藻集(第三册)[M].太原:三晋出版社,2015:2.

一月十八日晓发瓦亭渡六盘山》《惆怅》《行馆晓坐》《乡思》等篇。写这些诗歌时,诗人在外羁旅,离家万里,又兼年关将近,于是免不了思乡思亲,故而诗中情感基调大多是消沉、悲伤的。

例如《渡黄河》:"晓发风陵渡,横舟鼓角催……故乡回首处,客路信悠哉。"①十一月七日,诗人要自风陵渡过黄河西行,诗人来到渡口,几度踌躇,号角声声催人走,尽管不舍,诗人终于还是坐上了小船,继续西行。小船向西前行,船上的诗人却忍不住回首东望,努力寻找那令他魂牵梦萦的故乡,然而这一回首,却猛然惊觉这一路渐行渐远,已然离故乡很远了。这里的"故乡"既是诗人不久前离开的家乡山西,也是令诗人魂牵梦萦的国都北京。一个"催"字极为传神的表达出诗人心中的不舍与留恋,一个"悠"字则表明诗人所行路远,已离京城万里之遥,全诗无一字明说思乡,却已诉尽心中思念。

再如《赤水镇》中:"平原郁郁有人家,野店萧萧驻客车。新米上街喧冻雀,旧诗题壁剩涂鸦。云开已觉蓝田近,树断遥看渭水斜。便借画图销旅思,秦中风景似京华。"②诗人经过这个小镇,眼中所见是平原郁郁,人间烟火,是碧空如洗,绿树小河,一派画中美景,可惜诗人无心欣赏眼前美景,他心念远方的京城,更想到自己年关将近却羁旅在外,于赤水镇而言,也只是个客人,所以只见"野店萧萧",本该是团圆的时节,自己却形单影只,诗人心中自然酸涩难言。最后只能压下满腹酸涩,想凭借美景消解心中思乡之情,却无奈越看"秦中风景"越是"似京华",其实并非两地景色相似,只是诗人思乡心切,看什么都会联想到京都罢了。

又如《十一月十八日晓发瓦亭渡六盘山》中"雪后山如少年老,天边月是故乡明"一句,既借下过雪的六盘山喻自己已然年老,又借明月抒

---

① 任国维主编.祁寯藻集(第三册)[M].太原:三晋出版社,2015:347.
② 任国维主编.祁寯藻集(第三册)[M].太原:三晋出版社,2015:347.

发思乡之情；①而《乡思》中"遥怜衡浦雁,寂寞尚南征"一句则以衡阳雁喻指孤身一人在粤东做官的六弟,借此抒发出对六弟宿藻的思念。②

还有《行馆晓坐》中"晓来何事钩帘坐,贪看东南一角山",为什么清晨一醒来便撩起窗帘呆呆的坐着？③原来是在痴痴地望着东南方的一角皋兰山呐。诗人表面是在看皋兰山,实际却是在透过皋兰山眺望、思念同样位于此地东南方的京城,一个"贪"字生动传神的写出了诗人内心对于家乡的思念。

(二) 山水诗

山川之美,古来共谈,旅行途中见到奇山异水,诗人们总是情不自禁要以最美的诗句赞美它们,祁寯藻也不例外。这一趟西北之旅中,祁寯藻写下了不少美的山水诗,例如《王公桥》《河桥》《出夏家寨口小憩鸡嘴人家》《会宁山中》《瓦亭东二十里过弹筝峡》《正月三日晓行微雨》《咸阳原上》《正月十三日大风渡黄河》等篇。

诗人回程经过静宁州向东去往隆德县城,写下《自静宁州东行九十里至隆德县城》记录、赞美沿途美景："两崖夹人立,巨石向我倒。陇水绕其足,如带细萦绕。山开川路平,沙净日光晧。杨柳生远烟,冰雪点晴昊。"④两岸上有像人一样站立的巍峨巨石,清凉的陇水像是细带一样环绕着巨石的足部,前方山口豁然开朗,道路开阔平坦,阳光明媚,杨柳之上点缀着还未消融的雪花,远看着像是蒙上了一层薄烟,美丽极了。

祁寯藻返程再次途径弹筝峡,写下《瓦亭东二十里过弹筝峡》,诗风雄健豪放,极富想象力,首句"陇山高不奇,奇观乃在峡"点明写作对象"弹筝

---

① 任国维主编.祁寯藻集(第三册)[M].太原：三晋出版社,2015：349.
② 任国维主编.祁寯藻集(第三册)[M].太原：三晋出版社,2015：355.
③ 任国维主编.祁寯藻集(第三册)[M].太原：三晋出版社,2015：354.
④ 任国维主编.祁寯藻集(第三册)[M].太原：三晋出版社,2015：358.

峡",后文两句"一条冰雪光,太阿忽穿匣。中有玉龙吟,万古声喷欲"构思极为巧妙,前一句写弹筝峡水流之势,如古"太阿"之剑,穿匣而过,将弹筝峡一分为二,其势锐不可当,后一句写弹筝峡中水流的声音似玉龙之吟,清越动听却又气势磅礴。① 在这两句诗中,诗人调动视觉与听觉,联想浪漫又恰当,反映出弹筝峡水流湍急、水量巨大的特点,同时也衬托出陇山,即六盘山山势高险的特点,也只有这样的山,才能孕育出这样的"弹筝峡"这样的水。寥寥几笔,写尽此处山水之"奇",可见笔力深厚,亦可见诗人观察之仔细。

诗人正月三日离开固原,冒着小雨返程,此时正值清晨时分,严冬刚过,春天即将来临,冬雪消融,大地回春,天空中下着如丝细雨,小草偷偷从湿润的土里钻出来,柳枝悄然发了芽,一切都是那么美好,诗人欣喜不已,挥笔写下《正月三日晓行微雨》:"春来刚十日,好雨恰依时。似雪不成絮,如烟仍散丝。尘消衣暗著,土润草先知。渐喜秦川近,风光上柳枝。"②冬去春来,走在回京的路上,诗人的心情自是轻松而惬意的。

(三)交际诗

道光二十九年(1849),祁寯藻十一月七日自风陵渡渡黄河,进入陕甘境内,直到次年正月十三日再次渡黄河离开陕甘,总共在陕甘地区停留两个多月。在此期间,祁寯藻的交游广泛,与冯晓沧、董醖卿、钟石帆、李恩庆、徐正谊等许多好友都有往来。

冯晓沧、董醖卿、钟石帆是祁在西北来往密切的几位好友。据《观斋行年自记》,"十月,奉旨驰驿前往四川查办事件,召见谕以改道甘肃……随带司员户部员外郎钟秀、主事董醇,刑部主事冯栻……"③祁寯藻与时任户部

---

① 任国维主编.祁寯藻集(第三册)[M].太原:三晋出版社,2015:359.
② 任国维主编.祁寯藻集(第三册)[M].太原:三晋出版社,2015:359.
③ 任国维主编.祁寯藻集(第一册)[M].太原:三晋出版社,2015:155.

员外郎的钟石帆、主事董醖卿,以及时任刑部候补主事的冯晓沧几人一路风尘仆仆,经过华州、邠州、泾城、平凉、会宁等地,终于在十一月二十八日抵达兰州,心中感慨万千,写下《十一月二十八日抵皋兰行馆,奉简冯晓沧比部、董醖卿、钟石帆两农部》:"陇云万叠隔春明,坐对寒镫话客程。河自兰山下蒲阪,雪从玉井接金城。乡心未免唐风恋,驿使犹传蜀道行。它日东归寻旧迹,看君佳句各编成。"①诗中"陇云万叠隔春明,坐对寒镫话客程"一句生动形象地描绘出几人围着灯火谈笑,感慨这一路羁旅不易的温馨画面。

几人万里行程一路相伴,又在兰州一起查案,来往密切,乃是至交好友,时常作诗附和,三人作《六盘山》,祁寯藻以《次答晓沧、醖卿、石帆〈六盘山〉,和张诗舲中丞诗二首》作答。二十九年的除夕夜,几人在瓦亭相聚,祁寯藻作诗《瓦亭驿馆述怀,呈晓沧、醖卿、石帆三司长》,除夕夜能与二三知己好友相聚令祁倍感欣喜,挥笔写下"居然冠盖集,且喜朋簪凑"。他们在一起谈论诗歌,不觉时间飞逝,"论诗共剪烛,问夜如待漏"。他们志同道合,又都对诗歌有着深刻的见解,祁寯藻折服于几人的才华,不禁慨叹"诸君济时才,吾衰幸及觏",为自己能与几人相知而感到庆幸。② 祁寯藻返程之前作《二十一日拜折启行回京复命恭纪》总结本次行程时,亦对几人不吝赞美"万里往来三益友,一年迎送两新春"。③ 诗中所说"三益友"指的就是冯晓沧、董醖卿、钟石帆三人,几人感情之笃可见一斑。

祁寯藻途径一些地方时,也会与在当地的好友见面,这在他的诗歌里也有体现。祁寯藻在安定城偶遇马疏,喜不自禁,作《安定城馆喜遇马南园山长》。马疏(1789—1853),字经纬,号南园,嘉庆二十五年(1820)进士,初为翰林院庶吉士,后任陕西府谷、富平等县知县,在任期间轻徭薄赋,少施刑

---

① 任国维主编.祁寯藻集(第三册)[M].太原:三晋出版社,2015:351.
② 任国维主编.祁寯藻集(第三册)[M].太原:三晋出版社,2015:358.
③ 任国维主编.祁寯藻集(第三册)[M].太原:三晋出版社,2015:356.

罚,重视农事,得百姓爱戴,敬称其为"马青天"。马疏步入仕途后只做了九年官,四十岁就辞官返乡,归隐治学,至道光二十九年,他辞去官职已有二十年,所以祁寯藻在诗中说"君已抽簪二十年,哪堪重话卅年前",而此时的祁寯藻宦海沉浮三十五年,已然年过半百,不免向往马疏早早归隐山林,享天伦之乐的生活,所以他写"作吏谁知山泽乐,还家且喜子孙贤"表达自己的艳羡。然而在外偶遇故人总令人惊喜,祁以"别来为忆相逢处,春在边城夕照边"做结,记录他们的相逢,在美好的春日,夕阳西下,春风和煦。① 此外,祁寯藻在长武县遇到了张正𩆞,赠诗《夜宿长武县西厅,留赠张梅生大令》,在泾阳见到了徐正谊,赠诗《赠泾阳徐董园》。

祁寯藻为人清正,好交朋友,一生交友广泛且频繁,这一点通过其在西北期间的这些交际诗,就能领略一二。

祁寯藻在西北地区的创作中,亦有少量其他类型的诗作,或题咏书画,如《质庄亲王集诸家联景山水两卷,为李季云观察题》,或咏怀古迹,如《灰堆相传始皇焚书处》等,这些诗歌,丰富了祁寯藻的创作题材,展现出其诗歌创作的多样性。

三、祁寯藻诗歌的艺术特色

祁寯藻道光二十九年在西北停留的两个多月,不只是查办了一件案子,还领略了陕甘宁地区的人文风貌,锦绣山川,留下了许多珍贵的诗歌,这些诗歌有着独特的艺术特色,现实主义与浪漫主义并存,语言质朴平实、多用白描,情感自然真挚。

(一) 现实主义与浪漫主义并存

祁寯藻的诗歌既是现实主义的,也是浪漫主义的。他书写现实,关注国

---

① 任国维主编.祁寯藻集(第三册)[M].太原:三晋出版社,2015:357.

事民生,他也豪放浪漫,展露情感与赞美。

首先,祁寯藻继承了古人诗歌关注现实,书写现实的精神,在诗歌中反映民生疾苦与时局的衰败。① 这类诗歌是祁寯藻诗歌的重要组成部分,有《会宁晤吴复斋大令》《哀流民》《牵夫谣》《有感》等。

比如,诗人在"查讯控案"事毕返程途中见百姓民不聊生,流民哀号遍野,写出动人心魄的《哀流民》:"连年荆楚灾,流民去复来。江汉城高蛟龙怒,潇湘泽远鸿雁哀。闻说内帑三十万,皇恩特沛由宸断。可怜三户盖藏尽,升斗未及先流散。蜀山嶔崟陇水咽,骨肉羁孤生死半⋯⋯今将去陇东适秦,眼中又复哀流民。民为马,官为牧,不求刍秣反择肉⋯⋯"②诗中分析了灾民频繁出现、无法消除的原因,揭露出清朝中晚期吏治的腐败、社会的黑暗。连年的天灾固然可怕,然而腐败的官府更加令人憎恨,官员犹如蛀虫,丝毫不顾百姓死活,30万救济款遭层层盘剥,最后竟致使百姓"升斗未及先流散",这才是"流民去复来"的根源。最后三句以放牧人比喻官府,以牧马比喻百姓,愤怒地斥责贪官污吏非但不体恤民生,反而想方设法吸血割肉,讽刺辛辣又鞭辟入里,可谓为民代言。同样讽刺贪官同情百姓的还有《有感》:"⋯⋯杯觞谈笑何多暇,抚字催科已两穷。坐使空仓肥雀鼠,眼看高阁斗鸡虫⋯⋯"③前一句说官员们饮酒谈笑悠闲度日,而治下百姓经"抚字催科"已是穷困潦倒;后一句大胆揭露官员无所作为、整日只知享乐,任由地主豪强放青苗压榨百姓。诗人通过这两句诗讽刺了与地主豪强沆瀣一气、置百姓于不顾的贪官污吏,揭露出当时底层百姓被层层压榨、处于水深火热之中的悲惨现状,同时表达出诗人对这些穷苦人民的同情与悲悯。

再例如《牵夫谣》:"朝牵西,夕牵东,西登陇阪雪峨峨,东涉泾汭冰冲

---

① 周芳.毕竟高歌能拔剑——论祁寯藻诗的师法渊源和诗歌意象[J].贵州文史丛刊,2011(4):52.
② 任国维主编.祁寯藻集(第三册)[M].太原:三晋出版社,2015:360.
③ 任国维主编.祁寯藻集(第三册)[M].太原:三晋出版社,2015:356.

冲。东来西去无朝夕,我生胡为傍官驿。官家牵夫用壮丁,老弱妇女犹可耕。……牵夫虽苦愿迎送,万一飞蝗化为凤。"①诗中的牵夫不分昼夜地干活,踏雪涉冰,可谓艰辛,然而即便如此,他们仍然得不到多少报酬,生活朝不保夕。但苦则苦矣,壮丁们仍期盼维持这样的活计,因为当牵夫再苦也可挣得几许钱财,有一份微薄收入聊补家用,这样日子就还过得下去。

现实主义的诗作在祁寯藻的诗集中比比皆是,不单只这个时期有。其他时期还有诸如《采棉行》《打粥妇》《捕蝗行》《飞蝗叹》等。这些诗的突出特点是对民间疾苦的关怀,以及对贪官污吏的抨击与愤慨。

同时,祁寯藻的诗歌中不乏雄奇浪漫的想象,这一点多体现于其山水诗中。

例如《会宁山中》:"一条雪练掣寒光,两壁丹砂销剑芒。直恐土囊霾白日,翻疑银汉溢红墙……"②会宁山中,两边独特的红色崖壁夹着一条明洁的河流,诗人穿行其中,见河流清澈泛着寒光,红色崖壁又高又直,竟觉好似巨大的坑洞将整个世界都包裹其中,又似银河从红墙中流出,想象浪漫而富有诗意。

而《正月十三日大风渡黄河》则更为雄健豪放。"客岂不欲行,奈此风浪恶。大河横我前,狂飙裂虚阁。晨起云乱飞,亭午日光薄。炉灰死不燃,鲁酒孰与酌。主人色踌躇,客意转萧索。挥手决独往,长揖出山郭。东风逆浪来,沸汤如鼓橐。一叶委中流,黄沙天四幕。人声与橹声,并力互前却。虽云方舟骛,只恐布帆弱。稍近北岸山,系缆得垠堮。回瞻浮槎路,云汉莽寥廓……"③狂风大作,吹得黄河犹如沸腾的水,吹得黄沙四起,遮蔽了整个天幕,诗人寥寥几笔就勾勒出一幅雄浑壮阔的画面,令人心生豪气万千。而

---

① 任国维主编.祁寯藻集(第三册)[M].太原:三晋出版社,2015:360.
② 任国维主编.祁寯藻集(第三册)[M].太原:三晋出版社,2015:358.
③ 任国维主编.祁寯藻集(第三册)[M].太原:三晋出版社,2015:362.

诗人则在此中仅乘一叶孤舟,逆着风浪前行,苍茫的黄河与渺小的人类,对比鲜明,更是突出几分惊险,也让我们看到了一个有着一腔孤勇、不畏艰难的老人,他将生死置之度外,只管踏浪而行!

作此诗时,诗人在返程途中,归心似箭,奈何天公不作美,遇上狂风大作,渡河惊险万分。朋友踌躇规劝,然而诗人去意已决,喝完酒便"挥手决独往",这是何等的气魄!待渡过黄河,靠岸系缆,再回首时,但见云汉莽苍,天地寥廓,竟欲问神灵"谁为东道主?"这又是何等的胸襟!只这一句,便抒尽胸中豪气。虽白发苍苍,仍有少年气,令人敬佩。

(二)语言质朴平实,多用白描

祁寯藻的诗歌语言质朴平实,这与其"温柔敦厚"的诗学观有关。① 而在诗歌中,语言的质朴平实,集中体现在祁对白描手法的应用上。

例如《牵夫谣》中:"朝牵西,夕牵东。西登陇阪雪峨峨,东涉泾汭冰冲冲。东来西去无朝夕,我生胡为傍官驿。官家牵夫用壮丁,老弱妇女犹可耕。"②诗人并没有用复杂的辞藻堆砌,而是用通俗质朴、不加修饰的语句介绍"牵夫"的真实生存状况,描绘出一个牵西牵东,寒暑不辍,朝夕不停,辛勤劳作只为养家糊口的底层劳苦大众形象,表达出了诗人对"牵夫"的同情与悲悯。而《泾东原上大雪》中:"高原四无山,夐望不可极。官道直东西,农田亘南北。寥寥数村舍,惨澹寒林色。竟日百里间,雪霰无休息。"③粗笔写出诗人东归经过泾州东边的荒原上所见,一望无际的旷野,笔直的、仿佛无法走到尽头的道路,连续不断的农田,以及下了整日、走了一路近百里还未停止的大雪,一切都是荒凉而孤寂的,正和了诗人此时的心境"京国书不来,我心日以恻"。此诗乃诗人正月初四所做,而初三诗人曾上奏请求请假

---

① 张剑.祁寯藻诗歌管窥[J].齐鲁学刊,2012(1):126-133.
② 任国维主编.祁寯藻集(第三册)[M].太原:三晋出版社,2015:360.
③ 任国维主编.祁寯藻集(第三册)[M].太原:三晋出版社,2015:360.

五天回寿阳老家扫墓,而由于交通不便,诗人初四还没有收到批复,心中不免忐忑,写诗时不免流露出几分心事。本诗中诗人的情感与所见景物互为印证。

再比如《游制府后园,遂登城北望河楼,感旧述怀》中:"腊日无风天气暄,主人留我游灌园。入门一曲开东轩,回廊夹道交篱藩。木叶既落枝柯繁,避人鸟雀争腾鶱。小亭低槛手可援,连冈起伏如惊蚖。老圃界画泉潺湲,倚栏聊息腰脚烦。回眺似有双朱轓,乘之可陟城北垣。"①诗人平铺直叙,交代游园以及登城北望河楼的缘由,并以自身视角移步换景,勾勒出冬月灌园中树木萧条、鸟雀惊飞、小亭低矮、假山起伏的大貌。还有《忆昔行》中:"忆昔少年年十九,从先君子客陇首……读书每闻风雨集,拔剑或作蛟龙吼。五泉修禊补图画,九日登临纵诗酒。青灯两载共论心,绛帐一朝暂挥手。回思驰马六盘道,峻阪直下千丈陡。高情且擢玉井莲,离绪不牵灞桥柳。"②诗人以白描手法回忆年少在陕甘时鲜衣怒马的生活,修图补画、纵酒作诗、游山玩水、与友人畅谈心中理想,生动的描绘出一个意气风发、纵情诗酒的少年形象,表达出诗人对那段美好时光的留恋与感慨。

(三)情感流露自然真挚

一首诗歌若是缺少了情感,就仿佛一个人失去了灵魂,徒剩行尸走肉。祁寯藻的诗歌或寄托政治理想,或思念亲友,其中流露出的情感真挚且丰富,令人为之动容。

寄托政治理想,例如《会宁晤吴复斋大令》:"度陇日登降,爰涉祖厉水……君如吴隐之,到官旬日耳。一歠亦分明,其他可知矣。时俗薄廉吏,但谓清在己。不知益何事,相与趣贪鄙。陇西古名郡,吏治今稍靡。斷斷清

---

① 任国维主编.祁寯藻集(第三册)[M].太原:三晋出版社,2015:353.
② 任国维主编.祁寯藻集(第三册)[M].太原:三晋出版社,2015:353.

浊间,纷攘殊未已。清且畏人知,浊流众所耻。请看汉守令,必自兴廉始。"①在本诗前半部分揭露百姓太过劳苦的事实,后半部分祁寯藻借用魏晋廉吏吴隐之"一酌怀千金"的故事批判了当时官场贪污腐败的风气,表明自己做官的原则——廉洁奉公,为民服务,同时也借此呼吁所有的官员向先贤学习,做到清正廉洁,表达了诗人希望天下海晏河清,百姓安居乐业的政治理想。再例如《忆昔行》中,诗人回忆往日时光,慨叹人事变换,最后发出了"年丰民乐吏治肃,何用倭迟歌四牡。归去田园傥未芜,白头甘作支离叟"②的感慨,同样也是表达诗人渴望天下风调雨顺,百姓生活安乐,官场吏治清明的美好愿景。

思念亲友,如《得六弟书》:"……闻说盘瓠种,跳梁楚粤交。燎原须早扑,伏莽恐旁钞。比岁鸿飞野,何时凤在郊。终当谋保障,毋但责包茅。"③这与其说是一首诗,不如说是一份家书,是兄长对五年未见的幼弟亲切的"唠叨"。时粤东匪盗横行,百姓生活困苦,诗人谆谆叮嘱,让弟弟未雨绸缪,清剿匪患,同时也要保障自身安全,不要以身犯险,还叮嘱弟弟轻徭薄役,不要苛捐杂税,这样亲切的叮咛自然而然流露出哥哥对弟弟的一片拳拳爱护之心和深切的思念,同时也暗藏着祁寯藻对时局的担忧和对"哀鸿遍野"民生现状的关注,情感真挚且丰富。又如《惆怅》中:"苤箧缄藏岁月深,故香残色总沈沈。裁缝已是当年事,检点难为此日心。无复短镫思远道,更堪边月送寒砧。几回欲著还惆怅,不待沾裳已不禁。"④首句化用白居易"残色过梅看向尽,故香因洗嗅犹存",以"故香残色"怀旧,旧日时光似乎已深藏于岁月深处,然而思乡之情无法克制,诗人本就情不自禁的思远道,更兼

---

① 任国维主编.祁寯藻集(第三册)[M].太原:三晋出版社,2015:349.
② 任国维主编.祁寯藻集(第三册)[M].太原:三晋出版社,2015:353.
③ 任国维主编.祁寯藻集(第三册)[M].太原:三晋出版社,2015:349.
④ 任国维主编.祁寯藻集(第三册)[M].太原:三晋出版社,2015:350.

月夜听着千家万户捣衣声,思乡之情更无法控制,几次拿起筷子想要吃饭却抵不过心中惆怅,不等抬起衣袖遮掩擦拭就已泪流不止。诗人此时正在去往甘肃查办的路上,返程遥遥无期,看着月色,听着捣衣声,触景生情,不禁悲从中来,思乡之情随着止不住的泪水自然流露,感人至深。

在这些诗歌中,祁寯藻没有刻意的去铺垫表达,而是情随意至,让情感自然的流露出来,更显真挚感人。

四、结语

生于书香世家,为官五十余载,才能出众、忠清亮直的祁寯藻,不仅是山西寿阳祁氏家族的领军人物,也是清朝历经四朝的重臣,更为后世留下了丰富的文化财富。在陕甘查办"讯控案"的两个多月,他的足迹遍布陕甘多地,作诗六十余首,为这里留下了宝贵的文化遗产。通过分析《馒馠亭集》中这部分诗歌,发现他的诗歌总体呈现出现实主义与浪漫主义并存,语言质朴平实、多用白描,情感自然真挚的艺术特色。

论石舒清《地动》中的灾难书写

赵一霖[①]

摘　要：石舒清的《地动》是一部讲述海原大地震的灾难文学作品,作者用真实的历史史料作为素材,以独特的写作方式展现灾难下的创伤全景和人性百态,探寻文学作为一种记录灾难的方式所蕴含的现实意义。他以文学书写灾难,通过文字引发读者的情感共鸣,从而使灾难有了具体可感的形象体验,灾难下的人也拥有了真实的人文主义光辉。《地动》不仅是石舒清小说创作的又一次成功实践,也从灾难文学创作的角度出发,对灾难记忆的历史反思与精神重建起到了重要作用。

关键词：《地动》；灾难书写；人与自然

灾难记忆是人类文化记忆谱系中的重要维度,1920年的海原大地震带给人类的记忆是沉重且深刻的。尽管这场灾难距今已百年有余,但地震留下的印记并未消失,仍然值得人类通过各种方式记录、反思。宁夏作家石舒清创作于海原大地震一百周年之际的《地动》,正是这样的一部小说。

灾难是文学的袍衣,以文学书写灾难,便会赋予其一层独特的人文温

[①] 作者简介：赵一霖(1997—　)，男，河南商丘人，宁夏师范大学文学院硕士研究生，主要从事文艺学研究。

度。作为海原大地震亲历者的后代,石舒清以真实的历史史料为素材,将海原大地震放置在不同时空、不同身份乃至不同物种的视域下,为我们讲述地震造成的一段个体与集体的创伤。这部由 30 篇"本地的事"、6 篇"远处的事"、10 篇"后来的事"以及海原大地震相关的留存资料组成的文学集子,为我们多层次、立体化地再现了海原大地震的视角全景,蕴含着丰富的人文价值。面对灾难,石舒清选择用文学去讲述那段过去的历史,尝试一次教训的纪实。通过对《地动》中的灾难书写进行分析,我们或许可以从中体会到文学作为一种记录灾难的方式所蕴含的深刻的现实意义。

一、拼图式的灾难全景展现

《地动》是一本微型小说集,它以那些与海原大地震有关的芸芸众生为叙述主体。石舒清根据现有的历史素材进行艺术构思、写成文字,他并没有把目光完全放在海原地震亲历者的视角上,而是打破了地震时空的限制,力图展现出海原大地震这一灾难创伤的全景。而纵观全景下的芸芸众生,有的"身处其中",不幸成为地震灾变的目击者和当事人;有的看似"置身事外",要么身在远处,要么被遗留隐患引发的余波卷入,但他们的故事无一例外被收录进《地动》中,成了海原大地震的一部分。

同时,针对《地动》中展现的海原地震创伤景象,石舒清按照时空顺序进行归类,将其分为三个层面进行叙述,即时间层面(第一章　本地的事)、空间层面(第二章　远处的事)和穿越时空的层面(第三章　后来的事),小说整体也因此呈现出一种时空交错式的"拼图"结构。这种结构使得存在于各个层面之中的小说彼此间产生联系,而这种联系并不影响单篇小说的独特之处,三个层面拼接起来就组成了海原大地震的故事全景。通过这种"拼图"结构,石舒清对 1920 年海原大地震中发生的事情展开了想象,用文字凝固灾难瞬间,讲述着那段创伤往事。

时间层面的"本地的事"是石舒清写作的重点,他用接近全书一半的篇幅书写海原人民的故事。一直以来,石舒清致力于书写自己的故乡海原,他的小说也弥漫着西海固的气息,因而在《地动》这部分的创作中,他将自己对故乡的独特体验共情给故事里面的角色,用极具生活化的文笔刻画出那些扎根于海原乡土之中生存繁衍的士农工商,并在他们"繁复平庸而又琐屑的日常生活"①中加入海原大地震这一变故,从而创造出这样的特殊情景:在一个庸常的傍晚,地震伴随着大地裂变突然到来,人世之日常与地震之无常产生了激烈碰撞。《舍木》记叙了冯家两个舍木的故事。他们中一位是儿媳的小叔子,一位是儿媳的弟弟,二人分享了彼此的姓名,且年纪相仿,因此常来结伴玩耍。然而就在地震发生当天,他们照例帮家里豆子打场,却在跑回家吃饭途中,一个舍木意外被公羊撞倒,正在此时地震发生,跑在前面的舍木瞬间被倾泻的窑门吞没。"他倒下的一瞬,恍惚看见那个舍木刚跨过门槛,黑洞洞的窑门上面的窑脸就像一把铡刀那样,猛地砸下来,像是正等着这娃娃的进门,而且等了很久,等不及了的样子。"②寥寥数语便勾勒出海原大地震对寻常生活中的个体造成伤亡的随机性与残酷性,加之石舒清一贯平淡、冷静的叙述文风,读来令人触目惊心。而到了《芦子沟》,故事通篇没有出现任何有关地震场面的描写,只在最后几段通过野鸽子、窖水、天色的反常暗示出地震临崩前的不祥征兆。面对种种异象,平生深蒙苦难的主人公田寡妇虽有察觉,但她却把反常当成一种祥瑞,"看来造化也可怜他们母子,把好事情都送到嘴边边了"③。这种"苦尽甘来"的心理慰藉,其实反映出个体试图超越现实生存困境的一种渴望与诉求。只是,故事最后一段以一句"哪里知道原来是一场大地震要来个天塌地朽"④作为结尾,不仅暗

---

① 王兴文.时间碎片中的日常生活[M].兰州:甘肃文化出版社,2019:76.
② 石舒清.地动[M].北京:北京十月文艺出版社,2020:81.
③ 石舒清.地动[M].北京:北京十月文艺出版社,2020:91.
④ 石舒清.地动[M].北京:北京十月文艺出版社,2020:91.

示了田寡妇的结局,而且指出海原大地震的残忍之处:不会因人坎坷而选择垂怜。

石舒清的创作一直在追求一种真实,为了呈现这种真实感,他近乎执着地一头扎进历史,认真研读海原大地震相关史料,打开过去发生的多个维度,试图呈现出一个多个空间交织的灾难创伤全景。因此,在空间层面"远处的事"这一部分中,石舒清向我们展示了1920年12月16日那天,在海原之外受到地震波及的世界里发生的事情。这些故事中,依旧有人被夺去生命,如四川广元的昝学武在与久别胜新婚的妻子巫山云雨时被不期而至的地震"压粘成一片",①这种生的活力与死的残酷造就了一种独特的诗意美学(《昝学武》)。除此之外,地震给这些空间层面"置身事外"的人带来的,是广东的投机者听闻地震后出现千年古城的传言而临时组建的"远征队"(《胡文举》),是河南的一位戏痴对钟意演员离世的殉情(《舅太爷》),是远在广东的客轮电流般的短暂震颤(《Dvanha号客轮》),是居于北京的鲁迅先生笔下的一行日记(《鲁迅先生》)等。在对这些远离震中的人物进行刻画时,石舒清从个体日常行为与生活轨迹着手,展示出不同地域、不同身份的人在面对海原大地震带来的影响时的差异性,从而与震中人物形成对比。虽然从空间层面上看,这些"置身事外"的人物并未受到海原大地震的太多影响,但却从侧面提供了一种他者遭遇地震时的视野:他们不是发生在海原那片土地上的地震的当事人,也不是其后代,但又真真切切地被当天的这场地震所波及,在漫长而碎片化的人生中留下了些许痕迹,因此也是海原大地震历史里的重要组成部分。这种空间层面上的书写,体现出石舒清对传统灾难记录中容易被忽视的"边缘地带"的关注。

---

① 石舒清.地动[M].北京:北京十月文艺出版社,2020:143.

石舒清不仅仅聚焦于灾难瞬间造成的伤亡惨状，他敏锐地察觉到，尽管地震停止，但"余威"还在，它依旧会对人类造成影响，使无数人的命运被改写。在这种穿越时空的视域下，作者创作出10篇"后来的事"组成了海原大地震的震后生活与震后余波两部分，从而使《地动》的故事内核更饱满，层次更丰富。对于震后生活的描写，石舒清并不局限在对抗震救灾事迹的陈述上（正因如此，石舒清选择将《石作梁》《自救队》等类似意味的故事放在了"本地的事"一章），而是期望塑造出经历过灾难创伤后的生命个体或群体形象，挖掘他们在历经时空变迁后的变化，探寻其中展现出的更多可能。《麻钱》一文就探讨了地震的两面性：这场灾难在殁了那么多人的同时，也将他们的平生积蓄与宝贝一并给埋进了土里，马盈江的父亲与作者的堂舅就是靠挖掘旧物骤然间变得发达。一场令人胆寒的大地震在经年累月后使得一部分人从中获益，改善他们物质生活条件，读来着实令人感慨人世的无常。而在《旧账》中，致使老人被枪决的决定性因素，竟然是关于二十年前大地震赈灾款的贪污腐败问题。侥幸逃过地震的人最终依旧因地震而死，人物命运的迂回曲折使故事内涵变得复杂。《地动》中对于震后余波这部分的讲述主要集中在《震后》与《小诊所》两则故事里。《震后》写了两件事，第一件事情讲一家三口开手扶拖拉机收麦子，结果地面塌陷，不慎掉进了地震形成的地穴之中，造成两死一伤的惨剧。而相比于第一件事情的惨相，第二件事的主人公马维宗在耕地的时候同样掉入地穴，所幸马老汉平安无事，最终沿着漆黑的路径走了出来，获得了精神层面的超脱与涅槃。地震影响了个体生命体验的稳定性，使得人物的结局产生不同走向。《小诊所》写的是自然之力下渺小的个体无法掌控自己命运的悲剧，山体滑坡将生意红火的诊所以及旁边院落深埋入土，致使医生与病患共计19人罹难。海原大地震离现在已经百年有余，但其造成的次生灾害仍会在未来的某时某刻对生活造成无法挽回的伤痛。石舒清用悲悯的笔调揭露出这场灾难的残酷之处:人们对于地震席卷前释放出的动能做不到提前预测,而对于此去经年后的地表遗留隐患也习焉不察,至此剩下的,只有经历灾难创伤后产生的"犹疑和畏惧"。①

二、失衡异化的人性深掘

灾难书写与其他记录灾难的方式不同之处在于,灾难书写关注的重心是灾难中的人,将人在遭遇变故后的情感体验作为叙述的重点。海原大地震不仅对这片土地进行重塑,也对生长在这片土地上的人进行了重塑。地震将人从惯常的日常生活的稳定性之中抛掷出来,人类失去了赖以生存的港湾,从而导致人一系列的心理"失衡"与精神"异化",呈现出人性的百态。通过细读《地动》,可以看出石舒清正是有意在强烈、动荡的地震灾变与平淡、安稳的日常生活中间搭起一座桥梁,在写作过程中并没有选择将笔墨聚焦于地震刹那间造成的凄惨和伤痛上,而是从行动者某一特征、某次琐事着手,力图将人物在遭受地动前的必要细节和经历做翔实的交代。通过对司空见惯的行为方式、逼真的现场氛围、毛糙却实在的生活图景的描绘,小说在一定程度上缩减了文本世界与现实世界的距离,变得真实可感,倘若抛开灾变因素,很多文本如同人物小传或家乡风物志,可读性极强。而当地震忽然横插其中,把日常话语无情碾碎,使其得到颠覆与解构,日常话语就获得了更加丰富的语境,日常中的人也表现出了不同以往的行为与反应,因为在灾难这种非常态化的情景中,人类呈现出来的样子一定是非常态化的。为了深掘出自然灾难面前人性的百态,石舒清从震前、震中、震后三个阶段向我们展示了海原大地震下小人物的生活破碎。

关于震前部分的创作,石舒清曾在访谈中说:"我觉得大地震不止无情

---

① 石舒清.地动[M].北京:北京十月文艺出版社,2020:219.

地埋葬着一切,也腾出一只手来揭示着许多。"①在他看来,大地震对人类的影响不仅仅停留在"一场突发的浩劫和灾难"的维度,从某种程度上来说,它是"触发了一系列持久地转变了以往结构和实践的偶然性事件",②并把现实中遮掩住的真相揭露出来的契机。换言之,石舒清之所以选择书写地震发生前的有关故事,其本意就是想说明,地震产生出新的生活结构的同时也限制和定格了原有日常结构的进一步发展,从而使我们看到了"不容易看到的依然是属人的部分"。③《靳守仁》里的靳副主任受到豪绅寿宴的邀请,在脸面排场与公务出差的矛盾选项中犹豫不定,当他选择赶赴这场夜宴后,才发现自己仅仅是被喊来打杂待客的。然而就在当晚,脚下的大地震动,寿宴现场也被瞬间搅乱,幸存下来的与会名单里没有他的名字。石舒清笔下的靳副主任因虚荣心作祟而走向了死路,最后不仅落了个颜面扫地的下场,还因此被地震夺去了生命,这种本来使人感到同情的角色此时却显得荒诞可笑。而在《养蜂人》中,更是透过地震折射出人性的隐秘。故事里,养蜂人兄弟因为忙于生计,常年逐花而居,离村落较远,因此在地震来临时免于一难。但是当二人赶回村子挖掘救人时,却意外撞破了父亲和儿媳乱伦的病态丑闻。正是因为地震的到来使得原有的日常生活定格在那一刻,人性之丑恶暴露得一览无余。在这篇故事里,原本恐怖的地震在人性面前甚至边缘化了。

相较震前部分,石舒清对于震中人物的设计处理则更为多元化,涵盖的意义也更为深远。海原大地震作为一场意外事件,打破了老百姓稳固的生

---

① 石舒清."我们这里,把地震叫地动"——石舒清的"灾难"题材写作访谈[N].北京青年报,2021－04－02:A11.
② 小威廉·休厄尔著,朱联璧、费滢译.历史的逻辑:社会理论与社会转型[M].上海:上海人民出版社,2021:245.
③ 石舒清."我们这里,把地震叫地动"——石舒清的"灾难"题材写作访谈[N].北京青年报,2021－04－02:A11.

活,许多人的生命直接被夺去,而更多人面临着自我身份、生存意义、存在价值的确认与重建问题。"结构的失位让行动者处于强烈的不安全感中,这是一种对如何继续生活的真切的不确定性。"① 针对地震给人带来的不确定性,石舒清选取了三种不同的角度进行切入:第一,地震摧毁的不仅是微观层面的庇护所,更是颠覆了个体维持生存的物质权利与精神信仰。《牛蛋》中原本过着衣食无忧生活的放羊少年,亲眼看到山口中的驼队"像送到嘴边的食物那样被一下子就吃得不见了",② 这种极强的震撼场面给他年幼的心灵造成了不可磨灭的创痕。与《牛蛋》类似的是《震柳》中的田怀礼,因为打扑克忘记了放牛的事,等到傍晚回家被妻子提醒后才猛然想起,正当他返回寻找时地震发生,因此逃过一劫,没有被掩埋在村庄里。等到地震消停一些,他就忙着跑回去"看看老人咋样了啊。看看妇人娃娃都咋样了啊"。③ 但结果只剩下了那头母牛还有那株裂开的柳树。而到《山走了》,窝囊怯懦的李百舍在老榆树前打算上吊自尽,却在下一秒目睹了村庄的倒塌覆灭,曾经欺辱他的人在顷刻间被埋了个干净,整个白茫茫大地只剩下了自己,一时竟分不清自己是幸者,还是弃儿。第二,地震激发出生物个体内心深处强烈的求生意志,这种对于生存的渴望一直是灾难书写重点关注的内容。康德认为,在自然面前,人的理性能力会产生出一种"自我保存"的力量,这种力量"并没有使人摆脱自然的侵害,它只是一种精神上的尊严——虽然不得不屈服于自然威力之下但人格里面的人性依然未被贬低,由此,人类作为理性存在物的伟大在这一过程中得到了肯定和高扬"。④ 当灾难降临,于黑暗和无助中依然坚持求生的强力意志体现出个体生命的坚韧和

---

① 小威廉·休厄尔著,朱联璧、费滢译.历史的逻辑:社会理论与社会转型[M].上海:上海人民出版社,2021:267.
② 石舒清.地动[M].北京:北京十月文艺出版社,2020:86.
③ 石舒清.地动[M].北京:北京十月文艺出版社,2020:118-119.
④ 康德.判断力批判[M]//李秋零主编.康德著作全集:第5卷.北京:中国人民大学出版社,2006:271-272.

伟大。《废窑》中写一对新婚燕尔的夫妻被地震掩埋,但靠着吃满窑的墙纸顽强生存,直到用尽最后一丝力气,二人紧紧依偎着逝去。面对一场内核极为残酷的地震,石舒清笔下的夫妻俩并没有颓废和绝望,而是抱着"明知不可为而为之"的心态探索求生的道路。这种个体努力建构生存意义的过程,洋溢着崇高的人性光辉。同样身处难中,连牲畜都在为生存做出努力。《柳叶哨》中那些在崖窑中幸存的羊,依靠吃羊毛勉强维持生存,在得救后却因为吃了可口的嫩柳叶子死掉。尽管坚持到最后依然难逃一死,但这种"将人生的有价值的东西毁灭给人看"①的宿命,却因而呈现出一种永恒的死亡美学。第三,地震使得社会陷入一段时间的"无政府状态",伦理道德的坚守在此时显得尤为可贵。《麦彦》讲述的就是这么一个故事:王满仓与胖娃这一对爷儿父子,在路上救了一位丧偶的年轻女人,并在朝夕相处中同时对她产生感情。在爱情与伦理道德的权衡中,王满仓最终还是动了恻隐之心,压抑住内心的欲望,成全了干儿子。小说中王满仓的个人选择,其背后蕴含着石舒清对日常生活重组过程中产生的交汇与冲突的忧思。

地震使得原有的生活发生断裂,从而产生新的生活结构和社会秩序,然而,生活在旧的现实生活坐标里的人们却不能迅速适应这种变化,导致许多人的人性在震后发生了扭曲和异变。马斯洛需求层次理论认为,在相对稳定的社会环境下,个体产生的多种需求会形成不同的层次结构。但是,当外力冲击个体时,需求层次就会被打断,引起个体心理活动的失调或重置。当地震后出现大饥荒,物资食品变得极度匮乏的情况下,个体需求就会下降到最原始生存条件的满足上,人类社会基本的行为准则和道德准绳变得形同虚设,个人主义之私欲与集体主义之大义的选择就成了摆在幸存者面前新

---

① 鲁迅.坟·再论雷峰塔的倒掉[A]//鲁迅全集:第1卷.北京:人民文学出版社,2005:203.

的考验。"灾荒能使人性卑劣的一面发挥到极致,但灾荒也同样能使人性复苏,在幽暗中烛照出人性的光芒。"①对于震后的故事,石舒清把重心放在对个体行为选择的深描上,尝试探索人性的复杂性,创造了一张张龙蛇混杂的人物面孔:我们看到了知恩图报、照顾蒙难者后代的长工(《老井》),也看到了利欲熏心、必求索取的乞丐(《关门山》);感慨于清吏们救百姓于水火,心系群众的义举(《石作梁》),也见识到由于当局者的愚蠢,造成底层群众更深一层的灾难(《金乐婷》);更是能在一则故事里同时见到团结互助的自救队以及打着自救队旗号的蹭吃蹭喝的土匪(《自救队》)。面对正与邪、好与坏的矛盾对抗,石舒清尽管在创作过程中暗含褒贬,但是点到为止,并没有按照人的惯性思维对文本中不符合主流价值的社会渣滓们进行道德是非的批判,也并没有为追求圆满式结局而给予他们规训与惩罚,而是在特定的历史大环境下,按照符合人物自身的行为逻辑进行自然阐述,对于个体最终的结局则不做过多的干预。

三、灾难记忆的历史反思与精神重建

对于石舒清而言,以真实史料为素材创作的《地动》是他暨《九案》后小说创作的又一次成功实践,而对于灾难文学来说,以海原大地震为题材写成的《地动》无疑也是一部厚重的、记载与反思重大历史事件的优秀作品。当文学与灾难产生交集,文学不但面临着还原灾难的任务,而且还要通过文本去挖掘灾难背后蕴藏的深层价值——人们应该总结灾难的经验和教训,积极地疗救灾难带来的伤痛,加深对人与自然关系的体认,进而感悟生命的意义。石舒清的视野一直是广而深的,他没有仅仅停留在书写地震全景和人性百态的要求上,而是怀着作家的创作自觉和个人追求,在小说中通过独特

---

① 张会堂.民国时期自然灾害与现代文学书写[M].北京:中国社会科学出版社,2012:253-254.

的写作手法和表现方式"传达"他对灾难的感受与见解,从而赋予了《地动》独特的思想价值。

首先,《地动》集中刻画了地震带来的集体记忆,作者通过文学这一载体告诫人们不要忘记这段惨痛的历史。新的住所在地震造成的废墟之上重建,记忆同样也需要通过文学保存、扎根,并产生新意。如今我们无法充分进行灾难反思,很大程度上是因为对海原大地震相关历史的接触渠道有限,难以实现难中到灾后的记忆过渡,悬置了百年前的灾难对当下的影响和启示,只能以断裂的方式来处理两个时代。石舒清说:"作为灾难的一面,直到今天,也没能得到很好的回顾、整理、反省和总结。"[1]因此,他在创作中将史料以文学的方式进行扩展和还原,并在故事里经常性地穿插一些真实文献资料,这种考验作者写作功底的做法使得《地动》文本兼具文学品性与历史思维。同时,石舒清在《地动》的创作过程中并不局限于"文字创作"这一种表现方式,也通过图片等媒介来记录和书写灾难。进入21世纪,人类阅读和信息传播的方式发生了变迁,海德格尔对于传播形式由文到图转变的预言成为现实,"读图时代"悄然到来。尽管部分学者认为图片阅读存在"毁灭图像最原始的符号价值"[2]的可能,但对于灾难书写而言,图片与文字同为记录灾难的方式,并无优劣之分,而是存在着紧密的联系。石舒清通过图文相结合的方式,将图片作为故事之后的补充和说明,不仅能够以更加生动形象的方式向读者传递地震灾害的有关信息,也反过来加深了文本故事本身的真实性,从而有助于读者更好地了解和铭记海原大地震这段过去的历史。如《郭凤菊》写干盐池附近地区因制瓷而远近闻名,但一场地震将其化为一片废墟,石舒清在附录部分就附上了海原干盐池的全貌,将地震后盐池

---

[1] 石舒清."我们这里,把地震叫地动"——石舒清的"灾难"题材写作访谈[N].北京青年报,2021-04-02:A11.
[2] 韩炳哲著,程巍译.在群中:数字媒体时代的大众心理学[M].北京:中信出版集团,2019:42.

附近由繁荣到荒凉的景象展示了出来。《自救队》开篇写道:"大震后,县府塌毁。县知事钟文海不知所踪。"①石舒清在附录部分同样展示了隆德县城衙门废墟的照片,记录遭遇震劫后的衙门府全景。同样,除了图片以外,石舒清也在附录部分收录了大事记、童谣、民间传说、家书、幸存者忆往等有关海原大地震的资料,使灾难书写的维度变得丰富,以便读者从各种角度和渠道获取地震的有关信息,将百年前的地震全貌进行细致的呈现。

其次,《地动》能够唤起人们的共情,对于心灵创伤具有抚慰和治愈作用。肉体的伤疤可以随时间逐渐愈合,而心灵的疼痛则很难通过时间抚平。文学作为心灵的产物,它的审美意识形态属性证明其能够调节情绪、宣泄情感、抚慰身心,有治愈心灵创伤,重塑人格的功能。《地动》的大背景是海原大地震,但主体是海原大地震中的人、事、物。在一篇篇故事中,个体的渺小和地震的宏大产生了对抗,海原大地震的宏大感被解构,读者通过故事中形形色色的个体背后体现出的人格与精神,在文本中感受到一种"反抗一切灾难的艺术创作之喜悦",②从而获得心灵上的治愈和崇高。再者,海原大地震中受灾最严重的就是身处地震中央的海原人民,灾难给他们留下了难以愈合的伤痕。想要治愈创伤,必须发自内心感同身受,给予理解和关怀,获得他们的认同。《地动》作为一本纪念海原大地震 100 周年的文学作品,其大部分故事也都发生在海原,因此需要体现出浓郁的地域风格特色,塑造一种集体认同感。作为海原人,石舒清选择的表现方式是在文本中运用海原当地的民间方言。民间语言是几代人智慧的结晶,逻辑表述与遣词造句有一套独属规则,是最能表达当地人情绪变化与思想感情的信息传递方式。选择用方言进行文学创作的作家不在少数。不过,方言的加入虽然能够在

---

① 石舒清.地动[M].北京:北京十月文艺出版社,2020:129.
② 弗里德里希·尼采著,周国平译.悲剧的诞生[M].北京:北京十月文艺出版社,2019:107-108.

很大程度上凸显作品文化特色,但也会对非方言区读者造成阅读上的困难。石舒清注意到了这一点,并对《地动》中出现的方言词汇与话语进行了一定的改写,从而使文本语言不仅读起来亲切自然,而且保留了方言独到的趣味。文本多处体现了这一点:如写去朋友家里,"看看天色向晚,就住进老连手马胡子的店里"①(《狐皮帽子》);写放羊人的生平,"我村里有一个老人,都叫他老羊把式"②(《柳叶哨》);写对小孩的称呼,"马又给韩练成说:'尕娃,你冲撞了孙军长,既然孙军长不怪罪你,你就留在他那里,咋样?'"③等等,体现出浓厚的地域风貌。对于灾难文学写作,这种带有民族地域风情的表现方式消解了灾难本身的恐怖感,使读者关注的重心放在了灾难对人类生命体验的重构上,起到一定的治愈和激励作用,具有独特的文化内涵。

再次,《地动》提醒人们铭记教训,在挫折中反思。很多人不愿意触碰灾难,因为灾难本身就融合了世界上任何消极词汇,但是,铭记灾难的意义并不是贩卖焦虑,而是居安思危,吸取教训。张翎指出:"寻常岁月里耗其一生才能参透的生死奥秘,一次天灾轻轻一捅就露出了真相,再无新奇可言。"④一场海原大地震,不仅揭露出人性的多样化,也从侧面暴露出许多问题。《芦子沟》中的田寡妇将灾变来临时的反常景象当成一种祥兆,主人公愚昧无知的心理反映出百姓危机应对意识的不足。《金乐婷》中写甘肃在灾荒之年发放仅供本省流通的劣质铜币,老百姓拿着铜币却无粮可买,饿死者不计其数,造成这种局面的实质是政府防治的失责。附录中《照片一组》的摄影部分来自克劳斯先生,当他把照片做成纪录片的形式进行放映募捐,得来的资金却被其他省份以旱灾为由挪移过去了,这种拆东墙补西墙的行

---

① 石舒清.地动[M].北京:北京十月文艺出版社,2020:4.
② 石舒清.地动[M].北京:北京十月文艺出版社,2020:190.
③ 石舒清.地动[M].北京:北京十月文艺出版社,2020:209.
④ 张翎.余震[M].北京:北京十月文艺出版社,2010:25.

为揭示了赈灾物资发放的漏洞。石舒清用一贯冷静犀利的笔锋,不动声色地将地震带来的教训指出,从而警示世人:在百年后的今天,人类虽然处于"片刻间的安宁",但任何一场猝不及防的天灾人祸,对个体来说都是灭顶之灾。针对灾难中的文学,一直有一种观点认为,灾难到来的第一时间,文学是"缺席"的。诚然,文学难以阻止灾难的发生,也无法预言下一次灾难降临的时空,但它能够敲响灾难的警钟,告诫人们从这次事件中进行反思。前事不忘,后事之师。牢记20世纪那场灾难带来的教训,在新的世纪不再重蹈覆辙,这也是石舒清创作《地动》的价值和意义所在。

最后,《地动》从灾难与文学的角度出发,加深对人与自然关系的体认,进而感悟生命的意义。前现代时期,人类的文明尚未成熟,因此对于自然保持着"敬畏"的态度,认为人是自然的附属,把自然灾害当作是神明降下的惩罚。自工业革命以来,科学技术的突飞猛进和商品经济的迅速发展使得人的欲望无限膨胀,人类开始对自然界无节制地索取,对自然造成了极大的破坏,打破了人与自然之间的平衡,自然灾难不可控制的侵扰也挑战了人类理性的绝对地位。现代科技至今无法完全做到对各种灾难的提前预测,也无法阻止灾难的发生,当"秩序内部的现代的野蛮后果变得越来越明显",[1]人类不由得重新审视自身创造力的适用范围,如何协调人与自然的关系的讨论再一次回到现代人的视野里。人类的结局最终走向哪里?人与自然的最优解是什么?针对这些问题,石舒清在创作中并没有给出现成的答案,而是期望通过故事引发读者的关注和思索。具体表现在小说内容中,就是作者话语处理上的"留白"使得故事带有一种耐人寻味的"缺憾美"。换句话说,很多故事在看似还没到完结的地方画上了句号,存在结构缺失的可能,读者带着一丝疑惑去翻页,结果发现下一页赫然已经开始了新的篇

---

[1] 鲍曼著,张成岗译.后现代伦理学[M].南京:江苏人民出版社,2003:257.

章，原有的故事其实已经讲完。《地动》收录的多个故事都存在这样的情况，如《郭凤菊》里短短三个月就经历了丧夫之痛与产业摧毁的女主人公，其心境早已沧海桑田。故事最后，她将自家瓷缸临时作为埋葬遗体的棺材招呼人搬走后，只感觉到一阵生死疲劳，于是号啕大哭起来，故事也在泪眼蒙眬中结束。然而，当擦干眼泪之后，独自抚养孩童的郭凤菊该何去何从，作者并未点明。《乞丐》的情节发生在地震当夜，说的是一位在草洞御寒的乞丐，照顾并几次三番地制止一位想要离开的女人的故事，文字也同样结束在那个不时发生余震的夜晚。我们都不知道天亮之后还会发生什么，以及女人的孩子是死是活。《关门山》里那个掏出长枪的冯兴堂，在赶走贪婪的光棍与乞丐后，突然想起了什么，于是在结尾重新返回到窑洞之中，用磨盘机关开启了一个有暗光的缝隙来。冯兴堂想到了什么？那个通往暗光的暗门背后又藏着什么？关于这些故事里的种种疑问，作者没有做任何交代。当我们推敲作者的用意，就不难发现石舒清这种写作手法看似存在"缺憾"，却让故事变成了"有意味的形式"，从而给读者以无尽的遐想，把续写的任务交给读者去思考和补充。从文本层面看，《地动》中"留白"的话语处理和极简主义语言的设置反而产生了巨大的情感张力，这种耐人寻味的"冰山原则"，也是对灾难书写的一种升华和超越。故事主人公的后续虽然并未写明，但毫无疑问，他们的生活终究还要继续，就如《地动》书籍的腰封上写的那样，"人在难中，命同蝼蚁，只要不死，从头再来"。石舒清的意图很明显，对于人与自然互动关系问题，最重要的不是"参考答案"，而是"解题过程"。换言之，着急找到人与自然稳定关系的答案并不现实，但是我们可以先行动起来，从现在开始保护自然。人与自然关系的未来走向尚未可知，但重要的是像灾后在废墟上建立起新的家园的人们那样，全人类鼎力相助，共同保护生态系统的稳定与平衡。小说从侧面提醒人类回到自然界应有的位置，"一方面继续鼓励人的创造性，另一方面也使人产生敬畏感，注意与大自然的和睦相处,合理开发地球资源,保护人的生态环境",①体现出作者对于人的能动性和生命意义的反思。

四、结语

文学虽然无法穷尽灾难的全部,但以总结和反思灾难对人的价值为目标。对于文学之于灾难的意义,尼采认为:"艺术所起的作用是双重的,既阻止了痛苦意识走向悲观厌世,又把生命欲望引入了审美的轨道。"②《地动》作为一部关于地震的灾难文学作品,石舒清通过时间、空间和穿越时空三个层面展现创伤全景,通过震前、震中、震后三个阶段描述人性百态,将完整丰富的主题故事和饱满鲜活的人物形象呈现出来,从而还原出1920年海原大地震的完整画面。作者以文学书写灾难,通过文字引发读者的情感共鸣,从而使灾难有了具体可感的形象体验,灾难下的人也拥有了真实的人文主义光辉。《地动》不仅是石舒清小说创作的又一次成功实践,也从灾难文学创作的角度塑造集体认同感,提醒人们铭记教训,加深对人与自然关系的体认,进而感悟生命的意义。

---

① 许纪霖.第三种尊严[M].北京:人民文学出版社,1996:7.
② 弗里德里希·尼采著,周国平译.悲剧的诞生[M].北京:北京十月文艺出版社,2019:27.

论马金莲小说的小城书写

梁秀丽①

摘 要:随着居住地的变化,马金莲近年来的小说逐渐以西部小城为着眼点,通过对街道、商场等空间的描绘,再现城市化进程中的小城;在对底层小人物的日常生活困境的书写中,表现她对当下社会的思考。马金莲的小城书写建构了地域性极强的"固城"形象,这一形象是对当代小说城市书写地图的拓展与丰富。研究马金莲小说中的小城书写,不但有利于分析作家自身的创作转向,也有助于重审中国式现代化进程中偏远城镇的社会变迁与民众社会心理变化。

关键词:马金莲;小城书写;空间;底层

一个作家的创作必定会受到时代的影响,同时,作家的成长环境、社会阅历和价值取向等也会影响作家的创作偏好和表达方式。出生、成长于宁夏"西海固"乡村的作家马金莲,写作之初立足于家乡扇子湾,在描摹底层众生相的同时,深情地表达着自己对这片土地的眷恋。近年来,阅历的增加和居住地的变化,使得作家的创作题材与主题出现了一种由乡土到城市的

---

① 作者简介:梁秀丽(1998—),女,宁夏师范大学文学院硕士研究生,主要从事中国现当代文学研究。

转向,"固城"代替"扇子湾"成为其作品中的主要叙事空间。在《白衣秀士》《午后来访的女孩》《化骨绵掌》等小说集中,马金莲以现场介入的方式,通过对具有代表性的小城公共空间的建构、对社会转型时期人精神世界的体察,记录了西部小城的变迁过程。本文以马金莲笔下的小城空间和空间中的人作为切入点,感受作家所塑造的西部小城形象,分析其文本中的人物遭际与心理,进一步感知作家对城市化的矛盾态度,从而探寻其小城书写的重要意义和价值。

一、小城空间的建构与表征

城市空间是城市存在的基础,也是城市人赖以生存的载体,城市书写离不开对城市空间的文学构建。在文学作品中,作家通过叙述,建构起街道、广场和建筑等城市空间,这些城市空间是历史与文化的融合,"往往被作家有意或无意地融入了某种价值观念或意识形态,成为现实社会的缩影"。[①] 而对城市空间的建构,时常会受到作家认知能力的影响,带有作家情感的温度,因而作家借其揭示的往往是被忽视的城市人的悲悯。

在城市化高速发展的今天,许多作家在描写城市时都将目光放在了那些凸显现代化生活场景的城市景观上,似乎只有在文本中出现高楼大厦等现代化的城市景观以及灯红酒绿、纸醉金迷的城市环境,才能将城市和乡村区别开来。反观马金莲,虽然她的居住与创作空间都发生了由乡到城的转变,但是城市的边缘位置、地方性经验和视角的限制、认知的局限、城市经验的不足等因素的影响,使得她的精神气质仍然是乡土的。所以,相较于高楼大厦等景观,人们熟悉的街道、商场、广场等城市公共空间自然成了她关注和写作的重点。马金莲借由人们熟悉的这些小城公共空间来反映现代化进

[①] 郑丹丹.城市化视域下新世纪女性小说中的城市空间研究[D].宜昌:三峡大学,2019.

程中"西海固"地区的发展变迁,从而折射出欲望化城市中人的不适与无力。

街道是最基本的城市空间组成要素,可以说"没有街道,就没有城市",①人通过街道与城市发生关系。马金莲在小说中用"街道"把人物所处的现实困境与感受到的生命疼痛紧紧联系起来,将"街道"与自己独特、深刻的生活经验融合,对离开家乡客居于城市的小人物进行细致塑造,书写了他们在消费时代面临的生存困境和精神压力。小说《一顿浆水面》中,一条繁华的"街道"将田寡妇与"固城"连接了起来。在小说一开始,作者就写了田寡妇初见这条街道时的景象,"路上的车真多,一辆跟着一辆,像忙着搬家的蚍蜉蚂蚁,黑压压乱纷纷的,田寡妇有些迷糊,脚跟下轻飘飘的,有种一不小心就会一头栽倒的眩晕。苏梅拉着她从车和车的缝隙间穿过车流走到另一边……"②显然,繁华的街景并没有带给田寡妇惊奇和喜悦;相反,这陌生的景象让她心生恐惧。这条繁华的街道打破了田寡妇与城市之间的物理距离,但是却没有消除田寡妇内心与城市之间的隔膜。在人来人往的街道与田寡妇局促不安的鲜明对比中,折射出的是生存的不适带给客居于城市的这些外来者的精神压迫。除却前文提到的对街道正面繁华街景的关注,作家在小说中也借由街道背面,即通向筒子楼的巷道和小胡同,来呈现城市的面貌和人的琐碎日常。《听众》中,通往侯老师住所的路狭窄而漫长,苏序等一行人七拐八弯串了好几条胡同,才在几栋又矮又老、用老式红砖头盖起来的小楼前停下脚步。然而,与狭长的巷道、阴冷破旧的楼道相连接的却是侯老师熠熠生辉的善良品格。金钱、权力、性欲的引诱并没有使侯老师动摇,他主动承担起了照顾车祸后瘫痪的妻子的责任。作家借由城市一角的景观描写,展现了城市底层外来者艰辛无奈的生活以及他们善良坚韧的美

---

① 汪民安.身体、空间与后现代性[M].南京:江苏人民出版社,2005:137.
② 马金莲.白衣秀士[M].北京:作家出版社,2021:36.

好品格。"空间是无声的历史见证,城市的地理空间依赖街道而得以展开,而人们也恰好通过街道观察、认识城市及其文化变迁。"①马金莲用"街道"串联起人在与城市发生关系时情感认知的迷茫和纠结的态度,多层次地展现了人的精神困境。在她的笔下,"街道"不仅作为情感博弈的舞台,更象征着无法割舍的原乡经验,渗透进人物的内心,成为影响他们进行价值选择的重要因素。无论是田寡妇对城市的隔阂,还是侯老师的取舍,他们之所以能够在这城市里继续过活,是因为他们在困境中做出了与自己心灵世界的诉求相符合的价值选择。

除了街道,商场也是马金莲小说中经常出现的一个重要的小城公共空间。一般来说,"商场作为与城市人紧密联系的消费场所,主要展现的是消费时代的诉求和消费主义肆虐时期的城市面貌"。②但是,在马金莲的小城书写中,商场这一城市空间的构建,主要是为了突出底层群众的生存困境,揭示城市化进程中人们的尴尬处境。"只要一个人的收入明显低于周围人,即使对生存而言已经绰绰有余,但他依然为贫困所困扰。他们缺乏社会所规定的最低的体面要求,因而他们不能完全逃脱被社会定义为不体面的命运。"③转向小城书写后,马金莲笔下由乡入城的人物其困境大都已经超越了物质层面,而是在与周围人的对比中产生的心理失衡。《短歌》讲述了乡村教师来玉兰移居到城市后发生的一系列生活琐事。小说通过对来玉兰城市遭遇的叙述,揭示了乡下人对城市生活的不适以及消费时代的贫富差距造成的人的精神异变。小说一开始就以来玉兰的视角对自己新家的室内布置做了简单介绍,而屋子里前房主丢弃的物件让来玉兰心生艳羡之情,原因是这些被丢弃的物品于她而言是珍贵无比的,同时这也是与她淳朴的消费

---

① 王兴文.城市化的文学表征——新世纪小说城市书写研究[D].兰州:兰州大学,2013.
② 马玉芳.新世纪西部小说的城市书写[D].兰州:兰州大学,2023.
③ [美]约翰·肯尼思·加尔布雷思著,赵勇译.富裕社会[M].江苏:江苏人民出版社,2009:186.

观念所相悖的。如果说这一细节反映的是乡下人进城后认知受到的巨大冲击的话,那么小说中对来玉兰逛商场时的场景叙述,则是对来玉兰为代表的这一城市外来者群体的城市边缘位置与认知错位引起的精神异变的最好表现。"在最新上架的流行衣服前流连一会儿。看见自己特别心仪的款式了,便装出有钱人的样子来理直气壮地摸一摸,看一看,可能的话还要求穿上身试一试。试的同时趁营业员不注意,飞快地翻一下吊牌,看见了价位,在心里迅速有了自己的判断,然后以一种漫不经心压制下内心的惊讶,最后装做不满意的样子放下衣服离开了。"①这段描写将故事发生背景设置在普通商场,通过对来玉兰一系列的小动作和细微的内心情愫变化的捕捉,生动地刻画了城市消费生活对她的冲击,其背后映射出的是当代社会发展不平衡带来的认知落差以及来玉兰们尴尬与不适的城市处境,引发的是作家对现实的人的关注以及对当下社会的现实思考。

相较于同时代作家笔下作为展现城市繁华景貌而出现的高级宾馆、酒店、会所等城市内部空间,马金莲则经常借由街道、商场、广场等几个具有代表性的小城公共空间,呈现了城市化时代底层人民的生存和精神困境,揭示了城市化进程中城市与乡村的复杂关系,从而展现了当代中国的精神图景和社会转型时期的真实情况,绵密的叙述中隐含着作家对城市化的质疑态度。

二、小城人物的无根与悲悯

作家书写城市的目的,不仅在于通过物质层面的城市空间来展示城市的发展变迁和社会生活的变化,更为重要的是通过书写"人"与"城"之间的关系,呈现人的真实生存状态,进而触摸城市的真实温度。马金莲在小城书

---

① 马金莲.绣鸳鸯[M].北京:中国言实出版社,2017:86.

写中建构的小城公共空间,不仅是"固城"的文化符号,更是那些漂泊无根的焦虑灵魂努力生活的见证地。

别林斯基曾经说过:"一个诗人越是崇高,他就越是属于他所出生的社会,他才能的发展、倾向、甚至特点,也就越是和社会的历史发展密切地联系在一起。"①在这个急遽变革的时代,有很多深刻、复杂的问题需要作家关注。通过某一地区普通人的生活变化来展现历史变迁,特别是反映新时代发生的历史性变革,成为当代有担当的作家们的自觉追求。而西海固地区封闭的自然地理环境与匮乏的物质资源,使得这一地区的发展与当下社会发展拉开了一段距离,作家们的创作也有一种"脱离时代发展的滞后感"。然而,杰出的作家从来就不是象牙塔里的唯美主义者。在城市丰富的资源、便捷的生活和多样的谋生机会等的诱惑以及乡村贫瘠与无望的生活的双重牵引下,西海固这块封闭的土地上开始有人"出走"。他们或外出打工,或以"考"的形式走出这里,走进城市。但是,在这种身体的"出走"中,总是伴随着思想上的阵痛。郭文斌、石舒清等宁夏作家敏锐地捕捉到了这一痛点,他们跳出原有的固定写作空间,立足于当下现实,开始审视整个时代背景下的城乡发展,并在小说中诉说这种复杂的情感。而作为一位正在成长中的青年作家,马金莲循着前辈作家的足迹,在经历了对乡土的疯狂迷恋后,近年来也将关注范围延伸至小城空间。

小人物是时代的载体,他们的生存困境是社会问题的反映和写照。不论是前期的乡土书写,还是近年来的小城书写,马金莲的写作从未离开过对底层关注的轨道。她曾说:"我有一种豁然开朗的感悟。我觉得自己已经找到了准确定位的那个点,就是写底层,除了写农村的底层,也写城市里的底层,关注他们的命运,探询他们生命里最幽深的角落,挖掘这一最广泛群体生命历程里的

---

① [俄]别林斯基著,满涛译.别林斯基选集:第 2 卷[M].上海:上海译文出版社,1979:475.

故事和闪光点。"①所以,马金莲的小城书写既不同于卫慧、棉棉等人的狂欢式、景观式书写,也不同于王安忆、颜歌等人对城市历史感与文化根性的过分关注,她以关注现实、关注人、关注人的心灵为创作根基,深入城市文明和城市人的内里,以自己居住的小城为叙述空间,用小城空间中生活的普通人的故事,记录下了在出走与留守交融之中城乡文化撞击所产生的阵痛。

通过搬迁、打工等原因暂住在城市里的农民是马金莲小城书写中主要的关照对象。这些人离开地处边缘的乡村,跻身到位于中心的城市之中时,他们便踏上了流浪的征程。小说《贴着地皮的城市》以一个13岁小男孩的视角,描写了乞讨者这一特殊城市群体的生存状态。哈格在母亲去世后,跟随同乡的马沙进城讨生活,在哈格的想象中,城市是一个充满诱惑的人间乐园,但城市带给他的却是陌生与残酷,是匍匐在地上乞讨的"哑巴"岁月。"两年零一个月,一千多个日子,这一千多日子里,我白天几乎没有说过话。"②小说深刻揭示了外表光鲜、充满诱惑的城市,如何让乡村进城者迷失堕落的过程;《低处的父亲》中的超子父亲,因为不适应搬迁后的生活,选择出走,回到故乡,最后孤独地死在老家的院子里;《旁观者》则写小翠进城打工的丈夫因为在工地发生意外,失去劳动能力,而被迫返乡的故事……这些失去了根基,被乡村和城市同时抛弃的人,应该如何熬过生命里的漫漫寒冬,重拾希望,继续生活?这是作家的疑惑与担忧,表露出的是作家对无根者的牵挂,也是对城市化的质疑。"'城'中的'现代化'神话召唤着乡下人'进',可是他们的资本、受教育、择业能力的先天不足往往让他们的生活质量在'退'",③留守已然没有出路,但出走带来的却是失意与漂泊,这是一种

---

① 马金莲.草木般向上生长[EB/OL].中国作家网: http://www.chinawriter.com.cn.
② 马金莲.头戴刺玫花的男人[M].北京: 作家出版社,2018: 83.
③ 徐德明.乡下人的记忆与城市的冲突——论新世纪"乡下人进城"小说[J].文艺争鸣,2007(4).

活不下去又走不出去的绝望,这是西海固地区大多数人的宿命。其中反映出的是作家对乡村现状、城乡关系的思索和对人的悲悯同情。

值得注意的是,在小城书写的作品中,除却对城市底层的关注,作家还塑造了一批游弋于城乡之间的知识女性形象。这些女性大多出生在乡村,后以"考"的形式进入城市生活。与进城农民相比,她们受教育程度较高,思想更加开放多元,她们的困境已然超越了物质层面,而是温饱以后的精神困境。2021年出版的作品集《化骨绵掌》中,作家塑造了苏昔、苏于、苏李、苏苏、苏序等一系列苏姓女性形象,细致地刻画了她们复杂的情感世界和精神上难以入城的漂泊特质。小说《听众》中,离婚女教师苏序在男同事才子的热情张罗下三番五次地相亲,但都以失败告终;《良家妇女》中,苏于作为一名女教师,经历了一场热烈而隐忍的精神出轨。在道德制约和欲望引诱的反复拉扯中,苏于努力压制住了泛滥的情欲;《绝境》里的苏李遭遇了丈夫出轨的尴尬之境,苏李多次去捉奸,但都无疾而终,这反映出的是苏李内心的挣扎与绝望无助;小说集同名小说《化骨绵掌》中,感受到"自己被套进了一个笼嘴里,失去了自由和真正的快乐"①的苏昔最终选择了离婚……纵观马金莲笔下的这些知识女性,相比于其早期作品中逆来顺受的"碎媳妇"们,她们敢于挣脱家庭的束缚,正视自己的社会诉求,而不再依附男性,这是女性意识增强的表现,也是作家尝试突破已有认知经验牵绊的表现。然而,苏序在数次尝试后,最终没有以牺牲自我为代价走向"富有"的相亲对象,而是选择与自己有着相同境遇的才子在一起;再婚后的苏李心生悔意,由此产生"当初,自己要是豁出去大大地哭闹一场,会不会把张三福从小楼某一间客房里惊动出来,张三福出来后会怎么做,当众给她甩几巴掌,还是拉着她的手恳求她原谅?那样的结局,和如今相比,更好呢还是更坏"②的疑问;

---

① 马金莲.化骨绵掌[M].武汉:长江文艺出版社,2021:125.
② 马金莲.化骨绵掌[M].武汉:长江文艺出版社,2021:223.

而离婚后苏昔的生活是怎样的？她就一定会比之前幸福吗？小说并未提及，而是以留白的方式草草结束。由此可以看出，这些女性虽然走出了乡间，但传统民间的生活理念和价值观念依然占据着她们的身心，爱情婚姻上的不如意以及认知上难以认同的城市文明带给她们的是身心难以入城的巨大困境。

无论是进城农民还是知识女性，他们所面临的生存境遇是相同的，现状也是令人堪忧的。作为客居于城市的个体，他们只是获得了暂时留在城市的身份，但是精神是漂泊的。他们在文化认同上很难融入城市，灵魂游离于城市与乡村之间，既做不回故乡人，也无法迅速成为城市人，只得在"回不去的家乡与进不去的城市"之间反复挣扎，有着漂泊无根的精神特征。这不仅是个体的困境，更是一代西海固人和转型中的中国农村社会所共同面临的困境。

三、小城探索中的温情与犹疑

20世纪90年代以来，随着市场经济体制的确立和城市化的推进，中国的城市开始繁荣起来。一座座各具特色的城市满足着人民日益增长的美好生活需要，也吸引着文学创作者的目光。文艺是时代的随行物，作家是自己时代的代言人，抒写和记录时代的进步与落后、美好和丑恶，永远是创作者的责任。所以，紧跟城市发展步伐，城市文学成为新时代文学重要的组成部分。

"在欲望这个'狰狞的神灵'狂欢的时代，"[1]当代一批以城市书写见长的作家以自己生活的城市为叙事空间，写下了许多优秀的、具有鲜明地域特征的城市文学作品。在这些城市中，既有邱华栋的"北京"、池莉的"武汉"、

---

[1] 李兴阳.中国西部当代小说史论[M].合肥：安徽大学出版社,2006：25.

何顿的"长沙"、卫慧的"上海"、邓一光的"深圳"等大都市,也有路内的"戴城"、张楚的"侉城"、鲁敏的"东坝镇"、魏微的"吉安城"等小城镇。这些作品无论是主题还是风格都各不相同,然而,无论是对城市内部空间景观的建构还是对城市人生存与情感困境的揭示,"一定意义上,这些作品都努力的寻找着表达主人公生活着的某城的文化意义和符号"。① 邱华栋曾明确的提出:"我在写作时,就非常注意以 90 年代城市标志的一些细节来填充作品,比如大饭店中各种美食的名称,各种流行汽车牌号,各种流行摇滚乐以及别墅中各种设施,都在我的作品中予以凸现,我想我得以我的作品保留 90 年代城市青年文化的一些标志性'符码'。"②毋庸置疑,当代作家的这些"符码"书写,在展现鲜明地域特征的同时,也展示了中国城市文化的丰富性和复杂性。但是显然,在对作为"符码"的物的追寻过程中,人被放置在了客体和边缘的位置上。所以,在彰显城市独特个性的同时,如何有效传达城市人内心最真实的声音,成为当代作家急需思考与实践的问题。针对这一问题,作家马金莲的小城书写或许能为我们提供一条"可能性的"思考路径。

同样作为写作地域特征明显的城市文学作品的作家,马金莲从自己的经验出发,对她工作和生活的小城进行书写。然而,她写作的重点并不是为了突显作为时代"标志性'符码'"的现代物质景观,而是通过对外在"物"的呈现,来"倾力透析城市人内在的'心理现实'"。③ "城市不但是一个拥有街道、建筑等物理意义的空间和社会性呈现,也是一种文学或文化的结构体。它存在于文本本身的创作、阅读过程与解析之中。"④以乡土写作起步

---

① 俞敏华."本土化"之城与"想象"之城——当前城市的城市品格及写作期待[J].当代作家评论,2015(4).
② 刘心武,邱华栋.在多元文化格局中寻找定位[J].上海文学,1995(8).
③ 李兴阳.中国西部当代小说史论[M].合肥:安徽大学出版社,2006:34.
④ [捷]米兰·昆德拉著,董强译.小说的艺术[M].上海:上海译文出版社,2011:128.

的马金莲,并不是一开始就进入城市文学空间中的。可以说,小城书写的背后,是她对于自己身份定位的转变,而身份定位的不同亦隐藏着她本身对于城市的探索。这探索中既有她对于城市的理解,又包含她对于城市化的质疑和城市化时代社会问题的隐忧。在世界逐渐物化的现代化冲击和空间焦虑、时间焦虑的双重影响下,马金莲敏锐地意识到了城市化时代的消极因素正在破坏着原有的生命秩序。她在前辈作家经验的关照下,不断突破自我,逐渐摆脱了"影响的焦虑",写出了自己对于当下时代的思考。正如作家路遥所说:"任何一个出身于土地的人,都不可能和土地断然决裂。"[1]作为出生、成长于乡土,后进入城市生活的作家,马金莲的小城书写并没有断开与乡土的联系,而是将乡土的温情带进城市。在小城书写的文本中,她用平易写实的笔调,叙写了城市底层人的人生苦难和生存困境,在对传统的皈依中解读生命及其存在的方式和意义,借以抵抗城市化时代现实的颓败和人性的迷失。由此,我们不难发现,从乡土写作到小城书写,马金莲一直在积极地寻求着自我与创作上的突破,她的小城书写作为个人文学实践的重要领域,不仅补全了作家的创作体系,也为当代城市文学注入了新的地方品格和地方特色。

然而,相较于乡村,城市是庞大且复杂的。首先,城市具有极大的包容性,它为一切愿意走进它的人提供机遇;同时,城市也具有一定的"排他性",它以自身的优越拉开了其与外来者之间的距离。在小城书写中,马金莲温情地注视着怀揣梦想和满心希望的离乡入城的故乡人,但是他们离乡后的漂泊浮沉与自我迷失的现实遭际,使得她在城市探索中对城市始终保持着谨慎、犹疑的态度。而这种谨慎、犹疑,也导致马金莲的小城书写尚且存有一些不足,具体来说就是"城市人"的漂泊特质、不充分的女性意识和

---

[1] 李遇春.西部作家精神档案[M].北京:商务印书馆,2011:311.

难以割舍的乡土情结。

首先,马金莲在理性上对现代文明是认同的,但是情感上始终难以摆脱对乡村的眷恋,这表现在作品中,就是"城市人"始终漂泊的特质。而这种漂泊,也与作家的创作偏向有关系。"西海固"是马金莲文学创作的原点,她在这片贫瘠的土地上出生、成长,并由乡村碎媳妇逐步成长为一名作家。从闭塞的乡村底层走向现代城市,生活环境和社会身份的变化影响着她的文学创作。理性上对城市化的认识使得作家想要进入城市,但是情感上对乡土的眷恋使她始终不肯正视城市文明,她的意识游离于城乡差异和对城市发展的质疑中,因而她笔下小城空间中的人物,始终游离于城市的边缘,不能真正地融入城市。马金莲在小说中通过对小城空间里人的漂泊无根和生存困境的叙述,挖掘出了他们生存困境背后暴露出的社会问题,展现了中国现代化的一个侧面。但是,对底层漂泊者的同情和乌托邦式的乡村的情感留恋,在某种程度上影响了她对现代性思考的理性程度和反思深度,这一点既是马金莲小说创作的个性化特征,也是其不可忽视的局限。

同时,马金莲小城书写中的女性意识是不充分的。有论者提出:"小说家的各个潜在的自我,包括那些被视为罪恶的自我,都是作品中潜在的人物,'一个人的心境,就是另一个人的性格'。"[①]也就是说,作家的个人经验会投射到其创作的人物身上,作家的价值取向和创作时的心境也会影响小说中人物形象的塑造。作为女性作家,马金莲始终关注和书写女性,但从总体来看,她小城书写中的女性意识是不充分的。《盛开》写的是城市难婚女子的精神偏移。小说借进城后闺蜜两人面对城市诱惑时做出的不同选择,揭示了人的生存困境以及现代化发展带给人的伤害。"我"与闺蜜"她"两人同时进入城市,"她"自由开放,以坚持独立不结婚为手段,挑战传统,对

---

① [美]勒内·韦勒克、[美]奥斯汀·沃伦著,刘象愚等译.文学理论[M].杭州:浙江人民出版社,2017:79.

"我"充满烟火气的家庭生活充满不屑。在小说最后,"我"生活幸福,但"她"却在即将迈入婚姻的妥协中发出"到头来只是一场空"的感叹。如果说在《化骨绵掌》《绝境》等小说中,作家对传统与现代的态度尚且处于纠结之中的话,那么《盛开》则可以明显地看出作家的选择,那就是向传统靠拢。在小说中,作家有意让传统留守家庭的女性与走出家庭寻求独立的时代女性进行对抗,形成对比。而对这些出走女性悲剧结局的书写,则可以看出作家的真正用意,即规劝出走女性回归传统和家庭。时代的变化在某种程度上斩断了女性继续依附家庭的可能,它对女性提出了新的挑战,要求女性变得独立。从马金莲小说对出走女性的描写中,我们可以发现,作家已然清晰地认识到了这一点。但是在保守、安命的思想熏染和男权、父权力量的压迫下成长起来的马金莲那里,女性始终难以挣脱男性的威严和家庭的责任,女性的反抗是不彻底的,这也揭露了现代文明与传统观念之间的矛盾。女性如何在社会中找到自己的位置,实现自己的价值,保持人格和精神的独立等问题,是作家在后续的写作中必须理性思考的问题。

此外,马金莲小城书写的不足还表现在作家难以割舍的乡土情结上。迈克·布朗指出:"特定的空间和地理位置始终与文化维持密切相关,这些文化内容不仅仅涉及表面的象征意义,而且包括人们的生活方式。"[1]21世纪以来,步履匆忙的工业化与现代化进程,彻底改变了乡村的组织结构,乡村的消逝已然变成了不可避免的事实。城市的优质资源和乡村的萧条使得作家不得不离开熟悉的乡村,进入繁华的城市空间生活。虽然身体进入了城市,但是作家内心却始终纠结于乡村文化与城市文化之间,难以做出取舍,只能在作品的缝隙中做出各自的倾向化选择。马金莲亦是如此,扎根于灵魂深处的乡土伦理禁锢着她,使得她笔下的小城不可避免地循着乡土的

---

[1] [英]迈克·克朗著,杨淑华、宋慧敏译.文化地理学[M].南京:南京大学出版社,2003:8.

痕迹,这表现在作品中,就是小说文本中穿插了大量的具有表征意义的乡村符号。这些乡村符号有食物和乡音,也有现代化进程中幸存的乡村遗留物等。《听众》中,反复出现的"鲜家余面馆"成了苏序的避难所,心情不畅、精神崩溃时,一碗家乡的余面使她感到舒坦;《一顿浆水面》中,一碗寄托乡愁乡情的记忆中的浆水面,打破了田寡妇与老汉之间的隔膜,让他们进城后的孤单不适得到暂时性的缓解,并由此揭示出进城农民对乡土的深切怀念和进城后的深度失落;《蒜》中,一坛腌蒜,既承载了老白的故乡记忆,也见证了历史变迁过程中人的坚守与浮沉;《公交车》中,遭遇了个人的生活处境之变,见证了时光变迁的苏苏,在生活的新变中坚持寻找着记忆中的公交车司机,直到再次听到司机师傅那夹杂着家乡口音的声音时,苏苏才明白,她所找寻的,不是某一个人,而是那段逝去的时光;《榆碑》中的老榆树,是失去家园后的"老董们"情感的唯一寄托物……这些乡村符号,一方面隐喻乡村个体在城市空间的命运,表达作者对城乡关系发展的态度和立场;另一方面也勾连乡村,成为离乡之人的精神补给,予以这些破碎的灵魂和受伤的心灵以安放和安慰。在这些乡村符号的抚慰下,原本疲惫的身躯得到了暂时的放松,躁动的灵魂也能稍得安宁。在对过去光景的深情重现和新旧纠缠、交替变迁的叙事中,传递出了城市化时代作家对于文化原乡的怀旧,表露出的是作家难以割舍的乡土民情。而对现代社会发展不彻底的认识和对传统文明的坚守,使得马金莲似乎有意忽视现代文明的积极因素,这一定程度上造成了她对外界文化接受的封闭性。

从乡土书写到小城写作;从饱含深情的家长里短,到城市化时代底层的精神探索,马金莲在一步步地实现着自我的超越。然而,尽管马金莲作品中所传达的价值主张,即现代性需要反思,现代人类需要传统精神的救赎,有一定的道理,但是,我们不应该将传统与现代对立起来,对传统精神继承的同时,也应该展开理性的社会批判。用记忆中故乡的诗情画意拯救现代化进程中躁动的心灵并不是长期且有效的做法。如果一味地站在淳朴诗意的田园世界里，抵制甚至批判城市文明，将极大地限制作家的思想深度和创作视野。所以，用什么样的精神立场和价值标准来审视和评判现代化的发展，是作家马金莲遇到的思想困惑，也是其今后创作中必须努力解决的叙事难题。城市发展永不止步，城市文学也必然一直在路上，我们有理由期待作家马金莲在城市文学的路上走得更远。

文献研究

WENXIANYANJIU

民国《固原县志》物产价值述略

张志海　杨永成[①]

摘　要：地方志是汇集一方基本地情和系统资料的百科全书，它记载着数量众多的自然资源及其变化，对于地方经济研究具有重要的史料价值。民国《固原县志》关于物产的记载，涵盖了今天固原市的大部分地域(包括今原州区、彭阳县的全部以及西吉县、泾源县、海原县的部分地区)，是研究固原社会发展情况的资料宝库。本文以民国时期《固原县志》的物产记述为例，探究固原地区自然资源变化、人们生活状况和社会经济发展情况。

关键词：民国；《固原县志》；物产价值

"物产"是方志必载之门类，可以追溯到先秦，体例形成于宋，完善于明。记录和描述物产是地方志的职责所在，有助于人们从中了解不同历史时期的自然资源和生活状态。民国《固原县志》在《物产志》《治权志》《地理志》收录本地物产，在《凡例》中说明设立《物产志》的目，"旧志常常把'物产'置于《地理志》或《食货志》中，明代韩邦靖(五泉)纂《朝邑县志》，将'物产'独立为一目，仿此，兹编亦立'物产'一志，分门别类，博采兼收。益以诘

[①] 作者简介：张志海(1966—　)，男，宁夏彭阳人，固原市地方志研究室研究员；杨永成(1966—　)，男，宁夏固原人，固原市地方志研究室副主任。

释引申,介与劳民者佐劝相耳。然挂漏之讥,知犹难免。"①今天研究民国《固原县志》物产记载的合理性和可行性,对于当今志书中物产部分的修纂和经济社会发展亦有重要意义。

一

民国《固原县志》沿袭古代地方志书传统的分类原则,设置《物产志》,较为详细地记载固原物产种类,还有部分物产记录在《治权志》《地理志》等篇目中,充分体现出固原物产资源的多样性和丰富性。

县志在《凡例》中说明《物产志》与《治权志》收录物产的不同分类,"《物产志》志自然力下之生产品汇,《治权志》间志政治力下之生产事业,实同门而异户,能异曲而同工乎?"②在《居民志》《艺文志》等其他篇目中也能反映当地一些物产及其分布状况。

《物产志》从物产与人的生存和生活的密切程度为着眼点,依照自然物品和非自然物品顺序排列,植物类、动物类在先、而后人工制品,在植物类中又以谷物打头排列,较为翔实。《物产志》包括《庶物》《熟货》二目。《庶物》包括生物(植物、动物)、矿物,《熟货》包括食货、用货。共记载生物资源 426 种,其中植物包括麦、菽(豆类)、枲(麻类)、蔬、果、竹、药等 19 类 309 种;动物包括毛、羽、鳞、介(贝类)、虫等 5 类 117 种;矿物包括金、银、铜、铁、铅、石油、煤等在内共计 17 种并说明产地;食货有 25 种,对米、油等详细记载;用货 29 种,对本地特产皮毛记载尤为翔实,重点记载羊毛的生产加工及其价值用途。

《物产志》对于植物的介绍有一定的考据色彩,编者据文献记载详细,

---

① 叶超等纂.[民国] 固原县志[M].上海:上海古籍出版社,2018:11.
② 叶超等纂.[民国] 固原县志[M].上海:上海古籍出版社,2018:11.

说明其植物属性、食用方法等。在每一种物品下,还详略不等地说明其别名、种类、形状、性能、产期、产地、甚至古代的名称演变。例如在粟类中,说明本县产黄谷、红谷、黑谷、酒谷、白梁谷、千穗谷等,其中酒谷"红色而粗,专以发甜,造黄酒或做粘糕,产量最少,惟东区有之",而一般小米"颗粒成簇,性咸淡,养脾胃,补虚损,益丹田,利小便,解热毒,陈者尤良"。①

有关矿物和矿产品的翔实介绍分别在《地理志》和《物产志》记载,《治权志》也能反映出民国时期固原商贸发展中的部分物产状况。

《地理志》在"地质构造"中通过介绍地球内部结构科学知识进而说明本地岩石之中所含有关矿产品。"县西北之石门山有铜矿矿脉。县东北之银洞沟有银矿与铜矿之矿苗及石炭、瓷土等产物。县南二十里铺,县北石岘子、沙家堡各处之岩石复多中夹煤层,则似为古生代之地层。""六个窑河滩之灰质石、梯子山底之盐层、李俊堡之石膏、东沙沟白垩等,又似间有中生代之产物。""县南六盘山之岩盘,虽日几经变质,由多种矿物集合而成为复成岩,然大部分则为斜长石、辉石、橄榄石、磁铁矿等所组成之玄武岩,色黑,质坚敏,故或误为铁矿。""六盘西北之花石崖、东北之雾耳朵下,尝发现有石英、长石、云母石、榴石、角闪石等所组成之花岗岩。杨家岭南之华石岩下,尝发现有橄榄石、辉石、角闪石等所组成之橄榄岩。""臭水沟、顾家沟、东西沙沟一带,又有质密致,呈白、黑、黄、绿、紫、赤等色之石英斑岩、石英粗面岩、流纹岩及凝灰岩等。而县南蒿店,县东小红沟与县西诸山之沟岔,常有石灰岩,其石以火焗之,即成为生石灰。"②《地理志》"矿物"在介绍地球内部科学知识的基础上,说明本地产煤并介绍"硫磺""红柱石""花岗岩"等矿物,"境内产煤之地,曾有数次"。"采访员荷擎云勘得县南和尚铺河底之石块,多作橙黄色,虽非纯粹石黄,其为石黄所着染者无疑。县北阴瓦寺山有

---

① 叶超等纂.〔民国〕固原县志[M].上海:上海古籍出版社,2018:157.
② 叶超等纂.〔民国〕固原县志[M].上海:上海古籍出版社,2018:27-29.

硫磺质之煤矿,其炭燃之发青焰,并放出刺激性之奇臭,即硫磺也。""县境东北万安监家栏腰沟底,时可拾得光泽如玉之红柱石。""县西之斜谷和县东北之低原多卤质、灰质之地,产碱和皮硝。"六盘山附近"尝发现有石英、长石、云母、石榴、石角、闪石等所组成的花岗岩"。①

《物产志》在"矿物"中具体记载17种矿物并说明产地。麸金:西区海子峡沙土中间有发现者。银:东北区云雾山及银洞子沟均有苗如鸡粪。铜:清季甘肃财政说明书载:固原石山出红铜,今划归海原,近日东区王家涝坝发现铜矿,苗质坚而色黄有光泽。铁:云雾山有。铅:云雾山有。雄黄:六盘山水沟一带间有发现者。石油:石油虽未发现,而猴儿牙岔、杨家山一带之油页岩着火即燃。经本省建设厅派员切查,业已证实其下应有石油。朴硝:产在西区臭水沟、硝口一带,数量最巨。炎硝:清季甘肃财政说明书载:固原硝河城出炎硝,今划归西吉县境内,凡潮湿有砖瓦之处皆有。硫磺:西区臭沟产,城内文庙后之砂石,亦含硫质颇多。石膏:各区皆有,惟苗不甚旺。盐:西区有碱滩之处多盐土,邑人取之以水熬化澄泥,取水调用,味颇佳。碱:即土碱,邑产者乃灰碱,非冰碱,不大适用。烟炭:即石炭之有烟者,产营盘梁各炭山。末煤:东北区营盘梁产,作煤块煨炉,颇可御寒,经调查,是处炭山之储藏量,露头面积约13顷,煤层高约1米,年产量在10万担左右,工人在150人上下。灰石:南北区均有小石子可烧灰。银沙:细如面,沙有黄、白二色,白者如银,青石峡口产,淡黄色者,红崖子沟产,客商颇重视。②

《治权志》在"煤税"中记载"本县三营镇以北、七营镇以南靠东之矿山,产煤颇旺";在"驼捐"中记载"本县据平宁交通要道,每届冬季,骆驼运输商品者,络绎不绝";在"百货统捐"中记载"百货分输入、输出两项。输入货物

---

① 叶超等纂.[民国]固原县志[M].上海:上海古籍出版社,2018:29.
② 叶超等纂.[民国]固原县志[M].上海:上海古籍出版社,2018:177.

如绸缎、布匹、洋缎、海菜、纸张、瓷器、古玩、散茶、玉器之类；输出货物如水烟、药材、皮毛、杂货之类"。①

《治权志》在"磨税"中引用财政全书记载"固原共有平、立轮两种水磨157座"；②在"水利"中记载"县城东河水渠沿岸有水磨2座,大营川、姚家磨、吴家磨等庄亦有水磨数座,北区沈家河,头、二营等处有油磨数座"。③

二

民国《固原县志》关注民生,重视有关矿产、物产经济和商贸信息的记载,为今天经济社会发展研究提供重要线索和较为翔实的原始资料,对研究自然资源保护开发与生态文明建设具有积极意义。

县志记载："固原地大物博,除自给外多可外供,惜工力缺,物未遂生,货仍委地。"④这大概也可以这样说：本地有许多资源,但当年由于人为的原因,大量资源没有变成产品,而产品中又很少成为商品。不妨再作这样补充：农牧产品经过复杂加工而成为较贵的商品则更少。事实上当年本地还没有近代机器工业,全县只有一家四维工厂,手工生产斗纹、八字、波浪等名目繁多的呢子,但工厂的规模和产量究竟如何,没有记载。1940 年本县成立皮毛纺织生产合作社,而实际上当时手工业作坊很少,只有麴房2 处、毡房3 处,都比民国前期(麴房4 处、毡房6 处)减少。毡可制成帽毡衣和帐篷,其他毛制品有黑毛口袋及帽袜衣裤手套等,大都是"乡民自织自用,出售少"。⑤

县志记载有家庭手工棉纺织业,棉纺织技术是清同治之后才随着陕豫

---

① 叶超等纂.[民国] 固原县志[M].上海：上海古籍出版社,2018：372.
② 叶超等纂.[民国] 固原县志[M].上海：上海古籍出版社,2018：372.
③ 叶超等纂.[民国] 固原县志[M].上海：上海古籍出版社,2018：354.
④ 叶超等纂.[民国] 固原县志[M].上海：上海古籍出版社,2018：154.
⑤ 叶超等纂.[民国] 固原县志[M].上海：上海古籍出版社,2018：180.

百姓的迁入而渐在本县传开的。民国后期棉布价格猛涨,"乡村渐有仿造陕西省旧小木机、小木车,纺棉线,织粗老布者",①而在头营、黑城、七营等乡镇较多。当时东郊红崖子有瓦器窑,东乡大潦坝有磁器厂。本县其他手工业产品有木器、肥皂、芦席、竹席、油漆、蜂蜜、粉条、挂面、豆腐、酱油,及糖醋、油、酒等,但产量多少,商品率多少,都不得而知。当年县工会下虽有饭馆、屠宰、刻字、制鞋、理发、木器、制革、缝纫和各业联合等9个职业工会,但会员总计仅441人。

在上述薄弱的农业和手工业生产的基础上,当年本县商业规模也较小。稿中记载:清光绪中叶以前,本县行商坐贾大都是晋陕两省人,甘肃陇南人次之(当年县城里有秦晋会馆和四川会馆)。光绪末叶"本县人始有出外经商者"。② 民国后期县商会已有会员1 100人,另有镇商会4个,会员188人。本县输出商品以皮毛为大宗,已如上述。输入本县者,布货来自洛阳、西安,间有来自天津、上海者;山货如农器、家具,来自甘肃静宁、水洛城或天水;窑货器皿来自安口窑或陕西耀州。贸易方式,除现款交易外,也有客商以布货交换本地皮毛的,或以山货、窑货交换食盐的。③

《治权志》有关于本县林业的记载:1926年曾设苗圃,不久停办。1942年恢复,育种洋槐、榆、柳、椿、杏等树苗,又记载了1947年、1948年两年本县造林详情。关于"造林""天然林"的记载,对于今天的相关工作依然有重要的参考价值,"造林:同治兵燹后,左文襄公(左宗棠)即安抚良民,招垦屯祖,兴水利,造树林。计本县属地自蒿店经和尚铺,沿六盘山车道,遍栽杨柳,直达隆德。复由瓦亭驿接栽,经大湾、开城、青石嘴至县城,有数千株,至今70余载,悉以长城。惜民间多任意砍伐,致今日存者仅十分之一二

---

① 叶超等纂.[民国]固原县志[M].上海:上海古籍出版社,2018:134.
② 叶超等纂.[民国]固原县志[M].上海:上海古籍出版社,2018:134.
③ 叶超等纂.[民国]固原县志[M].上海:上海古籍出版社,2018:134.

耳"。"张化乡(今彭阳县新集乡)属红花川东山之天然林:约有白杨杂树数百株,大者中径尺余,高1丈至2丈。惜无人保护,附近居民时有盗伐情形。不过以滋长速,亦不见若何损毁。(民国)31年,因军事计划,定由黑城镇县城至瓦亭止,修筑国防工事,需用木料特多,除在化平县运输外,并在张化乡红花川属地东山官林内,择其较大堪用者,伐作木料,约去数百根。致此小型林地变为荒山,诚可惜也。"①

《治权志》在"炭矿""煤税"中记载本县矿业早已有小规模的开发。"炭矿"记载,"炭山在三营东北,七营东南,距县城120里。为无主官山,四周约有7 000~8 000亩,由附近居民私自集资开采者。矿户因经常营业,多居住丁马堡、沙家堡等地。县东北丁马堡产石炭,矿场面积约5顷,矿质尚佳,每日约产煤80担,丁马堡东北银洞沟亦产煤;②银洞沟所出烧煤俱为大结核,火力较北区之炭为旺。民国15、16年,邑人牛士捷曾集资开采一次,旋由临夏人王月亭复在该地召工开采。"③"煤税"记载,"本县三营镇以北,七营镇以南靠东之矿山,产煤颇旺。为前清光绪34年(1908),本县籍回民马姓向兰州商矿总局领有执照,按年在炭山各窑洞课征"。④

在《物产志》"用货"中记载本地药材有"知母、贝母、羌活、秦艽、芍药、黄芩、升麻、黄芪、党参、蜂房、望月沙、夜明沙等称地道,经拣晒并炮制运销各地"。⑤ 在《居民志》"工艺"中记载"六盘山西北多地道药材",⑥但没有列出具体名录,在《治权志》的"药材统捐"中可以看出本地有"麝香、藏红花、鹿茸、羚羊角、藏乌梅、黄连、枸杞、二花、大黄、麻黄等药材",⑦是否都是本

---

① 叶超等纂.〔民国〕固原县志[M].上海:上海古籍出版社,2018:351.
② 叶超等纂.〔民国〕固原县志[M].上海:上海古籍出版社,2018:181.
③ 叶超等纂.〔民国〕固原县志[M].上海:上海古籍出版社,2018:355.
④ 叶超等纂.〔民国〕固原县志[M].上海:上海古籍出版社,2018:372.
⑤ 叶超等纂.〔民国〕固原县志[M].上海:上海古籍出版社,2018:181.
⑥ 叶超等纂.〔民国〕固原县志[M].上海:上海古籍出版社,2018:137.
⑦ 叶超等纂.〔民国〕固原县志[M].上海:上海古籍出版社,2018:374.

地产,没有说明。

在《治权志》的"皮毛公卖税"中可以看出本地为"皮毛繁盛区",有"翎线、羽缨、狐皮、滩羊皮、紫毛、白羊皮、狼皮、牛角货、马皮、牛皮、毡、褐、毡衣、牛毛等";①在《治权志》的"畜牧"中反映"年产皮毛,畅销内地各省及运销海内外者甚巨";②在《治权志》的"贸易会"中说明本地"生产羔皮、羊毛为大宗"。③

在《治权志》的"烟酒税"中可以看出本地有"水烟,为一巨大税收"。④ 在《艺文志》中收录1945年叶超《固原炭油页岩考察记》,记载作者对猴牙岔、杨家山一带的考察,说明本地有炭油页岩,"其下应有石油"。⑤

三

民国《固原县志》物产中的植物和动物名称常常会涉及本名和俗名,有时一种物产有两个或两个以上名称,也有一个名称指代两种或两种以上物产的,这些物产俗名载有大量特有地方文化信息,在深层次上是固原历史文化的积淀。

植物、动物本名一般不涉及地方文化。俗名则是当地人对某种植物、动物的传统称呼,俗名虽是土名,却因长期流传,生生不息,成了地方特有文化信息的一个组成部分。《物产志》在"卉类"专门介绍本地植物的俗名,并且说明俗名的成因和产地。"曰白檀子,俗名金线吊斗。曰柴麻胡条,似草本而实木质。曰野毛核桃,俗名毛棒子,挂马沟等处有。曰水凉叶,叶似大麻而圆,海子峡有。曰丝唢呐,形如唢呐,故名。曰黄鼠爪,叶如韭叶而缺裂,

---

① 叶超等纂.〔民国〕固原县志[M].上海:上海古籍出版社,2018:374.
② 叶超等纂.〔民国〕固原县志[M].上海:上海古籍出版社,2018:355.
③ 叶超等纂.〔民国〕固原县志[M].上海:上海古籍出版社,2018:355.
④ 叶超等纂.〔民国〕固原县志[M].上海:上海古籍出版社,2018:375.
⑤ 叶超等纂.〔民国〕固原县志[M].上海:上海古籍出版社,2018:704.

作三叉状。曰依松萝,即莺萝,南乡有。曰老虎姜,形如猫头,苦不可食,南山有之。曰塔铃,有银塔铃、铁塔铃二种,根俗名面筋筋。曰马前子,即马鞭草,如车前子而长。曰铁色荚,俗名荞皮草,曰白蜜罐子,花红,果长如罐,折断有白汁故云,出西南山中。曰转轮草,俗名旋风草。曰野小茴香,俗名蛇虎草。曰紫茎水绵蓬,俗名紫茎柏。曰槟榔蓟莉,俗名土刺竿。曰紫蓟莉,俗名马牙刺竿。曰壁蚕草,俗名笸子板。曰胰子,俗名野谷子。曰田苇子,俗名横根芦子。曰赭色柏,俗名赤茎莲。曰野荏子,俗名麻香草。曰鬼姑娘花,俗名野洋芋。曰石黄草,俗名石秀花。曰紫色巾,俗名猴眼然子。曰毛胶然子,俗名狗牙叉。曰马首蓿,俗名野扫竹。曰野棉花,蒿类,夏结苞,秋开白花,风吹如柳絮。曰千千扫帚,枝繁叶细长,可作扫帚用故名。曰棋叶,有家棋、野棋二种,花紫红色,较家棋低而小者为野棋。曰野刀豆,俗名鸡几蔓。曰铁色菊,俗名小荞皮。曰驴耳朵,叶大而长故名。曰紫螃蚧,俗名黄鼠馒头子。曰狗尾草,细而长,南区多有。"①

《物产志》在"动物"中对各类动物中凡是有俗名的都一一进行列举,极具固原地方的方言特色。如"青羊,一名石羊;獭,俗名崖獭;猬,俗作猬,一作刺猬;夜猴儿,俗名跳儿,又名跳犊子;鹅,一名家雁;凫,俗名水鸭;胡雁,俗名沙雁;布谷,俗名鸹勺,又名播谷,即《夏小正》之戴胜;红嘴鸭,俗名红嘴老哇;蝙蝠,又名夜蝙蝠"。②

《物产志》中粟类中关于一种天然野生蔬菜"千穗谷"的记载,很有地方文化特色。"千穗谷:亦苗中之莠者,多生于菜蔬中,一名人咸菜,叶干紫红色,长二三尺,结红穗,累累如小谷然,实黑而小,舂米炊粥,亦可充饥。"③在蔬类中关于"苜蓿"的记载,其名称只能是留在记忆中的概念,"苜蓿:一名

---

① 叶超等纂.〔民国〕固原县志[M].上海:上海古籍出版社,2018:169.
② 叶超等纂.〔民国〕固原县志[M].上海:上海古籍出版社,2018:170-176.
③ 叶超等纂.〔民国〕固原县志[M].上海:上海古籍出版社,2018:157.

木粟,一名怀风,一名风光草,一名连枝草,一名牧宿,苗高尺余,细茎分叉而生,叶似豌豆,叶略小,开紫花,结弯角,子黍米大,形如腰子,味苦平无毒,农间带种,喂马用"。①

在《物产志》蔬类中关于"蔓菁"的记录,既又各类俗名,又说明四季的食用方法,还说明健康功效及实用价值。"蔓菁:一名芜菁,一名葑,一名须,一名飧芜,一名荛,一名大芥,一名九英菘,一名诸葛菜,一名马王菜,一名鸡毛菜。四时皆有,四时皆可食,春食苗,夏食苔,秋食茎,冬食根。子可打油,燃灯甚明。味辣性温无毒,常食通中下气,止消渴,去心腹冷疼,解面毒,治诸疮。入丸药服,令人肥健,尤宜妇人。三月嫩叶可食,俗名辣菜,一作腊菜。其根于九月熟,腌食更佳,俗作火头菜,一作大习菜,又作春头。根多肉扁圆,叶大略成羹匙状,边有细齿,花似油菜花。"②

民国《固原县志》物产记载虽有列名遗漏、分类欠准、释义错误等问题,但为后人留下珍贵的研究资料,体现出方志作为资料文献的历史文化研究价值。在新编地方志中,物产已不再独立成章,而是分散在自然地理或是农业等篇章中,也不再详列物产品种细目。新编志书对于物产的记载虽是在现代生物学指导下分类科学、准确,但仅以部分数字代表物产品种细目,提供的信息资源未免有限。因此,研究旧志记载物产的合理性和可行性,对于当今志书中物产部分的修纂和经济社会建设亦有现实意义。

四

今天应该充分发挥志鉴中物产资源的优势,从历史的视角切入,对照现实进行纵深的研究,客观分析本地历史文化、经济社会发展的轨迹,关注社会热点深入研究思考,对自然资源保护与生态文明建设的关系提出对策。

---

① 叶超等纂.[民国]固原县志[M].上海:上海古籍出版社,2018:160.
② 叶超等纂.[民国]固原县志[M].上海:上海古籍出版社,2018:161.

旧志中关于物产的记述可以为今天厚植绿水青山理念、提升生态文明建设提供有益借鉴。党的二十大报告强调中国式现代化是人与自然和谐共生的现代化，《中共中央国务院关于全面推进美丽中国建设的意见》明确要求牢固树立和践行绿水青山就是金山银山的理念、把实现美丽中国建设目标与实现中国式现代化有机统一起来。大自然是人类赖以生存发展的基本条件，尊重自然、顺应自然、保护自然，是全面建设社会主义现代化国家的内在要求。习近平总书记指出："我们既要绿水青山，也要金山银山。宁要绿水青山，不要金山银山，而且绿水青山就是金山银山。"这一重要论述深刻揭示了人与自然、社会与自然的辩证关系，是习近平新时代生态文明建设思想的核心价值观，为新时代生态文明建设提供了理论指导。

今天建设美丽中国应该以志鉴资料中的物产记述为研究对象，深入探究自然资源变化、人们生活状况和经济社会发展情况，自觉践行尊重自然、顺应自然、保护自然的生态文明理念，大力实施重要生态系统保护工程，开展国土绿化行动，全面加强自然保护区、重要水源地和重要湿地的保护和建设，持续构建生态安全屏障体系，着力形成生态廊道和生物多样性保护网络，进一步巩固和扩大生态文明建设成果，找到实现美丽中国建设目标固原的最佳现实途径，让我们的天更蓝、山更绿、水更清、环境更美好，让人民群众在绿水青山中共享自然之美、生命之美、生活之美。

明清民国固原地区旧志特点及其编纂思想的变迁

刘慧玲[①]

摘　要：固原地区从明代到建国前共有十部方志留存，这些方志都体现了时代特征。明代志书军事特征显著；清代志书考究严格，内容翔实；民国志书受新思想传入影响，记载了很多新事物。每一个时代的方志在编纂时，体例都不断完善，内容侧重不同，它们其实体现了方志编纂思想的变迁。这种变迁主要有四种：一是从军事思想到民生思想，再到民智思想的转变；二是民族关系缓和，由"回匪"向"回民"转变；三是女性地位得到提升，从无名变为留名；四是与世界发展接轨，开始涌现现代化思想。

关键词：志书；体例；新事物；变迁

固原作为西北地区的重要咽喉，在明朝得到中央朝廷的极度重视。嘉靖时，驻守官员开始主持编修首部志书。清代，固原地区较为安定，志书修纂的内容也开始转向对区域内部社会发展的描述。19世纪是中华民族面临的最关键、最重大的历史时期，西方彻底打开了中国国门，各种先进的政治经济、思想文化涌入，对当时处于封建时期的中国社会产生了重大影响。

[①] 作者简介：刘慧玲（1996—　），女，山西临汾人，宁夏师范大学文学院硕士研究生，主要从事中国古典文献学研究。

固原地区虽处内地,依然吸纳了新的政治、思想,开始与世界接轨,迈向现代化社会,这样的转变在志书中表现得尤为明显。在漫长的历史发展中,固原行政区划在不同时期,也都会发生一些变动,本文以现今固原的行政区划为基准,其下辖一区四县,即原州区、隆德县、西吉县、泾源县、彭阳县,据此对固原地区方志情况进行分析。本文将就明清民国时期固原地区方志(以下简称旧志)的编撰内容,来分析固原志书及其社会生活的发展变迁。

一、明代固原州志

明代出于边防的需要,对边关重镇、关口、卫所,以及沿海要地多修有志书。固原"据七关之形胜,为九塞之咽喉",[①]在明代属于九镇之一,因而修志也成为驻守官员的一项重要任务。固原存有两部明代旧志,分别为《〔嘉靖〕固原州志》和《〔万历〕固原州志》。《〔嘉靖〕固原州志》为宁夏平虏人杨经编修,三边总督山西太原人王琼裁正。《〔万历〕固原州志》为三边总制山西安邑人刘敏宽、山东滕县人董国光编纂。

虽然中国志书的编撰在南宋时期已经基本定型,但固原在明代之前都未有过修志的经历,《〔嘉靖〕固原州志》的编纂开创了固原地区纂修志书的传统,在编修过程中借鉴了同时代其他志书的体例和框架,又结合当地特色,使其内容极具独特性。

(一)两部志书很重视山川、疆界等地理部分编修

固原在明代是西北部地区预防外敌的重要战线,朝廷在此设置固原镇,派重兵驻守。杨经在所撰《〔嘉靖〕固原州志·序》中,将固原地理位置的重要性讲述得非常清楚,"北虏住牧黄河套,离花马池营仅二十里,每大举深

---

① 王学伊.〔宣统〕新修固原直隶州志[M]//宁夏方志集成:第17册.北京:学苑出版社,2015:311.

入,必先犯固原,而后至平凉、凤翔、临巩",①正是这样的渊源,在编修《〔嘉靖〕固原州志》和《〔万历〕固原州志》时,编纂者都非常重视对《城池》《疆界》《山川》等军事功用的描述。如"炮架山,在州西北一百二十里石城之前,四壁削立,极为险峻。成化五年,满四反,据此山",②简明扼要地将炮架山的位置、特征、历史情况描述出来。两部方志较为清晰地描述了固原城池建造、疆界范围,并附有《固原州城图》和《固原疆域图》的绘制,军事作用非凡。

(二)《〔嘉靖〕固原州志》重视对前代史料的整理

作为固原地区的第一部志书,《〔嘉靖〕固原州志》重视对固原前代历史资料的征集记录,保存了很多珍贵史料。

尤其重视对历史人物的记录。《人物》卷对历代原州知名人物和名宦进行了整理记录。"陈兴,澶州卫南人。开宝中,知镇戎军。上言'镇戎军南去渭州瓦亭寨七十余里,中有二堡,请留兵三百戍之'。俄与曹玮、秦翰领兵抵镇戎君西北武延咸(伯州)〔泊川〕,掩击蕃寇章埋族帐,斩二百余级,生擒三百余人,夺铠甲、牛马、驼羊三百万计。诏书嘉奖,赐金带、锦袍、器币",③记录人物籍贯、经历,表现其骁勇善战、威风凛凛的英雄形象,赞扬其英勇无畏、攻无不克的战斗精神,使这些人物鲜活生动,使他们的事迹得以流传。但这一部分却忽视了对本朝人物的记录,有重古轻今之意。

(三)《〔万历〕固原州志》体例上更加完善

《〔嘉靖〕固原州志》作为固原第一部志书,虽然具有开创性,但是不免有很多的不足,如过多地关注了固原的历史发展和军事地位,志书体例简单,内容欠缺,无法通过它较深入地了解到固原地区。在编修《〔万历〕固原

---

① 杨经.〔嘉靖〕固原州志[M]//宁夏方志集成:第2册.北京:学苑出版社,2015:25.
② 杨经.〔嘉靖〕固原州志[M]//宁夏方志集成:第2册.北京:学苑出版社,2015:31.
③ 杨经.〔嘉靖〕固原州志[M]//宁夏方志集成:第2册.北京:学苑出版社,2015:121.

州志》时,刘敏宽不再只是突出固原军事重镇的重要地位,还增加了对民生的关心,体例上也有了很大的完善。

第一,加入了对当时的政治经济情况的记录。新增了《建置志》《田赋志》《兵制志》《官师志》等内容。《建置志》中,介绍了各处城堡建设及方位,边隘修建,《公署》《行署》部分记录了行政机关的设置及方位,虽仍偏重于军事机构的介绍,但已然可以了解当地的行政运作。《田赋志》中,针对《户口》《税粮》《物产》进行描述,丈量了田地,记录了地亩、粮产、屯田、徭银,此外,还记录了草的产量及屯草数量,记录详细清楚。《兵制志》,介绍了各营的官员设置情况、兵力、马骡、军火、器械。《官师志》中,追述了自北魏以来,此处的官员情况。四部分新增内容,填补了《〔嘉靖〕固原州志》对于政治经济情况的缺失,也为之后本地的志书编修定下了基本框架。

第二,更加重视文化发展。国之大事,在戎在祀,《〔万历〕固原州志》编纂时,注意到了祠祀的重要性,"余惟大事在祀,夫岂无稽而漫为是郑重哉?礼乐神明并提,慢神虐民互戒;体物不遗,尤侈其盛,非欺我者。顾神享于诚,而歆于德;故德不孚,神其吐之。彼不祀者放,非祭者谄;敬而远之,鼎训固在",①《〔万历〕固原州志》设置了《祠祀志》,对固原当时的文化现象进行了记录,文庙、佛寺、道观、神庙俱全,儒释道三家思想在这里也发生了交流和融合。

二、清代固原州志

明代固原地方志仅有两部,自明中叶失修,此后三百余年,兵祸频发,文献无征,直至清代宣统年间才又沿袭明代修志传统,继续修纂,有新志书问世。《〔宣统〕新修固原直隶州志》,为固原知州山西文水人王学伊编纂,

---

① 刘敏宽.〔万历〕固原州志[M]//宁夏方志集成:第4册.北京:学苑出版社,2015:246.

"甫经一载,汇为全帙",作志目的在序中也明确说明,"夫一人一事、一言一艺,莫不有可作、可述、可法戒、可劝惩而不可斁者,以昭示于来兹,此志之所以作也"。①

在体例方面,类别有增,分类有变。《〔宣统〕新修固原直隶州志》比前代设置的体例更加合理,新增了若干类别,使分类更加合理,条目清晰,内容充实。

(一)图说部分大增

王学伊单设了《萧关揽胜》一节,将图说部分尽收其中。地形图与行政区域图分开为《固原疆界图》与《固原五属总图》,地形图绘制极为详细,每一处山川沟壑都标注着名字,边界划分清晰。不仅绘制了固原州城《固城图》,还深入地绘制了城内官署、庙宇等建筑和雕像,清晰详细,极大地保存了史料,方便后人考究。另外,还绘制了《井宿》《鬼宿》的星宿图和固原八景图。

(二)地理部分归于一类,军事防御篇幅减少

《〔万历〕固原州志》中的《地理志》部分和《建置志》部分,在新志书中化繁为简,归于一类,命名为《地舆志》。"洎乎国朝,德威远砻,分建陕、甘行省,遂移三边总制于兰州",②清代西北边境安定,三边总制迁移兰州,后因现实需要,管辖陕甘宁地区的总督设置变化极为频繁,固原虽也设置了固原提督,但军事地位远远不及明朝时期,志书重点由"城堡营房"转向了"祠宇文庙",由"城池建造"转向了"山川景色"。

(三)关注天文气候,增设《天文志》

天文气候在地区的农业生产、经济发展以及防灾减灾方面发挥着重要作用。《〔宣统〕新修固原直隶州志》在修订时关注到了气候的重要性,结合西方

---

① 王学伊.〔宣统〕新修固原直隶州志[M]//宁夏方志集成:第17册.北京:学苑出版社,2015:325.
② 王学伊.〔宣统〕新修固原直隶州志[M]//宁夏方志集成:第17册.北京:学苑出版社,2015:326.

天文学知识,对固原的天文气候进行了记录。《分野》描述了固原的星宿,宿分井、鬼,井宿八星,主水事;鬼宿四星,主祠事。将星宿与百姓的生活相结合,民生思想体现的异常明显。"祠祀占鬼星:明,大谷成;不明,百姓散",①又以一种封建意味极强烈的方式,将农事与星宿的关系绑定。《经纬度》中提出了依靠经度、纬度确定方位的新颖地理概念,西方科学技术已经传入中国内陆地区,并运用到了实际之中。固原特殊的地形,造就了其特殊的气候条件,海拔高,天气寒冷,农作物的播种、生长、收获,都有别于北方其他地区。

(四)重视人才培养,增设《学校志》

概述了学校的职官及书院、学堂设置,当时已经建造了具有现代特征的"小学",既有公立小学,又有私人创办,极大地促进了当地的教育事业。张行志创办的六营公立小学,兵民兼收,践行了孔子有教无类的教学理念。另外,汉族、回族均设有学校,可见当时民族平等观念已然深刻,不仅注重民生,而且注重民德培养。记录最为详细的,当属《文庙祀典》和《礼节》,介绍了文庙各殿供奉的儒位,大成殿释奠礼的完整礼节,配乐章、祝文,可从祀典礼节的隆重窥探出对于文化教育事业的重视。《文武诸生》部分单设,罗列自顺治朝的所有文武学生,可见颇重教育,文武并重,也期望对后世学子起到鼓励作用。

(五)西方行政制度冲击传统政务,增设《庶务志》

《选举》《邮政》《电政》《巡警局》《同仁局》《戒烟局》《试验场》等新的行政机构出现在方志中。可见,宣统年间,西方政治文化已经在中国得到了大力传播,并广泛应用在中国日常的政治机构和办公活动之中。"朝令夕发,判朱签黄",②改变了传统的政务模式,提高了办公速度。

---

① 王学伊.〔宣统〕新修固原直隶州志[M]//宁夏方志集成:第17册.北京:学苑出版社,2015:438.
② 王学伊.〔宣统〕新修固原直隶州志[M]//宁夏方志集成:第19册.北京:学苑出版社,2015:361.

（六）关注社会生活，增设《轶事志》

《轶事志》记载了西汉到清宣统年间的祥异事件，大风、地震等气象灾害困扰人民生活；介绍了汉族与回族不同的生活习俗，节日习俗、典礼习俗等，两族人民互不干涉，相互尊重，生活和谐，社会稳定。后附《杂录》五节，旁征博引，介绍固原地区的发展历史，自秦时便一直是军事重地，被各方势力争夺，战争不断，也曾脱离中央朝廷管辖；昔之重镇，亦为今之扼要，三边总制虽迁离固原，但因形胜之雄、民族之繁，仍时有不测发生，不得不以重兵把守。

（七）附卷《新修硝河城志》

同治十三年，固原升为直隶州，在硝河城设立分州，王学伊在编修《〔宣统〕新修固原直隶州志》时，让杨修德负责硝河城志书编修。广征文献，旁搜博采，著成《新修硝河城志》，杨修德总纂，杜宗凯校。

硝河城，偏于一隅，故往不受重视，未有志书，义献征集艰难，编修更加不易。因其与固原州城相近，相似处极多，尤以《天文》《礼教》《习俗》等显著，便不加以著录。其他方面，体例上与《〔宣统〕新修固原直隶州志》一致，即使内容较少，编修时仍分门别类，条理清晰地加以著录，有首创之功。

三、民国固原县志

民国时期，固原行政区划发生变动，由州改县，再沿用之前的方志已然不妥。恰逢当时政府支持地方修纂新志书，《〔民国〕固原县志》在此情况之下，应运而生。但由于资金匮乏、人才缺失、政局动荡等多重因素，志书始终未完成。直至县长叶超离任，志书修纂才有了希望，民国三十七年，县志修成，历时十余年。州改县的政治背景，又加之以其他原因，《〔民国〕固原县志》的纲目别开生面，增加了很多特色。

（一）内容翔实，条分缕析

《〔民国〕固原县志》各部分的内容都比之前方志的内容更充实，对固原地区的记录更加具体。在《居民》部分,对固原人口进行了详细的记录,具体到年龄、性别、健康状况、婚配情况等。《职业》部分,记载了固原独特的农作物种植方法及畜牧业发展方法,除此之外,还描述了纺织业、商业等活动在固原地区的兴起。《物产志》部分,详细记录了固原各类物产,并对他们的性质、功能等做了一定的介绍。《建置志》中的《沿革》部分,比之前都更详细地记录了"固原"的历史沿革,行政变迁。

(二)新事物涌现,记录在册

《驿路》部分,出现了新的词汇"公路""工务段""汽车站""电报电话"等,西方政治和科学技术不仅传入了中国,而且影响已至中国内地,新事物的出现,方便了人民的生活,是中国了解世界的开始,也带有向现代化社会缓慢转变的迹象。

(三)行政机构完善

《廨库》部分的行政部门设置明显要比以前更完备。针对不同的行业事物,设置了主管部门,比如:总农会、县商会、总工会、医师公会等,让行政事务变得条理清晰。宗教方面,还设置了《回教协会固原分会》《回教文化促进会固原分会》,让宗教管理更为方便。

(四)女性权益受到重视,女性地位提高

《廨库》部分,设立诸多公会,"为民意会合之所",①其中便设置了《妇女会》,女性得以参与政府事务,表达女性观点。"民国三十年成立在大南寺巷女校",女性受教育的权利得到保障。《艺文志》中,甚至收入女性作品。

四、固原下辖县区地方志

固原下辖县区地方志共存有五部。其中隆德县志存留三部,分别为

---

① 叶超.〔民国〕固原县志[M]//宁夏方志集成:第31册.北京:学苑出版社,2015:229.

《〔康熙〕隆德县志》《〔道光〕隆德县续志》《〔民国〕重修隆德县志》；西吉县存有《〔民国〕西吉县志》；泾源县，古称化平县，1950年5月才改名为泾源，存有《〔民国〕化平县志》；彭阳县无县志留存。

(一) 清代县区方志

清代固原地区的县级方志有两部，《〔康熙〕隆德县志》和《〔道光〕隆德县续志》。隆德县幅员较小，历代均未修志，康熙年间始修，收集散佚，征献访文，志书编修得以完善。

《〔康熙〕隆德县志》由常星景纂辑，分为上下两卷，民生思想贯穿其中，详细记载其《沿革》《山川》情况，对人口徭役也做出详细记录，《官师》《人物》志记载尤多，其中可见对于历代官员、人物都有较为详备的考察，对人的关注多于对地理情况的关注。另外，本志书并未单设《艺文志》一节，而是将文人作品按主题分散于不同模块之中，便于对艺文题材和内容的理解。《灾异》卷中，记录了隆德县发生的灾祸，描述上无法脱离封建思想的牢笼，"十六年冬十月，流星陨东南，声如雷，巨盗李自成陷西安日也"，①将流星陨落的自然现象与李自成陷西安的历史事件之间建立关系，封建性落后性暴露无遗，方志描述带有历史局限性。

《〔道光〕隆德县续志》由黄璟纂辑，蔺乃滢校正。从内容上看，它是对《〔康熙〕隆德县志》的续写，并未重新加以著录，只是进行了简单的续写。续写内容有详有略，《户口》《地亩》《灾异》《职官》部分，较为简略，更新了户口、地亩数量，后发的六次灾异，官员任职情况，但均没有详细说明；《人物续志》和《艺文续志》部分，新增内容较多，详述杰出人物及事迹与详记道光之前艺文写作，另外《〔道光〕隆德县续志》还将《艺文志》部分单独列出来，对其独立设节，不再依附其他卷目存在，以重视艺文写作。

---

① 常星景.〔康熙〕隆德县志[M]//宁夏方志集成：第7册.北京：学苑出版社，2015：179.

（二）民国县区方志

民国县区方志存有三部,分别为:《〔民国〕重修隆德县志》《〔民国〕西吉县志》《〔民国〕化平县志》。

《〔民国〕重修隆德县志》由桑丹桂等修,陈国栋等纂。虽是县志,但在修纂过程中,撰者也颇有用心,不仅志书系统性强,且多有创新。首先,志书中的多处记录将以前繁复的文字记录变换为表格样式,使内容一目了然,节省了阅读时间。其次,天文系统完备。《天文志》部分,绘制多幅星图,图文并茂解说隆德县天文经纬、太阳高度,对以农业、畜牧业为主要生产活动的隆德县发展,提供了很大帮助,科学性增强,"吉凶说"等带有封建迷信色彩的言论消失。再有,有关教育的内容颇多,全县共建小学学校十五所,然所收人数寥寥无几,共收学生三百八十一人,仅县级小学收录人数超过一百,乡镇级学校所收人数鲜超十人。其中三所女校,只有一所收四人,另外两所空置。隆德县地瘠民困,学生勉力为学,实在无力于学业。《选举志》中,将明清两朝中举的隆德县人做了考究罗列,以勉励后人。另外,对土壤的辨别更加清楚,为农业生产提供了极大帮助,真正做到了因地制宜。最后,注重记录当地重要事件。在《纪事》《拾遗》部分,记录了历代发生此地的一些大事,主要为军事战争。

《〔民国〕西吉县志》由庞育德修,马国玙纂。西吉县由周围五县分地而建,纂修方志时,仅建成五年,文献资料保存较少。整部方志,体例较为完善,共有四章:《沿革》《自然》《地理》《建置》,内容较为简略,不过亦有很多可取之处。第一,志书科学性进一步增强。《经纬》部分,不再像固原旧志一般,依靠与省城或北京的距离,粗略记录当地经纬度,而是立足世界,准确记录其经纬度。第二,《建置》部分讲述清晰,对西吉县的设立原因给予了较为详细地交代,五县相邻,奸邪丛生,匪祸兵祸不断,为求安定,设立西吉县。第三,志书描述种类齐全,虽然西吉县人口很少,"斯时居民不过二三十户,人口不满一百",①但方志并未因人口稀少,而不重视对人民的关注,《集市》《乡镇》《学校》,等与人民关系密切的社会生活内容都有介绍。因为西吉县成立时间短,因而每一模块都是简单叙述,只能据此对西吉县有粗略地了解,而无法具体了解其风俗、民生状况。

《〔民国〕化平县志》盖世儒修,张逢泰纂。首先,地理志部分有所创新,绘制舆地图时,标注图例,方便后人辨识,很多模块也使用了表格样式进行内容说明。《气候志》中加入了对当地风雨现象的描述。其次,便于研究回族风俗。清同治之后,汉民数量骤减,"自同治十年治厅以后,汉民存者百不及一,安插尽属回民",②在志书中《风俗》《宗教》等目多以回民习俗、回民宗教为主体讲述,为研究回族文化提供了很大帮助。再有,对人民的生命健康关注提高,特设《禁烟》目,统计烟民数量,设立"戒烟所",辅助烟民戒烟。"令戒烟所施以军事训练与精神讲话,以锻炼烟民身体,并振作其精神",③戒烟方法科学。另外,科学方法应用于生产,《城原》目绘制《甘肃化平县褐铁矿分析表》和《甘肃化平县煤矿分析表》对当地矿产成分进行化验。最后,《艺文志》内容扩充,将歌词、楹联内容纳入,不再仅仅局限于传统诗文,对现代文艺也开始接纳。

五、明清民国固原地区方志编纂思想的变迁

从嘉靖时期固原第一部方志的诞生,到民国时期方志的大量纂修,历时数百年之久,方志编纂者也在不断改进编纂体例。再有,19世纪之后西方思想文化大量传入,对中国传统的儒家思想产生冲击,在方志编纂上体现极为明显。

---

① 庞育德.〔民国〕西吉县志[M]//宁夏方志集成:第35册.北京:学苑出版社,2015:487.
② 盖世儒.〔民国〕化平县志[M]//宁夏方志集成:第24册.北京:学苑出版社,2015:59.
③ 盖世儒.〔民国〕化平县志[M]//宁夏方志集成:第24册.北京:学苑出版社,2015:117.

（一）从军事思想到民生思想，再到民智思想的转变

明代到民国，随着军事地位变动，固原地区也由战争不断变得和平安定，方志纂修思想也有了相应的变化。

《〔嘉靖〕固原州志》和《〔万历〕固原州志》修订时期，固原军事地位稳定，弘治十年起，成为总督三边军务的驻节地。因而，明代两部方志的纂修上，无不有显著的军事思想。《〔嘉靖〕固原州志》在创建《州治》《城池》《疆界》《山川》《古迹》等部分，《〔万历〕固原州志》在创建《州治》《山川》《古迹》《城堡》《边隘》等部分中都将固原的建置、地理与其军事作用相结合，突出形胜险峻，然难以战守的军事地理特征。《〔嘉靖〕固原州志》文武衙门部分和《〔万历〕固原州志》兵制志部分，都详细地描述了固原军事机构的设置、军事人员的安排以及粮草储备情况。

清代固原不再是九边重镇，军事重心由固原移至兰州，这一举措给了固原休养生息、发展经济的机会。州官对固原的治理重点也由外部转向民生。《〔宣统〕新修固原直隶州志》设《天文志》将天文气候与农事耕作相结合，充满对农事的关注。《建置》《疆域》《城池》《山川》等部分中，军事因素减少，不再只是为战争服务，而是增多了对民情的关心。《州城》修筑，由明代旧志中，"城旧二门，南镇夷，东安边。弘治十五年，秦公纮更开西门一，曰威远。是时更筑外城为关……外浚堑，深、阔各二丈。万历三年，石公茂华，始甃以砖，高三丈六尺，周凡十三里七分，遂称雄镇"。[1] 从带有明显的军事功用目的，变为以人民为出发点的民生功用。"嘉庆十六年，陕甘总督那文毅公因年岁荒旱，人民饥困，而城垣倾圮，难资防御，奏请以工代赈。奉旨允行，遂发帑五万余两，役工二万余人。"[2]以工代赈，解决民生问题，维系社会

---

[1] 刘敏宽.〔万历〕固原州志[M]//宁夏方志集成：第4册.北京：学苑出版社，2015：233.
[2] 王学伊.〔宣统〕新修固原直隶州志[M]//宁夏方志集成：第17册.北京：学苑出版社，2015：448.

稳定。另外，宣统旧志中，将贡赋志的内容扩充，《蠲恤》《额征》《仓储》《估拨》《义仓》《物产》，描述了与人民息息相关的税务征收、免税情况，列举了比前代更为详细的物产信息，方便人民从事生产。《庶务志》详述"同仁局""戒烟局"和"养济院"的设立情况，将设立目的写得清楚明白，"以恤穷黎""公挽沉痼，仁寿同登"，为老弱穷苦设立处所，施散丸药，发放寒衣等，为吸食鸦片者，集中戒烟，配药散药。对民生的关注度远超明代旧志。

"夫理道之先在乎行教化，教化之本在乎足衣食"，随着民生思想的发展，志书逐渐转向了更高的目标，开启了对民智的关注。宣统旧志中，首设《学校志》，将重点放在《文庙祀典》和《礼节》上，初步表现出对于启发民智的关注。《〔民国〕固原县志》在《学校》部分，详列书院与现代学校，全县建造六年制学校十五处，四年制学校一百三十一处，在数量上远超以前。《西吉县志》各乡镇中心学十二处，保校五十三处。《〔民国〕重修隆德县志》有关教育的内容也颇多，《学制》《学额附》《学田附》《留学附》《书院附》《义学附》《社会教育附》，政府通过设置奖励机制大力倡导民众入学接受教育。《〔民国〕化平县志》中设"劝学所"这样的相关机构，对教育进行大力倡导，还出现《义务教育》，设立"短期义务小学校"，开展义务教育，在教育史上想法新颖，贡献很大，对于启发民智起到了重要作用。

（二）民族关系缓和，由"回匪"向"回民"转变

西北地区长期以来，具有多民族聚居的特性，不同时期，民族关系也有着较大的差异。

明代两部州志，主要记录了北虏与固原本地人民之间的关系，在《创建州志》《城池》《山川》《古迹》《文武衙门》等卷中，将北方少数民族定性为"北虏""虏贼"，并修筑防御工事，以备战时，将他们视为敌人，两者之间是紧张的敌对关系。汉族与回族关系，在此对外关系如此紧张阶段，并未被重视，未在方志中描述汉族与回族之间的相处情况。

《〔宣统〕新修固原直隶州志》将汉回关系作为主要描述对象。《官师志》《兵防志》《人物志》《艺文志》中,都大量涉及回族,大多数描述都带有歧视性词汇,民族关系紧张。《官师志》知州部分,描述为"其时回匪渐有蠢动",《提督》部分又说"回酋张格尔叛",《兵防志》志中《纪战》部分,大量运用"逆回""回乱"字样,"循化逆回苏四十三叛""逆回田五、张阿訇""逆回某阿訇等""同治初,秦、陇回乱",这类描述均带有侮辱性语气。《艺文志》中记录大量文章使用"逆回""匪""贼"。《轶事志》中虽大量使用"回民"一词,但在《风俗》卷关于回民的描述依然带有偏见:"回民尤轻视儒书,习于悍狠,亦教有异同耳"。①

这样紧张的民族关系在民国时期得到了大大缓解。民国时期各旧志中已经完全从"民"的角度对回族进行描述了,提起回人,皆称为"回民"。在《〔民国〕固原县志》还提出了"我国民族,无论其为汉、为满、为回、为蒙、为藏,久已形成一族,即中华民族也"的观点。② 在宗教部分也提出平等观点"门户设施,教理规则虽各有不同,而其教去恶从善,以完成浑然之良心则无不同",③对回族的宗教信仰也表示尊重理解,认为与汉族孔教一般,都是使人向善。甚至,《〔民国〕化平县志》在纂修时,起用了回族人张逢泰进行主要的编修工作,汉民与回民的平等落实在了具体行动上。

(三) 女性地位得到提升,从无名变为留名

女性在志书纂修中总是不被重视,即使出现在志书上,也没有自己的名字,只作为男性的附属,或起到驯化后世女性的作用。但社会的发展进步之下,女性逐渐成为历史舞台上的重要角色,志书纂修者也注意到了这一现象,并开始在志书中赋予女性一席之地。

---

① 王学伊.〔宣统〕新修固原直隶州志[M]//宁夏方志集成:第18册.北京:学苑出版社,2015:355.
② 叶超.〔民国〕固原县志[M]//宁夏方志集成:第32册.北京:学苑出版社,2015:323.
③ 叶超.〔民国〕固原县志[M]//宁夏方志集成:第31册.北京:学苑出版社,2015:325.

明代两部志书,只在《节妇》《贞烈》卷中,对女性进行了描写,但都以类似的模式出现,如:"赵氏,固原州民冯宣妻。年二十三而寡,家素贫,赵抚幼子铭镇,不再嫁,年八十四终。"[①]记录下的这些女性,她没有自己的名字,只会被记为谁的妻子或是谁的女儿,以守节育子作为追求,而没有其他成就。

《〔宣统〕固原县志》中,增加了对女性贤淑品性的赞誉,但女性依旧无名,品格上也将女性与男性分割,其余未变。《〔康熙〕隆德县志》《〔道光〕隆德县续志》有关女性的记载与明代旧志无异。

《〔民国〕固原县志》比之前代有很大进步,女性和男性同出现于《人物志》《忠悖》《孝淑》品格之下,认同了女性与男性在品格上的平等,不再对女性标签化。《孝淑》部分,还出现了完整的女性姓名,"张珍儿,张凤翔女,家本城""王翠瓘,王秉堃女,家驹妹也",实现了巨大进步。《艺文志》中,首次收录了女性诗人的作品,折芳梅的《同善社蒲团上作》,孔晚晴的《又村母答叶逸凡客次征吟》,在对待女性态度和女性地位上,实现了巨大突破。

(四)与世界发展接轨,开始涌现现代化思想

明代中国还处于单纯的自我发展时期,19世纪之后的中国已经和西方产生了千丝万缕的关系,即使深处中国腹地的西北地区,依然受到了西方科学技术的影响。生产力的发展,使生产关系发生变动,从而引发思想的转变。

为统治服务的政府机构开始出现服务民生色彩。《〔嘉靖〕固原州志》的《文武衙门》和《〔万历〕固原州志》的《建置志》《田赋志》《兵制志》《官师志》都是以陈述政府管理机构为主,强调政府管理机制,将管理作为巩固统治的手段,为统治者服务。清代和民国的机构设置受西方政治影响,有新的

---

① 杨经.〔嘉靖〕固原州志[M]//宁夏方志集成:第2册.北京:学苑出版社,2015:104.

机构出现,《〔宣统〕新修固原直隶州志》的《宣讲劝学公所》《同仁公局》《戒烟施药公局》等和《〔民国〕固原县志》的《参议会》《回教协会固原分会》《医师公会》《妇女会》等政府机构,以服务民生为目的,起到了保障民生、汇集民意的作用。让政府机构开始了从单纯的管理功能向倾听民意、服务民生功能转变。

关注生态环境,环保思想出现。《〔宣统〕新修固原直隶州志》的《农林》和《〔民国〕固原县志》的《苗圃》《造林》《天然林》部分,着重关注固原地区生态环境,倡导育苗造林,改善人与自然关系。下辖县区环保意识也很强,《〔民国〕西吉县志》也设有《苗圃》卷,从今天来看,这一举措具有超前性的重要意义。

开始打破农本位思想,商业贸易抬头。《〔宣统〕新修固原直隶州志》中,《庶务志》《商务》,描述"据固原土产,仅羊皮、羊毛为大宗,华商运至津、沪,转售洋商""从前销场尚称踊跃。近年盐务衰,百货因之减色",①可见宣统之前,固原毛皮业已经有了发展,打破了传统仅依靠农业、畜牧业生产生活的模式,商业开始助力人民生活。《〔民国〕固原县志》记载"经海固两县政府函电,促请贸易会西北办事处派员收购,以活动地方金融,增进生产",②政府也大力支持本地商业,积极推动地方经济发展。

地方志是研究某地的重要参考资料,山川地域、历史变迁、民俗民情、生产生活,都赖以记录。固原位于宁夏南部,与陕甘毗邻,历史悠久,民族多样,民风淳朴,一直以农业、畜牧业作为生产生活的主要手段,这一现象在明代与清初一直保存。直到19世纪西方与东方交往密切,政治、经济、文化等

---

① 王学伊.〔宣统〕新修固原直隶州志[M]//宁夏方志集成:第18册.北京:学苑出版社,2015:388.
② 叶超.〔民国〕固原县志[M]//宁夏方志集成:第34册.北京:学苑出版社,2015:463.

传入中国,传统的固原地区也受到了极大影响,政治、经济、文化方方面面都发生了巨大变化,让固原迅速迈出了向着现代化社会进步的脚步。从明清民国旧志中探究固原变迁历史,总结经验,摸索未来发展新道路。

宁夏师范大学馆藏古籍普查与鉴定报告

孙　浩　王一鸣　刘慧玲　慈诗航　杨金宾[①]

摘　要：宁夏师范大学图书馆所藏六部古籍的基本情况，《宁夏回族自治区二十家收藏单位古籍普查登记目录》已有著录。然而囿于该书体例，古籍信息著录简略，部分情形未经详考，不免疏忽致误，不利于古籍的存藏与利用。经过对馆藏古籍的再普查与版本鉴定，古籍的装帧、版式、著者、时代、书品等相关信息得到了全面核实，为接下来古籍修复、保护工作的开展与特藏书库的开放使用奠定了基础。

关键词：大学图书馆；古籍普查；版本鉴定

宁夏师范大学特藏书库位于图书馆三楼西侧，除藏有多部影印古籍丛书外，另有六部珍贵的古籍原书，刊刻时间集中于清康熙至光绪间，内容所涉《尚书》《礼记》《左传》《说文》等，皆为我国传世典籍中的核心伟著。且该批古籍体例多样，版本面貌各具特色，既能作为相关专业研究的一手资料，也是广大学子认识古籍，学习古典文化的入门教材。

[①] 该报告的第一、二三、四、五、六小节内容分别由孙浩、王一鸣、刘慧玲、慈诗航、杨金宾撰写完成，田富军教授指导了本课题各项工作的开展。孙浩、王一鸣、刘慧玲、慈诗航、杨金宾均为宁夏师范大学文学院中国古典文献学专业硕士研究生。

今核定校藏古籍6部37册，逐一查录古籍核心信息以简表呈现于首，并各从题解、著者、版本等角度进行考述。最后综合古籍情况定级定损，基于查阅指导所需给予总体评价，以飨读者。

一、《校正春秋左传杜林合注》普查与鉴定

（一）古籍基本情况

表1 《校正春秋左传杜林合注》基本信息登记表

责任者	（宋）林尧叟句解；（晋）杜预集解；（唐）陆德明释文
题名卷数	校正春秋左传杜林合注五十卷
部类	经部-春秋类-左传之属
版本	清光绪八年（1882）义兴堂刻本
装帧形式	四眼线装，16册，无函
开本尺寸	书高27.5厘米，宽18厘米
板框尺寸	框高20.5厘米，宽15厘米
版式	半页十行，行二十字，小字双行同，白口，四周双边，单黑鱼尾
牌记	光绪壬午仲冬雕于关中节署
索书号	K204.24∶1－K204.24∶16
古籍普查登记号	640000－1242－0000005

1. 古籍题解

《校正春秋左传杜林合注》是将南宋林尧叟所著《春秋经左氏传句解》中参引的杜预注文，补足单列，改易释音材料以合时人习惯，而形成的一部具有汇释性质的《左传》文献。该本光绪八年（1882）初刻于关中义兴堂，将经传原文随意群断句，杜、林并举，兼释音义，具有可读性，是一部影响广泛的《左传》入门读本。

所谓"杜林合注"并非是一种新的汇辑,实则是对林尧叟《春秋经左氏传句解》的一次改造和调整。林尧叟所著《春秋经左氏传句解》,释文主要参引杜预注文,并兼以己意,隐括润色,音注则多引孙奕《九经直音》,随文解句,以通俗性见长,是殊类于传统正经注疏的句解体《左传》文献。而"杜林合注本"产生于明孝宗弘治年间,是将原书中参引的杜注补足并摘出单列,并对林氏自己的释文删繁后同样标明单列,使两者对举,另外将短句间以语意进行合并,改变了原书随语气自然断句作解的体例,同时又将原本采自孙奕的直音法音注,逐渐改易为更为古典的陆氏反切。实际上将林氏通俗向的句解体著作重新改造为一部汇释性质的传统注疏。至万历年间,以闵氏辑本为代表的五十卷本快速定型并占据市场主流,直至晚清、民国传刻不绝。①

2. 责任者简介

本书现今文本形态的实际编者、校者已不可考,但就释文而言,主要取自杜预、林尧叟二人著作。杜预(222—285),字元凯,京兆杜陵(今陕西省西安市)人,西晋杰出的政治家、军事家、学者,官至司隶校尉,卒受赠征南大将军、开府仪同三司,谥号"成",所著《春秋左氏经传集解》是今存最早、影响最大的一部《左传》注解专书。林尧叟,字唐翁,南宋梅溪(今或属浙江温州)人,生平事迹不详,《春秋经左氏传句解》是其唯一见载留存的著作。

3. 古籍版本

由牌记可知,该本为光绪八年(1882)关中义兴堂刻本。《校正春秋左传杜林合注》五十卷完帙,以四眼线装订为十六册,原函佚失。书高27.5厘米,宽18厘米;版框高20.5厘米,宽15厘米。首册首页为书名牌记页,题名"校正春秋左传杜林合注",牌记"光绪壬午仲冬雕于关中节署"。次为杜预

---

① 顾永新.经学文献的衍生与通俗化[M].北京:北京大学出版社,2014:456-466.

《春秋左氏传序》，次《春秋左传宋林氏尧叟纲目》，次《春秋左传目录》，次《春秋提要》，次《诸侯兴废附》，次卷一版一，书末有杜预《后序》。半页十行，行二十字，小字双行同，四周双边，白口，单黑鱼尾。版心上题书名简称"左传"，中题卷次、鲁公世次，下刻页码。页码每卷重新编号，卷端顶格题"春秋左传卷之某"，次行空十二字格题"宋林尧叟句解"，次齐右题"晋杜预集解"，次齐右题"唐陆元朗释文"，次空二字格书鲁公纪年，次正文顶格，每卷皆有卷末题名。正文章首以"○"标分，经文、传文分别以墨盖白文"经""传"标首，杜注、林注往往分别以单线圈"杜""林"标识，小字音注或前加"○"。书籍保存完好，偶见撕裂，未有影响阅读处。

该书版本系统较为庞杂，出自不同书坊的刻本不胜枚举，现以卷次、内容变迁阶段分为以下四个子系统：

一是早期合注本，以弘治十九年宗文堂刻本为代表，该期刻本产生自书坊自发，卷数尚未定型。

二是闵梦得、闵光德同辑本，以万历二十二年序刊本为代表，标志着五十卷本的形式开始稳定下来。该系统皆保留有闵氏的题署。

三是王道焜、赵如源同编本，以天启六年丙寅问奇阁刻本为代表，后世通行本多以此本削去道焜、如源名姓后翻刻。

四是附入评点本，受明代评点风气影响，将冯李骅、陆浩或孙矿、钟惺、韩、范等人的评点附入杜林合注本。

因该本为清末坊刻五十卷本，未见校辑者题署，对林解内容多有删削，亦无评点附入，当属上述第三个子系统。

（二）古籍定级定损及评价

本书为清光绪八年（1882）刻本，具有一定历史、学术、艺术价值，依据《古籍定级标准》（WH/T 20—2006）定为四级古籍。

本书保存较为完好，偶见破皮、轻微撕裂与天头破损，依据《古籍特藏破损定级标准》(WH/T 22—2006)定为五级破损。

本书开卷杜预《春秋左氏传序》已无林氏书原有的释文,其后《春秋左传宋林氏尧叟纲目》相当于今日之"凡例",分九条介绍了本书的编纂体例,但与本书实情不合处常见,不同版本间的凡例条目也增减各异,并非出自作者之手,当为书商顺应市场自行剽袭附益而成。其后《春秋左传目录》简列每卷所对应的鲁公纪年跨度。其后《春秋提要》以周王为纲,简列周王的异位兴替与鲁公纪年的对应关系。正文部分,各国易世嗣位元情况另注于鲁十二公始年,释文著名所属者先"杜"后"林",但漏标、错标常见,音注的标记与位置也有随意性,此皆为通俗读本雅正改造不完全的残留痕迹。

对林氏的《春秋经左氏传句解》原书,古人是多持肯定态度的,甚至在明人看来,林注是仅次于杜注的,有云"杜氏所备而林氏所遗……林氏所详而杜氏所略……拟成璧和,用就珠联",①两者是相互补足的关系。故而"杜林合注本"的产生是应时所需,投读者所好,自然而然的事情。但由于趋利的书商争相刊刻,又校审不精,使得该书虽版本众多、广泛流布,但往往"纰缪多端,或删杜以就林,或移林以冒杜",②"适乱耳目,都无发明",③反而难称《左传》的精善读本。不过,不可否认的是,该书自产生以来,直至民国,仍然是许多童蒙初学的入门读本,据上引顾永新文统计,现存刻自不同堂号的版本就有 29 种,而本校藏本又不在其中,可窥见明清间实际版刻数量当远远不止于此。故而本书大量且集中的版本材料和流布情形无疑对今日的版本学、出版史、经学史、接受史、教育学等领域的研究有着重要意义。

---

① 万历甲午闵光德识语详参上引顾永新文。
② 陈鱣.简庄文钞[M].清光绪十四年复礼刻本,卷三.
③ 何焯.义门先生集[M].清道光三十年姑苏刻本,卷九.

二、《漱芳轩合纂礼记体注》普查与鉴定

（一）古籍基本情况

表2 《漱芳轩合纂礼记体注》基本信息登记表

责任者	（清）范翔参订；（清）朱光斗、（清）吴有文等校刻
题名卷数	漱芳轩合纂礼记体注四卷
部类	经部-礼类-礼记之属
版本	清康熙五十二年（1713）益元堂刻本
装帧形式	四眼线装,4册,1函
开本尺寸	书高25厘米,宽15.4厘米
板框尺寸	框高20.5厘米,宽13.5厘米
版式	上栏｜八行小字双行二十三字,下栏十行十九小字双行同,白口,左右双边,单黑鱼尾
牌记	苕溪范紫登先生订、礼记体注大全、益元堂原本
索书号	K204/27：1
古籍普查登记号	640000－1242－0000004

1. 古籍题解

《漱芳轩合纂礼记体注》是康熙初范翔参订,对《礼记》进行逐章逐节的解读和注释,以便于时人阅读的工具书。该本康熙五十二年（1713）刻于益元堂,通过注释和解读为读者揭示了《礼记》这一经典文本的价值和内涵,以更好探索中国古代礼乐文化深厚底蕴。提纲挈领,简约有效,并附自命试题,便于士子理解学习,影响十分广泛。

民国然圃《西郊竹枝词》云："漱芳轩里久穷研,冰玉庵题怅失传。体注风行周宇内,至今犹号范家田。"小注云："康熙初,范明经紫登翔著《四书体注》于漱芳轩,没后,轩改为冰玉庵,属闵氏,今犹号其地为

范家田。"①

2. 责任者简介

范翔,字紫登,浙江苕溪(今湖州)人,康熙时书坊书商。《〔乾隆〕乌程县志》载:"范翔,字紫登。岁贡生。汇萃先儒讲解,著为《四书体注》,明白切当,风行天下,为初学制艺津梁。卒祀乡贤。"他主持纂辑的"体注大全"系列书籍有:范翔参订,朱光斗、吴有文等校刻《漱芳轩合纂礼记体注》,范翔参订《漱芳轩合纂四书体注》,范翔撰《诗经体注大全》八卷,范翔撰、沈世楷辑《诗经体注大全合参》八卷,范翔评选《增补诗经衍义体注大全合参》,黄维章撰、范翔重订《初刻黄维章先生诗经娜嬛体注》八卷,范翔审订《诗经娜嬛体注》八卷,黄维章纂辑、范紫登重订《鸿文堂诗经娜嬛体注》八卷,黄维章撰、范翔重订《三刻黄维章先生诗经娜嬛体注》八卷,黄文焕辑、范翔重订《诗经娜嬛体注大全》八卷,黄维章辑、范翔订《诗经娜嬛体注大全合参》八卷等。书中同校人员朱光斗、归尔瑜、吴有文、蔡鸿逵、范应兆、范汝霖不详。《漱芳轩合纂礼记体注》作为晚清科举的教科书,翻刻众多,版本系统冗杂,经在乾隆时期被禁毁而不绝,但不失为一本了解晚清时期科举考试情况的教科书。

3. 古籍版本

书名题"礼记体注大全"上题"苕溪范紫登先生订"。下题"礼记体注大全、益元堂原本"。书前有范翔《叙》,署"苕溪范翔紫登氏题",后题"康熙五十二年新镌",次《漱芳轩合纂礼记体注总目》,题"苕溪范紫登范翔参订,朱光斗、归尔瑜、受业吴有文、蔡鸿逵、侄应兆、汝霖",其后附《参订礼经三则》。卷一首页上栏题"漱芳轩合纂礼记体注",次行题"苕溪范紫登范翔参订,朱光斗、归尔瑜、受业吴有文、蔡鸿逵、侄应兆、汝霖同校",下栏题"礼记

---

① 潘超,丘良任,孙忠铨等.中华竹枝词全编:第4册[M].北京:北京出版社,2007:112.

体注卷之一"。页码每卷单独排列，有朱笔圈点涂改。《宁夏回族自治区二十家收藏单位古籍普查登记目录》著录有误，版式应为上栏十八行小字双行二十三字，下栏十行十九小字双行同，白口，左右双边，单黑鱼尾。

《中国古籍总目》著录此书有清嘉庆二十二年（1817）奎文堂刻本、清光绪六年（1880）扫叶山房刻本、清书业德记刻本等；另著录《礼记体注》四卷，有清康熙五十二年善成堂刻本、清敬文堂刻本等；《礼记体注大全》四卷，有清雍正八年（1730）一经楼刻本。该书多有坊刻，版本繁多。宁夏师范大学图书馆藏本即清康熙五十二年（1713）善成堂刻本。

（二）古籍定级定损及评价

本书为清康熙五十二年（1713）刻本，具有一定历史、学术、艺术价值，依据《古籍定级标准》（WH/T 20—2006）定为四级古籍。

本书保存较为完好，偶见轻微撕裂与破损，依据《古籍特藏破损定级标准》（WH/T 22—2006）定为五级破损。

该书正文分为上下两栏，上栏内容是大致经文大致阐述，简明扼要，先概况全文大旨，后分节、分句解析，条分缕析，一目了然。下栏照录《礼记》，无句读。《礼记》原不分章节，今章首节加一圈以清眉目，有所识别。其中解释提纲挈领、简约洗练，同时设置试题，凸显要点，猜测闱题，使其无有疏漏，便宜考生，于是在当时广受欢迎，私坊争相刻印。后陆续出版"四书体注"系列。

该书作为范翔"四书体注"系列其中之一，无疑是读者们了解清代"四书学"的一个重要途径。作为清代士儒科举考试的教科书，具有便利性，但因删节、过于简化，是典型的临场应试之作，价值不大。该书为便宜考生，在开篇即设置目录，展示篇名，但目录与篇名不合，很多正文内容随即缺漏了。如卷一《曾子问缓读》、卷二《丧服小记》、卷三《杂记下》、卷四《问丧》等，缺漏之处极多。

三、《书经体注大全合参》普查与鉴定

（一）古籍基本情况

表 3　《书经体注大全合参》基本信息登记表

责任者	（清）钱希祥纂辑；（清）范翔鉴订；（宋）蔡沈撰
题名卷数	书经体注大全合参六卷、书经集传一卷
部类	经部-尚书类-古文尚书之属
版本	清光绪十年（1884）崇云阁藏板
装帧形式	四眼线装，4册，1函
开本尺寸	书高25厘米，宽16.5厘米
板框尺寸	框高19.5厘米，宽13.5厘米
版式	上栏二十二行小字双行二十五字，下栏九行十七小字双行同，白口，左右双边，单黑鱼尾
牌记	苕溪范翔紫登先生鉴定、书经体注图考大全、崇云阁藏板、光绪甲申年冬镌
索书号	K204/21：1
古籍普查登记号	640000-1242-0000002

1. 古籍题解

　　清徐作秩纂《纂序书经说约·凡例》载："如申瑶泉之《会编》，洪南池之《约言》《秘旨》发明最多。他书如《书钥》《书印》《要旨》《宗旨》等书，悉有采择，并诸先辈名家制义，不惮穷讨。"[①]《书经体注大全合参》多因明代坊刻举业书而定，即在南宋蔡沈所作《书经集传》基础上的高头讲章。清代科举考试形式与明代基本一致，亦为从"四书五经"中出题，以八股制义士。由于时代相隔较近，流传至今的清代《尚书》类举业的数量远超前代。据江曦《清代〈尚书〉文献研究》统计，举业书著述约占清人《尚书》类著述的五分之

---

① 徐作秩.纂序书经说约凡例[A]//纂序书经说约.清顺治十二年刻本.

一。有如清万经《辨志堂新辑书经集解》、清王谟《书经策案》、清万廷兰《书经初学读本》、清武士选《尚书因文》、清徐立纲《书经旁训》、清王敞《节注便蒙书经》、清周蕙田《书经揭要》、清邹圣脉《书经备旨》等,形式多种多样。此类著述亦多辑录前人之说,于经义鲜少发明。这些书籍与明代《尚书》举业书类似,亦多为坊间刻本,且其中高头讲章举业书数量较多。讲章部分义为可分为三大部分,即全篇主旨、经节详解、经节大旨。

2. 责任者简介

范翔,字紫登,浙江苕溪(今湖州)人,晚清书坊书商。蔡沈(1167—1230),一名蔡沉,字仲默,号九峰,谥号文正,建州建阳(今属福建)人。南宋学者。蔡沈幼承家学,稍长,师事朱熹于白鹿洞书院,为朱熹晚年最有成就的弟子之一。著有《书经集传》《洪范皇极》《蔡九峰筮法》等。书中纂辑者钱希祥,字再文。

3. 古籍版本

书名题"书经体注图考大全"上题"苕溪范紫登先生订"。下题"光绪甲申年冬镌、苕溪范翔紫登先生鉴定、崇云阁藏版"。书前有钱希祥《书经体注合参序》,题"雍正己巳春日",署"钟山钱氏希祥再文氏书"。次有蔡沈《书经集传序》,署"己巳三月既望武夷蔡沈序"。次《书经篇目》,后依次附《唐虞夏商周谱系图》《尧典四仲中星图上》《尧典四仲中星图下》《虞书日永日短之图》《七政之图》《五辰之图》《日月冬夏九道之图》《五声八音图》《六律六吕图》《九畴本洛书数图》《九畴相乘得数图》《河图之图》《洛书之图》《尧制五服图》《禹弼五服图》《浚畎浍距川图》《商七庙之图》《商迁都之图》《周营洛邑图》《召诰士中图》《禹贡所载随山浚川之图》《禹贡横图一》《禹贡横图二》,附图解。页码每卷单独排列,有朱笔圈点。卷一首页上栏题"书经体注大全合参",次行题"苕溪范翔紫登先生鉴定,钟山钱希祥再文纂辑";下栏题"书经卷之一,蔡沈集传"。《宁夏回族自治区二十家收藏单位古籍普查登记目录》著录有误,版式应为上栏二十二行小字双行二十五字,下栏九行十七小字双行同,白口,左右双边,单黑鱼尾。

《中国古籍总目》著录此书有清道光二十四年(1844)金昌绿荫堂刻本、清乾隆四十三年(1778)天德堂刻本、清嘉庆二十二年(1817)刻本、清同治九年(1870)刻本等;该书多有坊刻,版本繁多。宁夏师范大学图书馆藏本即清光绪十年(1884)善成堂刻本。

(二)古籍定级定损及评价

本书为光绪十年(1884)刻本,具有一定历史、学术、艺术价值,依据《古籍定级标准》(WH/T 20—2006)定为四级古籍。

本书保存较为完好,书衣见撕裂与破损,依据《古籍特藏破损定级标准》(WH/T 22—2006)定为四级破损。

该书正文按百篇书序的顺序排列书名,分为上下分栏,下栏过录蔡沈《书经集传》之文,或有案语以与字同等大小圆圈隔开。上栏刻印经文旨意,简明扼要。其中,下栏通录《书经集传》全文,增添《书经讲义会编》内容,无句读。正文增入图片的做法也更便于士子理解经文,迎合读者需求。

科举的需要对此类书有深刻影响,主要体现在选篇比重情况。在以市场为导向的商业出版下,科举读本的编辑与再版,体现了清代科举化经学的典型性。

四、《古文喈凤新编》普查与鉴定

(一)古籍基本情况

表4 《古文喈凤新编》基本信息登记表

责任者	(清)汪基钞辑
题名卷数	古文喈凤新编八卷

续表

部类	集部-总集类-通代之属
版本	清刻本
装帧形式	四眼线装,4册,无函
开本尺寸	书高25厘米,宽15.3厘米
板框尺寸	板框高19厘米,宽13厘米
版式	半页十行二十二字,双行小字同,白口,四周单边,单黑鱼尾
牌记	江乘汪敬堂先生钞辑、古文喈凤新编、关中义兴堂藏板
索书号	K204/28∶1
古籍普查登记号	640000-1242-0000003

1. 古籍题解

《古文喈凤新编》是清代人汪基所辑的古文汇编。汪基"徇书客之请,集坊选古文而增删之",①按朝代顺序汇集春秋至明代时期各朝美文,选编的文章语言优美,内容丰富,评点细致,适用于初学者进行学习,在清代较为盛行,传刻较多,有众多书斋印刻,藏家收藏。

所谓"古文喈凤",取法于"凤雌雄之鸣作十二管,协诸律而为乐",②汪基辑众文章归于一书与凤鸣同义。所谓"新编",汪基曾辑典制等文章刻印,题名"喈凤",后又辑诸朝美文进行汇编,仍以"喈凤"名之,并加"新编"二字。该书为清代义兴堂藏板,效仿经书分节加注,先详音释,后顺讲旧说,纲纪分明,脉络条贯。在文中用双行小字作注,夹批也使用双行小字,每篇文章天头处有眉批,文末有尾批,均汇集各家评点,出现较多的有:慕岩参评、金立夫附评、学三参评等。汪度,字慕岩,号南庄,为汪基弟,著有《四书

---

① 汪基.古文喈凤新编序[A]//古文喈凤新编.清宏德堂刻本.
② 汪基.古文喈凤新编序[A]//古文喈凤新编.清宏德堂刻本.

讲义》。金立夫、学三暂未得考。《宁夏回族自治区二十家收藏单位古籍普查登记目录》所录"(清)汪基辑",应为"(清)汪基钞辑"。

2. 责任者简介

本书为汪基钞辑,每卷由不同人员同校。汪基,字方湖,号敬堂,"敬堂"原为汪基书斋名,清代江乘(今江苏省南京市栖霞区)人,祖籍为徽州婺源,侨居江宁(今属江苏省南京市),"性孝友,勤学博闻,注释《三礼》,采择精当,著作甚富,多梓行坊。间与弟度读书相师资,平生制行,为乡里称道"。①

3. 古籍版本

该本前有《辑古卮言》落款,署"婺水敬堂学人识时雍正甲寅二月",卷三《吕相绝秦》两处"胤"字缺笔,据此确定该本为"雍正十二年刻本"。《古文喈凤新编》八卷完帙,线装为四册。书高25厘米,宽15.3厘米;版框高19厘米,半页宽13厘米。无古印蜕。首册首页为书名牌记页,分左中右三栏,右栏处书"江乘汪敬堂先生钞辑",中栏刻有书名《古文喈凤新编》,左栏下方书"关中义兴堂藏板"。无序跋,在卷前刻有婺水敬堂学人于雍正甲寅年(1734)二月所撰《辑古卮言》一篇,为朱印,目录与正文均为墨印。鳌头本,四周单边,单黑鱼尾,白口,版心刻书名、卷数、页码。十行二十二字,双行小字同。《辑古卮言》及正文每卷页码均为单独排列,卷与卷之间加有衬纸。书内有批有点,篇名空两格,小字注空三格,篇末评点空一格。集眉批、夹批、尾批于一体,文内亦有注释,小字双行记。每卷校对人员不同,为多人分工校对而成。书籍整体保存完好,卷内偶见破损,如卷四第三十九页《颜斶说齐王贵士》正文破损,卷五第十九页、二十页,卷七第三十九页等均有不同程度破损。未曾有修复历史。

---

① 袁枚.〔乾隆〕江宁新志[M].清乾隆十三年刻本,卷十九.

该书版本系统较为庞杂,出自不同书坊的刻本不胜枚举,清代主要有五种刻本：聚奎堂刻本,三多斋刻本,大盛堂刻本,宏德堂刻本,义兴堂刻本等。宁夏师范大学所藏版本归属于清义兴堂刻本。

（二）古籍定级定损及评价

本书为清刻本,具有一定历史、学术、艺术价值,依据《古籍定级标准》(WH/T 20—2006)定为三级古籍乙等。

本书保存较为完好,偶见内容与天头破损,依据《古籍特藏破损定级标准》(WH/T 22—2006)定为五级破损。

清代坊刻古文选本兴盛,《古文喈凤新编》仍能被大量刻印流传,便在于其品质精良。其一,选文严格,注释精良。汪基选择先秦至宋明文章,表现了文章"由滥觞而渐达"的发展过程,注释必先标题意,题意之后才是内容及人物注解,详略得当,强调对于古文文意的理解;其二,评点精彩。评论必博采古今,为读者指点迷津,让读者领悟古文真精神。

《古文喈凤新编》在"徇书客之请,集坊选古文而增删之"这样的背景下产生,迎合了当时的市场需求,为初学者提供了很好的读本,即使是当今,也不失为一本学习古文的好书。

五、《说文解字附说文通检》普查与鉴定

（一）古籍基本情况

表5 《说文解字附说文通检》基本信息登记表

责任者	（汉）许慎撰；（清）陈昌治校刊；（清）黎永椿编
题名卷数	《说文解字》十五卷附《说文通检》十四卷首一卷
部类	经部-小学类-说文之属-二徐本类
版本	清刻容城儒林堂印本

续表

装帧形式	四眼线装,5册,无函
开本尺寸	书高24.4厘米,宽15.2厘米
板框尺寸	板框高17.5厘米,宽12.7厘米
版式	半页十行,行二十二字,小字双行同,白口,左右双边,上单黑鱼尾
牌记	许氏说文、陈昌治先生篆一行本、附说文通检、席氏藏板
索书号	K204.26∶1-4
古籍普查登记号	640000-1242-0000006

1. 古籍题解

《说文解字》为东汉许慎所撰,是为"说字解经义"而撰著的一部字书。许慎原书共十四篇,叙目一篇,许冲奏上时,以一篇为一卷,故称十五卷。清代陈昌治据孙星衍本改刻为一篆一行本,分十五卷,每卷分上下。该本版式清晰,眉目清楚,同时校正了以前版本的部分讹误。世称"陈刻本"或"一篆一行本",即全书字头篆文皆为一篆一行,以许书原文为大字,附于该字解说之下,徐弦校注者为双行小字,每部后新附字则降一字刊刻。并附有黎永椿所编《说文通检》,乃遵照《钦定康熙字典》,以每字画数为次第之法编成,翻检颇为便利。

2. 责任者简介

许慎,字叔重,汝南郡召陵县人,东汉经学家、文字学家。陈昌治,字绳斋,清代广东番禺人。喜治经,尤精通小学、算术。为东塾弟子。① 其他不详。撰有《说文校字记》一卷。

本书每卷尾注明校对人,李承绪篆,黎永椿校,王国瑞复校。黎永椿,字震伯,捕属人,勤于治经,肄业学海堂、菊坡精舍,为知名之士,以《说文解

---

① 陈澧.东塾集[M].光绪十七年菊坡精舍刊印本,卷三.

字》检字不易,适同乡陈昌治新刊《说文解字》,为其编《通检》十四卷首一卷,"凡十六卷用真书画数,注说文部数字数于其下,寻求陈本说文,应手而得其书,相辅而行,学者便之。生平砥行砺学,授徒自给,而试辄不售,仅以诸生终,年六十余卒"。① 王国瑞,广东番禺人,同治十二年(1873)举人,官福建顺昌县知县。②

3. 古籍版本

根据牌记和版藏印,宁夏师范大学藏本为清刻容城儒林堂印本,席氏扫叶山房督造。

该书共四册,存十二卷,缺七至九卷。书高24.4厘米,宽15.2厘米,版框高17.5厘米,宽12.7厘米,半页十行,行二十二字,小字双行同,白口,左右双边,上单黑鱼尾,版心上题书名简称"说文"和卷次,下题页码。内封纸张较白,与正文页纸张有明显不同,正面篆书大字"说文解字",左侧楷书小字"附说文通检"。背面牌记中间刻有楷书大字"许氏说文",上楷书小字"陈昌治先生篆一行本"、钤朱印"扫叶山房督造书籍",下"附说文通检""席氏藏板"。内封次页为孙星衍《孙氏重刊宋本说文序》。十五卷末附陈昌治《说文校字记》,篇末后识"容城儒林堂藏板"。次页为陈昌治《新刻说文跋》。本书每卷尾注明校对人,李承绪篆,黎永椿校,王国瑞复校,陈昌治校刊。卷二下卷一到八页,版心页码下刻有"三鱼书屋补刊字样"。避"玄""禛""弘""琰""宁""淳"字。

附《说文通检》一册,内封次页为陈澧《新刻附通检叙》。陈澧(1810—1882),字兰甫,号东塾,广东番禺人,毕生致力于学,清代经学大家。该序详细介绍了《说文》的功用和传世价值,又对陈昌治、黎永椿二人的校编过程给予了肯定。正文分卷,十四卷和首一卷。卷十四下缺损严重,末页后识

---

① 梁鼎芬,丁仁长.番禺县续志[M].民国二十年重印本,卷二十三.
② 虞世南.北堂书钞[M].四库全书本,卷首姓氏.

"粤东省城西湖街富文斋刊印发兑"。

宋太宗雍熙三年(986),徐铉等人奉诏校定《说文》,整理为《说文解字》三十卷,世称"大徐本",亦通称《说文》,是为官修本。大徐本《说文解字》在清代的刊印和流布极为广泛,有多种版本。较有代表性的版本有汲古阁本、平津馆本、藤花榭本、陈昌治本等。清嘉庆十四年(1809),孙星衍校刊《仿宋小字本说文解字》,为平津馆本。该本是以宋本为底本,仿宋本《说文》,在体例上承袭宋代大徐本,其意在复许书旧观。同治十二年(1873),陈昌治新刊一篆一行本《说文解字》十五卷,黎永椿附《通检》,为陈昌治校本,该本在体例及校勘上对孙本作了部分改进,改刻为一篆一行。故陈昌治本当属二徐本类。

因该本序文的作序时间为同治十二年七月,故可确定其版本为同治十二年七月后形成的清刻本,又见《说文校字记》末页左下角刻有"容城儒林堂藏板",故可确定其版本为清刻容城儒林堂印本。

(二) 古籍定级定损及评价

本书刊刻时代为清同治十二年(1873)后,参考该版本刻印工艺,依据《古籍定级标准》(WH/T 20—2006)定为四级古籍。

本书保存较好,书角有破损,纸张老化,若干页纸张接缝处均开裂断为半页,部分纸张粘连,书页撕破呈裂损状,《说文通检》卷十四有若干页缺损。结合其破损程度,依据《古籍特藏破损定级标准》(WH/T 22—2006)定为三级破损。

《说文解字》十五卷,前十四卷为文字解说,字头以小篆为准,同时参照小篆之外的六国古文、籀文,此书编著时对"六书"做出了具体的解释,逐字解释字体来源;第十五卷为叙目,记录汉字的产生、发展、功用、结构等方面的问题,做到讨原以纳流,执要以说详。该书是最早的按部首编排的汉语字典。

陈昌治新刊《说文解字》，主要以孙星衍平津馆本为底本，对其的勘误仅集中于卷末的《说文校字记》，主体内容基本没有改动，最大改进则在编排之体例上，又有黎永椿为该本编通检字，较之平津馆本，陈本在查阅寻检上为读者提供了便利，条理明晰，易于审览查询。张之洞评价"广州新刻陈昌治编录一篆一行本，苏州浦氏重刻孙本。孙本最善，陈本最便"。① 陈昌治本后由中华书局影印出版，是现今较为普及的《说文》版本。

六、《尚书离句》普查与鉴定

（一）古籍基本情况

表6 《尚书离句》基本信息登记表

责任者	（清）钱在培辑解；（清）刘梅坨鉴定
题名卷数	尚书离句六卷
部类	经部-尚书类-古文尚书之属
版本	清光绪十二年（1886）耕书堂刻本
装帧形式	四眼线装，4册
开本尺寸	书高24.5厘米，宽15.5厘米
板框尺寸	框高20.3厘米，宽13.7厘米
版式	半页十行，行二十四字，小字双行同，白口，四周单边，单黑鱼尾
牌记	光绪十二年孟夏新镌、湘潭刘梅坨先生鉴定、耕书堂家藏板
索书号	K204/22：1
古籍普查登记号	640000－1242－0000001

1. 古籍题解

《尚书离句》是清代钱在培所作，现存清雍正五年（1727）原野草堂刻

---

① 张之洞.书目答问[M].民国二十五年上海开明书店排印快阁师石山房丛书本，卷一经部．

本、清嘉庆八年(1803)重刻本、清同治二年(1863)宏道堂刻本等十三种版本，从清雍正至清宣统年均有刊刻，在清代流传较广，影响较大。此书名为"离句"，重在"离经辨志"，其主体遵蔡沈《书集传》而对其未备者予以补充，无与蔡氏不合之处，是一部以句解体例对《尚书》进行注解的经部尚书类图书，主要用于科举考试参考。为便于行文，下文宁夏师范大学图书馆藏《尚书离句》简称"宁师大本"。

《续修四库总目提要》提到，"首有雍正丁未汪惟宪程川二序"，①宁师大本则无，当遗失。《尚书离句》雍正本前有清汪惟宪之序，云："《蔡传》文烦词复，学者每苦其多，且其中阙疑之文，尚待证据。吾友钱子苍益专肄是经，乃取而句绝之，依文直解，悉遵《蔡传》，而于《蔡传》所未详者，旁采注疏、经解、大全诸说酌用之。"②可见此书随文释义，以《书集传》为本，其繁杂之处则删减之，未及之处则采诸说补全之。则从汪序可知，此书一遵宋蔡沈之《书集传》，将经文细分断句，然后用浅近的文句直解经义。另外，此书中并未有驳斥蔡沈之说，但也不墨守蔡氏，而是旁览注疏，并据此将《书集传》中未详之处予以补全。

《尚书离句》解经是对经文直解，即融合简化蔡氏之意，使之更为浅近通顺，颇似翻译《书集传》。《尚书离句》一书，每节经文，均先依照监本句读进行断句，每处断句下以小字双行注解经文，每节经文之前以"["隔之。体例详明、音义俱全，条贯理顺，简明扼要。

《尚书离句》通篇体例皆如上例，其仍依照《书集传》对经文进行分解，然在此基础上，又进一步对该节经文逐句直解，并删减了《蔡传》的大部分内容。另外，《尚书离句》对《书集传》原文进一步加工，在不改变原意的基

---

① 中国科学院图书馆.续修四库全书总目提要[M].北京：中华书局,1993：221.
② 钱在培.尚书离句[M].雍正五年原野草堂刻本,卷一.

础上,使得注解更为明了。①

2. 责任者简介

钱在培,②字苍益,号赤岸,浙江杭州府仁和人,生卒年不详,清雍正乙卯(1735)举人,官内阁中书,除此书外,还著有《尚书类对赋》《椒馨书屋文钞》等。③ 质韦十八子是清中期杭州地区出现的一个文人群体,十八子这一群体身份较为特殊,成员大多为清代中期的江南汉族士大夫,钱在培即为其成员。清代乾隆状元金甡,在《送句山前辈葬》一诗中道:"质韦十八子,子立动长嗟。"④他多次在诗歌中感慨十八人于康熙六十一年(1722)间相聚西湖藕花居交游唱和之逸事,当时十八子另一成员——梁诗正将此次聚会所形成的诗文编成《质韦集》,"质韦十八子"之名由此而来。北京图书馆编的《北京图书馆珍藏本年谱丛刊》中收录的《陈句山年谱》:"乙卯登贤书者三人何公姚瑞、钱公在培,而金公文济改名以北闱捷丙辰。"⑤康熙己酉(1729),张廷璐视学江苏,曾请钱在培公署谈论《商论》《尚书》。宁师大本卷首有张廷璐序。

3. 古籍版本

由牌记可知,该本为光绪十二年(1886)耕书堂刻本。《尚书离句》六卷完帙,以四眼线装订为四册。首册有题签,上书"京都尚书离句",各册书衣分别题书名"尚书离句卷一""尚书离句卷二""尚书离句卷三""尚书离句卷四",另各册书衣均有"陈焕章诵"批注。书高24.5厘米,宽15.5厘米;版框高20.3厘米,宽13.7厘米。首册首页为书名牌记页,题名"尚书离句",牌记上端为"光绪十二年孟夏新镌",右侧为"湘潭刘梅坨先生鉴定",左侧为"耕

---

① 欧阳柳.《尚书》举业书研究[D].济南:山东大学,2021.
② 赵大川.杭州竹笋图考[M].杭州:杭州出版社,2012:6.
③ 详参清人吴庆坻《杭州艺文志》卷一第九页、卷七第五页(光绪三十四年长沙刻本),及清人吴振棫《国朝杭郡诗续辑》卷六"钱在培"条(国家图书馆出版社,2021)。
④ 金甡.静廉斋诗集[M]//续修四库全书:第1440册.上海:上海古籍出版社,2002:645.
⑤ 陈玉绳.陈句山年谱[M]//北京图书馆珍藏本年谱丛刊:第97册.北京:北京图书馆出版社,1999:196-197.

书堂家藏板"。次为张廷璐序，朱文刷印，部分字迹模糊，序尾题款为"雍正庚戌季冬桐山张廷璐书于江公署"，序尾另有二朱文印章"张廷璐印""约斋"。次目录，朱文刷印，部分字迹模糊，次卷一。半页十行，行二十四字，小字双行同，四周单边，白口，单黑鱼尾。版心上题书名"尚书离句"，正文版心鱼尾下为每篇篇名。卷端首行顶格题"尚书离句卷×"，次行空一格题"湘潭刘梅垞夫子鉴定"，再次行空七格题"仁和钱在培苍益辑解"。正文有朱点句读。除"宁夏固原师范专科学校图书馆藏书""宁夏固原师专中文科资料室""宁夏固原师专资料室"藏印外，无古印蜕。书籍保存完好，偶见撕裂，每页纸张接缝处均开裂断为半页，未有影响阅读处。

该书版本系统较为庞杂，出自不同书坊的刻本不胜枚举，现以行款、序文变迁阶段分为以下三个子系统：

一是早期雍正刻本，以雍正厚野草堂刻本为代表，该系统行款为九行十八字。

二是雍正末至乾隆初年刻本，有刘元燮序，以乾隆桂华楼刻本为代表。

三是同治至宣统间坊刻本，存雍正张廷璐序，行字拥挤，版面芜杂。

以下分别对三个子系统进行讨论：

日本内阁文库藏雍正间刻本《尚书离句》，内封题"厚野草堂藏板"，书前有雍正五年(1727)岁次丁未汪惟宪序、雍正庚戌(1730)张廷璐序［按：雍正本当别有雍正五年(1727)丁未程川序，内阁文库藏本阙］，白口、单黑鱼尾，左右双边，九行十八字，该行款是确定雍正刻本《尚书离句》的重要依据。《浙江图书馆古籍善本书目》著录"清雍正五年原野章堂刻本《尚书离句》"(按："原""章"当为"厚""草"之误)，行款如前述，此乃另一可确认为雍正刻本者。①

---

① 李正辉.古籍普查工作札记之二——郑州图书馆藏六种经部古籍版本条辩[J].河南图书馆学刊,2021(6)：138-140.

郑州图书馆馆藏的《尚书离句》仅存"雍正十三年刘元燮序",内封题"聚三堂梓行",白口、单黑鱼尾、四周单边,九行二十二字。该本《尚书离句》刊行于道光至光绪间。笔者根据刘序所云,发现在雍正末至乾隆初年,《尚书离句》或又被刊行过一次,然此本传世极少。唐河县图书馆在全国古籍普查平台著录"清乾隆桂华楼刻本《尚书离句》",由于未登记行款、序跋、书影,无法考察其与"雍正末至乾隆初刻本《尚书离句》"的关系。至于刘元燮缘何为钱书撰序,钱在培乃雍正十三年(1735)浙江乡试举人,刘元燮为其副考官,这些情况在刘序中都有明确交代。

同治、光绪间钱氏《尚书离句》坊刻甚众,不题刻印时间,唯存雍正序者不在少数。今所见者,多依序误断为雍正刻本。雍正刻本九行十八字,行格疏朗,字体尚具宋体风格;而清末刻本则行字拥挤,版面芜杂。《尚书离句》一书无论刊于何时,刊刻者对"玄""胤""弘"诸字的处理都较随意,因此,图书馆不能把避讳字作为判断《尚书离句》版本的依据。笔者尝疑刘元燮序为后世坊贾作伪,借刘氏名重,为便鬻售钱书,故附刻之。然验之刘序所云二人过从,此序不伪。刘氏确为钱氏乡试考官,《世宗实录》卷一五七:"雍正十三年六月戊子,以翰林院侍读学士陈德华为浙江乡试正考官,山西道御史刘元燮为副考官。"①此外,乾隆元年(1736)刘元燮被典为四川乡试考官,《高宗实录》卷一九:"乾隆元年五月庚戌,以编修陶正靖为四川乡试正考官,御史刘元燮为副考官。"②

(二)古籍定级定损及评价

本书为清光绪十二年(1886)刻本,具有一定历史、学术、艺术价值,依据《古籍定级标准》(WH/T 20—2006)定为四级古籍。

本书保存较为完好,每页纸张接缝处均开裂断为半页,偶见破皮、轻微撕裂与天头破损,依据《古籍特藏破损定级标准》(WH/T 22—2006)定为四

---

① 王炜编校.《清实录》科举史料汇编[M].武汉:武汉大学出版社,2009:209.
② 王炜编校.《清实录》科举史料汇编[M].武汉:武汉大学出版社,2009:220.

级破损。

钱在培保留了蔡沈的原意，没有逐字释义，而是在《蔡传》的基础上，增字发扬，起到串通文意的作用，使得注解相较于《蔡传》原文更加通俗易懂，可读性增加。另外，《尚书离句》随文直解，文句之间的连贯性不及《新镌尚书便览》《尚书口义》这类"讲义"著述。

童蒙训解之类《尚书》举业书，共同特点有三：其一，多为删节简释《书集传》而成。此类童蒙读物篇幅短小、内容简洁。《尚书》通行篇目虽只五十八篇，然其注疏庞杂、版本繁多，《书集传》已较唐时《尚书正义》简短，然学者仍厌其繁。这样繁多的注疏会令初学者难得其门而入，故用于训蒙者多依照蔡氏之意而串通经文，如《尚书离句》之类。其二，此类书籍务在疏通经文、词意浅近。观其书之序跋，多提到《尚书》之经文颇为佶屈聱牙，其经注繁杂，通过梳理经文、简化注解，从而达到文从理顺的目的。其三，重视经文句读与释音。蒙求训解类读物是研习经文的入门读本，虽内容较为基础简单，但其重要性亦不可忽视。①

附录

末附《宁夏回族自治区二十家收藏单位古籍普查登记目录》著录信息如下，以备读者对勘：

① 640000 - 1242 - 0000005　K204.24：1 - K204.24：16

《春秋左传》五十卷，（晋）杜预、（宋）林尧叟注释，（唐）陆德明音义。清光绪八年（1882）刻本，十行二十字，小字双行同，白口，四周双边，十六册。

② 640000 - 1242 - 0000005　K204/27：1

《漱芳轩合纂礼记体注》四卷，（清）范翔参订。清刻本，上栏九行小字

---

① 欧阳柳.《尚书》举业书研究[D].济南：山东大学,2021.

双行二十三字,下栏十行十九小字双行同,白口,左右双边,四册。

③ 640000 - 1242 - 0000004　K204/21∶1

《书经体注大全合参》六卷,(清)钱希祥纂辑,(清)范翔鉴订;《书经集传》一卷,(宋)蔡沈撰。清光绪十年(1884)刻本,上栏十行小字双行二十五字,下栏九行十七小字双行同,白口,左右双边,四册。

④ 640000 - 1242 - 0000003　K204/28∶1

《古文喈凤新编》八卷,(清)汪基辑。清刻本,十行二十二字,小字双行同,白口,四周单边,四册。

⑤ 640000 - 1242 - 0000006　K204.26∶1 - 4

《说文解字》十五卷,(汉)许慎撰,(宋)徐铉校定;《说文通检》十五卷首一卷,(清)黎永椿编。清同治(1862—1875)扫叶山房刻本,十行二十二字,小字双行同,白口,左右双边,五册,缺三卷(《说文解字》七至九)。

⑥ 640000 - 1242 - 0000001　K204/22∶1

《尚书离句》六卷,(清)钱在培辑,(清)刘梅坨鉴定。清光绪十二年(1886)刻本,十行二十四字,小字双行同,白口,四周单边,四册。

民国三十三年固原县司法处的一份民事判决书

杨占辉①

摘　要：民国三十三年(1944)，甘肃省固原县司法处受理一起土地租赁纠纷，原告与被告两人是亲兄弟，原告诉被告将早年二人共同出名报领的山地四顷余亩，以被告自己名义分租给他人，遂起争议，起诉到固原县司法处，请求裁判。判决结果为原告之诉驳回，诉讼费用归原告负担。

关键词：固原县；司法处；民事判决书

2021年9月，笔者在彭阳县新集乡白林村调查时发现一份民国三十三年(1944)甘肃省固原县司法处的民事判决书，清楚地记录着一件民事诉讼案件的判决情况，其原文如下：

甘肃固原司法处民事判决

三十三年度民字第九十三号

原告：李维仓，住固原苟家岔，农。

被告：李俊西，住固原梨树台，农。

右两造因家产涉讼，本处判决如左。

---

① 作者简介：杨占辉(1965—　)，男，彭阳县委党史和地方志研究室主任、三级调研员。

主文：

原告之诉驳回，诉讼费用归原告负担。

事实：

原告声明请求意旨略谓："民与被告是亲兄弟，早年我们二人出名报领告争山地四顷余亩，报领执照存在他手，又以当时人力不便，故未分别开种。去年闻他将告争地以他自己名义分租与人。向其质问，伊言系其私人报领，与别人无关，理论无效，始起告争，请依法公断"云。

被告答称略谓："告争地系民一人报领，与原告无干。伊称早年与民联名报领，执照存民手中，如所说属实，可向田赋管理处或县政府查卷即可，不必再起诉告争。我今向田管处用补契手续换执照是为省手续，并非有别的原因，请详查赐判"云。

理由：

按当事人主张有利于己之事实者，就其事实有举证之责任，此为民事诉讼法第二百七十七条定有明文。查本件原告对于告争地□□□顷地，伊与被告早年联名报领，但举不出任何人、物证据，徒以空言争执□□□开说明不合，纵无被告之有力陈述，原告亦难认谓有理。

基上论结合依民事诉讼法第七十八条判决如主文。

中华民国三十三年八月二十五日

甘肃固原司法处

审判官：王子勤

右判决正本核对与原本无异。当事人如对本件不服，于接到判决次日起二十日内上诉于平凉甘肃高等法院第一分院，诉状得提出本处转呈。

书记官：田仪

中华民国三十三年九月一日

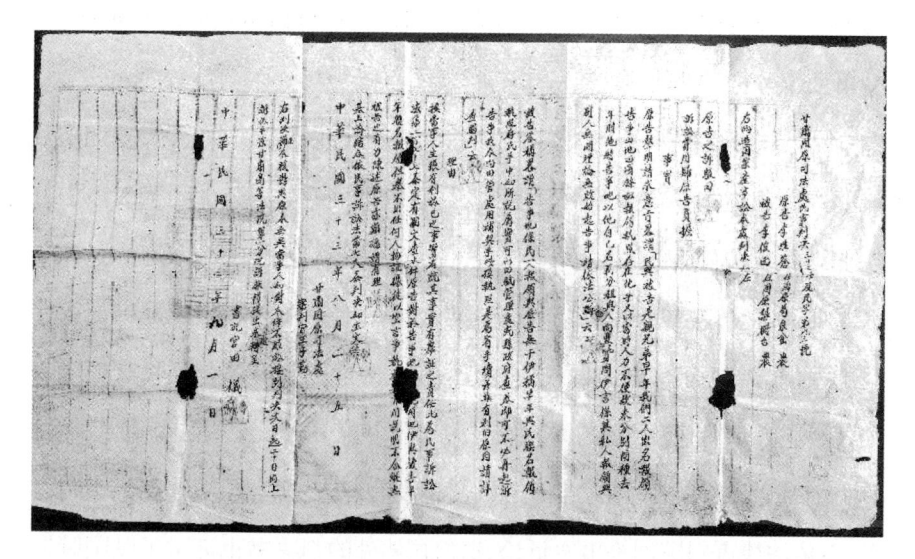

图 1　甘肃固原司法处民事判决书（纵 27.7 厘米，横 49.2 厘米。李春录收藏）

这份民国三十三年（1944）的司法判决书，判决机关是甘肃省固原县司法处，原告李维仓，被告李俊西，两人是亲兄弟。案由部分是原告诉被告将早年二人共同出名报领的山地四顷余亩，以被告自己名义分租给他人，随起争议，起诉到固原县司法处，请求裁判。主文部分是判决结果为原告之诉驳回，诉讼费用归原告负担。事实部分分别表述了原告和被告各自的主张。理由部分表述了举证之责和法律依据，原告无人证、物证，故驳回原告之诉。最后部分为告知事项，当事人如对本件不服，于接到判决次日起二十日内上诉于平凉甘肃高等法院第一分院，诉状得提出本处转呈。该判决书要件齐全，内容完备，记述简洁，誊写工整，一目了然。每段文字结尾处和书记官田仪名下共有 8 处钤"田仪"私人小方红印，两页合缝处和结尾钤"甘肃省固原县司法处印"大方红印。唯原件上有 3 处破损，其中一处破损使两列约 6 字不能辨认，但不影响对判决书全文的识读。

这件法律文书的收藏者是今彭阳县新集乡白林村白林组村民李春录,此人正是判决书上被告李俊西的孙子,这个案子当年就发生在白林村,判决书上的原告、被告居住地苟家岔、梨树台都是白林村白林组的两个小地名,沿用至今。

据《〔民国〕固原县志》卷八《治权志·司法》记载:"民国 13 年 12 月 1 日,奉令组立本县司法公署,地址设县政府西花厅内……行至 25 年 7 月 1 日,改为司法处,内置审判官检察官各 1 员,检察官由县长兼……专管全县民刑词讼案件与办理不动产登记各事宜……经甘肃高等法院呈奉司法行政部令,准于 35 年 9 月 1 日成立地方法院……购置县府街刘姓私产房院一处,以为院址,原有处址定为地方法院检察处……本县司法处业于 8 月 31 日结束。"[1]所以,民国三十三年固原还没有地方法院,司法处就是审判机关,专依法律审判民刑等事之诉讼,这份司法处的判决书也证实了民国时期的固原县级司法体制。

这个案子给我的几点启示:一是村民有法律意识,出现矛盾纠纷晓得通过司法渠道解决,而不是动辄拳脚相加,激化矛盾。二是村民有维权意识,当自己的权益受到侵害,晓得拿起法律武器维护自己的合法权益。三是司法机关"谁主张谁举证"的做法由来已久,证据在民事诉讼中有查明案件事实的重要作用。四是当时的甘肃省固原县司法处自己没有收集证据,没有到固原县田赋管理处或县政府查卷取证,也没有到事发地现场调查就做出判决,未免有些轻率。五是兄弟之间为利相争,诉诸法律,有伤和气,实不可取。

---

[1] 固原县志办公室.〔民国〕固原县志[M].银川:宁夏人民出版社,1992:604-605.

后　记

2011年底，经自治区编办批准，固原历史文化研究中心正式成立，这是宁夏师范学院整合校内资源而成立的独立科学研究实体机构。2014年，学校为进一步夯实科研基础，凝练学术队伍，重组成立了6个研究（工程）中心，固原历史文化研究中心的队伍和实力进一步增强，成为宁夏师范学院提出的打好三张牌（特色牌、地方牌、教改牌）中的科研"地方牌"的代表，是学校建设的6个研究（工程）中心中的两个实体研究机构之一。2016年6月12日，自治区教育厅公布固原历史文化研究中心为自治区高等学校科技创新平台——固原历史文化研究人文社科重点研究基地，使固原历史文化研究中心的建设和发展进入新的阶段。2024年6月，宁夏师范学院更名为宁夏师范大学，为进一步提升学校人文社科研究水平，在整合校内资源基础上，固原历史文化研究中心更名为区域历史文化研究院，以期在更为广阔的视野中开展地方历史文化研究。承载中心研究成果的《固原历史文化研究》也随之更名为《区域历史文化研究》，为保持连续性，本辑接续前十辑，为《区域历史文化研究》第十一辑。

《区域历史文化研究》（原《固原历史文化研究》）是宁夏师范大学区域历史文化研究院（原宁夏师范学院固原历史文化研究中心）主办的学术辑刊，自2013年出版第一辑以来，迄今已出版十辑。其中第一、第二、第三辑主要编选宁夏学者和周边高校、研究机构的学者自20世纪80年代以来发表的与固原及其周边地方历史文化相关的学术成果。为加强团队建设、奖掖后进，自第四辑起，所刊载的论文均为未曾发表过的原创论文。一批青年学者和研究生，以《固原历史文化研究》为平台，迈出了他们的地方历史文化研究的第一步。在出版机构方面，《固原历史文化研究》第一至第七辑由宁夏黄河出版集团阳光出版社出版；自第八辑起，由上海古籍出版社出版。

本辑所收录的论文共分为铸牢中华民族共同体意识研究、非物质文化遗产研究、区域历史研究、文学研究、文献研究等六个栏目，稿件内容涉及历史、考古、文学、艺术、民族学等多个学科门类，稿件作者既有宁夏区内的中坚学者及研究生，也有区外研究机构的学人，这种包容性与多样性都体现在"追踪区域历史文化，服务地方文化建设"的办刊宗旨之中。

2024年，学校、部门、刊物的名称都实现了变更。更名之后，宁夏师范大学区域历史文化研究院主办的《区域历史文化研究》，收稿范围将更为广阔，稿件编选水平也将会进一步提高。欢迎有志之士加入我们，为挖掘内蕴着中华传统优秀文化的地方历史文化做出贡献。

编　者

2024年9月